北京市社会科学院历史研究所 主办

主编 高福美

北京史学论丛

BEIJING HISTORICAL RESEARCH

（2017）

社会科学文献出版社
SOCIAL SCIENCES ACADEMIC PRESS (CHINA)

编 委 会

目　录

区域关系

北京古代都城核心区与周边区域关系述论

王　岗

前不久，习近平同志在北京视察工作时指出，要对北京历史文化的整体价值进行深入研究。这个指示对从事北京历史文化研究的工作者提出了一个很高的要求，让我们在研究丰富多彩的北京历史文化时，不要只关注局部，而忘记把握整体。因为北京历史文化太丰富了，很容易让人陷入局部研究而忽略了整体。笔者根据对习总书记指示的学习，略述一些粗浅的体会，以就教于各位方家。

在北京的历史文化核心区四周，遍布着大量的历史文化遗存，而这些文化遗存根据其地理位置的不同而发挥着不同的重要作用。整体而言，大致可分为东、南、西、北四个区域。北京城的东面区域主要为经济供给区；北京城的南面区域主要为文化交流区；北京城的西面区域主要为资源储备区；北京城的北面区域主要为军事防御区。其他又有一些独具特色的文化聚集区，分布在北京地区的不同区位。

一　古代都城核心区

北京地区在成为都城之前，城市功能较为单一，就是一座北方军事重镇。到辽代被设为陪都，金代定为首都后，城市功能更加多样，文化设施逐渐完备，城市经济日益繁荣。元明清时期，这里成为全国首都，城市发展臻于极盛，逐渐形成了一片都城核心区。在元代以前，都城核心区是燕蓟时期的燕京城，金朝将其扩展为中都城；元代以后，都城核心区则以元大都城为中心，逐渐向南迁移；今天的北京，仍是以元明清时期的都城作为核心区的。

在中国古代，都城的核心区是以中轴线作为基准的。辽代的陪都燕京（又称辽南京）因为借用蓟城旧址建造皇宫，故而中轴线并没有设在全城的中心位置。金朝扩建中都城时，经过精心规划设计，并参照北宋都城开封的模式，初步形成了北京历史上的第一条都城中轴线。这条中轴线存在的时间并不长，只有几十年，金朝灭亡，金中都随之没落，中轴线也自然消亡了。

及元朝营建大都城，在太液池东侧确定了一条新的中轴线，并赋予了更加丰富的文化内涵，使其成为整个大都城的基准线，几乎所有重要的都城建筑均是围绕这条中轴线建造的。此后的明清时期，虽然都城整体向南有所迁移，但是，中轴线却没有发生较大变化，而是有了进一步的完善，遂成为中国古代都城中轴线的典型代表。

在元明清三代的中轴线上，中心位置最重要的设施就是皇家宫殿。宫殿建筑是只有都城才有的政治和文化设施，也是都城中最核心的部位，所有其他重要设施皆是围绕宫殿建造的。如各种皇家坛庙（太庙、社稷坛等）、皇家园林（西苑、东苑等）、中央衙署（元代的中书省、枢密院，明代的内阁和清代的军机处等）皆是如此。

在中国古代，都城又是全国的文化教育中心，设置有翰林国史院、国子监学及钦天监（元代称司天台及太史院）等重要文化机构，聚集了全国最优秀的文人和科技专家在这里从事各项文化教育活动。都城还是全国的宗教文化中心，不论是佛教、道教、伊斯兰教和基督宗教，都在这里建造有宏大的宗教活动场所，以供众多的宗教领袖开展各种宗教活动。

古代都城除了作为政治和文化中心之外，又毫无例外地成为全国的经济中心。在这里，建造有大量的仓储设施，储藏了巨额的皇家财富和国家财政收入品。这些仓储数量之多、规模之大，冠于全国。在都城，又有星罗棋布的商店和娱乐设施，以供都城众多居民的日常消费。因为在都城居住的达官显贵数量极多，他们的消费水平远远超过普通城市市民，故而都市经济的繁华程度，也冠于全国。

正如从先秦时期到汉唐时期，西安和洛阳代表了中华文明早期发展的主体脉络一样，自元代以来形成的北京都城核心区，则代表了中国古代中后期中华文明发展的主体脉络。这种都城迁移的过程，有其内在的历史发展必然规律，究其主要原因，乃是贯穿了民族融合这条主线，在辽、金、元、明、清五个朝代中，有四个朝代是由少数民族建立的，而且它们都选择了北京作为都城。就连汉族建立的明朝，也不得不从南京迁都北京。迄今为止，北京仍然是中华民族融合的核心，这个核心及核心区的作用还将延续下去。

二 东面的经济供给区

在北京成为都城的过程中，经济供给是必须解决的问题。如果这个问题不解决，北京也就无法成为全国的首都，而最先解决这个问题的，则是在遭受非议极多的隋炀帝。他在开凿大运河的时候，首先想到的是对长安（今西安）、洛阳两座都城的经济供给，因此，隋唐大运河的主导目标是东西两京。如果对东西两京的供给问题能够得到解决，长安城的首都地位仍将是十分巩固的。但是，在动用了举国人力物力的情况下，这个问题仍然没有得到解决，江南的粮食等巨额物资没能运抵都城，最终不仅是经济供给无法解决，就连长安的首都地位也失去了。

隋炀帝在开凿大运河的同时，想到了对东北政局的稳定，因此，又开凿了一条北达涿郡（今北京）的永济渠，用于运送军队和粮草、调动大军、平定东北叛乱。运送大量物资和大批军队到涿郡，这个目的顺利达到，然而此后的军事行动失败了，并由此导致隋朝的灭亡，隋炀帝也因此遗臭万年。但是，永济渠的开凿却给这座当时的军事重镇提供了强大的经济供给系统，为北京取代长安、成为全国首都奠定了坚实的物质基础。

唐朝灭亡之后，两宋与辽金展开长时期的政治对峙和军事对抗。在这个时期，大运河从被人忽略到逐渐发挥经济作用，这个过程，正是北京开始走向全国统治中心的过程。宋辽对峙以河北中部为界，中原大部分地区及江南地区都在宋朝控制范围内，北京当时作为辽南京，主要是辽朝向宋朝进攻的桥头堡，同时又是宋、辽之间相互贸易的榷场，显然不会使用大运河的供给功能。

金朝攻灭北宋，占据大部分中原地区此后，又将都城从东北迁到北京，称金中都，这时隋朝开凿的永济渠开始发挥供给功能。因为这条运河的北端抵达京城东面的潞县，故而金海陵王在此设置通州，初步形成了大运河对都城的重要供给功能。

到金世宗时，中都城的经济发展越来越繁荣，人们对大运河运送物资的需求量也越来越大，于是，金朝政府尝试从中都城再开凿一条运河，直达通州，以进一步扩大运河对都城的供给量。但是，这种尝试由于地理环境的局限而失败了。不久，成吉思汗（即元太祖）建立大蒙古国，不断南侵，迫使金朝统治者南逃，中都城很快就落到大蒙古国手中。此后，窝阔台汗（即元太宗）灭金，蒙哥汗（即元宪宗）伐宋，战乱纷仍，直到忽必烈（即元世祖）夺得皇权，建立元朝，继续攻灭南宋，一统天下。在这个过程中，由忽必烈建立的大都城（今北京），逐渐成为全国的统治中心。

大都城建立之后，城市经济迅速发展，日益繁荣，经济供给的需求也在猛增。为此，元朝政府先后开通了两条经济供给线路，一条是大运河的漕运线，另一条则是海上运输线。为了保证漕运的效率，元朝政府调动大量人力物力对隋唐大运河加以改造，使其最终的运输目标直接北上，从而形成了今天我们所能见到的京杭大运河。这条运河的北端直抵通州。为了保证海运的顺利进行，元朝政府专门在江南设置了主持海运工作的机构，打造海船，征集粮食，由海道北上直沽（今天津），再通过运河运送到通州。

显然，元朝从全国各地运送到大都城来的物资数量远远超过金朝，就使得运输供给线路的能力也要大大超过金朝，故而从通州到都城的运河开凿工作势在必行。这时，正好著名水利学专家郭守敬在政府中任职，主持了这条新运河的开凿工作。于是，经过郭守敬的精心测量和设计，确定了这条河道的走向和水源的供给，当这两个难题解决之后，开凿并不难，一条连接大都城和通州的新运河应运而生，开凿成功。元世祖将其命名为"通惠河"。由此而从根本上解决了都城的经济供给问题，大都城也才最终巩固了作为全国统治中心的地位。

以通州为中心的经济供给区，为都城提供了漕运与海运两大经济命脉巨额物资的储存及转运功能，而京杭大运河与通惠河则成为最主要的运输线路。线路的畅通是以水源的充沛作为基础条件的。通州在北京地区为众水汇流之地，也就自然成为经济供给的集中区域，这个区域的形成，是与自然环境的独特地位密切相关的。在中国古代，动力机械尚未产生巨大影响，"得天独厚"的自然环境当然成为人们首先要考虑利用的基本条件。

三　南面的文化交流区

北京位于北方地区，是北方少数民族政权建立都城的理想场所。自辽代设置陪都辽南京，到金代成为首都金中都，再到元代建造元大都，成为全国统治中心，这个历程，充分显示了北京作为都城的政治地位极其重要。但是，自隋唐以来，全国的经济和文化中心就在开始向江南地区迁移，统治中心确立之后，全国的经济和文化资源都源源不断地向都城汇集。京杭大运河的形成，是经济资源向都城汇集的重要标志，而京城南面文化交流区的出现，则是文化人才精英汇集的突出体现。

从元代就出现了全国文化精英向都城汇集的现象。当时都城许多重要文化部门中，均有中原及江南各地的著名文人在此任职，这极大促进了都城文化界的繁荣发展。只是元朝国祚较短，还没有形成京城南面的文化交流区。到了此后的明清时期，特别是在明代中期建造南城之后，这里经过几百年的城市发展，逐步形成了颇具规模的文化交流区。这个交流区以宣武门以南为主要活动区域，故而人们将这种独特区域形成的文化称为"宣南文化"。

宣南文化是依托明清北京城的全国文化中心地位，由来自全国各地的文人学者汇集于此，进行各种文化活动而逐渐形成的。在元明清时期，作为全国文化中心的都城，北京是全国学者参加考试的最高场所。正是在这里，众多平民百姓通过科举制度进入官场，获得较高的社会地位，以此来实现自己的政治抱负。在这个过程中，通过一次科举考试就获得成功的人毕竟是少数，大多数学者皆需经过多次考试才能够获得成功。因此，许多从江南各地赴京赶考的学子，在多次考试的过程中，不再往返于京城和故里之间，而是一直居住在京城，直到金榜题名。

因此，在明清时期，南城一带出现了许多各地会馆为这些考生提供食宿服务，逐渐成为各地学子在京城的活动场所。这些会馆，由于众多学子频繁的日常学术活动，也就成为大大小小的文化活动中心，而这些活动中心连成一片之后，则形成独特的文化区域。特别是清代初年八旗子弟占据了内城，大量平民及来自全国各地的学子只能在外城（即南城）居住，众多会馆设置在这里，更是促进了这片宣南文化交流区域的不断发展。

除了众多会馆的设置之外，在外城又居住着众多著名的文人学者。在明代，因为没有明确的居住限制，文人学者是随意居住在内外两城之中的。到了清代，旗、民分居，民人只能住在外城，就使得众多南方来的文人学者，即使官位很高、名气很大，也不得不居住到外城，或买房或租赁，一住就是几年、十几年甚至几十年。因此，为后人留下了众多名人故居。这些名人故居，虽然有些已经残破不堪，甚至已经消失了，但依然是文化交流区曾经兴盛的最好见证。

在众多文化交流的方式中，书籍的交流是最重要的方式之一。早在元大都时期，京城正南门丽正门外，就出现过一些书肆，这些书肆成为京城人们，特别是念书人经常光顾的场所。明清时期，外城的书肆迅速发展，尤以琉璃厂最为著称。这里的书肆星罗棋布，来自全国各地的各种珍奇书籍均可以在此寻到，因此成为都城文人学者最喜爱的地方之一。即使不是为了买书，到书肆中转一圈，也能够增长知识、丰富阅历。其他相关的文房四宝、名人字画，也大多在此销售，琉璃厂遂成为京城最著名的文化市场，也是进行全国文化交流的主要场所。

北京外城也是人们日常休闲生活的区域之一。明代外城建造完成之后，这里的商业发展就很繁荣，由此又带来了人们的休闲娱乐活动，茶馆酒肆、歌楼戏院，比比皆是。到了清代，统治者禁止内城的各项娱乐活动，外城就更是成为娱乐活动的主要场所。那些居住在内城的八旗子弟，要想休闲娱乐，也只能到外城来。这种城市功能的定位，使得城南地区变为娱乐文化活动的主要场所，如清末兴起的京剧，就是在这一地区产生、发展并走向繁荣，最终确定"国粹"地位的。

四　西面的资源储备区

在北京城的西面，群山耸立，气势恢宏，蕴藏着丰富的自然资源，其中，最重要的有三项，即木材、石材和煤炭。在中国古代，一座城市的建造，建筑材料是最基本的要素，而在建筑材料中，木材和石材又是必不可少的。在北京西面和北面的群山之中，有着千百年来生长茂密的树林，它们是天然的建筑木材。而在雄伟的山体之中，又有着质量优良的建筑石材，为北京城的建设和进一步发展提供了雄厚的建筑资源。

北京城在金代以前，城市发展的速度较为缓慢，对建筑材料的需求量不是很大。及金海陵王扩建中都城，城市发展出现第一个飞跃，从陪都转变为首都，城市规模有了极大拓展，皇家宫殿、园林的建造需要大量木材和石材，而城市居民数量的猛增，又带来民宅数量的猛增，对建筑材料的需求也在猛增。位于金中都城附近的山林，自然成为获取建筑材料最便捷的地方。

金朝灭亡后，元世祖定鼎大都城，着手建造一座规模空前的大都会，这座新都城几乎所有的建筑都是重新建造的：从皇家宫殿、园林到坛庙，从中央政府到大都路地方政府的各级衙署，从皇家敕建的寺庙、道观到宗教界人士自建的寺庙、道观、清真寺及教堂，等等，无一不需要耗费巨量的建筑材料。通过相关的历史文献，已经可以见到大规模砍伐木材、开采石材的记载。

及元朝灭亡，明朝最初定都南京，大都城的宫殿、园林、坛庙、衙署等设施皆被废弃。明成祖发动"靖难之役"，定都北京，重新建造都城的各项设施。这个建造过程虽然是从全国各地征集各种建筑材料，但是，使用北京地区的建筑材料仍然是最便捷的。特别是普通居民的宅院建筑，很少到全国各地征集建筑材料，绝大多数取材于北京城的郊区。

此后，明嘉靖年间扩建南城，清代大量百姓迁居南城增加的民宅建设，也需要大量建筑材料的支持。而自金元以迄明清的城市各项建筑的修缮和增建，也主要取材于北京地区的木材和石材。如果没有北京西面广袤山林的雄厚木材和石材的储备，城市发展必然会受到极大的阻碍。

在中国古代，人们生活必需用品又有燃料一项，十分重要。不论是饮食制作，还是冬季供暖御寒，燃料都是必不可少的。在北京地区，随着城市人口的增加，对燃料的需求量也在增加。最初，居民所用的燃料主要是柴草，最晚到了辽代，这里的居民已经开始使用煤炭。煤炭的来源则是北京西北一带的山区。而煤炭的使用，显然极大提高了居民饮食及供暖的效率。

在辽金时期，煤炭的使用量还比较小，居民主要使用的是柴草。自元代以后，居民使用的煤炭越来越多，煤炭的开采量也越来越大，形成了较为可观的规模。这种北京西北山区煤炭开采的工程，一直延续到当代，成为北京居民燃料的一个重要组成部分。到了近现代，北京西北煤炭开采业不仅是人们日常生活的必需品，还成为近现代工业发展的重要燃料。

自辽代以来的千余年间，北京西部丰富的储备资源为京城的发展提供了重要动力，与此同时，大量木材和石材的过度使用又使得北京地区的自然环境遭到严重破坏。对于这种情况，今天人们才开始有了更加清醒的认识，并采取果断措施，封山育林、禁止煤炭开采，使自然环境有了明显的好转。人们已经把"宜居北京"作为一项重要的战略任务。

五　北面的军事防御区

北京城位于华北平原的北端，自古以来就是农耕区域和游牧区域的交界之处，因此，也是农耕民众与游牧民众相互冲突与交流的最前线。早在先秦时期，由于自然环境的不同，就逐渐形成了两大生产区域，即农耕生产区和游牧生产区。随着人类文明的不断演进，两大生产区域形成了不同的文化形态。在这两大区域间，人们进行着广泛的经济和文化交流，同时又有着大规模的武力冲突。这种冲突的结果，就形成了秦朝修筑的万里长城。

自秦汉至隋唐时期，统一的农耕王朝的都城大多设置在西安与洛阳两地，而在长城沿线，则设置有多处战略要塞，用以抵御游牧民族的侵扰，当时的幽州蓟城（今北京），就是一处重要的军事城堡，拱卫着整个华北地区的安全，并为东北地区的政局稳定提供了军事和经济上的保障。同时，这里又是农耕王朝向草原游牧部落发动反击的一处重要军事大本营，自秦汉以来，一直驻扎着一支规模可观的军队，以控制周边的局势。

在北京城的北面，又是一片崇山峻岭，形成一道天然屏障。与长城相互结合，使这道军事防御区变得更加坚固。北京地区的长城依山而建，易守难攻。而在山与山之间的峡谷内，则修建有雄伟的关隘，成为人们往来南北的主要道路。这些道路既是军事命脉，也是经济孔道，如居庸关、古北口等皆是。这些关隘及城墙，对于北京而言，形成了一道完整的防御体系。东至山海关，西到紫荆关，中间则有居庸关、古北口及倒马关等，历朝历代皆驻守有重兵。

在辽金时期，北京地区开始脱离农耕王朝的统治范围。由于后晋石敬瑭割让燕云十六州给辽朝，使得农耕王朝无法再利用长城防御体系来抵抗北方少数民族政权的侵扰，故而在战略上开始处于被动挨打的状态。在这种情况下，宋朝在立国之初就想要收复燕云十六州，但是两次大规模的北伐战争都是在攻打幽州时宣告失败，最后不得不与辽朝签订澶渊之盟，以使双方处于长期的和平状态。而宋朝想要收复燕云十六州的企图，一直到北宋末年也没有放弃。

辽金更替之际，金朝与宋朝签订"海上之盟"。联兵灭辽，原来商定是以长城为界，金朝攻占长城以北地区，宋朝攻占长城以南地区，但是，宋军无能，在攻打燕京城时再次败绩，而金军则乘胜攻入居庸关，占领燕京。此后，宋、金交涉，金朝只把燕京周边地区还给宋朝，而山海关等地仍然在金朝控制之下，使得宋朝没有完全控制整个长城防御体系。不久，金军再度南下，不仅攻占了燕京，还继续南下，攻占了北宋都城开封，北宋灭亡。

金朝末年，草原上的蒙古部落崛起，成吉思汗（即元太祖铁木真）向金朝发动进攻。金朝统治者只是重点对居庸关加以防守，以为以此可以阻挡蒙古军队的进攻。但是，成吉思汗并没有对居庸关发动强攻，而是率军向西，通过金军没有设防的紫荆关进入中原地区，从关内再向驻守居庸关的金军发动进攻，达到围困金中都城的目的，并且最终攻占了中都城。由此可见，一座完整的长城防御体系对于北京防守的重要意义是不容忽视的，认识不全面会带来惨重的代价。

此后的明朝作为农耕民族建立的王朝，面对北方游牧部落的侵扰又重新完善了长城防御体系，这个防御体系对明朝政局的稳定起到了很大作用。我们今天见到的北京长城建筑，就是在明代重新修筑的。但是，民族关系问题一直是中国古代历史发展的一条主线，而明朝在处理这个问题的时候却有不妥之处，从而造成了北方少数民族和中央王朝之间矛盾的激化。随着明朝军事防御力量的削弱，北方少数民族部落多次突破长城防御线，进军中原，最终由清军攻入山海关，进占北京城，建立统一全国的最后一个王朝。

从先秦时期一直到明清时期，北京北面就一直是重要的军事防御区。但是，军事防御的功能一直是被动的，最好的防御正如古人所云："在德不在险"，长城无论多么险要，也有被攻破的时候。只有处理好长城两边的民族关系，才是最好的防御。元朝人曾作诗称，"长城不复再为关"，正是这种理想模式的描述，今天则是真正实现这种理想的时代。当56个民族融为一家人的时候，长城也就变成了中华民族捍卫和平的象征。

六 其他文化区域

在北京周边地区，历史上又形成有一些独特的文化区域，这也是其他许多城市所没有的。其一为皇家墓葬区，其二为皇家园林区，这两个区域，也与北京成为都城有着密切联系。皇家墓葬区的出现，一个是在金朝，另一个是在明朝；而皇家园林区的出现，则是在清朝。

历代帝王在确定都城位置之后，皆会在都城周围选择墓葬的位置，并调动全国的人力、物力，建造陵墓。即陵墓是与宫殿相配套的，生前在宫殿活动，死后在陵墓安葬。金海陵王决定迁都燕京之后，就开始在燕京附近寻找建造皇家陵墓的位置。自宋代以来，人们对陵墓的建造越来越重视，这种观念（即风水学说）也影响到了金海陵王。经过多方勘探，最终选择了京城西面的大房山地区作为建造金朝皇陵的地点。这是北京历史上的第一处皇家陵墓区。金朝灭亡以后，这片皇陵区也很快就荒废了。

元朝统治者虽然定鼎大都城，但是却没有在都城周围建造皇陵，而是保持着蒙古族特有的丧葬习俗，每当帝王死后，都要把尸体运回大草原上安葬。因此，在北京地区也就没有留下皇家陵墓。

明朝建立后，太祖朱元璋定都南京，把自己的陵墓也建在南京，史称孝陵。及明成祖朱棣定都北京，则开始在北京选择建造陵墓的地点，最终选定昌平区的黄土山，改称天寿山，陵墓称长陵。当时的许多人对朱棣定都北京的政治举措是不满意的，希望迁都回南京。朱棣建造自己的陵墓在这里，也是表示不再回迁南京的决心。此后明朝没有再把首都迁回南京，是与朱棣在北京确定并建造皇陵的举措有很大关系的。此后明朝诸位帝王，也就都把陵墓建造在长陵周围，从而形成了一大片皇家陵墓区，俗称明十三陵。

及清朝定都北京，也在都城周围建造皇陵，但是，这些陵墓已经不在今天北京的政区范围内。

北京的皇家园林，辽金时期就已经有了，只是规模还不大，存在的时间也不长。而延续到元代的，只有南苑建春园（今仍为南苑）和北苑万宁宫（今北海公园一带），南苑在元代为"下马飞放泊"，北苑为大都城内以太液池为中心的皇城一带。元代的皇家行宫又有辽代的延芳淀，这时称柳林行宫。

明代皇家园林在元代基础上有进一步发展，首先是把元代的皇城加以改造，区分为两大空间，其一是紫禁城，其二是西苑及万岁山。一个是理政办公及日常生活的空间，另一个则是休闲娱乐空间。其次是在西苑相对应的地方建有东苑，东西对称，进一步突出了中轴线的地位。而南苑仍然保留，但是基本上很少使用，几乎处于弃置状态。

到了清代，北京的皇家园林空前发展，出现集中国古代园林发展大成之作——即三山五园。这一片广阔区域的皇家园林组合，一方面吸收了北京历代皇家园林的优秀内容，另一方面又吸收了江南私家园林的优秀内容，堪称中国园林艺术发展的顶峰。此外，它还融合了许多西方园林的建筑因素，将之融入中国的皇家园林，故而可以称之为荟萃世界园林艺术的杰作。

结　语

在北京漫长的历史发展进程中，产生了丰富的历史文化遗存。这些文化遗存遍布北京城区及其周边各地，不论是四周的不同功能区域，还是有着独特文化因素的其他区域，皆是以城市核心区为根本的，皆是为城市核心区服务的。核心区是北京历史文化资源的精华区，是展示城市形象最重要的窗口，是凸显北京城市风貌与气质的最佳载体。特别是在当前北京文物保护工作发展大好的形势下，保护好北京核心区的文物应该是重中之重。

我们梳理一下北京核心区与周边不同文化区的关系即可看出：如果没有元大都城的建立，也就不会有京杭大运河的调整及通惠河的开凿；如果没有明北京城的建设，也就不会有十三陵的建造和长城的大规模修筑；如果没有清北京城的定鼎，也就不会有三山五园。因此，北京核心区的历史文化是根、是源，而周边文化区的历史文化是支、是流。因此，北京核心区的历史文化才是最应该得到重视和保护的主体。

（北京市社会科学院历史所）

历史地理视角下的北京城市功能疏解之道

孙冬虎

随着区域历史地理研究的年代下限在晚近时期的模糊性延伸，近现代的城市规划与功能变迁也成为这门学科日益关注的内容。由此突破了中国历史地理通常以清朝结束为年代下限的习惯性做法，甚至直接触及某些当代问题，多少具有所谓"以历史关照现实"的意味。在这样的前提下，本文主要从历史地理学的视角出发，简要回顾北京城市功能变迁的基本过程，对照古代中国与当代外国的都城设置情形，提出疏解北京城市功能的若干认识。

一 城市功能变迁：从古代的相对单一走向当代的多重叠加

城市的功能定位决定着它对人口、资源、环境等生存发展条件的要求，历史上北京以城址选择、城区伸缩、建筑布局为主要特征的变迁过程，与这座城市自先秦以来所经历的功能转换、人口增长等彼此呼应。在以农业为主要经济形态的传统社会，城市重大变迁的次数有限并且能够因袭久远，由军事中心到政治中心的古代北京也只是发生了适度的拓展。

北京的城市史通常被追溯到西周初年的蓟城，从那时的封国之都到汉唐军事重镇幽州的治所，蓟城的城址并未发生变化。距今千年有余的辽代陪都南京，沿用了唐代的幽州城。尽管大城之内的"皇城"似乎隐含着未来崛起的可能性，但它毕竟还不是整个辽国的政治中心，城市的宏观格局仍然局限于对前代的延续。占据了北半个中国的金朝迁都燕京之前，海陵王以北宋开封作为未来都城的蓝本，金中都由此成为在蓟城旧址上崛起的最后一座大城，并且影响了元大都及明清北京的城市设计。忽必烈在即将完成南北统一大业时来到中都，鉴于宫殿区的残破与水资源的不足，决定离开蓟城故地另择新址建设元大都，这是北京城址变迁史上的重大转折。明朝军队占领大都之后，失去首都地位的北平城随即南缩五里。永乐年间在元大都旧址营建北京，为使皇城具有足够空间，城墙向南扩展大约二里。嘉靖年间增筑外城，北京城的总体轮廓从"口"字形变为"凸"字形。经历了明朝的三次变迁之后，古代北京的城市格局得以最后定型。

上述过程显示，最近一千多年来，北京最突出的城市功能是作为国家或区域的政治中心。以城墙为标志的城市规模的扩张与收缩，取决于城市政治地位的升降。仅仅是陪都之一的辽南京，只需沿用唐代幽州旧城，再加上规模有限的宫殿建设就已足够；变为中国北部半壁江山之政治中心的金中都，就要在辽南京基础上四面拓展，并且按照更发达的北宋东京的模式建设城市，志在南北混一的海陵王甚至执意迁都汴京；首次作为统一国家首都的元大都，更是另选新址重新营建规模空前的宏伟都城，中都、大都之名也凸显了政治中心的色彩。在元大都确定了全国首都的新格局之后，明朝本来只需萧规曹随一仍其旧。洪武元年的北墙南缩与永乐年间的南墙前拓，是对这座城市的首都地位失而复得的直接回应。嘉靖年间为抵御蒙古军队而增修外城，改变了元代以来的城市轮廓，这也是城南人口日益密集、经济不断繁荣的反映。清北京是明北京的直接继承者，只是强行改变了人口的分布格局。

进入民国之后，为改善北京的交通状况，朱启钤主持实施了改建正阳门、拆除瓮城和千步廊，打通东西长安街、南北长街、南北池子，修筑环城铁路等一系列工程，并把社稷坛等皇家禁地开放为公园。这些行动是在保持旧有格局的前提之下所做的不致伤筋动骨的修补改造，采取了尽量兼顾西方城市理念与中国文化传统的慎重态度。1928 年国民政府迁都南京之后，北平人口减少、市面萧条，袁良等几任市长寄希望于依靠教育、旅游的优势建设"文化古都"。1937 年 7 月至 1945 年 8 月，日本在占领北平期间制定并初步实施了《北京都市计划大纲》，以五棵松为中心的西郊新市区与通县所在的东郊工业区的规划，对抗战胜利后的北平城市规划影响深远。按照"本市计划为将来中国之首都"的方针，由"北平市工务局征用日人，即前伪工务总署都市计划局计划负责人员拟定"的《北平都市计划大纲》，[①] 实际上与前者并无本质区别。1949 年以后，也曾考虑如何利用西郊新市区甚至将这里建设成为行政中心的问题。但是，此后终于将中央行政中心区设在了北京旧城。近年来广为人知的"梁陈方案"，是梁思成、陈占祥两先生提出的选择公主坟以东、月坛以西作为中央行政中心区的第三种设想，其位置处在北京旧城与日本人规划的西郊新市区之间。[②]1950 年代以后北京城墙陆续拆除，自元大都以来延绵七百年之久的北京之"城"就此杳如黄鹤。

全国政治中心所具有的独一无二的优势，激发了 1949 年之后北京人口与产业的激增，导致这座城市在政治中心之外叠加了以经济中心为主的多重功能。城市空间以"摊煎饼"的方式向四周扩展，只是多重功能叠加之后的表象。不同时期的规划决策者对于城市功能定位及规划目标的多次变动，集中体现在历次城市规划总体方案之中。1953 年版旨在以旧城为中心改扩建北京城，把古老的封建性城市变成现代化的生产城市；1958 年版构建了特大城市的远景空间架构，要把北京建设成现代化工业基地；1973 年版开始向控制城市规模、"不一定建设经济中心"过渡；1982 年版明确北京是全国

---

① 北平市工务局：《北平市都市计划设计资料第一集》，1947，第 67 页。
② 梁思成、陈占祥：《关于中央人民政府行政中心区位置的建议》，《梁思成文集》（四），中国建筑工业出版社，1986，第 1 页。

政治中心和文化中心，不再提经济中心和现代化工业基地；1993 年版确定建设全方位对外开放的现代化国际城市，规划的市区范围大幅度扩展，强调发展适合首都特点的经济。[①] 2004~2020 年规划定位为政治中心、国际城市、文化名城、宜居城市，到 2050 年左右建设成为经济、社会、生态全面协调可持续发展的城市，进入世界城市行列。[②] 北京的城市功能多重叠加，一再膨胀的城市人口每次都提前数年突破规划控制目标，城市区域不断拓展，交通和环境的压力持续增加，这些已经成为规划实施过程中的基本规律。

二　当代城市问题：功能多重叠加的集中爆发

历史事实的梳理与历史经验的总结具有以古鉴今的作用，古代的某些人类活动也可能是当代某种社会问题的远源，其间或许存在着前车后辙的关联，北京的城市发展与人口、资源、环境之间关系的演变也是如此。但是，晚近时代的工业化进程对自然环境与社会环境的改造，在速度、广度、深度各方面都远远超出了历史上的传统农业社会，由此进入了人地关系演变过程、特征与以往迥然不同的新时代。据历史地理学者研究估算，辽天庆三年（1113）南京城人口约 15 万人，金泰和七年（1207）中都约 40 万人，元延祐三年（1316）大都约 100 万人，明天启元年（1621）北京约 75.6 万人；清宣统二年（1910）有了比较精确的统计，内外城总人口为 67.4 万人。[③] 在社会发展相对平稳的农业时代，政治中心的人口增长与城市范围的拓展都比较缓慢。这样的人口规模与当代北京相比，简直可以忽略不计。2016 年 1 月 28 日北京市第十四届人民代表大会第四次会议批准的《北京市国民经济和

① 参见刘欣葵等编著《首都体制下的北京规划建设管理》，中国建筑工业出版社，2009。
② 《北京市城市总体规划》（2004~2020），北京市规划委员会，2005。
③ 韩光辉：《北京历史人口地理》，北京大学出版社，1996。

社会发展第十三个五年规划纲要》提出："严格控制人口规模。以城六区人口减量为重点，坚决遏制人口过快增长，2020 年常住人口控制在 2300 万人以内。"古今城市的人口问题及社会经济背景大不相同，需要解决的矛盾也迥然有别。

当代社会遭遇的城市问题，绝大多数是在工业时代形成、经过多年累积之后的多种弊端的集中爆发。水源、土壤、空气、食品的污染源，无一不是来自工业生产及其产品的应用领域。当代北京城市发展过程中的人口、资源、环境问题，形成了一个环环相扣、互为因果的关系链：首都突出的政治优势与国家保障对周边地区乃至整个国家具有强大的吸纳力，人口规模由于自然增长与内聚式迁移而持续膨胀，许多个五年规划预设的人口指标屡屡被提前突破就是证明；数量庞大的人口需要良好的生存空间和发展前景，必然对水源、能源、粮食及其他消费品，对交通、住房、教育、社会保障、生态环境等条件，提出越来越多的数量与质量的要求，从而推动城市不断地开拓空间、寻求资源。但在另一方面，正是因为人口超载激发了空间拥挤、资源紧张、交通拥堵、环境恶化；工业化生产在史无前例地带动社会进步的同时，对各类资源的消耗也是前所未有地迅速而广泛，由此产生的废气、废水、废料造成对水源、空气、土壤、食品的全面污染；再加上一定时期以资源环境换取增长速度的发展模式，缺乏相应的监察管理制度或者有法不依，这些因素都阻碍了向宜居、绿色、生态等美好愿望靠近的步伐。城市发展中面临的问题，也不仅仅限于水源短缺、交通拥堵、空气污染而已，只是这些矛盾表现得最为明显罢了。比如，现代生产技术大大提高了粮食、蔬菜、果品、禽蛋、肉食的产量，但是，化肥的过量使用造成了土壤的板结与污染，名目繁多的生长剂、膨大剂、杀虫剂、染色剂、漂白剂、瘦肉精等化学品的滥用，使食品安全成为危及社会的严重问题，其生产过程又对水源、空气、土壤等环境因素造成极大破坏，所有恶果最终将反过来全部施之于人类本身。

水资源的缺乏是当代北京遇到的最严重的发展阻碍,世界性的气候干旱、生产生活用水量的剧增、河流上中游的层层拦截,都导致地表水干涸。地下水因此难以获得充分的地表水补给,却又不得不成为城市供水的主要来源,转而进一步加剧了水源的缺乏和供应紧张。2013 年,北京市人均水资源量只有 118.6 立方米,是 2003 年以来的最低值,大大低于国际公认的人均1000 立方米的缺水下限。[①] 在北京周边,持续多年超量开采地下水,使其平均埋深早已达到 20 米以上,并且出现了多个地下漏斗。工业生产造成的水污染,是加剧水资源短缺的另一重要因素。[②]

机动车辆的迅猛增加,是交通拥堵的首要根源。1978 年北京市仅有民用汽车 6.1 万辆,1987 年上升到 19.3 万辆、其中包括私人汽车 0.7 万辆。2013 年,北京市机动车增加至 543.7 万辆,其中民用汽车 518.9 万辆(包括私人汽车426.5 万辆)。[③] 北京以私人汽车为主的汽车拥有量的迅猛增长,与许多国家的特大城市循序渐进的增长过程完全不同,由此带来的交通拥堵与环境污染问题也要复杂得多。有关研究报告显示,机动车提供了北京 31.9% 的大气污染物,是居于首位的大气污染源。汽车保有量的高速增长使其危害日益严重,而拥堵状态下的污染物排放又是正常行驶的 5~10 倍。2014 年北京平均每人交通拥堵耗时 100 小时,出行效率只有 48%,时间价值损失高达 282 亿元人民币,政府因此需要为道路及停车设施的建设养护增加费用,投入巨资治理交通拥堵造成的大气污染,为大气污染引起的病患支付更多费用,并且还要增加维护社会治安的成本。[④]

① 《北京统计年鉴 –2014》4~16《水资源情况(2001~2014)》。
② 《北京市"十二五"时期水资源保护及利用规划》,北京市水务局,2011。
③ 《北京统计年鉴 –2014》13~1《交通运输邮电业基本情况(1978~2013)》。
④ 参见《移动互联下的城市综合出行变革》,罗兰贝格管理咨询公司(www.rolandberger.com.cn),2015。

三 分散城市功能：来自古代中国与当代外国的启示

人口聚集原本是城市理应固有的基本特征之一，但经过晚近时期尤其是当代几十年在庞大基数之上的自然增长，再加上首都优势吸引与多种功能叠加造成的内聚迁移，北京的户籍人口与外来人口急速膨胀，城市发展与资源、环境之间的关系变得空前紧张。即使近年来被人们深深惋惜的"梁陈方案"在当年得到采纳，也根本解决不了今天北京面临的困境，因为他们也没有预料到后来北京人口的增长如此迅猛，相应的交通、环境等问题如此突出。缓解人口增长压力的一般途径，无非是以政治、经济的力量限制进入与酌量迁出，适当降低自然增长率。当代北京所期望的人口流动方向，与古代动用政府力量"移民以实京师"恰恰相反。2015 年的新闻媒体报道，疏解北京"非首都功能"的任务单和时间表已经圈定，未来将有八成行业禁入、四类功能退出，增量控制和存量疏解并重，预计到 2020 年取得明显成效；[①]确保 2017 年市属行政事业单位整体或部分迁入通州区有实质性进展。[②] 这里必须指出，仅仅在北京市所辖范围内或周边地区调整人口和产业布局，实际上仍然是在自觉或不自觉地维持北京城市功能大而全的唯一性地位。如果能够跳出紧紧围绕北京这个中心的思维模式，把政治、经济、文化中心的功能在整个国家的视野下拆分开来，就可望借助宪法提供的制度保障与相距较远的地域分隔，从根本上改变目前北京城市功能多重叠加、人口与产业高度集中的局面，创造一个功能相对单一、规模比较适中、环境大体宜居的首都。在这个意义上，古代中国曾在首都之外设置陪都，当代不少国家的政治中心与经济中心、文化中心分离，甚至不同的政治职能也要分散在不同的城市，这

---

① 《疏解大北京：任务单和时间表已圈定》，《中国经营报》2015 年 7 月 25 日。
② 《北京 2017 年市属行政单位迁通州，选址已完成拆迁》，《新京报》2015 年 11 月 26 日。

些实例都具有极高的参考借鉴价值。城市定位决定着城市功能，左右着人口与产业的聚散，而分散城市功能将是疏解北京人口与功能之沉重负担的根本出路。

我国历史上在王朝或政权的都城之外建立陪都，数量众多，情形复杂。立为陪都的原因，或以城邑位居冲要、控御一方，或因其为帝王故里、兴起之地，或因其为前朝遗迹、本朝旧都，诸如此类，不尽相同。陪都制度肇始于西周初年武王伐纣归来之后经营雒邑，即今洛阳。司马迁指出："学者皆称周伐纣，居雒邑，综其实不然。武王营之，成王使召公卜居，居九鼎焉，而周复都丰镐。至犬戎败幽王，周乃东徙于雒邑。"立雒邑为陪都，是因为"此天下之中，四方入贡道里均"。① 其后，建都长安的北周、隋、唐，建都开封的五代梁、晋、周，皆以洛阳为陪都，唯其称号有东都、东京、西京、西都之别。隋唐时期的洛阳作为长安之外的另一个政治中心，在历史上影响尤其深远。

两京并立或三京鼎峙乃至五京共存，显示了古代陪都制度的多样化。三国魏始建五都，"魏因汉祚，复都洛阳。以谯为先人本国，许昌为汉之所居，长安为西京之遗迹，邺为王业之本基，故号五都也"。② 唐代在长安、洛阳之外，武则天时曾立并州为北都，开元年间先后立蒲州（中都）或太原（北都），形成三都之制。唐肃宗至德二载（757）设立五京，宝应元年（762）复置五都，但前后仅有数年。在政权更迭迅速的五代，后唐有三都、四都、五都之设，后晋亦有四都，唯其历时更加短暂。北宋以开封为东京，"盖有意以洛阳为西京，其后未果"。③ 在与契丹对峙的形势下，遂以应天府（今河南商丘）为南京，建大名府（今河北大名）为北京。辽代自契丹神册元年

---

① 《史记》卷四《周本纪》，中华书局，1997，第129页。

② 《水经注》卷十《浊漳水》，上海古籍出版社，1990。

③ 史念海：《中国古都和文化》，中华书局，1998。

（916）耶律阿保机称帝，至辽兴宗重熙十三年（1044），经过将近一百三十年，逐渐形成了由上京临潢府、东京辽阳府、南京析津府、中京大定府、西京大同府构成的五京之制，共同履行国家或区域政治中心的职能。南京析津府治今北京西南，是辽代南部地区的行政中心。金代在熙宗时期设有七京，海陵王迁都燕京并改称中都后予以删削调整，形成以中都大兴府、北京大定府、西京大同府、东京辽阳府、南京开封府构成的金代五京，此后略有变化。金中都的建立，使历史上的北京第一次成为国家的首都。元代建都于大都，以开平（今内蒙古正蓝旗东北）为上都，并形成了皇帝每年春冬在大都、夏秋去上都的惯例。明初以南京为首都、凤阳为中都，永乐年间迁都北京后，遂成三京之制。嘉靖年间以承天府钟祥县为兴都，参照中都的做法设置留守司，衍生为四京。当然，首都北京与留都南京，在国家政治体制中的地位最重要。满洲入关之前，已有兴京（赫图阿拉）、东京（辽阳）、盛京（沈阳）并存。入关后以北京为京师，以盛京为留都，分别是关内与关外最重要的政治中心。

放眼当代世界，固然有许多国家的首都既是政治中心又是经济中心，并且往往是本国人口最多或位居前列的大城市，但政治中心功能单一或由数个城市分担其政治功能的国家也不乏其例。在北美洲，美国首都华盛顿（Washington D.C.）2010 年的人口数量（60.17 万）只排在全国城市的第 24 位，相当于最大的经济金融中心、人口最多的纽约（817.51 万）的7.36%，也远在其他以经济、科技闻名的主要城市之后。加拿大首都渥太华（Ottawa），是政治、科技、文化中心，但它只是全国第六大城市，经济活动也以服务于首都职能的"政府经济"或"首都经济"为主。在欧洲，荷兰宪法规定的首都阿姆斯特丹（Amsterdam），是全国最大的城市，是金融与商贸之都。但是，政府机关、议会、王宫、最高法院、外国使馆等却在第三大城市海牙（Den Haag），这里自 13 世纪以来一直是荷兰的政治中心。在非洲，南非拥有三个首都——茨瓦内（Tshwane）：行政首都，中央政府所在地，原名比勒陀利亚（Pretoria），2005 年 3 月 7 日更名；布隆方丹（Bloemfontein）：司法首都，最高法院所在地；开普敦（Cape Town）：立法首都，议会所在地。在南美洲，巴西人口最多、经济最发达的城市，是圣保罗（São Paulo）和里约热内卢（Rio de Janeiro）。首都巴西利亚（Brasília），是 1950 年代按照总设计师、被誉为"建筑界的毕加索"的奥斯卡－尼迈耶（Oscar Ribeiro de Almeida Niemeyer Soares Filho）的规划方案，在戈亚斯州（Goias）海拔 1200 多米的高原上新建的一座城市。1960 年 4 月 21 日，巴西首都从里约热内卢迁往巴西利亚，这里由此成为南美洲最年轻的首都，1987 年又成为联合国教科文组织批准的历史最短的世界遗产。与此同时，里约仍是许多政府机关、社团组织、公司总部的所在地，被称为巴西的"第二首都"。在大洋洲，澳大利亚的首都堪培拉（Canberra），是联邦政府 1911 年决定在悉尼（Sydney）与墨尔本（Melbourne）两大城市之间选址、1927 年建成后从墨尔本迁都至此的新兴城市，是全国的政治中心与许多社会文化机构所在地，银行、饭店、公共服务业是其主要经济部门。在亚洲，日本东京（Tokyo）为了限制城市无限扩展，持续致力于首都功能的分散。1958、1968、1976、1986、1999 年相继公布了第一至第五次"首都圈基本计划"，通过实施绿化带计划、卫星城计划、新都心计划、科学城计划、一小时生活圈计划，形成了多圈层、多中心的都市圈城市体系，有效地分散了中心城市的功能。对于首都人口，不是以强制性政策直接从东京迁出或者限制流入东京，而是以间接影响居民生活选择的城市发展方式取得控制性的调节效果。

四　结论

古今中外的例证显示：我国历史上的陪都固然有许多是为了彰显这些城

市的某种特殊地位而设，但也有不少曾经有效地分担了首都的政治、军事功能；到了人口过度膨胀、环境问题越来越突出的当代，国家的首都未必需要建在人口数量过于庞大的城市，在政治中心之外也未必应当叠加经济中心等多重功能；政治中心的功能也可以拆解成若干门类，由不同的城市分别承担起来，这些举措对于化解首都的城市问题具有至关重要的作用。如果能够借鉴中外设置多个都城或简化首都功能的成功经验，以长远的战略眼光进行调查研究、规划设计，再经过若干年的精心建设，使城市功能多重叠加的北京能够在十至二十年之间逐步分散转移部分政治中心功能，削减作为全国经济中心的功能，应当可以从根本上缓解甚至消除首都背负的社会发展与人口、资源、环境等方面的沉重压力。现代交通系统与信息网络技术，已经把我们居住的星球变成了"地球村"。只要能够建立并且遵循科学有效的法律制度，首都与分担其功能的若干中心城市及其所在区域之间，也很难出现类似古代藩镇割据那样的分裂局面，当代世界有关国家的实例就是最近也最有力的证明。在国土狭窄的日本，东京的首都圈发展模式自有其成功之处。但在我们这样一个幅员辽阔的大国，承担某一项政治中心功能的城市如果距离北京远了，那就意味着与其他区域更加接近了，这将更有利于国家的政令通达和团结统一。

（北京市社会科学院历史所）

唐后期幽州藩镇与中央关系探略

许　辉

一　幽州藩镇与中央王朝的关系

唐后期幽州藩镇在跋扈叛逆的行动中表现出更多的被动性，藩帅往往是在邻藩的叛逆活动鼓动下加入叛乱的，不同于成德、魏博藩镇出于利害关系主动挑起的动乱。幽州藩镇在叛逆上表现得较为被动，也就意味着对朝廷表现出更多的依顺性。从实际情况来看，幽州藩镇与中央王朝的对抗，最明显的表现是建中四年的朱滔之乱和穆宗长庆初年的朱克融之乱。

幽州藩镇参与的两次重大叛乱，首谋以成德、魏博、淄青藩镇为先，幽州随后被卷入。建中二年，因魏博田悦与淄青李正己为成德李惟岳请命而酿成藩镇之乱，"春，正月，戊辰，成德节度使李宝臣薨……初，宝臣与李正己、田承嗣、梁崇义相结，期以土地传之子孙。故承嗣之死，宝臣力为之请于朝，使以节授田悦；代宗从之……至是悦屡为惟岳请继袭，上欲革前弊，不许……悦乃与李正己各遣使诣惟岳，潜谋勒兵拒命。"[1] 八月，平卢节度使李正己死，其子李纳欲自立为节度使，于是三镇相结共抗朝廷。"时平卢节度使李正己已薨，子纳秘之，擅领军务。悦求救于纳及李惟岳，纳遣大将卫

---

① 《资治通鉴》卷二二六德宗建中二年（781）正月条，第7292、7293页。

俊将兵万人，惟岳遣兵三千人救之。悦收合散卒，得二万余人，军于洹水；淄青军其东，成德军其西，首尾相应。"①

幽州藩镇已于大历八年表示效顺朝廷，朱泚入朝，以朱滔为留后掌幽州军务。在成德、魏博、淄青叛乱时，幽州积极参与平叛，"范阳节度使朱滔将讨李惟岳，军于莫州。张孝忠将精兵八千守易州，滔遣判官蔡雄说孝忠曰：'……使君诚能首举易州以归朝廷，则破惟岳之功自使君始，此转祸为福之策也。'……孝忠德滔，为子茂和娶滔女，深相结。"②成德、魏博在河北藩镇中属于强藩，历来为朝廷所忌惮。此次虽然德宗企图振兴而开展了讨伐，幽州藩镇朱滔兄弟的效顺也制造了河北藩镇并非铁板一块的假象。在平魏博的时候，因为有成德内讧以及幽州藩镇的参与，所以战局不到半年就基本稳定了，这使一心想要建功立业的德宗低估了讨叛的艰巨性和复杂性。很快形势发生了反转，藩镇寻求自身利益自保的本来面目重现。在河北三镇互相敌对的情况下，幽州藩镇采取向朝廷归顺的姿态，想借助朝廷之力打压周边强藩，以达到充实自己削弱对手的目的，而唐王朝却误以为平叛之后，河北强藩再次俯首帖耳，因此对参与平叛的朱滔和王武俊的土地要求不仅不予理会，还意图借此机会加以削夺，触犯了割据藩镇的利益。

朝廷未能满足王武俊与朱滔等人的利益，"是以武俊怨赏功在日知下，朱滔怨不得深州，二将有憾于朝廷。悦知其可间，遣判官王侑、许士则使于北军，说朱滔曰：'……是国家无信于天下也。且今上英武独断，有秦皇、汉武之才，诛夷豪杰，欲扫除河朔，不令子孙嗣袭。……如马燧、抱真等破魏博后，朝廷必以儒德大臣以镇之，则燕、赵之危可翘足而待也。若魏博全，则燕、赵无患，田尚书必以死报恩义……今司徒声振宇宙，雄略命世，救邻之急，非徒立义，且有利也。尚书以贝州奉司徒，命某送孔目，惟司徒

---

① 《资治通鉴》卷二二七德宗建中二年（781）八月条，第7306页。
② 《资治通鉴》卷二二七德宗建中二年（781）八月条，第7307页。

熟计之。'滔既有贰于国,欣然从之,乃命判官王郢与许士则同往恒州说王武俊,仍许还武俊深州。武俊大喜,即令判官王巨源报滔,仍知深州事。武俊又说张孝忠同援悦,孝忠不从。"① 显然田悦洞悉割据藩镇的利害关系,在危难之际而轻易扭转了局面。不过幽州藩镇的地位并未如朱滔所愿得到提升,很快企图在朝廷和邻藩中渔利的朱滔遭遇了成德王武俊的背弃。河朔三镇联合导致朝廷师久无功,李抱真遣贾林说王武俊与朱滔反戈:"贾林复为李抱真说王武俊曰:'朱滔志吞贝、魏,复值田悦被害,傥旬日不救,则魏博皆为滔有矣。魏博既下,则张孝忠必为之臣。滔连三道之兵,益以回纥,进临常山,明公欲保其宗族,得乎!常山不守,则昭义退保西山,河朔尽入于滔矣。不若乘贝、魏未下,与昭义合兵救之;滔既破亡,则关中丧气,朱泚不日枭夷,銮舆反正,诸将之功,孰有居明公之右者哉!'武俊悦,从之。"② 从此朱滔败归幽州,随后病死,涿州刺史刘怦继掌节帅之位。

宪宗元和年间以后,河北藩镇粗告平定。幽州刘总入朝,但是接任的张弘靖控抚失当,穆宗长庆元年(821)七月幽州发生了兵乱逐帅之事。幽州牙将朱洄、朱克融父子得到军中推举,朝廷派遣的节度使刘悟无法赴任。与此同时,成德再度发生动乱,成德王庭凑煽动军乱杀田弘正自称留后,联合魏博史宪诚迫使朝廷授其三镇节钺,"朝廷不能讨,遂并朱克融、王庭凑以节钺授之。由是再失河朔,讫于唐亡,不能复取"。③

幽州藩镇虽加入了这两次叛乱,但实际上节帅没有有预谋地首先挑起事端,只不过是在大形势下卷入其中。尤其经过长庆元年朱克融之乱后,唐王朝继续对幽州藩镇进行控制,但只是维持幽州藩镇与中央表面上的稳定关系,朝廷的重心是对关辅以及淮南重要经济区域藩镇的控制。

---

① 《旧唐书》卷一四一《田悦传》,第3843、3844页。
② 《资治通鉴》卷二三〇德宗兴元元年(784)四月条,第7426、7427页。
③ 《资治通鉴》卷二四二穆宗长庆二年(821)正月条,第7804页。

幽州藩镇虽被列入河北跋扈藩镇之列，但幽州节帅向朝廷表示忠顺的人数较其他两镇为多。代宗大历八年（773）朱泚、朱滔兄弟曾率先向唐中央表示归顺，其他节帅如刘济、刘总、李载义、张仲武、张允伸，均有为唐王朝伐叛御边的行为，大多服从唐王朝之调遣。[①]

二　原因分析

幽州藩镇对朝廷虽然有叛逆的举动，但是仅以朱滔、朱克融表现最为明显。其他节度使对中央虽然不是十分效顺，但基本上未与中央公然决裂。综而观之，幽州藩镇对唐王朝叛逆性与依顺性的关系受到多个方面的影响。

首先，幽州藩镇与唐朝中央的关系受到了幽州藩镇本身政治、经济、军事地理环境的影响。河北三镇中，幽州首先靠拢朝廷。通过军乱而得位的节度使在统治上有一定的困难，于是不得不借与朝廷接近来稳定人心。幽州藩镇居于河朔藩镇最北端，白居易论河北诸镇地位时，首推魏博，而以燕赵居其次："魏于山东最重，于河南亦最重。何者？魏在山东，以其能遮赵也，既不可越魏以取赵，固不可越赵以取燕，是燕、赵常重于魏，魏常操燕、赵之性命也。故魏在山东最重"。[②]因为魏博靠近东都，对唐王朝构成的威胁最大，代宗时对魏博极为宽宥，以公主下嫁，"（田承嗣）既得志，即计户口，重赋敛，厉兵缮甲，使老弱耕，壮者在军，不数年，有众十万。又择趫秀强力者万人，号牙兵，自署置官吏，图版税入，皆私有之。又求兼宰相，代宗以寇乱甫平，多所含宥，因就加同中书门下平章事，封雁门郡王，宠其军曰

---

① 魏博仅有田弘正、田布父子，成德有王士真、王元逵、王景崇三任节度对中央恭顺。
② 《全唐文》卷七五四杜牧《罪言》，大化书局，1987，第3509页，。

天雄，以魏州为大都督府，即授长史，诏子华尚永乐公主，冀结其心"。①
贞元元年，田承嗣第六子田绪又尚嘉诚公主，"贞元元年，以嘉诚公主降绪，
拜驸马都尉"。②

成德藩镇则积极联合魏博与淄青藩镇来维护其地位，如"宝臣弟宝正娶
田承嗣女"，③ "惟诚者，惟岳之庶兄也，谦厚好书，得众心，其母妹为李正
己子妇。"成德居于幽州、青齐、魏博昭义之间，邻藩有所举动，成德则随
之而发，以求自固。宪宗元和四年，田季安闻吐突承璀将兵讨王承宗，聚其
徒曰："师不跨河二十五年矣，今一旦越魏伐赵；赵虏，魏亦虏矣，计为之
奈何？"其将有超伍而言者，曰："愿借骑五千以除君忧！"季安大呼曰："壮
哉！兵决出，格沮者斩！"④ 朝廷鉴于成德藩镇地处河朔藩镇之间，牵连广
漫，不得不加以优宠。如王武俊子、王廷凑子均尚公主，"士平，以父（王
武俊）勋补原王府咨议。贞元二年，选尚义阳公主，加秘书少监同正、驸马
都尉。"⑤ "（王廷凑）子元逵，为镇州右司马，兼都知兵马使。廷凑卒，三军
推主军事，请命于朝……元逵素怀忠顺，顿革父风。及领藩垣，颇输诚款，
岁时贡奉，结辙于途，文宗嘉之。开成二年，诏以寿安公主出降，加驸马
都尉。"⑥

在三镇之中唯有幽州未有尚主之例，而成德、魏博藩镇尚主之情形十分
相似，都是在跋扈情况下朝廷为了安抚而以公主出降，明显地表示了朝廷对
二镇的笼络。所以幽州藩镇所受待遇与另两镇不同，显然与它对朝廷的利害
关系密切与否相关。

其次，虽然河北三镇有互相勾结的一面，但是其中内部的矛盾也是不容

---

① 《新唐书》卷二一〇《藩镇魏博·田承嗣传》，第5921页。
② 《新唐书》卷二一〇《藩镇魏博·田绪传》，第5933页。
③ 《旧唐书》卷一四二《李宝臣传》，第3866页。
④ 《资治通鉴》卷二三八宪宗元和四年（809）十一月条，第7668页。
⑤ 《旧唐书》卷一四二《王武俊附士平传》，第3877页。
⑥ 《旧唐书》卷一四二《王廷凑传附王元逵传》，第3888页。

置疑的事实。① 三镇之中，成德更倾向于与淄青平卢、魏博藩镇勾结，而幽州藩镇与魏博、成德藩镇关系较为疏远。

德宗建中二年（781）成德李惟岳欲结田悦、李正己抗命，曾任定州刺史的谷从政为李惟岳之舅，即前往劝告："相公与幽州有隙，朱滔兄弟常切齿于我，今天子必以为将。滔与吾击柝相闻，计其闻命疾驱，若虎狼之得兽也，何以当之！'"② 元和二年，"秋，八月，刘济、王士真、张茂昭争私隙，迭相表请加罪。戊寅，以给事中房式为幽州、成德、义武宣慰使，和解之"。③ 元和四年刘济欲讨王承宗而对，"济合诸将言曰：'天子知我怨赵，今命我伐之，赵亦必大备我。伐与不伐孰利？'"部将谭忠为刘济剖析燕与赵以及昭义的关系道："卢从史外亲燕，内实忌之；外绝赵，内实与之。"既然燕赵不和，幽州为朝廷效力才能获得利益，故而谭忠劝说刘济讨伐王承宗："燕、赵为怨，天下无不知。今天子伐赵，君坐全燕之甲，一人未济易水，此正使潞人以燕卖恩于赵，败忠于上，两皆售也。是燕贮忠义之心，卒染私赵之口，不见德于赵人，恶声徒嘈嘈于天下耳。惟君熟思之！"济曰："吾知之矣。"乃下令军中曰："五日毕出，后者醢以徇！"幽州藩镇与邻镇成德向来交恶，兴元元年，幽州藩镇在叛乱中又被成德、魏博出卖，损失惨重，相互关系更加恶化，幽州藩镇更加居于劣势。元和十年，幽州受到成德侵犯，"王承宗纵兵四掠，幽、沧、定三镇皆苦之，争上表请讨承宗。"④ 在邻藩对幽州形成威胁的时候，往往幽州藩镇会依靠朝廷的支援，通过效忠朝

---

① 《资治通鉴》卷二三八宪宗元和四年（809）七月条，李绛论河北三镇关系之复杂性，以为"群臣见陛下西取蜀，东取吴，易如反掌，故谄谀躁竞之人争献策画，劝开河北，不为国家深谋远虑，陛下亦以前日成功之易而信其言。臣等夙夜思之，河北之势与二方异。何则？西川、浙西皆非反侧之地，其四邻皆国家臂指之臣。刘辟、李锜独生狂谋，其下皆莫之与，辟、锜徒以货财啖之，大军一临，则涣然离耳。故臣等当时亦劝陛下诛之，以其万全故也。成德则不然，内则胶固岁深，外则蔓连势广，其将士百姓怀其累代煦妪之恩，不知君臣逆顺之理，谕之不从，威之不服，将为朝廷羞。又，邻道平居或相憎恨，及闻代易，必合为一心，盖各为子孙之谋，亦虑他日及此故也。"
② 《资治通鉴》卷二二六德宗建中二年（781）正月条，第7293~7294页。
③ 《资治通鉴》卷二三八宪宗元和四年（809）八月条，第7639~7640页。
④ 《资治通鉴》卷二三九宪宗元和十年（814）十一月条，第7720页。

廷得到支持形成对邻藩的威慑，维护自己的利益。如朱滔劝兄入朝时说道："天下诸侯未有朝者，先至，可以得天子意，子孙安矣。"① 大历八年（773），朱滔率精兵五千助朝廷防秋，九年朱泚自请入朝，首开藩镇入朝之例。幽州藩镇与其他藩镇关系疏远，也就不得不对朝廷产生更多的依附性。而唐中央一直顾忌三镇根据蟠结，所以幽州藩镇表示效顺自然能得到唐王朝的倚重，这样有助于幽州藩镇获得朝廷的支持来和邻藩相抗衡。

再次，幽州藩镇辖有九州，其中营、平、蓟、檀、幽、妫地接北疆回鹘，东北接两蕃，所以防御外族入侵也是一项繁重的任务。由于外患的压力，幽州藩镇也要在一定程度上依靠朝廷的支持，所以对朝廷也就不得不表现出恭顺的态度。刘济任幽州节度使时，"奚数侵边，（刘）济击走之，穷追千余里，至青都山，斩首二万级。其后又掠檀、蓟北鄙，济率军会室韦，破之"。② 武宗时期，北方有回鹘为患，幽州藩镇也需要仰仗朝廷指令各路兵马配合防御，"黠戛斯使云：'今冬必欲就黑车子收回纥可汗余烬，切望国家兵马应接。'黠戛斯使回日，已赐敕书，许令幽州、太原、天德、振武，各于路邀截出兵"。③ 在北边诸节度的配合下，"会回鹘特勒那颉啜拥赤心部七千帐逼渔阳，仲武使其弟仲至与别将游奉寰等率锐兵三万破之，获马、牛、橐它、旗纛不胜计，遣吏献状，进检校兵部尚书。"④ 由于外邻强敌，幽州藩镇把更多精力用于对外的军事防御，因此少有余力去参与藩镇叛乱。

最后，唐王朝对政局的把握和对藩镇控制的手腕与力度，也影响了幽州藩镇对唐中央的顺逆。安史之乱后，唐王朝的藩镇政策不断变化，对幽州藩镇产生了不同的影响。

肃代两朝历安史之乱后，为尽早结束战乱动荡的局面，对藩镇采取纵

---

① 《新唐书》卷二一二《朱滔传》，第5969页。
② 《新唐书》卷二一二《藩镇卢龙·刘济传》，第5974页。
③ 《全唐文》卷七〇二《巡边使刘濛状》，大化书局，1987，第3326页。
④ 《新唐书》卷二一二《藩镇卢龙·张仲武传》，第5980页。

容姑息的政策，"自兵兴以来，方镇武臣多跋扈，凡有所求，朝廷常委曲从之"。[①] 肃宗至德元载（756）七月在灵武即位，以朔方军为主力并请回纥助兵讨叛，历时半年，安禄山虽被其子安庆绪所杀，但是叛军仍据有河北，南攻江淮，处于困兽犹斗的状态。肃宗急于收复两京，放弃了李泌先捣叛军老巢范阳的计划，使叛军仍以范阳为根据地，以河北为战场，与朝廷对抗，战局僵持不下。在叛军横肆之际，朝廷内部宦官程元振、鱼朝恩干政，引起将帅离心，加之西北吐蕃和回纥的边患，为了尽早结束战争，代宗于广德元年（763）"以史朝义降将薛嵩为相、卫、邢、洺、贝、磁六州节度使，田承嗣为魏、博、德、沧、瀛五州都防御使，李怀仙仍故地为幽州、卢龙节度使。时河北诸州皆已降，嵩等迎仆固怀恩，拜于马首，乞行间自效；怀恩亦恐贼平宠衰，故奏留嵩等及李宝臣分帅河北，自为党援。朝廷亦厌苦兵革，苟冀无事，因而授之"。[②] 幽州藩镇在李怀仙统治之下，治兵完城，拥兵自重，贡赋不入朝廷，几乎为半独立状态。

历经肃宗时期的平叛，代宗对藩镇一味宽纵，唯恐引起动荡。大历年间幽州两次兵乱，朝廷不敢加一兵一卒。大历二年（768）六月，朱希彩杀李怀仙，朝廷遣王缙为卢龙节度使，以朱希彩为留后，七月，"王缙如幽州，朱希彩盛兵严备以逆之。缙晏然而行，希彩迎谒甚恭。缙度终不可制，劳军，旬余日而还"。[③] 在朝廷无力制置的情况下，朱希彩"骜恣不轨，人不堪"，[④] 不久就为孔目官李瑗所杀，军中推主朱泚为留后。经历安史叛乱之后，肃宗、代宗对安史降将割地置官，使得朝廷威权日削，幽州藩镇势力愈加强大，"山东虽外臣顺，实傲肆不廷"。[⑤]

① 《资治通鉴》卷二二五代宗大历十年（775）八月条，第7231页。
② 《资治通鉴》卷二二二代宗广德元年（763）闰正月条，第7141页。
③ 《资治通鉴》卷二二四代宗大历三年（768）六月条，第7201页。
④ 《新唐书》卷二一二《李怀仙传》，第5968页。
⑤ 《新唐书》卷二一二《朱滔传》，第5968页。

德宗在即位初年，有扫平藩镇之志，但是由于措施失当，导致了朱泚叛乱。建中元年（780）正月，魏博田悦为成德李惟岳请继袭，与李正己连兵拒命，德宗决意讨叛。幽州节度使朱滔与诸军讨伐，进展颇为顺利，李惟岳被部将王武俊所杀，田悦，李纳势力穷蹙。但在建中三年（782）田悦劝说朱滔、王武俊复叛，导致德宗出奔奉天。遭此变乱之后，德宗也对讨伐藩镇失去了信心，"上还自兴元，虽一州一镇有兵者，皆务姑息"。[1]兴元元年（784）五月，唐在吐蕃协助下，叛乱始平，朱滔逃归幽州。叛乱之后，开始了刘氏父子三代执政时期，在德宗的优容政策下，幽州藩镇父子传代成为惯例，使得幽州的地方化更趋于定势。但是经历建中年间的打击，幽州藩镇也安守东北，不敢再生事端。贞元十年（794）三月，刘济与兄刘滔不和，刘滔率所部归京师，幽州藩镇依旧维持了与朝廷表面的臣服关系。

经历肃代以来的姑息，宪宗力图改变藩镇跋扈的局面，以振作朝廷威势。在君臣筹划下对藩镇一一制裁，元和元年正月，"上与杜黄裳论及藩镇，黄裳曰：'……陛下必欲振举纲纪，宜稍以法度裁制藩镇，则天下可得而理也。'上深以为然，于是始用兵讨蜀，以至威行两河，皆黄裳启之也"。[2]元和四年之际，宪宗屡屡与学士商讨征伐河北三镇，"上欲革河北诸镇世袭之弊，乘王士真死，欲自朝廷除人，不从则兴师讨之"。[3]经君臣多次讨论，宪宗先扫清西川、浙西，元和七年魏博田弘正归顺，于是元和十年（814）讨淮西吴元与成德王承宗。为防止幽州藩镇卷入，宪宗没有征调幽州藩镇参战，而刘济、刘总父子为自全之计，主动出兵，"承宗再拒命，总遣兵取武强，按军两端，以私馈赍。宪宗知之，外示崇宠，进同中书门下平章事。及吴元济、李师道平，承宗忧死，田弘正入镇州，总失支助，大恐，谋自安。又数

---

① 《资治通鉴》卷二三五德宗贞元十五年（799）十二月条，第7585页。
② 《资治通鉴》卷二三七宪宗元和元年（806）正月条，第7627页。
③ 《资治通鉴》卷二三七宪宗元和四年（809）四月条，第7659~7660页。

见父兄为祟……因上疏愿奉朝请，且欲割所治为三：以幽、涿、营为一府，请张弘靖治之；瀛、莫为一府，卢士玫治之；平、蓟、妫、檀为一府，薛平治之。尽籍宿将荐诸朝"。① 元和十三年，在宪宗君臣的励精图治之下，河北三镇一时穷窘。幽州节度使刘总也是独木难支，不得不分割幽州之地，举家入朝。

虽然宪宗平定藩镇粗告成功，但是继以穆宗、敬宗两朝对藩镇处置失当，致使朝廷再失河朔。穆宗长庆元年五月刘总入朝之后，以张弘靖出任幽州节度使，因张弘靖安抚不力，幽州兵乱之后朱克融自为节度使，朝廷从此转入了对幽州藩镇的消极干预，而且对河北藩镇的动向格外慎重。文宗太和元年（827）五月，因为李同捷拒命，欲自代其父为横海节度使，"朝廷犹虑河南、北节度使构扇同捷使拒命，乃加魏博史宪诚同平章事。丁丑，加卢龙李载义、平卢康志睦、成德王庭凑检校官"。② 文宗朝时朝廷陷入内部党争和与宦官的斗争中，对藩镇的采取维持现状的策略，"（太和）五年正月，幽州军乱，逐其帅李载义。文宗以载义输忠于国，遽闻失帅，骇然，急召宰臣谓之曰：'范阳之变奈何？'僧孺对曰：'此不足烦圣虑。且范阳得失，不系国家休戚，自安、史已来，翻覆如此。前时刘总以土地归国，朝廷耗费百万，终不得范阳尺帛斗粟入于天府，寻复为梗。至今志诚亦由前载义也，但因而抚之，俾扞奚、契丹不令入寇，朝廷所赖也。假以节旄，必自陈力，不足以逆顺治之。'帝曰：'吾初不详，思卿言是也。'即日命中使宣慰"。③ 牛僧孺的建议表明朝廷对于藩镇控制的收缩，虽然幽州节度使李载义在宝历二年（826）取代朱延嗣后对朝廷表示效顺，但是幽州藩镇处于河朔跋扈藩镇的外围，对朝廷安全并无直接影响，所以文宗时期对幽州采取较为放任的态度。

正是由于朝廷对藩镇的控制范围越来越收缩的情况下，周边强藩及少数

---

① 《新唐书》卷二一二《藩镇卢龙·刘总传》，第5975~5976页。
② 《资治通鉴》卷二四三文宗太和元年（827年）五月条，第7854页。
③ 《旧唐书》卷一七二《牛僧孺传》，第4471页。

民族威胁，使幽州藩镇转向对朝廷依赖。武宗会昌元年（841）八月幽州接连发生军乱，"卢龙军复乱，杀陈行泰，立牙将张绛。初，陈行泰逐史元忠，遣监军傪以军中大将表来求节钺。李德裕曰：'河朔事势，臣所熟谙。比来朝廷遣使赐诏常太速，故军情遂固。若置之数月不问，必自生变。今请留监军傪，勿遣使以观之。'既而军中果杀行泰，立张绛，复求节钺，朝廷亦不问"。① 除了内部军乱频繁，幽州藩镇还经常面临外族的攻击，尤其是回鹘与奚以及契丹勾结，幽州的军事防御压力加大时，"始，回鹘常有酋长监奚、契丹以督岁贡，因诇刺中国。仲武使裨将石公绪等厚结二部，执谍者八百余人杀之。回鹘欲入五原，掠保塞杂虏，乃先以宣门将军四十七人诡好结欢，仲武掠其下，尽得所谋，因逗留不遣，使失师期，回鹘人马多病死者，由是不敢犯五原塞。乌介失势，往依康居，尽徙余种，寄黑车子部。回鹘遂衰，名王贵种相继降，捕几千人。仲武表请立石以纪圣功，帝诏德裕为铭，揭碑卢龙，以告后世。大中初，又破奚北部及山奚，俘获杂畜不赀"。② 正因为疲于战事，幽州藩镇不得不向唐朝靠拢，以求得到支援。

综上所述，安史之乱后的割据形势，幽州地位受到周边藩镇的很大影响。它作为分裂割据的藩镇，往往与临近强藩巨镇互相勾结，连兵对抗朝廷，保护自己的私利。但是在唐王朝对藩镇有一定优势的时候，又相应地表现出妥协和顺从，不敢彻底与中央决裂。另外由于幽州地处唐王朝最东北边境，对外有契丹、奚族以及回鹘的侵袭，对内有相邻强藩的威胁，从而使得幽州藩镇对唐王朝的背顺上受到更多的外部影响，也对唐中央表现出更多的依赖性。

（北京市社会科学院历史所）

---

① 《资治通鉴》卷二四六武宗会昌元年（841）八月条，第 7955~7956 页。
② 《新唐书》卷二一二《藩镇卢龙·张仲武传》，第 5980~5981 页。

清代前期北京粮食市场与津、冀的关系

邓亦兵

前人对京城粮食市场与津、冀地区关系的专门研究较少，但仍有研究者涉及相关问题。如陈金陵用顺天府粮价说明"道光以前京师粮价相对稳定"，"道光以后京师粮价上涨"，上涨之高，全国之冠。[①]张瑞威则提出了相反的意见，他指出"由于政府的漕粮制度，使到京城的人口可以以非常低廉的价钱，便能享用产自江南的稻米"。[②]其实这个问题正反映出京城粮食市场与津、冀地区的关系，本文拟对此详细论述。

研究时限，清代前期，即 1644~1840 年，包括部分中期。北京，在清代前期称京师，档案中也称京城。这里使用北京的概念，主要是为了拉近历史与现实的距离，对现实有些借鉴意义。实际上，北京的地域范围不断扩大，本文研究只限于当时京城的地域范围，专指内城与外城区，不含关厢。[③]内城在九门和相连的城墙之内。九门从南面西边始为宣武门、正阳门、崇文门，东面为朝阳门、东直门，北面为安定门、德胜门，西面为西直门、阜成门。在内城，延续了前代遗留下的两圈城墙，以皇城为中心，在外有内城拱

---

① 陈金陵：《清代京师粮价及其他》，载中国人民大学清史研究所编《清史研究集》第六辑，光明日报出版社，1988。

② 张瑞威：《十八世纪江南与华北之间的长程大米贸易》，载《新史学》21 卷 1 期，2010。该文核心观点来自张瑞威 *The Price of Rice: Market Integration in Eighteenth-Century China*，west washington university press, 2008。感谢罗畅提供译文。

③ 关厢指城门外大街和附近地区。

卫。外城在十门和连接的城基之内。十门从南面西边始为右安门、永定门、左安门，东面为广渠门、东便门，北面为崇文门、正阳门、宣武门，西面为西便门、广宁门（广安门）。其中宣武门、正阳门和崇文门及城墙是内外城的分界，以北为内城，以南为外城，所以外城也称南城。

现代的津是天津市的简称，冀是河北省的简称。在清代前期天津为天津府，河北省为直隶省。直隶包括顺天府，顺天府下属的宛平和大兴二县的地域与京城范围有部分重合，以中轴线为界，西边为宛平县，东边为大兴县。尽管顺天府署，宛平、大兴二县衙署，都设在内城，但是二县知县只管理内外城以外的地区，而内外城，即十六门内为京师范围。在京城，中央政府都察院下设五城巡城御史，职掌中、东、西、北、南五城的治安、司法、社会保障、经济、平治道路等"细事"。① 在各类政书、档案记载的资料中，政府往往命令步军统领、顺天府、五城御史三部门负责京城的具体事务，尤重视顺天府，京城的粮价多由顺天府府尹奏报。"清代京师，遇有重务，朝旨责成，实多顺府。"②

一　京城周围形成集散市镇

清代前期围绕京城粮食市场，在津、冀地区形成了一些粮食集散市镇。第一，通州。通州是京师东面的门户，"自朝阳门至通州四十里，为国东门孔道。凡正供输将，匪颁诏粞，由通州达京师者，悉遵是路。""商贾行旅，梯山航海而至者，车毂织络，相望于道。盖仓庾之都会，而水陆之冲逵也。"③ 韩国使臣走这条路时，记载"自通州至皇城，四十里间，铺石

---

① （清）崑冈等纂修《钦定清会典事例》卷一〇三一，《都察院·五城》，清会典馆光绪二十五年石印本。
② 吴廷燮等编纂《北京市志稿》，《职官表·序》，北京燕山出版社，1998。
③ 雍正朝阳门至通州石道碑文，见于敏中等编《日下旧闻考》卷八十八，郊坰，北京古籍出版社，1981。

为梁，铁轮相搏，车声益壮，令人心神震荡不宁。"① 通州是大运河的北码头，为水陆总汇之区，准备运到京师的漕粮先由船运至通州下卸，"为漕粮交卸之区"。② 在这里存贮一部分漕粮，剩下的漕粮运到京仓存贮。通州也是粮食聚集地，"向来旗丁余米，准在通州变卖，以资日用。"③ 当时大部分官员俸米也在通州发放，所以许多皇亲国戚、官员以至兵丁，在分到粮食之后，不运回家，直接在通州出卖给米局、商铺。"八旗官兵，以所支之米不运至家，惟图微利，一时即行变卖。"④ 嘉庆时发生通州粮仓吏胥舞弊案，据各亲王、郡王、贝勒、贝子自己交待，他们先后在通州出售米票或米粮的情况。

礼亲王昭梿称："自嘉庆十一年起共五次，将票卖在通州。"

顺承郡王伦柱称："近年来俱将米票卖在通州。"

贝勒绵誉称："今年春季在通州卖票一次。"

贝勒绵志称："历年均在通州照票领米，除本门上留用米石之外，余俱在通州米局售卖。惟本年春季本门上参领伦常保卖票一次。"

睿亲王端恩称："历年均系由通仓照票领出，除留食用外，余剩米石即在通州售卖。"

豫亲王裕丰称："历年均系由通仓照票领出，除留食用外，余剩米石即在通州售卖。"

肃亲王永锡称："历年均系由通仓照票领出，除留食用外，余剩米石即在通州售卖。"

仪亲王永璇称："历年均在通州照票领米，除本门上留用米石之外，余俱在通州米局售卖。"

---

① 〔朝鲜〕樸趾源撰《热河日记》，乾隆四十五年，秋八月初一日，北京图书馆出版社，1996，第219页。
② 载龄等纂修《钦定户部漕运全书》卷六三，《京通粮储·支放粮米》。
③ 《清高宗实录》卷一○五五，乾隆四十三年四月丙午。
④ 《清圣祖实录》二四一，康熙四十九年正月庚寅。

成亲王永瑆称："历年均系由通仓照票关出，俱在通州售卖。"

定亲王绵恩称："历年均系由通仓照票关出，除留食用外，余剩米石俱在通州售卖。"

克勤郡王尚格称："历年均系由通仓照票领出，除留食用外，余剩米石俱系在通州售卖。"

庆郡王永璘称："历年均系由通仓照票领出，除留食用外，余剩米石俱系在通州售卖。"

贝勒永珠称："历年均系由通仓照票领出，除留食用外，余剩米石俱在通州售卖。"

贝勒绵懃称："历年均系由通仓照票关出，俱在通州售卖。"

贝勒奕纶称："历年均系由通仓照票领出，除留食用外，余剩米石即在通州售卖。"

贝勒奕绮称："历年均系由通仓照票领出，除留食用外，余剩米石即在通州售卖。"

贝子奕绍称："历年均系由通仓照票领出，除留食用外，余剩米石即在通州售卖。"

怡亲王奕勋称："每年应领俸米俱由通仓照票关领，除本门上食用米石外，其余剩零米卖给通州德和米局。"

荣郡王绵亿称："历年均系由通仓照票关出，除留食用外，余剩米石俱卖与灯市口义合米局吴姓自行运京。"

和郡王绵循称："历年均系由通仓照票关出，除留食用外，余剩米石俱卖与京城米局。""历年余剩俸米俱卖与东四牌楼（北十一条胡同西口外路东）孙姓广聚米局，及白庙（北路西）纪姓增盛（店）碓房。"据调查，绵循一家，历年每季应关俸米一千一百八十七石五斗，自食四五百石，剩米全部出卖，约占 40% 左右。①

正如李明珠所说，"官员、旗人售卖俸粮使得通仓实际上成为商品粮的批发地"。② 正因为此，通州不仅有漕运船只，也有商船停靠，在东门外起卸粮食。明代"旧例不许商船挨挤河道，不许地方开设舂杵研磨"，"以防偷盗混冒之弊。""客贩杂粮，俱在张家湾起卸，不许抵通。"所以"粮店归于张家湾，其通门新盖铺店，听改别项生理"。后户部奏准，"每岁粮艘抵坝，民间贩卖杂粮船只，不得拥挤停泊土石二坝。至东门新开店房，仍令照旧贸易，但粮到之日不得买卖稉（粳？）、粟米二米，以磁（堵？）运官盗卖之弊"。③ 清代顺治六年，巡仓御史称，"漕粮、杂粮起卸，原各有地，如通州东门外，天下漕粮毕集之所"。④ 因此，改变明代的做法，允许商贩粮食的船只在运输漕粮的河道中行驶，所以商船也能到达通州。康熙三十五年，总督仓场侍郎德珠等官员提出，"通州至大通桥闸河，向无民船往来。今应令小舟泛载，于民殊有利济。"政府令官员详奏，于是仓场侍郎等官员将通州至京城河道，"绘图呈览"。康熙帝看后，改变了政策，允许"民船贸易行走"，但要避让粮艘，并打造装载二十石小船通行。⑤ 雍正三年，因多雨，"道路泥泞，民商客货，车辆难行"。政府暂时不禁止"其五闸运河内载货民船"。⑥

在通州有十几家私人米局，还有米铺、碓房。据乾隆年间直隶总督胡季堂等官员调查，"通州地方为水陆总汇之区，凡山东、河南及直隶之大名、天津，江南之徐州等处，出产麦石，各处商人每年自二月开河以后，陆续装运来通，数至五六十万不等。该州东关有永茂、永成、福聚、涌源四大

---

① 《嘉庆十四年通州粮仓吏胥舞弊案》，载《历史档案》1990 年第 2 期。
② 〔美〕李明珠：《华北的饥荒——国家、市场与环境退化》，石涛、李军、马国英译，人民出版社，2016。
③ 《漕运全书》卷十八，《京通粮储·历年成案》。
④ 《漕运全书》卷十八，《京通粮储·历年成案》。
⑤ 《清圣祖实录》卷一七四，康熙三十五年七月丙辰；雍正《漕运全书》卷十九，《京通粮储·历年成案》。
⑥ 《清世宗实录》卷三五，雍正三年八月戊辰。

堆房，每石无论停贮久暂，得价一分，租给商人堆贮，陆续卖给京城，及通州本地铺户。当年消售大半，至次年新麦运到，则将上年之麦，全行粜完，从无堆积，此历年兴贩消售之成规也。""乾隆四十二年，商人张圣如等二百二十余家，自各处贩运麦五十三万九千余石。"① 在通州范围内，还有马驹桥、张家湾、马头等"居民稠密"，"商贾辐辏"的市镇。② 张家湾在清代以前就已经是粮食集散地了。道光时，在朝阳门外，商人雇人零星背负粮食，集成满石，车运张家湾等地，或囤积待售，或有意回漕。③ 马头镇有大商人包买旗丁余米，囤积待售。④ 可见，通州成为京城外围最大的粮食批发集散市场，粮价比京城低，具有集散、批发和零售聚于一地的功能，与京城内外市场相为呼应，进行粮食调配。不过，在通州的粮食也是双向流动的，不仅向京城，也从京城回流，再向津、冀地区流动。

第二，白沟河等市镇。直隶雄县白沟河、霸州苏家桥等处，"与德州、临清一水可通"，是水陆马头，有河间、天津商民"多在水次收买粟米，转贩射利"。⑤ "天津为舟车辐辏之区，其余如新城、白沟河及各处水陆马头，俱有粮食买卖。"⑥ 嘉庆十五年，有官员上报，"直隶白沟河地方为各省商贩粮石会萃之所，可以就近采买，以资民食，以筹仓储。"在天津地方也有"市镇为商贩辏集之处，其中有由海船搭运粮石，至津销售者。""该处商贩既多，若果拨银采买，即较实价稍增，而比较南粮运京，自多减省。且商贩闻风踊跃来者，倍多于畿辅仓贮，民生均属大有裨益。"于是政府

---

① 乾隆四十三年《察办堆房堆贮客麦疏》刑部尚书胡季堂、户部侍郎金简奏折，见高天凤修，金梅纂《通州志》卷之十，艺文，疏议，载黄秀文、吴平主编《华东师范大学图书馆藏稀见方志丛刊》第一八——九册，北京图书馆出版社，2005。

② 《军机处录副奏折》乾隆三十九年九月十五日袁守侗等奏折，档案号：03-1414-017。

③ 道光四年三月初五日湖广道监察御史嵩山奏折，见中国第一历史档案馆藏军机处录副奏折，档案号：03-3920-023。

④ 《清宣宗实录》卷二七八，道光十六年二月丙寅。

⑤ 《清高宗实录》卷七六七，乾隆三十一年八月丙寅。

⑥ 乾隆四十三年六月初八日直隶总督周元理奏折，见《宫中档乾隆朝奏折》第43辑，第378页。

令直隶总督温承惠派人调查，是否只有杂粮？有没有大米？可否"广为籴买，以资储备"？^①笔者未见温承惠回折，从以后没有政府采购记载看，可能是这些地方聚集的粮食有限，不能采购，但可以看到这里聚集的粮食较多。直隶雄县白沟河地方，"时有奸民囤聚米石，与漕船旗丁等，因缘为奸"。^②给事中王玮庆上报，"新城县附近之白沟河，平时富商皆以囤积为渔利之计，积贮最富。涿州之新桥马头亦为富商积之所。"^③"京西新城所辖白沟河地方，向多开设粮店，近因天时亢旱，奸商希图重利，囤积极多。"^④其他还有"宛平县长新店一带铺户，有囤积杂粮，及买空卖空情弊。"^⑤天津府"武清县北蔡村，为南粮籴粜之区"，商人在这里包买漕运兵丁的余米。^⑥

京城周围形成的这些粮食集散市场，首先是地理位置所致。交通便利，"一水可通"，^⑦"系口外粮石贩运经由之所。"^⑧白沟河"由水道可达天津、山东德州一带。"^⑨其他市镇也与京城都有道路可通。"朝阳门外百胜庄六里村一带，为运往杨村、蔡村、河西务、天津等处必由之路。"^⑩其次，这些市镇处在漕粮输入京城的沿途，商人可以从中得到低价粮食。"舟主籴米率百十石，南来则或籴于淮上，江来则籴于江、楚、皖。自北往南则籴于通州，或河西务。盖南则籴于米之所产，北则籴于米之所聚。不零籴，不路籴，零籴

---

① 中国第一历史档案馆编《嘉庆道光两朝上谕档》第15册，第236页。
② 《清宣宗实录》卷四五，道光二年十一月庚寅。
③ 《清宣宗实录》卷二一六，道光十二年七月戊申。
④ 《清宣宗实录》卷三二三，道光十九年六月甲戌。
⑤ 《清高宗实录》卷一二六八，乾隆五十一年十一月丙子。
⑥ 《清宣宗实录》卷二七八，道光十六年二月丙寅。
⑦ 《清高宗实录》卷七六七，乾隆三十一年八月丙寅。
⑧ 乾隆三十九年九月十五日袁守侗等奏折，见中国第一历史档案馆藏军机处录副奏折，档案号：03-1414-017。（奏报查办奸商囤积杂粮事）
⑨ 《清宣宗实录》卷四五，道光二年十一月庚寅。
⑩ 《清宣宗实录》卷三二一，道光十九年四月己巳。

则银耗，路枭则价贵"。① 更有商人专门在这些市镇囤积粮食，"向来通州、天津，及附近京城各城市镇集处所，较京城囤积者居多"。② 在通州有"三义号李大，囤积杂粮八千石。恒泰号魏将方，囤积杂粮六千石。丰泰号白三，囤积杂粮四千五百石。通聚号王大，囤积杂粮三千石。广米号李二囤积杂粮三千石。"在马驹桥有"元增号张国安，囤积杂粮二千五百石。合盛当张国正，囤积杂粮二千五百石。"昌平州之沙河集有"义升局刘二囤积杂粮三千石。广兴店曾大囤积杂粮二千石"。③ "直隶地方，连年尚属收成，民间富户自多盖藏，恐奸商因以为利，囤积居奇"。④ 由于粮食外流，致使"京城粮价腾贵"。这些商人"私贩出城，恐城外囤户尚不止此一处"。⑤ "白沟粮店六家，共存粮十三万余石"。⑥ 正因为这些市镇处在与漕运粮食相关的水道边，商人囤积粮食，便于回漕。卢沟桥附近之黄土铺地方，"有奸商贩运接济回漕。""京城米价之贵，由于运米出外预备回漕，则京城以外，天津以北，其米石囤积之处必多，不止黄土铺地方一处"。⑦ 因有商人囤积回漕，使"京城米价日渐增昂，每石竟须制钱四千数百文，小民日用倍形拮据"。⑧ 由于京城有漕粮供应，市镇的商人可以在运漕粮的途中，获得价格低粮食，有利囤积，从这个角度看，这类市镇是借助漕运京城而发展起来的，并与京城粮价低廉，市场粮食量供应充足有直接关系。

---

① 姚文然：《舟行日记》节录，见贺长龄《清经世文编》卷四七，户政二二，漕运中，中华书局，1992，影印光绪十二年思补楼重校本。

② 乾隆五十二年五月六日大学士和珅奏折，见中国第一历史档案馆藏军机处录副奏折，档案号：03-0765-014。

③ 乾隆三十九年九月十五日袁守侗等奏折，见中国第一历史档案馆藏军机处录副奏折，档案号：03-1414-017。（奏报查办奸商囤积杂粮事）

④ 《清宣宗实录》卷二一六，道光十二年七月戊申。

⑤ 《清宣宗实录》卷六六，道光四年三月戊辰。

⑥ 《清宣宗实录》卷三二三，道光十九年六月甲戌。

⑦ 道光十一年九月初六日礼科掌印给事中王云锦奏折，见中国第一历史档案馆藏军机处录副奏折，档案号：03-3119-042。（奏请严禁京师奸商囤积米石事）《清宣宗实录》卷一九六，道光十一年九月丙辰。

⑧ 《清宣宗实录》卷二三二，道光十三年二月乙卯。

二 京、津、冀之间的关系

京城与津、冀地区之间的粮食流通。

首先是京师从津、冀地区输入粮食。康熙时，"天津为卫，去神京二百余里，当南北往来之冲。京师岁食东南数百万之漕，悉道经于此。舟楫之所式临，商贾之所萃集"。[①] 另外，还有海运天津的奉天米豆，再由天津输入京城。[②] 畿辅地方歉收，京城米价上涨，"商人出口往来贩运，以资接济"。[③] 同时，"天津、临清二关，及通州张家湾马（码？）头等处米税，宽免征收"。于是"商贾闻风踊跃，往来贩运，民食无缺，已有成效"。[④] 由于"秋雨数次，道途泥泞，四乡杂粮尚未运至"，京城粮价上涨。天气转晴后，四乡杂粮运入，京城"米价大减，于未增以前无异"。[⑤] 广宁门内德成、德聚粮店，购买"涿州成泰粮店姚姓"，"麦子一百六十余石"，[⑥] 在京城零星发卖。

其次是京城向津、冀地区输出粮食。雍正时，政府开始关心京城粮食价格与周围地区的关系问题。雍正帝问大学士等官员，"今年直隶近河地方，虽有被水一二处，而其余州县俱各十分收获，何以京城及通州米价皆至昂贵？"这些地方的粮价如何？令官员调查上报。[⑦] 但从官员们议论看，似乎未找到什么原因。步军统领阿齐图认为，京城米价上涨，"乃系在外商人来京，籴去贩卖之所致"。[⑧] 乾隆年间，与京城接壤的各乡和东南一带因受

---

① 山东按察司副使薛柱斗之序，康熙十三年，见民国《新校天津卫志》卷首。
② 光绪《天津府志》卷三三，经政七，榷税；《清高宗实录》卷一〇三，乾隆四年十月戊子。
③ 《钦定八旗通志》卷七七，土田志十六，见《文津阁四库全书清史资料汇刊》史部，七八，商务印书馆，2006。
④ 《钦定大清会典事例》卷二三九，户部，关税。
⑤ 乾隆十六年七月二十三日舒赫德奏折，见《宫中档乾隆朝奏折》第一辑，第231页。
⑥ 《军机处录副奏折》嘉庆十年六月初五日步军统领禄康等奏折，档案号：03-2439-003。
⑦ 《清世宗实录》卷一〇一，雍正八年十二月庚戌。
⑧ 允禄等编《世宗宪皇帝谕行旗务奏议》卷八，诏令奏议类，见《钦定四库全书》第413册，史部六，上海古籍出版社，1987。

到水灾，"米价腾贵，民多赴京买食，致京师米价日昂"。① 在畿辅一带丰收的情况下，"杂粮入市必多，价值理宜平减。何以转增于前？"政府估计有"奸商倡议居奇，长价于登场之前，庶不致减价于登场之后，借以售其垄断之计"。② 嘉庆时，"京城米价上年因直隶被有水灾，一时增长"。③ 京城粮价上涨，官员认为是奸商兴贩出城之故。④ 并且在广渠门外抓"获贩夫高通等米车三车，共有三十七石一斗二升零。"查验均系小米。商人说，"由东便门外椿树园米局拉运，同往马驹桥吉成号去"。⑤ "近因京师米价昂贵，禁止搬运"。⑥ 京城漕粮并不是因为米价贱才向外贩运，米价昂贵仍然有人贩运，有时因为向京城外贩运粮食，使京城粮价上涨。也有直隶等地粮价比京城还要贵，商人向外贩运。据京城商人称，"因天津米价昂贵，起意兴贩渔利，买得细稜米运至天津丁兆歧斗行散卖。"据天津丁兆歧铺内登记簿载："复兴系霍四店号，住在珠市口。达子号系达大把。郭客即郭四均住在长营。高客系高大，住在观音堂。贾客系贾大住在玻璃营均系京城内外人氏。"丁兆歧称，"因伊等来行内贩卖粮食多次，始得熟识"。⑦ 有商贩运粮出广渠门外，"运往天津售卖。"还有在"天津县属蒲口开大来米店的"商人到京城东珠市口买粮。⑧ 直隶总督那彦成奏称，"天津烟户稠密，惟藉商贩米石接济。"铺户卢尔德等人贩米出城运向天津。政府批评直隶总督说："京城居

① 《清高宗实录》卷三八三，乾隆十六年二月癸未。
② 《清高宗实录》卷八四二，乾隆三十四年九月辛巳。
③ 嘉庆七年八月二十九日浙江道监察御史泰维岳奏折，见中国第一历史档案馆藏军机处录副奏折，档案号：03-1841-033。（奏为京城各仓花户需索过多致米价上涨事）
④ 嘉庆十年十二月二十三日巡视南城礼科给事中明舒奏折，见中国第一历史档案馆藏军机处录副奏折，档案号：03-2143-014。（奏请杜奸商囤贩以平米价事）
⑤ 嘉庆十年十二月二十八日巡视南城礼科给事中明舒奏折，见中国第一历史档案馆藏军机处录副奏折，档案号：03-1842-066。（奏为查获盗运米石人犯交刑部审办事）
⑥ 嘉庆十一年二月初九日都察院左都御史英善等奏折，见中国第一历史档案馆藏军机处录副奏折，档案号：03-2194-011。（奏为原任京师吏目杨立干呈控盘获出城米石副指挥隐匿不办请饬刑部办理事）
⑦ 嘉庆十九年五月二十二日大学士管理刑部事务董诰等奏折，见中国第一历史档案馆藏军机处录副奏折，档案号：03-2232-025。（奏为审结京城民人王三等偷运米石出城转卖一案事）
⑧ 嘉庆十九年闰二月十三日步军统领英和等奏折，见中国第一历史档案馆藏军机处录副奏折，档案号：03-1849-002。（奏报拿获私贩米石人犯请交刑部审拟事）

民繁庶，百倍天津，此项私运稄米一万四千余石，若云可济天津民食，独不计都城民食骤少此数乎？"[①] 另外，"天津一带，为漕艘经过通津，正系回漕弊薮"，所以这种贩运有回漕嫌疑。道光时，有商贩从朝阳门外，贩米到通州张家湾等处。"上年四乡薄收，现在京城米价增至一倍有余，民食不无拮据。"[②]

此外，还不同品种粮食的交流，京城从津、冀地区购入京米，"畿内间有水田，其稻米（价格）倍于南。闻昌平、居庸关外的保安、隆庆、阳和并艺水稻，其价轻"，[③]"秔稻溢于市廛"。[④] 京米不比漕粮中各类稻米品质差，且因产地近京城，品质新鲜，尽管价高但购买者有之。特别是从南方来到京城的人喜食新鲜大米。"惟南人居京者始食白米。"[⑤] 这些南方人偏爱本地产的新鲜京米，而不喜欢陈旧的仓粮。但近京居民，则从京城内外"零星买食细米"，背负出城，[⑥] 这米可能是稄米。

一般来说，京城粮价受到周围地区粮食丰歉的影响，周围地区粮食歉收，京城粮价上涨。雍正时，"近几年直隶附近地方粮食歉收，京城米价较前上涨"。[⑦] 乾隆时，"京畿连岁丰稔，本年收成，又复有八九分，市集价值，不应转贵于前"。[⑧] 从侧面说明丰收粮价贱。"五城米价腾贵"，"或因近京各州县被潦欠收"。[⑨]"上年四乡薄收，现在京城米价增至一倍有余，民

---

① 《清仁宗实录》卷二八八，嘉庆十九年三月乙卯，中华书局影印，第 940~941 页，第三十一册。

② 道光四年三月初五日湖广道监察御史嵩山奏折，见中国第一历史档案馆藏军机处录副奏折，档案号：03-3920-023。（奏为密拿邢六等私贩米石出城请交刑部严行审办事）

③ 谈迁：《北游录·纪闻上·水稻》，中华书局，1960，第 314 页。

④ 唐执玉等监修，田易等纂《畿辅通志》卷四六，水利营田，雍正十三年版，见纪昀等编纂《钦定四库全书》第五〇五册，史部二六三，地理类，台湾商务印书馆，2008，第 505~573 页。

⑤ 震钧：《天咫偶闻》卷三，北京古籍出版社，1982。

⑥ 《清宣宗实录》卷三二一，道光十九年四月己巳。

⑦ 雍正元年二月初九日西城巡城御史鄂齐善奏折，见第一历史档案馆译编《雍正朝满文朱批奏折全译》上册，黄山书社，1998，第 30 页。

⑧ 《清高宗实录》卷七六七，乾隆三十一年八月丙寅，中华书局影印，第 424 页，第十八册。

⑨ 《清宣宗实录》卷四五，道光二年十一月庚寅。

食不无拮据"。^①李文治等研究指出："运额既多，不但京师很少发生粮食恐慌，京师附近若干州县之粮价也比较稳定，比畿南、山东、河南等处粮价都较低廉。"^②张瑞威称："政府的漕粮制度，使到京城的人口可以以非常低廉的价钱，便能享用产自江南的稻米"，且"漕米的售价不包括运输成本"，所以京城米价低于直隶等地区。^③陈金陵提出相反意见，他用顺天府粮价说明："道光以前京师粮价相对稳定。""道光以后京师粮价上涨"，上涨之高，全国之冠。^④应该说，京师地域与顺天府的大兴、宛平两县虽然有重合，但与顺天府不是一个地区，用顺天府的粮价说明不了京师的粮价。更何况清代前期京城粮价是由顺天府府尹等官员专门向中央奏报的，京城有自己的粮价，与顺天府粮价没有关系。

三 政府对津、冀地区的粮食调控

政府在津、冀地区的调控粮食的主要用平粜法；允许直隶等地截留漕粮；许商人出口贩运粮食，令地方官员监管市场粮食及修路、河等措施。

首先是平粜和允许直隶等地截留漕粮。康熙时，"直隶饥，以京师米贵，发京、通仓米并内务府庄头谷石，减价平粜。"^⑤雍正三年，直隶粮价上涨，政府不仅允许"直隶各州县截留漕米二十三万石。"还"运送通仓米十万石，

---

① 道光四年三月初五日湖广道监察御史嵩山奏折，见中国第一历史档案馆藏军机处录副奏折，档案号：03-3920-023。（奏为密拿邢六等私贩米石出城请交刑部严行审办事）
② 李文治、江太新：《清代漕运》，社会科学文献出版社，2008，第68页。
③ 张瑞威：《十八世纪江南与华北之间的长程大米贸易》，载《新史学》21卷1期，2010年3月，该文核心观点来自张瑞威《The Price of Rice: Market Integration in Eighteenth-Century China》，west washington university press，2008。
④ 陈金陵：《清代京师粮价及其他》，载中国人民大学清史研究所编《清史研究集》第六辑，光明日报出版社，1988。
⑤ 吴廷燮等编纂《北京市志稿》民政志，卷三，赈济二，第45页，北京燕山出版社，1998。（货殖部分由分纂夏仁虎（1874~1963）撰写，其著有《旧京琐记》等书。）

令散平粜。"①并令仓场总督将"廒内旧贮米"，在直隶地区平粜，"凡近水州县，可通舟楫者，俱令赴通州领运，平粜便民"。②乾隆时期，"直隶所各河间等处，偶被偏灾，彼地贫民赴京觅食者，俱已加恩赈济，不令失所。"但"或手艺营生，或佣工度日，适值米价渐昂，当此岁暮天寒，情殊可悯。"政府令"户部将京仓米石，酌量给发各旗局，及五城米厂，照依时价核减平粜，卖与零星肩贩之人，俾得沿途粜卖，使僻巷穷檐，皆沾实惠"。③直隶各属受旱灾，政府令仓场侍郎将仓内所有成色米石，交直隶总督方观承，"运至良乡等处平粜，以赡民食。""近京州县平粜常平仓谷"，"酌量地方市价，每石减粜银二三钱，俾闾阎均沾实惠"。④大兴、宛平原未设常平仓，百姓仅靠京城平粜，但路远乡村百姓颇为不便，总督请在两县"添设常平仓"被批准。⑤嘉庆时，直隶所属地区被灾，"截漕六十万石"。⑥道光时期，也多次在直隶各州县减价平粜仓米。⑦十二年，顺天府所属遭遇旱灾，政府分别在"大兴、宛平之黄村、采育、定福庄、孙河、沙河、卢沟桥、庞各庄七厂"，"拨给稜米二万石。加拨黑豆二万石平粜。稜米即照户部此次减定之数，每石制钱一千文，黑豆仍照原定认买之数，每石制钱七百文，定期出粜。"对受旱灾较重的通永、霸昌二道所属之通州、蓟州、三河、昌平、平谷、密云、顺义七州县，"拨给粟米三千石，白麦三千石，黑豆二万石平粜。粟米每石减定制钱一千三百文，白麦每石减定制钱一千五百文，黑豆每石亦照原定认买之数制钱七百文，分厂出粜"。⑧御史焦友麟奏称，"京西新城所辖白沟河地方，向多开设粮店，近因天时亢旱，奸商希图重利，囤积极多，

① 《清世宗实录》卷三七，雍正三年十月戊子。
② 允禄等编《清雍正上谕内阁》第二函，内务府藏雍正九年刻本。
③ 《清高宗实录》卷二〇六，乾隆八年十二月壬子。
④ 《清高宗实录》卷五八七，乾隆二十四年五月戊申。
⑤ 《清高宗实录》卷六二三，乾隆二十五年十月丁亥。
⑥ 《清仁宗实录》卷八七，嘉庆六年九月庚子。
⑦ 《清宣宗实录》卷六五，道光四年二月乙卯。
⑧ 《清宣宗实录》卷二一四，道光十二年六月甲辰。

以致贫民买食维艰。"官员调查后称,"委员查明,白沟粮店六家,共存粮十三万余石,并无遏籴等情,现仍谕令减价粜卖,无许囤积居奇"。①

其次,允许商人出口贩运粮食。乾隆三年,"直隶地方歉收,粮价昂贵",政府允许商人"将奉天米石,由海洋贩运,畿辅米价得以渐减。""弛禁一年之期将满,而直隶尚在需米之际,天津等处价值未平,又降旨宽限一年,民颇称便。"以后从"奉天海洋运米赴天津等处之商船,听其流通,不必禁止。若遇奉天收成平常,米粮不足之年,该将军奏闻请旨,再申禁约"。②又"因连年直隶歉收,米粮短少。"政府"令直督官买旗丁余米",解决"畿辅地方需米"。③"旗丁多余米石,原欲卖与民间希图得价,若畿辅地方官出价收买,以备赈籴之用,似于公私两便。"④有时因旗丁有余粮,政府允许在"天津一带沿途售卖"。⑤

再次,政府令直隶总督监管市场,保证商人运输。乾隆三十一年,直隶等地粮价上涨,"河间、天津商民,因与德州、临清一水可通,多在水次收买,转贩射利,然于邻省歉地民食有裨,未便概行禁止"。⑥"夏秋雨泽未匀之处,内惟天津等十六州县,间有成灾,情形尚轻等语。是直属成灾地方尚不及十分之一,且其中亦不过间段偏灾。"但粮价上涨,令地方官严查,奸商"居奇牟利,乘此时高抬价值,俟新粮入市,时价减平,尚可售其旧时之数"。⑦"通州、天津,及附近京城各城市镇集处所,较京城囤积者居多",⑧政府令地方官员赴天津府、河西务、通州、杨村,及各城市镇集处所,调查

<hr />

① 《清宣宗实录》卷三二三,道光十九年六月甲戌。
② 《清高宗实录》卷九一,乾隆四年四月巳亥;卷一〇三,乾隆四年十月戊子。
③ 《清高宗实录》卷九九,乾隆四年八月甲午。
④ 杨锡绂撰《漕运则例纂》卷十六,《通漕禁令·侵盗折乾》。
⑤ 杨锡绂撰《漕运则例纂》卷二十,《京通粮储·余米篡羡》。
⑥ 《清高宗实录》卷七六八,乾隆三十一年九月丁丑。
⑦ 《清高宗实录》卷九六六,乾隆三十九年九月丁巳。
⑧ 乾隆五十二年五月六日大学士和珅奏折,见中国第一历史档案馆藏军机处录副奏折,档案号:03-0765-014。

各铺户囤积数目，"如何减价平粜之处，先行据实具奏"。① 嘉庆时，政府疏通河道，保证通州粮食运输。② 道光时，"直隶雄县白沟河地方，由水道可达天津、山东德州一带，时有奸民囤聚米石，与漕船旗丁等，因缘为奸，尤干法纪，著直隶总督、山东巡抚查拿重惩，以除积蠹，而裕民食"。③ "京畿一带，甚形亢旱，麦收欠薄，粮价增昂。"政府令直隶总督、顺天府尹调查仓储实数，可以采买的地方，"详加筹划"，以备赈粜之用。又命直隶总督令地方官出示晓谕，对北上商贩粮船，"不准留难"，如遇水浅，"量为疏通，俾得遄行，以资接济"。④ 给事中王玮庆奏称，"闻新城县附近之白沟河，平时富商皆以囤积为渔利之计，积贮最富。涿州之新桥马头亦为富商囤积之所。"政府令总督琦善委员确查，妥为办理。⑤ 御史奏称，"玉田、遵化等州县所管林南仓，平安城子暨开平各镇，有奸商数十家。""邀群结伙，买空卖空，把持市价。该商奸诈渔利，并无一粒实粮，但凭纸写，名为批空，增价另售，辗转叠更，以致粮价贵，民食愈艰。"令总督确查严办"谕知各所属州县检查有否此类事情，于各村镇商贾辐辏之地，出示晓谕，以平粮价"。⑥

最后，政府修路、河。顺治十三年，政府修"自通州至京道路"，解决官兵运米，"运费不赀，商民贸易，艰于跋涉"等问题。⑦ 雍正三年七月，京城各地方"桥梁、道路多被潦水淹没，行旅维艰，诸物腾贵。"政府命"通州一路可交与副将赛都，通永道高矿。""近京一带，可交与大兴、宛平、良乡、涿州等州县，俱速令其相度地势，设法修理，使行旅之人，通行无阻。不可借端差派，以便民之政，反致累民。"⑧ 七年八月至八年五月，政

---

① 《清高宗实录》卷一二八〇，乾隆五十二年五月壬申。
② 《清仁宗实录》卷二三二，嘉庆十五年七月甲寅。
③ 《清宣宗实录》卷四五，道光二年十一月庚寅。
④ 《清宣宗实录》卷二一四，道光十二年六月己亥。
⑤ 《清宣宗实录》卷二一五，道光十一年七月戊申。
⑥ 《清宣宗实录》卷二二六，道光十二年十一月戊戌。
⑦ 《清世祖实录》卷一〇三，顺治十三年八月癸未。
⑧ 《清世宗实录》卷三四，雍正三年七月癸亥。

府修朝阳门至通往石道四十里，这条路"为国东门孔道。""商贾行旅，梯山航海而至者，车毂织络，相望于道。盖仓庾之都会，而水陆之冲达也。""建修石路，计长五千五百八十八丈有奇，宽二丈，两旁土道各宽一丈五尺，长亦如之。""费帑金三十四万三千四百八十四两有奇。经始于雍正七年八月，至雍正八年五月告竣。"① 修广宁门外石道。京城为四方总会之地，商贩往来，络绎不绝，"广宁门其必由之路。门外通途，轮蹄所践，岁月滋久，渐至深洼。时雨既降，潦水停注，则行旅经涉，淹塞泥淖之中。"修石道，"皆填洼为高，砌以巨石，其广二丈"，费帑金八万两。② 以上两路，在三十年之后，政府又重修。乾隆四年，"琉璃河一带石道，系冲衢要路。东西两旁悉行坍塌"，工部奏请修理。政府命由直隶总督委员"确勘具题"再议。③ 二十二年，"京师之朝阳、西直、广宁诸门外，旧有石道"，"历年既久，凸凹不平，车辆往来，每有倾侧之虞，自应亟为修整"。政府派官员承办，务必"坚固平稳，以便行旅。"④ 是年十月开工，二十五年七月竣工。其中朝阳门至通州石道，"初未甃石，往往积涔成洼，经潦作泞，行者弗便焉"。重修时建甃石。重修广宁门外石道，"以利行者"。⑤ "卢沟桥为都会通衢，车马辐辏，经行年久，多有残损。兹特发帑鸠工，重加修造。"⑥ 这时的石道，是用碎石铺成的，"石料碎小，地脚未能坚实"，政府要求修理整齐。⑦ 应该说，政府修路不仅为政务提供便利，而且也为商人贩运带来了方便。

---

① 《雍正朝阳门至通州石道碑文》，见于敏中等编纂《日下旧闻考》卷八十八，郊坰，北京古籍出版社，1981。
② 《雍正广宁门新修石道碑文》，见于敏中等编纂《日下旧闻考》卷九十一，郊坰，北京古籍出版社，1981。
③ 《清高宗实录》卷九九，乾隆四年八月壬寅。
④ 《清高宗实录》卷五四九，乾隆二十二年十月甲申。
⑤ 《乾隆重修朝阳门石道碑文》，《乾隆重修广宁门石道碑文》，见于敏中等编纂《日下旧闻考》卷八十八、九十一，郊坰，北京古籍出版社，1981。
⑥ 《清高宗实录》卷一二二七，乾隆五十年三月丁丑。
⑦ 《清宣宗实录》卷一八四，道光十一年二月己亥。

结　论

综上所述，京城的粮食市场与津、冀地区有重要关系，主要原因就是京城与津、冀地自然形成的比较便利的交通陆、河道路，同时政府对陆、河道进行维修，保证交通畅通。此外，京城市场上交易的粮食量多，各种粮食流通量大，市场机制决定粮食价格与津、冀地区有相关性。政府采用平粜方法，允许直隶等地截留漕粮，允许商人出口贩运粮食，令地方官员监管市场粮食等措施，使得京城粮食市场的优势辐射到津、冀地区，也让百姓受益。正如岸本美绪对张瑞威英文著作的中文书评指出的，"清朝利用大量剩余漕米，能够不仅在北京，而且在其他省份也顺利地实行平粜、赈恤政策。就这一点而言，不受米价变动影响的漕米收入强化了清朝财政体制，同时有助于维持社会稳定。"[①] 正因为此，这一课题的研究对现今有值得借鉴的意义。首先是自然条件决定京、津、冀地区的交通方便，这是基础条件，政府职能就是提供公共物品，建立并保证交通运输的基础设施。其次，京城市场相对于周边地区有很大的优势，可以辐射到津、冀地区，政府应顺应市场机制，帮助京城周边的经济发展，同时对市场进行监管，保证交易正常进行，令京、津、冀地区百姓受益。

（北京市社会科学院历史所）

---

① 岸本美绪对张瑞威英文著作的中文书评，载香港中文大学《中国文化研究所学报》第53期，2011年7月，第330~336页。

历史地理

北京都城水系格局的奠基与肇始：
金中都时期的开源济漕

吴文涛

1153 年，海陵王完颜亮将金朝都城从上京（今黑龙江哈尔滨阿城）南迁至燕京（今北京），改称中都。从此，历史上的北京成为北中国的统治中心。由于人口的增加和城市功能的扩大，对饮用、灌溉、漕运、城池宫苑的建设和园林绿化美化等的水源需求也日益加大。如何满足日益增长的水源（尤其是漕运水源）需求，开始成为这个城市的难题。金朝的解决思路主要有两个：一是将玉泉山一带的泉水挽而向南，凿开海淀台地，汇入中都城以北的高粱河，再将扩大了的高粱河水分南北两支注入通州附近的北运河，使漕船能顺利进入金中都北护城河。二是开凿金口河，从石景山麻峪引卢沟河（今永定河）入中都城北护城河，再东注北运河。这两项工程都规模浩大，是北京城诞生以来首次为开拓水源而做的工程。虽然最终算不上很成功，但为北京城走出莲花湖水系而向西、向北扩大水源做出了有效的尝试；也为北京的漕运发展奠定了基础。可以说，金中都开创了符合都城功能及需求的水系格局。

一 金中都宫苑城池水系的扩建和延伸

北京早期的城邑蓟的选址与漯水（今永定河）关系密切，永定河水及其故道遗存所形成的莲花池水系，为蓟城提供了主要水源。从蓟城初立，到战国燕都、唐幽州城、辽南京城直到金朝中都城，都是依赖莲花池水系发展而来的。不过，金中都的中心位置虽然仍在蓟城及辽南京的位置上，但原有的城市规模及水系格局已不能满足新都城的需要。

1. 依赖莲花池水系的都城扩建

天德二年（1150）冬天，海陵王为准备迁都而"发诸路民夫筑（新）燕京城"，[①] 把辽燕京城的东、西、南三面分别向外扩展，仿北宋汴京城的规制建起了一座深濠环绕、里外三重、宫殿、衙署、寺庙、苑囿、坊巷一应俱备的"标准化"都城。为了解决护城濠与城内宫苑的水源问题，一方面，仍引西湖水入护城濠环绕全城，同时汇聚城西的百泉溪、丽泽泉（分布于今丰台区万泉寺、凤凰嘴、水头庄一带）等平地泉流，作为护城濠和洗马沟水源的补充；另一方面，将洗马沟上游一段圈入城中，使其在中都城西北部与护城河交汇后，穿墙而过继续向东、向南，在原辽南京城的显西门以南分为两支，一支继续向南而后向东；另一支则进入皇城内，作为宫廷园林的水源。依此，金朝建造了风景秀丽的同乐园（又称西华潭），"瑶池、蓬瀛、柳庄、杏村皆在焉"。[②] 从同乐园南端又分出一支清流东入宫墙，在宫城西南一隅开辟了华美的鱼藻池，其遗址即今广安门南、白纸坊西的青年湖一带。鱼藻池的南端又开凿了一条南流的小渠，水流在皇城南墙外重新汇入洗马沟。经过这样一番整治后的莲花池水系，基本满足了金中都城池格局的用水需求，并在中都城内营造出优游享乐的风景区。金世宗大定十年（1170）五月，"燕群臣于同乐园之瑶池"，讨论古今帝王成败的历史。[③] 时人师拓《同乐园》诗写道："晴日明华构，繁阴荡绿波。蓬邸沧海近，春色上林多。流水时虽

---

① （宋）宇文懋昭：《大金国志》卷十三。中华书局《大金国志校证》本，1986。
② 《大金国志》卷十三。
③ 《大金国志》卷十七。

逝，迁莺暖自歌。可怜欢乐地，钲鼓散云和"。① 可见金中都的宫廷苑囿是一派碧水环绕、水清木华的优雅景致，这也可以说是开了北京引水造池修建皇家园林的先河。

金中都城内原有的河流也不少，比如原辽南京城的护城河以及大大小小的一些湖塘，它们都与莲花池水系相连通，仿佛是以西湖为起点、以洗马沟水为轴心，铺展在中都城内的珍珠串。水在进出中都城的时候也都有专门的通道。1990年，考古人员在右安门外玉林小区施工现场发现了一个水关遗址，木石结构的水关位于金中都南城垣之下，距其南护城河（今凉水河）70米，遗址全长43.4米，通水涵洞长21.35米，宽7.7米，北入水口宽11.4米，南出水口宽12.米，底部过水面距现地面5.6米。② 这是迄今为止我国发现的古城垣水关中最大的一个，充分显示出金代在建造都城过程中对河流水系的合理利用及其技术水平。

2．开辟新水源修建皇家园林和行宫别墅

高梁河原是古永定河的一条故道（也称"三海大河"）。从更新世晚期直至东汉末年，古永定河从今石景山附近向东流，经八宝山北、田村、半壁店、八里庄，到今紫竹院附近接纳众多泉水，又经高梁桥至今德胜门西，再南折入今积水潭、什刹海、北海、中海，穿过今长安街人民大会堂西南，再向东南流经前门、金鱼池、龙潭湖，经左安门以西流向十里河村东南，至马驹桥附近汇入㶟水主干道（今凤河河道）。尽管永定河在东汉以后开始改道南迁，但由于有今紫竹院附近泉水（其实也是古永定河河道地下水的浅层溢出）的不断汇入以及原有水体残存形成的湖泊，从今紫竹院以下的河道并没有断流。上游田村、半壁店、五孔桥、八里庄以北直至紫竹院一段水体也因山脚泉水补充而断续存在（今双紫支渠即其遗迹）。由于当时今紫竹院附近

① （清）于敏中等：《日下旧闻考》卷二十九《宫室》引，北京古籍出版社，1983。
② 北京市文物局编《金中都遗珍》，北京燕山出版社，2003，第16页。

的泉水还相当丰沛，高粱河河道在很长时期内保留着丰富的水体，作为河道遗存的今积水潭——什刹海——北海——中海（金代统称白莲潭）这一片水域，水面比现在要广阔很多。加之沿岸丰美的水草植被和美丽的风光，辽金时期的皇帝就相中这里作为其行宫的上佳选地。

辽代，曾在今北海公园的琼华岛一带建有游猎度假的行宫——"瑶屿"。金代则进一步扩大湖面，浚湖筑岛，用开挖湖泊的土石堆筑了日后被称为琼华岛与瀛洲（或称"圆坻"）的两个岛屿，然后以此为基础扩建为太宁宫。其后为元朝所继承，成为元宫城的基础。这是一大片包括了亭台楼阁、湖光山色的宫殿园林。其西边依傍浩淼的水面，中间有琼华岛（即今北海公园琼华岛）和瑶光台（即今北海公园团城），景色迷人。一组组宫殿雕梁画栋，华丽气派。因金世宗、金章宗二帝经常住在这里处理政务，这里被当时的官员称为"北宫"或"北苑"，一些官员还留下了描绘其华美景色的诗词，如赵摅《早赴北宫》[①]、赵秉文《扈跸万宁宫》[②]等。白莲潭之畔万宁宫的修建，对金中都而言，其意义不仅仅是在政治上的犹如清代圆明园之于紫禁城的关系，更重要的是它启发了解决城市水源问题的一种开拓性思路，为城市的延伸、扩大开辟了新的触角和据点，为后来元大都的选址提供了水利基础和宝贵的经验。

在中都城西北，会城门外五六里地，也有一片天然大湖，它曾是永定河之金沟河故道的水体遗存，也就是现在玉渊潭的前身。金朝在此开辟园林，修建了钓鱼台，是金主游幸之处。远在西山脚下的风景胜地也被金朝皇帝开辟成行宫别墅，如金世宗时修建了香山行宫，金章宗时建起了玉泉山行宫，其芙蓉殿的华美直到明清时仍为人所津津乐道。章宗曾频繁游幸玉泉山、香山，仅《金史·章宗本纪》中记载的就各有 7 次。金朝皇帝钟情于这里的

---

① （金）元好问：《中州集》排印本卷九，中华书局，1959。
② （金）赵秉文：《闲闲老人滏水文集》卷七，商务印书馆《丛书集成初编》本，1936。

重要原因也在于其丰富的水源和优美的山水环境。此外，在永定河之漂水故道上还有一大片宽阔水域，就是今南苑南海子的前身，在金朝时也是皇帝的一处行宫，名建春宫。它位于中都城南，金章宗几乎每年春季都会来此打猎钓鱼，甚至在此处理政务。金亡后，这里被元朝继续作为皇家苑囿使用——也就是著名的"下马飞放泊"。今通州漷县原有一大片水域"延芳淀"，在辽朝时就是皇帝们游猎场所，金朝时也在这里修了行宫。

总之，随着都城地位的上升，王公贵族们休闲娱乐生活对水源的利用和布局产生了新的要求，园林用水成为水利开发的新目标之一，水系布局成为城市建设格局的重要部分。自此，城市水系开始随政治空间的拓展而向郊外延伸。

二 金口和金口河的开创

中都既立，金朝政治中心转移至此，其对粮食及各类物资的需求随之剧增，漕运成为金朝的经济命脉，扩大水源提高运河的运力也就成为北京地区水利开发的重中之重。

金朝统治范围虽只限于淮河、秦岭以北地区，但粮食供给还是依赖于华北大平原。借助于隋唐以来不断沟通、改造的华北水网，经由今卫河、滏阳河、滹沱河、子牙河、大清河等天然水道和其间的人工漕渠，漕粮及各种物质汇集到今天津地区以后，仍循潞河等（今北运河）到今北京通州。通州，在金朝以前一直称潞县，海陵王天德三年（1151）升潞县为通州，取"漕运通济之义"，[①] 说明其已成为金中都的漕运枢纽。问题是从通州到中都城里这一段路程的运输如何解决？从通州至中都城约 50 里，随着都城人口规模的扩大、居民消费的增加，每年漕运多达几百万石，只靠车拉肩扛，所耗费人

---

① （清）于敏中：《日下旧闻考》卷一百八《通州一》引《郡县释名》。

力畜力难以负担。因此，在中都到通州间开凿一段运力大、流量稳定的运河就成为金朝政府要着力解决的问题。

1. 坝河漕运的有限

在海陵王和金世宗初年，中都和通州之间的漕运主要依靠今北京城北的坝河。坝河位于今北京朝阳区，西起今北京城北部德胜门附近，东至通州区。金朝人先想到经这条河道把粮食从通州运到中都城以北，然后陆运到中都城内。但是，由于北京地势西北高、东南低，这条河的河床坡度很大，难以存留足够深度的水量，用它来承载漕船就不够理想了。为此，金朝政府在其上游的高梁河上（约今高梁桥附近）和高梁河折而南下的白莲潭（今积水潭桥下附近）两处设置闸门来调节坝河的水量。① 当中都漕运繁忙时，就打开高梁闸，同时关闭白莲潭闸，使高梁河水全部东入坝河以充实水量，便于行船。但终因这条渠道水源单一（仅靠上源高梁河）、渠道狭窄，而无法承担起漕运重任，从通州到中都城的漕粮仍然主要依靠陆运。金世宗大定初年有一次出中都城往北见到"运河湮塞"，向左右询问原因，随从奏报，这是由于管理中都运河的户部疏于管理，年久失修导致了运河淤塞。金世宗问责户部侍郎曹望之，说："有水道不濬治，乃用陆运，烦费民力，罪在汝等，其往治之。"命令曹望之着户部定议开工，疏浚该运河② （蔡蕃、于德源先生考证，世宗途经的"运河"应该就是现在的坝河③）。但随后尚书省奏报，既要疏浚，则不仅要疏浚坝河本身，还必须疏浚上游的高梁河；区区数十里河道，竟需征调万人之众！最后，不得不简单从事，不了了之，这条运道的运力仍非常有限，无法替代陆运。因此，亟须开凿一条水量丰富的人工运河

---

① 《金史》卷五十《食货志五》载：承安二年（1197）金章宗命"放白莲潭东闸水与百姓溉田"，三年（1198）又命"勿毁高梁河闸，从民灌溉"。这时中都闸河还没有出现，可见二闸是早先为今坝河所设。

② 《金史》卷九十二《曹望之传》。

③ 蔡蕃：《北京古运河与城市供水研究》第二章，北京出版社，1987，第37页；于德源：《北京的漕运和仓场》第五章，同心出版社，2004，第74页。

使漕粮可直抵中都城里。

2. 金口河的设计与开凿

由于卢沟河（今永定河）是当时流经北京地区水量最大的一条河流，理所应当地成为引水济漕的首选。据《金史·河渠志》记载，金世宗大定十年（1170），召集朝臣会商导引卢沟河水通漕方案，决计"自金口导至京城北入濠，而东至通州之北，入潞水"。^①但因工程浩大，需要征调千里内民夫供役，直到第三年才完成前期准备而正式动工。

金口位于石景山北麓与四平山夹口的位置，即现在石景山发电厂处。但这次的引水口却比三国时的车箱渠要偏北一些，《知太史院事郭公行状》记载："金时自燕京（今北京）之西麻峪村分引卢沟一支东流，穿西山而出，是谓金口。"^②亦即在卢沟水东岸的麻峪村附近筑堰引水。所引卢沟河水经过金口向东流出，经北辛安村南、古城北转向东北，再经杨家庄南又向东，经龚村南、田村南、老山北、半壁店南、铁家坟北、篱笆店南、甄家坟北、定慧寺南，东至今玉渊潭，又东转南大约至木樨地东南入金中都北护城濠。经中都北护城濠再往东大致经受水河胡同、旧帘子胡同、人民大会堂南、历史博物馆南、台基厂三条、船板胡同、北京站南部等地，下接通惠河河道，东至通州。^③近年来，岳升阳等学者通过考古发现对金口河河道提出了一些新认识：金口河上段——自玉渊潭往东是沿着今月坛南街东行的，在三里河东路以西转而向南，在白云观西北注入金中都北护城濠。三里河一带金口河故道宽度超过40米，岸边有多层相互叠压的植物枝条与泥土层筑成的护岸，有的地方还打有木桩。笔者揣度，这也可能是后来开凿闸河时引高粱河水南下的渠道（详下）。此外，今玉渊潭南门附近也发现一条古河道：沿今永定河引水渠从

① 《金史》卷二十七《河渠志》"卢沟河"。

② （元）苏天爵编《元文类》卷五十《知太史院事郭公行状》，商务印书馆，1958。

③ 孙秀萍：《北京城区全新世埋藏河湖沟坑的分布及其演变》，《北京史苑》第二辑，北京出版社，1985。

军事博物馆北转向西南至北蜂窝会城门，再东去与流经今西便门的河道相接。他们推测这也是金口河的一段。但是否与从玉渊潭东往三里河走的河道同时存在，还是与它先后相继，这就有待进一步考察了。金口河中段，在人民大会堂西边的国家大剧院地下发现有古河道遗址，上下叠加共有 7 层文化沉积层。经碳 –14 测定，该处至人民大会堂西路、西交民巷南往正阳门方向是古高梁河河道遗迹，宽约 600 米，距地面 10 米左右（也就是上文提到的古高梁河）；其中第 3 层是金代的金口河沉积层，宽度约 100 米，距地面 8~10 米。[①] 也就是说，金口河在这里自西向东横穿过自西北向东南流的古高梁河河道，接纳了当时从白莲潭往东南流过来的高梁河水，然后向东直至通州。

3．金口河的失败及其意义

金代开金口与金口河的工程很快失败了，因为"及渠成，以地势高峻，水性浑浊。峻则奔流漩洄，啮岸善崩，浊则泥淖淤塞，积淤成浅，不能胜舟"。金世宗不无遗憾地说："分卢沟为漕渠，竟未见功，若果能行，南路诸货皆至京师，而价贱矣。"[②] 此后，仍然聘请熟悉水利、河道的人去勘察、规划，但终究不行。直至大定二十七年（1187），朝臣奏言：

> 孟家山（今四平山或黑头山）金口闸下视都城（今北京），高一百四十余尺，只以射粮军守之，恐不足恃。倘遇暴涨，人或为奸，其害非细。若固塞之，则所灌稻田俱为陆地，种植禾麦亦非旷土。不然则更立重闸，仍于岸上置扫官廨署及扫兵之室，庶几可以无虞也[③]。

也就是说，他们主张将金口闸堵塞以绝水患，虽然堵塞后金口河两岸的

---

① 岳升阳等：《国家大剧院工地的金口河遗址考察》，《北京大学学报》2002 年第 3 期。
② 《金史》卷二十七《河渠志》"卢沟河"。
③ 《金史》卷二十七《河渠志》"卢沟河"。

稻田会因水源断绝而变成旱田，但可以改种禾麦获利。如果不堵金口的话，则必须在金口闸上下再多设立几重闸门，并在河岸上置官廨、设河兵日夜看守，才有可能保住京师安全。世宗思忖良久，最终还是决定将金口堵塞，以求一劳永逸。关于导致这一结果的原因，当今水利专家给出了更为科学的分析[①]：金口所在位置的高程为90米，而金中都北城壕所在的今会城门、木樨地一带的高程为45米，水平距离约22公里，平均比降为2.2‰，卢沟水进入会形成激流；而如果没有现代抗冲刷材料做护岸，很难不被激流冲毁。可当时的卢沟河含沙量已经很大了，如果多设闸则容易淤积渠道，影响行船；少设则不免冲刷河岸形成崩塌。这些在当时的历史条件下都是很难克服的问题。金口河给后人提供了很多经验教训，也曾发挥了重要的农田灌溉功能，元初郭守敬建言重开金口河时就说过，"其水自金口以东、燕京以北，灌田若干顷，其利不可胜计"。[②]

三 长河的开凿与西山泉水的导引

金朝人在开辟水源方面具有超越前人的眼光，他们除了在引用卢沟河水方面大做文章，还早早地把目光投向了西北郊外西山脚下丰富的湖泊和泉脉。前文所述在玉泉山附近引水圈湖、修建离宫别墅以及八大水院的事情只是其中的一个方面。更重要的是，他们尝试把西山脚下的水源水系与金中都的城池、苑囿联系起来，构成一个完整的体系，不仅沟通了其位于中都城内外的几处政治活动中心，还为后来的漕运及新的城市水系格局奠定了基础。

1. 长河的开凿——瓮山泊与高梁河的连通

玉泉山系西山东麓支脉，这里正是永定河冲积洪积扇的山前溢出带，地

---

① 蔡蕃:《北京古运河与城市供水研究》北京出版社，1987，第21页。
② 《元史》卷一百六十四《郭守敬传》，中华书局，1997。

下水间断露出，所谓"玉泉山沙痕石隙随地皆泉"。^① 明代的《帝京景物略》等文献，生动地描绘了这里泉流密布的景象。金朝在修建高粱河畔的太宁宫时，或许是为了进一步增加白莲潭的水源，扩大其湖面；也或许是为了能够从这里更方便地前往玉泉山行宫，把两处行宫紧密地联系起来，首次将玉泉山一带的泉流向南引入瓮山泊（又称七里泊、金湖，即今昆明湖），然后开凿了从瓮山泊通往高粱河上源的人工渠道，把西山水系引向东南，汇入太宁宫旁的白莲潭，从此和高粱河水系联系上了。沟通这瓮山泊（今昆明湖）和高粱河的人工渠道，就是今天被称为"长河"的那条起自今颐和园南门到今紫竹院湖的河道。

前文说过，高粱河原是古永定河的一条古河道，而今人所称的高粱河，仅是其由今紫竹院东流至高粱桥东的一段遗存。那么，"沟通瓮山泊和古高粱水道的长河"到底是什么时候开通的？侯仁之先生依据其历史地理学的深厚功底，结合地理空间的布局进行了科学的推断："根据间接史料的推证，可以知道今日万寿寺前长河河道最初的开凿就是在太宁离宫修建的时候。其原因在于高粱河小，给水不足，因此只有开凿新河，导引玉泉山水转而东南，用以接济高粱河的上源，结果就接近了今日长河河道的形势。"^② 他比较了海淀台地南北地势的高低，认为海拔约 50 米的瓮山泊一带的湖水原则上顺着地势流向海拔 40 米以下的清河洼地和海拔 50 米以下的巴沟低地才是正常的，要来到今紫竹院一带必须穿越地势较高（约海拔 52 米）的海淀台地边缘，因此判断从今昆明湖到紫竹院西墙外万寿寺的河道（也就是今人所称长河的上段）应为人工开凿。他说："假使此段河道不加开凿，那么昆明湖水纵有强固的东堤以提高其水位，也断无向东南流入北京城的可能。"

---

① （清）于敏中：《日下旧闻考》卷八十五《国朝苑囿》"静明园"。
② 侯仁之：《海淀附近的地形、水道与聚落》，载《侯仁之文集》，北京大学出版社，1998，第 124 页。同书第 394 页《北平金水河考》一文中还有对此论断更深入的分析。

理论上分析如此，操作性上考虑亦非难事。这一段河道长度不过五六公里，从海拔 50 米的昆明湖一带穿过海拔 52 米的土坡汇聚今紫竹院附近的泉水，只需开凿两米多深的河道，工程量并不是很大，在挖濠筑城、大修离宫别墅的金代，这是完全可以做到的。其初始目的可能是为了使高梁河上源的水量更加丰沛，白莲潭水域面积更大，并兼以周边农田灌溉功能。"引宫（太宁宫）左流泉灌田，岁获稻万斛"；[①] 金章宗承安二年（1197），"敕放白莲潭东闸水与百姓溉田"；三年（1198），"又命勿毁高梁河闸，从民灌溉"。[②] 这些利用高梁河水灌溉的实例，充分显示了增加高梁河上源确实有着很大的水利效益，但后来起到的作用就远非这么一点点了：它一是方便了从万宁宫到西山行宫的联系，助推了西山皇家园林的兴起；二是沟通了高梁河水系与西山水系，为漕运开辟了新的水源，使西山水系（以玉泉为主，故又称玉泉水系）开始成为助推北京城发展壮大的主动脉。

四　闸河的开凿与中都的漕运

为了保障中都的物质供应，金朝始终没有放弃开辟漕河的努力。章宗泰和五年（1205），采纳翰林院应奉韩玉的建议，开凿通州潞水漕渠终获成功，使漕船可自通州直驶到中都城下。韩玉的建议中采取了两项措施：一是放弃了以金口河引浑浊的卢沟水为漕河水源的思路，而改用引高梁河、白莲潭等各路清水作为水源；二是在通州至中都的漕河中设置数座闸以缓解因河床坡度过陡而致使河中存水不足的问题，因此这次开凿的漕渠也被称为"闸河"。

1. 闸河的水源

金代相中白莲潭附近丰富的水资源和优美的水环境修建了太宁宫皇家园

---

① 《金史》卷一百三十三《张觉传》。
② 《金史》卷五十《食货志一》。

林群，在漕运重任当前而水源困难的情况下，利用这么大片水域助力漕运的想法也就顺理成章，所以有了韩玉"为闸以节高良（即高梁河）、白莲潭诸水以通山东、河北之粟"的计划。[①] 此计划的关键在于"节高良河（按同梁）、白莲潭诸水"，也就是说，引入闸河的不仅是高梁河、白莲潭水，还有别的水源，这就是上文所说的由长河引来的西山水系，甚至是比玉泉山更往北、范围更大的水源。对此，清代学者赵翼《廿二史札记》曾做如下论断：

> 京师至通州闸河，本元时郭守敬所开。……然此河不自守敬始。《金史·韩玉传》：泰和中，（韩）玉建言开通州潞水漕渠，船运至都。工既成，玉升二阶。是此河实自玉始。《（郭）守敬传》所云不用一亩泉者，盖玉所开河本用一亩泉为源，而守敬乃用白浮泉耳。守敬建闸，往往得旧时砖石故址，当即玉遗迹也。[②]

综合《元史·河渠志》、清光绪《昌平州志》等文献的记载，一亩泉大致在今海淀与昌平交界的辛庄、辛力屯以东至双塔村、白水洼之间，出水量巨大，是构成温榆河上源的重要水源。因此，和玉泉山附近的泉流一样被截留、引入到补充高梁河水源的范围里。正是有了这开创性的建议而且后来实践证明效果也不错，所以韩玉得以"官升二阶"。能够导引这么远范围的水源，其先决条件就是那条人工开凿的长河。韩玉实施引水方案时不仅对它进行了开浚和扩大，还将瓮山山后包括一亩泉在内的诸多泉流也一并引而向南注入瓮山泊。有了这众多西山泉水的接济，高梁河才有足够的水力灌注闸河浮舟通漕。而长河下段即自今紫竹院以东至积水潭的部分原本就是古高梁河的一段，一直保有充沛的水量。这些清澈水脉的注入，才使得闸河避免了金

---

① 《金史》卷二十七《河渠志》"漕渠"。
② （清）赵翼：《廿二史札记》卷二十八，王树民《廿二史札记校证》本，中华书局，1984。

口河的短命。此外，今玉渊潭、莲花池附近的水泊泉流也是闸河重要的水源。

那么，金代又是怎么从高粱河把水引入闸河的呢？综合各种对北京城古河道分布的研究，大致可以推测出有以下五条渠道：其一是从今动物园附近（当时高粱河西段水面比较开阔处）南岸开渠，顺今三里河路引水南流，于今木樨地东南汇入中都北护城河（可参考上文中所提岳升阳等文章有关三里河附近古河道遗迹的材料）。二是从白莲潭（包括今积水潭、西海、后海、前海、北海、中海及其附近）西岸即今积水潭桥以南，引水向南接闸河，这条河也就是后来元代的西河，在明代被称为大明濠或西沟沿。三是自白莲潭中段西岸开渠，导水西南流，入闸河，现在的西单东斜街可能是其遗迹。四是自白莲潭南端顺古高粱河河道引水南流，于今人民大会堂西南入闸河。五是在白莲潭东端即今后门桥以东开渠，引水向东转南流入闸河，这一段也就是后来元代通惠河城内河段的基础。笔者判断，以上这些渠道原本都应该是古永定河的高粱河故道和金沟河故道上的支汊河道，有天然的河道遗迹或水体保留，在这个时候又被人工疏浚、沟通，使其成为高粱河与闸河的联系通道，为漕运输送水能。

2. 闸河的路线和管理

闸河工程于金章宗泰和四年（1204）动议，第二年兴工完成。翰林院应奉韩玉设计方案，近侍局提点乌古论庆寿负责督办。金章宗曾亲自到通州一带视察。这次工程不但包括从通州到金中都的漕渠，还包括疏通通州以南的漕运河道。由于韩玉建议的方案得法，工程获得了很大成功，漕船由通州入闸，十余日而后至于京师。

从中都城至通州的闸河河道，仍是利用金口河下段的旧河道。据考古发现，金代闸河的西端，即在今旧帝子胡同、高碑胡同一带的河道比原金口河道偏南200米左右，至今西交民巷北，且于距地表5米处发现有古码头的痕迹。在5米宽的沟中，发现六、七百根东西走向、直径约20厘米的粗木桩，

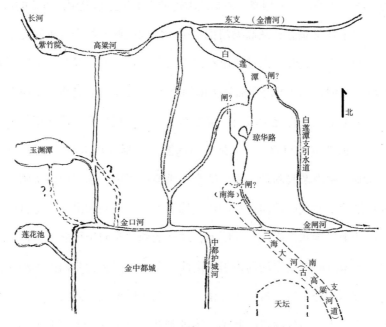

图 1　金代高粱河水系与闸河沟通示意

整齐均匀地排列成 8 行。尤其值得注意的是，木桩的顶端都在同一平面上，显然是为了在上面铺设木板。而距此 20 米处也曾发现过同样的木桩。[①] 据于德源先生推测，这就是金代闸河的码头。因为它位于原金口河的南岸，从方位上看，该码头距金中都的东北隅不远，只能是为了使漕运的物资进出中都城方便。也就是说，金闸河的西端就在今北京西交民巷东口一带，从这里卸载货物进入金中都城东北隅的京仓也就顺理成章了。[②]

　　金代在中都至通州约 50 里长的闸河上大约设置了五六座闸门用于调节水量，这条运河的正式名称应该是通济河。《金史·河渠志》记载："通济河创设巡河官一员，与天津河同为一司，通管漕河闸岸，止名天津河巡河官，

---

① 见《北京晚报》1985 年 3 月 24 日报道。
② 于德源：《北京漕运与仓场》，同心出版社，2004，第 82 页。

隶都水监。"①《金史·百官志二》又称："都巡河官，从七品，掌巡视河道、修完堤堰、栽植榆柳、凡河防之事……通济河节巡官兼建春宫地分河道。"②由此可见，通济河是指闸河，天津河应指通州以南的漕河。

金代统治时间不长，金章宗之后朝政迅速陷于混乱、衰败，内忧外患导致河渠疏于治理，终因河道淤塞、上游水量有限等原因，不得不仍兼用陆路运输。尽管如此，闸河仍为金中都的漕运发挥了十几年的功效，尤其是为后世元、明、清北京城的经济命脉——通惠河的开通奠定了基础，因而具有非常重要的意义。

（北京市社会科学院历史所）

---

① 《金史》卷二十七《河渠志》"漕渠"。
② 《金史》卷五十六《百官志二》"都水监"。

"北海"地名考

李　诚

　　作为早期中国地理认识的重要组成之一，"四海"中的"北海"及"西海"由于"不见于诗、书"[1]使得"注家不详其地"，[2]但历代学者对此多有探索，其对"北海""西海"的认识也随着对域外地理认识的扩展及时代的发展多有变化，本文试以"北海"为研究对象，从历代对"北海"认识的演变、"北海"作为政区专名的沿革历程及自汉至清"北海"祭祀地点变更三个角度大致梳理自先秦迄清代经书注家、文人学者对"北海"认识的发展过程。限于学力与学识，挂一漏万在所难免，还请多多指正。

一　历代对"北海"认识的演变

1. 先秦时期

　　清人张维屏在《国朝诗人征略二编》中指出"《左传》'君处北海'"[3]之语是"北海始见于此"。[4]通过对史籍的翻检，可以发现在春秋战国的大变革

---

[1]　胡渭著，邹逸麟整理《禹贡锥指》卷十八《四海会同》，上海古籍出版社，2006，第652页。
[2]　胡渭著，邹逸麟整理《禹贡锥指》卷十八《四海会同》，第652页。
[3]　张维屏辑《国朝诗人征略二编》卷四十七《洪亮吉》，明文书局，第419页。
[4]　张维屏辑《国朝诗人征略二编》卷四十七《洪亮吉》，第419页。

时期，对于"北海"的认识还有尸佼的"傅岩在北海之洲"；[①] 管仲的"北海之众无得聚庸而煮盐"；[②] 列御寇的"滨北海之北，不知距齐州几千万里"；[③] 孟子的"挟太山以超北海"[④]、"当纣之时，居北海之滨以待天下之清也"[⑤] 及荀子的"北海则有走马吠犬焉，然而中国得而畜使之"；[⑥] 云云。而被后代评论最多的还是出于《左传》之语"四年春，齐侯以诸侯之师侵蔡，蔡溃遂伐楚。楚子使与师言曰：'君处北海，寡人处南海，唯是风马牛不相及也。'"[⑦] 如晋杜预即认为"楚界犹未至南海，因齐处北海，遂称所近。"[⑧] 此处，"北海"泛指当时"天下"观念中位于北面之海。先秦诸子在论述"北海"时并不常以"北海"为名，如庄子《逍遥游》"北溟有鱼，其名为鲲，鲲之大，不知其几千里也。"[⑨] 在想象丰富的庄子眼中，这一"距齐州几千万里"[⑩] 的"北海"中有鱼、有帝王[⑪] 还有风。[⑫] 而在《山海经》中更是俯拾可见"北海"中的神怪异物。[⑬] 对于先秦时期"北海"所指应与"四海"概念集合起来分析。对于早期的"四海"观念，前贤与今人已多有研究，比较集中的两种观点是"海"为

[①] 尸佼撰，汪继培辑，黄曙辉点校《尸子》卷下，华东师范大学出版社，2009，第 42 页。

[②] 黎翔凤撰，梁运华整理《管子校注》卷二十三《地数第七十七》，中华书局，2004，第 1364 页。

[③] 王力波译注《列子译注》卷五《汤问》，黑龙江人民出版社，2002，第 119 页。

[④] 杨伯峻译注《孟子译注》卷一《梁惠王章句上》，中华书局，1960，第 15 页。

[⑤] 杨伯峻译注《孟子译注》卷十《万章章句下》，第 232 页。

[⑥] 高长山译注《荀子译注》卷五《王制篇第九》，黑龙江人民出版社，2003，第 150 页。

[⑦] 左丘明传，杜预注，孔颖达正义，浦卫忠等整理，胡遂等审定《春秋左传正义》，卷十二"僖公四年"，北京大学出版社，1999，第 329 页。

[⑧] 杜预集解《春秋经传集解》卷五《僖公上》，上海古籍出版社，1988，第 245 页。

[⑨] 郭庆藩撰，王孝鱼点校《庄子集释》卷一上《逍遥游第一》，中华书局，1961，第 2 页。

[⑩] 王力波译注《列子译注》卷五《汤问》，第 119 页。

[⑪] 郭庆藩撰，王孝鱼点校《庄子集释》卷一《应帝王第七》，第 309 页"南海之帝为儵，北海之帝为忽，中央之帝为浑沌。"

[⑫] 郭庆藩撰，王孝鱼点校《庄子集释》卷六下《秋水第十七》，第 594 页"蛇谓风曰：'予动吾脊胁而行，则有似也。今子蓬蓬然起于北海，蓬蓬然入于南海，而似无有何也？'"

[⑬] 如袁珂校注《山海经校注·海经新释》卷三《海外北经》"北海内有兽，其状如马"，上海古籍出版社，1980，第 246 页；《山海经·海经新释》卷十二《大荒北经》"北海之渚中，有神，人面鸟身，珥两青蛇，践两赤蛇，名曰禺疆"，第 425 页等。

边远之地或边远地区少数民族的代称。① 正如刘向所云"八荒之内有四海，四海之内有九州。"② 不管其具体所指是地域还是生活在该地域上的民族，都是远离居住在九州之内，受华夏文化圈影响的地区，对于这些地域及生活在这一地域上的民族，在先秦诸子时代，对其描述只能靠推测与想象。

2. 汉唐时代

进入到秦汉郡县制时代之后，随着大一统王朝历史的演进，华夏文明内部的统一与向外的辐射使得"北海"这一名称应用得更加广泛，这一方面有《史记》《汉书》等史书对边远地区的记述，另一方面也有《海内十洲记》《真诰》等或为想象或为释道著作的记述。

在《史记》《汉书》中关于元狩四年霍去病出击匈奴"临瀚海"及匈奴单于"留郭吉不归，迁之北海上"③、苏武出使与羁留匈奴十九年"乃徙武北海上无人处"④ 等关于匈奴"北海"的记述为前贤关注较多，不同时期学者多将"北海"实指某地，这将在其后各历史阶段对"北海"认识中分别叙述。而史书中有关"北海"的记述还有"临大泽，无崖，盖乃北海云"；⑤"去北海千余里，与丁零相接"⑥ 及"又西北二十日，行有于巳尼大水，所谓北海也。"⑦ 等语。这些对于"北海"的认识是与汉唐时期中原王朝的开疆拓土及魏晋北朝北方民族入主中原带来的域外地理认识扩展息息相关的。

东方朔的《海内十洲记》及《神异经》，则延续了先秦时代对"北海"

---

① 如《尔雅·释地四篇注》云"九夷，八狄，七戎，六蛮，谓之四海。"胡渭著，邹逸麟整理：《禹贡锥指》卷十八《四海会同》，第 652 页指出"古书所称四海，皆以地言，不以水言。"今人文章有余福智《释"四海之内"的海》，载《佛山科学技术学院学报（社会科学版）》，1987 年第 1 期及毕奥南的《历史语境中的王朝中国疆域概念辨析——以天下、四海、中国、疆域、版图为例》，《中国边疆史地研究》，2006 年第 2 期等。
② 刘向：《说苑全译》卷十八《辨物》，王锳、王天海译注，贵州人民出版社，1992，第 765 页。
③ 《史记》卷一一〇《匈奴列传》，中华书局，1982，第 2912 页。
④ 《汉书》卷五十四《苏建传附子武传》，中华书局，1962，第 2463 页。
⑤ 《史记》卷一二三《大宛列传》，第 3161 页。
⑥ 《宋书》卷九十五《索虏传附芮芮传》，中华书局，1974，第 2357 页。
⑦ 《魏书》卷一〇〇《豆莫娄传》，中华书局，1974，第 2224 页。

认识的想象。在海内分布的十洲中，玄洲与元洲都分布在北海之中，[①] "北海"中有"沧海岛"[②]与"钟山"，[③]还有时而捕鱼时而腾飞之"大鸟"。[④]

此时，以"北海"之名指代虚无之地还出现在蓬勃发展的释、道著作中。南梁释僧佑的《释迦谱》在记述早期佛教发展中之"四大河"便用东海、西海、北海之名。陶弘景的《真诰》中也有"罗丰山在北方癸地"[⑤]之语。与先秦诸子在论述"北海"时的肆意想象不同，汉唐时代对"北海"的这种论述虽仍有虚幻色彩，但已开始在一定的认识体系之内给予"北海"特定的地位与角色。对于先秦典籍中关于"北海"之记述，汉唐经学家在注疏时也表达了自己的认识。如成玄英在为《庄子·秋水》作疏时指出，"顺流而东行，至于北海"中的"北海，今莱州是。"[⑥]这就将庄周此言之"北海"坐实为唐代莱州以北之海域。

此外，南朝梁元帝的《金楼子》有"天下之大物有北海之蟹，举其螯能加山焉"[⑦]之言，而在张华的《情诗》中，与"江南"相对应的地理方位为"北海"。[⑧]

3. 宋元明时期

宋元明时期对"北海"的认识进展体现在两个方面，一是对于早期典籍

---

① 东方朔：《海内十洲记》"玄洲在北海之中，戌亥之地，方七千二百里，去南岸三十六万里。"又云"元洲在北海中，地方三千里，去南岸十万里"，商务印书馆，1983。
② 东方朔：《海内十洲记》"沧海岛在北海中，地方三千里，去岸二十一万里。"
③ 东方朔：《海内十洲记》"又有钟山在北海之子地"。
④ 东方朔：《神异经》程荣校"北海有大鸟……头向东正海中央捕鱼，或时举翼而飞，其羽相切如风雷也。"
⑤〔日〕吉川忠夫、麦谷邦夫编《真诰校注》卷十五《阐幽微第一》，朱越利译，中国社会科学出版社，2006，第469页，其后有注云："此癸地未必以六合为言，当是于中国指向也，则当正对幽州、辽东之北，北海至中，不知去岸几万里耳。"
⑥ 郭象注，成玄英疏《南华真经注疏》卷六《秋水第十七》，中华书局，1998年，第328页。
⑦《金楼子》卷五《志怪篇十二》，知不足斋本。
⑧ 徐陵编，吴兆宜注，程琰删补，穆克宏点校《玉台新咏笺注》，卷二引张华《情诗五首》，其四"君居北海阳，妾在江南阴。悬邈修途远，山川阻且深。承欢注隆爱，结分投所钦。衔恩守笃义，万里托微心"，中华书局，1985，第81页。

中"北海"认识的发挥，一是对于"北海"通称的理解。

对于《尚书·禹贡》中的"四海"问题，宋人蔡沈认为冀州"夹右碣石入于河"之句，若从碣石到达河水"必自北海然后能达河也"。[①] 在此，"北海"指代的即是今日之渤海。傅寅也认为冀州之北界即是"北海"。[②] 黄度的《尚书说》指出"禹贡北海无所著见何也？北海最远，中隔沙汉，广袤数千里。"[③] 将"北海"指向北方极远之处。程大昌的《禹贡论》也认为"况可求极于北海也乎？"[④] 对于"北海"，朱熹则用简单明了的话说道"又曰自古无人穷至北海，想北海只挨着天壳边。"[⑤] 不过洪迈看来，却是"四海一也"：

> 海一而已。地之势西北高而东南下，所谓东、北、南三海，其实一也。北至于青、沧，则云北海，南至于交、广，则云南海，东渐吴、越，则云东海，无由有所谓西海者。[⑥]

在这里，洪迈不仅指出四海同出一处，更是将"四海"中的东、北、南三海坐实，将古时"四海"观念比附中国大陆东面的广阔洋面。其中"北海"范围为其时青州、沧州附近之海，即今日之渤海。同时，对于"海"字本身意义的认识在宋人吴仁杰的《两汉刊误补遗》中也有体现：

> 仁杰读《禹贡正义》江南水无大小皆呼为江。《太康地记》河北得水名河，塞外得水名海。因是悟大泽蒲昌名海者如此。又吐蕃、吐

---

① 蔡沈注《书经集传》卷二《夏书》，上海古籍出版社，1987，第24页。
② 傅寅《禹贡说断》卷四"冀州之界抵于北海"，守山阁丛书本。
③ 黄度：《尚书说》卷二。
④ 程大昌：《禹贡论下》五十一《夷夏》。
⑤ 黎靖德编，王星贤点校《朱子语类》卷二《理气下·天地下》，中华书局，1986，第27页。
⑥ 洪迈撰，孔凡礼点校：《容斋随笔》卷三《四海一也》，中华书局，2005，第33页。

谷浑有烈谟海、恕谌海、拔布海、青海、柏海、乌海；匈奴中有瀚海、勃鞮海、私渠海、伊连海；与于阗、条支所谓两西海及北匈奴所谓两北海，皆薮泽或海曲耳，非真西海、北海也。①

对"北海"的认知指出原始典籍之"北海"并非实际之"海"，"海"即塞外湖泊的通称。②不同的是，顾起元否定班固将居延海认定为真实之"海"的认识。与此同时，对于原典中的"北海"进行考证、敲定地望的做法也在发展，如明人郑明选的《郑侯升集》中指出《史记》《汉书》所云之匈奴北海为"汉匈奴使苏武牧羝北海上，周日用曰：苏武牧羊之所衹一池，号北海，北地见有苏武湖，非北溟之海也。"③即是否定"北海"为虚无之"海"的认知，而将一后起地名与早期之"北海"联系在一起。这种忽略史源的比附做法也影响了今人的认识。④

对于"北海"的通称问题，宋人丁度指出"瀚滰（北海名，一曰混瀚水儿，或作干）"。⑤元人吴师道在校注《战国策》"绝清河涉渤海"之语时，作注云"《水经注》渤海后语北海，今青州北海是也"。将"北海"等同于"渤海"，并进而与当时青州北之海相对应。《（嘉靖）山东通志》亦云"北海亦通称渤海矣。"⑥而明人杨慎却云"东海之别有渤海，南海之别有涨海，西海之别有青海，北海之别有瀚海，犹五岳之外有五镇也。"将"北海"等同于瀚海，而将"东海"等同于渤海的认识还有郑若庸的《类隽》"东海共

---

① 吴仁杰：《两汉刊误补遗》卷八。
② 在此之前，已有李吉甫：《元和郡县志》卷四十，中华书局，第1024页云："方俗之间，河北得水便名为河，塞外有水便名为海。"
③ 郑明选：《郑侯升集》（影印本）卷三十九，北京出版社，1998。
④ 如任继周等《访苏武牧羊北海故地扎记》（载《草业科学》，2005年第6期）等文章以后出地名苏武庙及清人诗赋等判断汉代"北海"位置。
⑤ 丁度等编：《集韵》卷七，上海古籍出版社，1985，第552页。
⑥ 《（嘉靖）山东通志》卷一《图考》。

称渤海……北海大海之别有瀚海"[1]等。可见，在对"北海"的通称上，有将"北海"延续早前的"瀚海"者，也有指为"渤海"者，认识尚未统一。

4. 清代

作为稳定时期疆域最广也是最后一个王朝，清人对"北海"的认识随着领土的扩展及后期西学东渐等影响，与先清时期[2]相比有了较为明显的拓展。而随着乾嘉时期考据学风的盛行，学者在对历代关于"北海"认识总结的基础上，也提出了自己的见解。

曹廷杰的《东北边防辑要》中"廷杰谨考：黑龙江呼兰城西北通背河地方有奴儿城故墟，今呼女儿城，即明时奴儿下卫也。其云北海，恐以察汉泊或呼伦贝尔池当之。"[3]将"北海"定位于位置更偏北的今呼伦湖等地。何秋涛的《朔方备乘》则将"北海"定于白哈儿湖。[4]同书中他也认识到了"柏海、白海与北海音俱相近，故地志家疑即一地"[5]的问题。而在"论俄国水多北流"中，他指出"西斋偶得曰：鄂罗斯近北海处，水皆北流。臣秋涛谨案：自杭爱山、阿尔泰山以北水皆北流，其发源处距北海有远至六七千里者，非必近北海乃北流也"。[6]他又将"北海"北移至俄罗斯之北，这也是地理认识进步的体现。王夫之则指出"古所谓北海者，大氐谓今登莱以北辽右永平以南之渤海也"，[7]将早期对"北海"的认识多归于今日之渤海地域。凌扬藻的《蠡勺编》在论述"北海、西海"时，延续了吴仁杰与顾起元的认识：

---

① 郑若庸：《类隽》卷六，上海辞书出版社，1991。
② 此说法来自于业师华林甫教授。
③ 曹廷杰：《东北边防辑要》卷上《明季三卫分建诸国考》，辽海出版社，2009，第2296页。
④ 何秋涛：《朔方备乘》卷九《考三·北徼条例考》。
⑤ 何秋涛：《朔方备乘》卷二十五《考十九·色楞格河源流考》。
⑥ 何秋涛：《朔方备乘》卷四十《记二·俄罗斯从记》。
⑦ 王夫之：《四书稗疏》卷二，同治船山遗书本。

新安江氏《群经补义》曰：中国不见北海、西海，而经书动称四海。《尔雅》以"九夷、八狄、七戎、六蛮，谓之四海"，解之终有未安。既谓之海，当有其水，岂可以四裔所处当之？……北海冬夏常冰，去中国甚远。中国不见北海，《左传》"君处北海"，《孟子》"伯夷居北海之滨"，"挟太山以超北海"皆谓今天津、永平之间，东海之水决入汪洋似海地房近北，非真北海。

通观历代对于"北海"的认识，在原典中多为虚无之想象，而后人遂于此顺两条路线发展：或为坐实"北海"为某地，或为指出"北海"为虚无之地。两种认识自不可简单区分高下，况且直至清代（甚至今日）两种思潮仍有显现。

二 "北海"作为政区专名的沿革历程

"北海"之名作为政区专名始于汉景帝时期析置北海郡，关于析置的时间，《汉书·地理志》记为"景帝中二年置"，[①] 但据周振鹤研究，景帝中二年由于没有削胶西国之举，"'中'字或衍或'前'字之误。"[②] 此新置之北海郡至西汉末叶领二十六县及侯国。其所辖之地域范围当今山东潍坊等地。

关于"北海郡"得名原因，刘熙的《释名疏证》中指出"北海，海在其北也"。[③] 宋人金履祥《论孟集注考证》则认为"北海去中国甚远，但以小海为北海，故汉于今青、淄之间置北海郡"。[④] 可见，"北海郡"得名虽有实际地理位置之原因，也有容纳四海的考虑，西汉末王莽奏置西海郡即是

---

① 《汉书》卷二十八《地理志上》，第 1583 页。
② 周振鹤：《西汉政区地理》，人民出版社，1987，第 112 页。
③ 刘熙：《释名疏证》卷二《释地》，续修四库全书本，第 594 页。
④ 金履祥：《论孟集注考证》卷一。

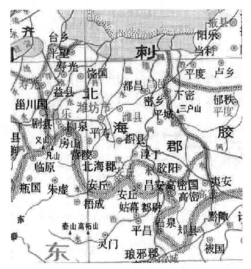

图 1　西汉末北海郡

资料来源：《中国历史地图集》第二册，中国地图出版社，1982，第 19~20 页。

明显例证。[①]

东汉建武十三年，光武帝省并西京十三国，"淄川属高密，胶东属北海"，[②]据钱大昕等研究，"淄川属高密"之"属"字为衍文，北海郡同时接纳了淄川、高密、胶东三国，郡境大为扩展，[③] 辖地当今山东潍坊及青岛部分地区。

其后，"（建武）二十八年春正月己巳，徙鲁王兴为北海王"，[④] 北海郡更为北海国。《续汉书·郡国志》载北海国领十八城。东汉末建安三年，分"琅邪、东海、北海为城阳、利城、昌虑郡"。[⑤] 北海国属县有所削减。建安十一年，"齐、北海、阜陵、下邳、常山、甘陵、济北、平原八国皆除"。[⑥]北海国又复为北海郡。

---

① 《汉书》卷九十九《王莽传上》"今谨案已有东海、南海、北海郡，未有西海郡，请受良愿等所献地为西海郡"，第 4077 页。

② 《后汉书》卷一《光武帝纪下》，中华书局，1965，第 61 页。

③ 李晓杰：《东汉政区地理》，山东教育出版社，1999，第 58 页。

④ 《后汉书》卷一《光武帝纪下》，第 79 页。

⑤ 《三国志·魏书》卷一《武帝纪》，中华书局，1959，第 16 页。

⑥ 《后汉书》卷九《孝献帝纪》，第 384 页。

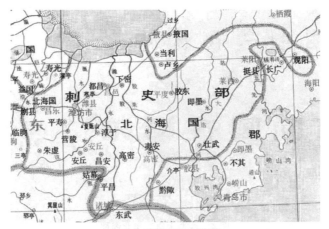

图 2　东汉中期北海郡

资料来源：《中国历史地图集》第二册，中国地图出版社，1982，第44~45页。

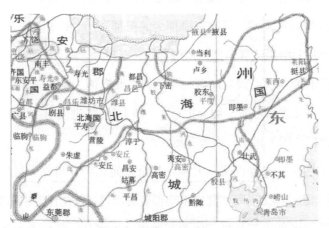

图 3　魏景元二年北海郡

资料来源：《中国历史地图集》第三册，中国地图出版社，1982，第9~10页。

据清人洪颐煊《诸史考异》"晋初本有北海郡而志失之"，^① 则西晋初仍有北海郡。此后五胡乱华，《宋书·州郡志》载"北海太守"领县六。^②

---

① 《诸史考异》卷二，光绪广雅丛书本。
② 《宋书》卷三十六《州郡志二》，第1096页。

图 4　西晋太康二年北海郡

资料来源：《中国历史地图集》第三册，中国地图出版社，1982，51~52 页。

此北海郡入北魏后据《魏书·地形志》领县五。① 此外，"宋明帝失淮北地，于郁州更置冀州，梁改东海郡为北海郡"。② 南朝宋失去北海郡地，至南梁时遂将北海郡侨置于郁州东海郡地。至梁武帝时侨置之北海郡地亦失遂废，仅留有原西汉经魏晋而延续至北魏之北海郡。此北海郡后改为青州，至隋大业三年又改州为郡，复为北海郡，领十县，③ 辖境当今山东潍坊等地，与东汉北海郡（国）相比，郡境有所收缩。

唐武德四年，复置青州，天宝元年至乾元元年青州也曾短暂改为北海郡，④ 此后，北海郡之名仅在北宋末赐郡名后出现过一次便退出历史舞台。⑤

北海县之名始于隋开皇三年罢郡改置之下密县，开皇十六年于县置潍州，大业二年州废，县名由下密改为北海。⑥ 武德二年至八年，一度复置潍州，州废后，北海县改属青州。⑦ 北宋建隆三年，以北海县建北海军，乾

---

① 《魏书》卷一〇六《地形志中》，第 2522 页。

② 乐史撰，王文楚等点校《太平寰宇记》卷二十二《海州》，中华书局，2007，第 456 页。

③ 《隋书》卷三十《地理志中》，中华书局，1973，第 860 页。

④ 《旧唐书》卷三十八《地理志一》，中华书局，1975，第 1452 页。

⑤ 《宋史》卷八十五《地理志一》，中华书局，1977，第 2108 页。

⑥ 《隋书》卷三十《地理志中》，第 861 页及《旧唐书》卷三十八《地理志一》，第 1453 页。

⑦ 《旧唐书》卷三十八《地理志一》，第 1453 页。

图 5　隋大业八年北海郡

资料来源:《中国历史地图集》第五册,中国地图出版社,1982,第 5~6 页。

德三年又升为潍州,领三县。[1] 金代不改,元省一县,明代洪武元年省潍州州治北海县入州,后又于洪武十年五月降州为县。[2] 北海县治今山东潍坊市。

今日广西壮族自治区北海市之得名源于居住在北海市冠头岭脚下东南侧的南湾村人把位于北部的海面及附近地区叫"北海",其范围东至高德,西至地角,南至今北海大道,北面临海,面积 7.05 平方公里。1950 年 5 月由合浦县析出北海镇(县级),1951 年 1 月改设北海市(地级)。1956 年 4 月降为县级市,1958 年改为北海人民公社,1959 年设北海镇(县级),1964年复设北海市(县级)。1983 年恢复地级市建制。[3]

① 《宋史》卷八十五《地理志一》,第 2109 页。

② 《金史》卷二十五《地理志中》,第 609 页;《元史》卷五十八《地理志一》,第 1371 页;《明史》卷四十一《地理志二》,第 949 页。

③ 林明锤:《解放后的北海行政区划》,《中国地名》2010 年第 2 期。

三 历代"北海"移祀过程

中国古代有祭祀名山大川的传统，作为"四海"之一的"北海"祭祀始于秦汉时期，据东方朔《海内十洲记》云"武帝天汉三年帝幸北海祠恒山"，[①] 则西汉时期北海祭祀地点在北岳恒山（今河北唐县大茂山）。至唐初时明确的祭祀规定是"唐武德贞观之制，五岳、四镇、四海、四渎年别一祭"，而祭祀北海的地点在洛州，[②] 即《大唐开元礼》所云之"北海及北渎大济于河南府界"，[③] 这一祭祀地点宋初不改，《太常因革礼》认为北海祭祀地点选在洛州的原因在于"西海、北海越在夷狄，故望而祭之耳"。[④] 因为北海远处夷狄之境，便只好随北渎济水一起祭于洛州而遥祭。北宋建隆四年，北海祭祀地点改为孟州，[⑤] 据清人徐元珙分析，北海祭祀地点在济源县，"考地志济源县初属怀州，高宗显庆二年改属洛州，武宗会昌三年又属孟州。是有唐中叶济源多隶洛州，至末季及宋方属孟耳。"[⑥] 南宋孝宗乾道三年，由于已经失去了河南之地，"其西、北海远在夷貊，独即方州行二时望祭之礼。"[⑦] 金代大定四年，定礼仪"立冬，祭北岳恒山于定州、北镇医巫闾山于广宁府，望祭北海、北渎大济于孟州"[⑧] 北海与济水仍同祭于孟州济源县。元初"至元三年夏四月，定岁祀岳镇海渎之制"。[⑨] "立冬日遥祭北海于登州

---

① 东方朔：《海内十洲记》。

② 马端临：《文献通考》卷八十三《郊社考十六》，中华书局，1986。

③ 中敕：《大唐开元礼》卷三十六《吉礼·祭四海四渎》，民族出版社，2000，第201页。

④ 欧阳修：《太常因革礼》卷四十九，光绪广雅丛书本。

⑤ 《文献通考》卷八十三《郊社考十六》。

⑥ 徐乾学：《憺园文集》卷十七。

⑦ 《文献通考》卷八十三《郊社考十六》。

⑧ 《金史》卷三十四《礼志七》，中华书局，1975，第810页。

⑨ 《元史》卷七十六《祭祀志五》，中华书局，1976，第1902页。

界，济渎于济源县。"①将"北海"与"北渎"济水的祭祀地点开始分离，"北海"改在海边登州祭祀。

明人对于"四海"祭祀地点的反思可以看出以中原王朝为中心遍察四方的地理中心认识：

> 中国之地，在三代不出九州之外，惟扬、徐、青、冀四州滨海而已。四海惟东海滨中国，而南海、北海则越在荒服之外。自汉以后，南越始入中国而有南海。然西海竟不知所在。故今祀东海于登州，祀南海于广州，二祀皆临海。而祭西海则望祀于蒲州，北海则望祀于怀庆。夫宋都汴梁而怀庆在其北，是时失幽燕而以白沟河为界，无缘至辽口之域。出国门而北望，以祭之可也。国初都金陵，因之以祭，亦不为过。若夫今日建都于燕，往南而祭北海，岂天子宅中以临四海之义哉？且古谓青州为北海郡，青去登不远，犹以是名。今京师东北乃古碣石海之处，于此立祠，就海而祭，于势为顺，于理为宜。况今北镇医无闾山在于辽海，山既可以为北镇，川独不可以为北海乎？若夫中国之正西在于秦陇西，北则蜀，稍南则滇也。滇之极西，百夷之外，闻有大海通西南岛夷。此地在前代未入中国，今既为羁縻之地，则王化之所及也，宜于云南望祀之。如此，则四海之祀，皆在吾域中矣。②

以中原王朝为中心，而且要表明中原王朝对周边地区的影响已无远弗届，故而明人会有改变"北海"与"西海"祭祀地点的议论。而对"北海"移祀地点的选择在康熙二十六年终落定尘埃，"（康熙二十六年）六月辛丑，

---

① 《元史》卷七十六《祭祀志五》，第1902页。
② （明）黄训编《皇明名臣经济录》卷十二《国家常祀之礼一》，辽海出版社，2009。

改祀北海于混同江。"① 选择国境的东北河流祭祀北海反映了不同朝代对祭祀四海的认识演进。

四　结语

通观历代对于"北海"这一地名的认识，不难发现，由于形成"四海"观念之初的地理知识局限，历代对于北海的认识或循想象之端，或考虚无之地，这一点也表现在封建王朝对"北海"的祭祀上，在清代以前多采取遥祀的方式。而"北海"作为实实在在的政区专名，其沿革则伴随了其作为虚无地名的始终过程。

（北京市社会科学院历史所）

---

① 《清史稿》卷七《圣祖本纪二》，中华书局，1977，第227页。

乾隆初年永定河"不治而治"理念与实践

王洪波

为根治永定河水患，清代自康熙开始进行了诸多探索，在各个时期形成了不同的治理理念，治理理念的变化不仅指导了河道治理的具体实施，同时对下游地理环境也产生了深刻的影响。在清代永定河治理的探索过程中，乾隆初年出现了一种主张恢复永定河故道，实现"不治而治"理想的风潮，并在乾隆六年进行了一次大胆的尝试。

康熙三十七年（1698）永定河筑堤效果的再认识
康熙年间永定河下游大堤的修筑

顺治年间由于王朝更替导致社会动荡不安，各地风起云涌的抵抗运动使清政府疲于奔命，无力顾及河道治理等民生事务。永定河河道、堤防状况糜烂不堪，顺治一朝，仅有几次小修小补。这一时期的堤防，除卢沟桥以上的石堤比较完整外，下游堤防多有毁废。《畿辅安澜志》记载"浑河堤岸，历辽金元明，历被水冲，断续相间。虽有修治，终无数十年之久"。康熙亲政后"以三藩及河务、漕运为三大事，书宫中柱上"。[1] 在政治、军事、经济

---

[1] 赵尔巽：《清史稿》卷二七九《靳辅传》，中华书局，1977，第 10122 页。

等方面采取了一系列果断措施，为维护国家统一、安定社会、恢复经济、发展生产力起到了积极作用，"自康熙二十年以后……海内始有起色"。① 永定河治理一方面事关京畿安危，另一方面这条多沙河流的治理也可以为黄河治理积累宝贵经验。如康熙认为："今永定河虽小，仿佛黄水。欲以水力刷浚之法试之，使河底得深……若永定河行之有效，即将此法用之黄河。"② 这一时期水利工程除黄河与漕运外，对永定河用力是最多的。

康熙三十七年（1698）"浑河自新城九花台漫决，环绕霸州，水患频仍"。③ 康熙亲临阅视，更坚定了根治永定河决心："朕经行水灾地方，见百姓以水藻为食。朕曾尝之。百姓艰苦，朕时在念"。④ 命于成龙大筑堤堰，疏浚兼施，成为永定河治理史上的标志性事件。

此次工程自四月开始，"挑河自良乡老君堂旧河口起，经固安县北，至永清县东南朱家庄，经安澜城河，达西沽入海，计长一百四十五里。南岸筑大堤自旧河口起至永清县郭家务止，长八十二里有奇。北岸筑大堤自良乡张庙场起，至永清县卢家庄止，长一百二里有奇。并于旧河口建竹络坝，使水并流东注。复自南岸高店村坡下起至坝上，堆接沙堤三十五里，连大堤通长一百一十七里四分。北岸复自卢沟桥南石堤下起，至立垡村南止，堆筑沙堤二十二里，立垡至张庙场大堤五里地皆高阜，连前大堤通长一百二十九里二分"。⑤ 由以上记载可知，此次河道治理工程主要有三部分，一为疏浚河道，即"挑河"，自良乡老君堂至安澜城河，共疏浚河道长一百四十五里。二是筑南北大堤，大堤又分为两部分，一为土堤，北岸自张庙场（今张客村附近）至永清卢家庄，长一百零二里余；南岸自老君堂旧河口至永清郭家

---

① （清）陆陇其：《论直隶兴除事宜书》，见贺长龄、魏源《清经世文编》卷二八《户政》，岳麓书社，2005。

② 《康熙实录》卷一九六，康熙三十八年十二月壬申。

③ （清）王履泰：《畿辅安澜志》卷八《永定河志》，武英殿聚珍版丛书本。

④ 《康熙实录》卷一八七，康熙三十七年三月辛卯。

⑤ （清）陈琮：《（乾隆）永定河志》卷六《工程》，古籍出版社，2002。

务（今永清郭家府村），长八十二里余。另一部分为沙堤，北岸自卢沟桥南石堤至立垡村长二十二里，立垡村以下地势较高，故三十七年时未筑堤，后于康熙四十年（1701）接筑连大堤；南岸自高店村（今高佃村）至老君堂接连土坝，长三十五里。三是在旧河口建竹络坝，使小清河水与永定河并流东注。工程结束后，直隶巡抚于成龙上疏康熙"乞赐河名，并敕建河神庙"。康熙下旨："照该抚所请，赐名永定河，建庙立碑"，永定河之名由此而来。

康熙三十九年（1700）又接筑两岸大堤，南岸接郭家务大堤尾起至霸州柳岔口止，连上共长一百七十九里。北岸自卢家庄西何麻子营接大堤起，至柳岔口迤东止，连上共长一百八十里。

康熙年间永定河下游大堤的修筑效果

对于此次永定河筑堤的效果，《清史稿》记载："自是浑流改注东北，无迁徙者垂四十年"。[1] 清代官员及学者常以此来矜夸康熙治理永定河的功绩："圣祖仁皇帝轸念民艰，亲临指授，新河既潆，横流遂偃，肇锡（赐）嘉名"。[2]"自是湍水轨道，横流以宁，三十年来河无迁徙，此从古所未有也"。[3]客观上讲，康熙三十七年（1698）的河道治理将永定河从出山直至入海口紧紧约束了起来，从而彻底改变了石景山以下河道在京南霸北涿东武西之间平原地区大范围迁徙的情形，是永定河环境演变史上的巨大转折。[4]

另一方面，永定河大堤的修筑并不意味着永定河下游地区水患的消失，所谓"浑流改注东北，无迁徙者垂四十年，"指的是永定河离开固安以西，南达霸州河道，改行固安以北、东达三角淀，河流漫流状态结束，并非指此

① 赵尔巽：《清史稿》卷一二八《河渠志》，中华书局，1977，第3809页。
② （清）陈琮：《（乾隆）永定河志》卷十二《奏议》，古籍出版社，2002。
③ （清）齐召南：《畿南河渠通论》，见《清经世文编》卷一〇七《工政》。
④ 吴文涛：《北京水利史》，人民出版社，2013。

次治河后永定河下游再无决溢。

通过对永定河相关志书、奏折的整理可见，康熙三十七年至雍正十三年（1698~1735）三十八年间永定河下游可见的漫溢、决口记载有 18 次，几乎每两年就有一次。漫溢、决口时间、地点如表 1 所示。

表 1　康熙三十七年（1698）至雍正十三年（1735）永定河下游漫溢、决口记录

年份	性质	地点
康熙四十一年（1702）	漫溢	永清县三圣口南岸
康熙四十五年（1706）	漫溢	武家庄
康熙四十八年（1709）	决口	永清王虎庄
康熙五十二年（1713）	漫溢	小荆垡营
康熙五十三年（1714）	漫溢	许家庄、董家务
康熙五十四年（1715）	漫溢	泥安村西至半截河
康熙五十六年（1717）	决口	贺尧营北岸堤
康熙五十七年（1718）	漫溢	董家务
康熙五十八年（1719）	漫溢	麻各庄、求贤村、十里铺、泥安村、何麻子营、半截河、火烧营
康熙六十一年（1722）	决口	贺尧营
雍正元年（1723）	漫溢	郭家务
雍正二年（1724）	决口	堂二铺、南岸铁狗、屯子头
雍正三年（1725）	漫溢	南岸第五工
雍正五年（1727）	漫溢	郭家务、四圣口
雍正七年（1729）	决口	刘家庄
雍正八年（1730）	漫溢	武家庄、五道口；冯家场，田家场，四圣口
雍正十二年（1734）	决口	铁狗、北蔡、南蔡、黄家湾、梁各庄、四圣口、五道口、小荆垡、赵家楼、田家场
雍正十三年（1735）	决口	朱家庄、东沽港、赵家楼

资料来源：《永定河续志》《康熙朝汉文朱批奏折》《雍正朝汉文朱批奏折》《清史稿》等。

除这 18 次决溢记录外，永定河尾闾在这一时期还有两次人工改道记载。

由于永定河的高含沙量，康熙三十七年（1698）改河时作为永定河尾闾的狼城河已经淤废。于是直隶巡抚李光地于康熙三十九年（1700）在安澜城

西改河南下，流出柳岔口，注大城县辛章河，仍由淀达津归海。乾隆《永定河志》记载："康熙三十九年，因河身浅狭，下游出水不畅，两岸吃重，狼城河口受淤。于郭家务接筑南岸，卢家庄接筑北岸，至霸州柳岔河口止。河由柳岔口注大城县辛章河，入东淀"。这是永定河大堤修筑后的第一次改移下口。

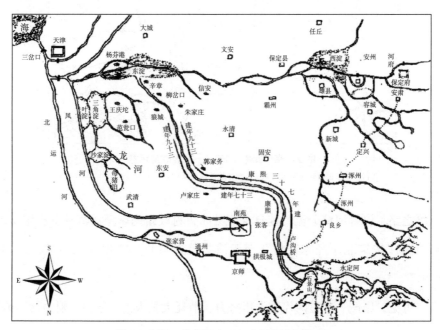

图 1　康熙三十九年（1700）接堤改河示意

资料来源：据乾隆《永定河志·二次接堤改河图》整理。

雍正四年（1726）随着永定河对东淀淤积的日益严重，为避免永定河泥沙淤塞直隶诸水归海流路，三角淀被从东淀中分隔出来，成为专门疏泄永定河泥沙去处。永定河尾闾"于柳岔口稍北改为下口，南岸自冰窖村另筑堤工，至武清县王庆坨止，北岸自何麻子营接筑堤工，至武清县范瓮口止，挑河入三角淀，达津归海"。①

乾隆《永定河志》记载："雍正四年，辛章胜芳一带淀池被淤，阻清水

━━━━━━━━━━━

① （清）李鸿章：《（光绪）畿辅通志》卷七八《水道》，光绪十二年（1886）刻本。

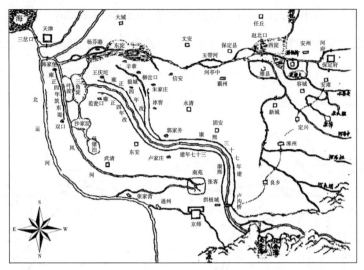

图 2　雍正四年（1726）接堤改河示意

资料来源：据乾隆《永定河志·二次接堤改河图》整理。

达津之路。议筹河淀分流，遂自永清县冰窖村改筑南岸至武清县王庆坨止，自卢家庄按筑北岸经冰窖村北至武清县范瓮口止，挑河入三角淀，达津归海"。

可见，康熙、雍正两代数十年努力，消耗大量人力、物力、财力后，畿辅地区河患治理并没有收到理想效果，永定河也没有实现"永定"的目标。

乾隆初年对筑堤束水的反思与"不治而治"思想的形成

乾隆即位后，永定河下游水患并无好转。乾隆元年（1736）永定河下游河道罕见的在正月期间冲决了南岸八工东沽港堤二十四丈。时任直隶总督李卫指出"惟是水（按：永定河）皆浑浊，下流入淀后，水去泥停，渐积填淤。司河各官惟事修堤，不实挖浅，堤日增高，河亦俱长"。① 经过几十年

---

① （清）周家楣：《（光绪）顺天府志》卷四一《河渠志》，光绪十二年（1886）刻本。

治理，统治阶层对根治永定河水患呈现出消极悲观态度："下游之去路横阻，上流之浊溜方来。纵使不惜劳费，一律挑挖，旋浚旋淤，终何补益。至此浚筑皆穷"。①

乾隆二年（1737）农历六月二十九永定河再次决口，形成严重水灾。此次水灾"冲刷石景山土堤一处，漫溢南岸十八处，北岸二十二处"。其中"张客地居上游，出水更利，漫刷四百余丈，全河大溜尽从此出，由宛平、良乡、涿州、固安、永清、东安、武清等县弥漫而下，归凤河"。② 永定河沿河州县低田禾苗、附近庐舍，多被淹损冲塌。

在此次水患影响下，清王朝统治阶层内部对康熙三十七年以来的永定河治理思路开始进行反思。乾隆二年（1737）七月，直隶河道总督顾琮上奏，指出"永定浑河原无堤岸，只有河身，达于玉带。清流汛涨出槽，淀外数百里之地，任其游漾。水归于淀中，泥沉于淀外。民田虽有淹没，所谓一水一麦，亦不为苦。"近年来永定河河患频发的原因在于筑堤束水以来，下口愈近潮汐，其淤愈速，堤日增而河日淤，河底已高于平地。治水之法"莫善于行所无事，故筑堤防水则可，若以堤束水，是与水争地，而贻后患也。"③

时任直隶天津道陈宏谋亦认为"奔放之流，非窄狭之河所能纳。沙泥日积，亦非疏浚之力所能通，恐年复一年，徒糜国帑，将患日深而治益难"。④ 在其《治永定河说》中，陈宏谋对永定河筑堤束水不可行的原因进行了系统论证，其主要观点为：

（1）永定河筑堤之前，固安、霸州之间为"一水一麦"制度，永定河为

---

① （清）周家楣：《（光绪）顺天府志》卷四一《河渠志》，光绪十二年（1886）刻本。
② （清）朱其诏、蒋廷皋：《（光绪）永定河续志》卷二《工程》，文海出版社，1969，第84页。
③ （清）朱其诏、蒋廷皋：《（光绪）永定河续志》卷九《奏议》，文海出版社，1969，第199页。
④ （清）陈宏谋：《治永定河说》，见贺长龄、魏源《清经世文编》卷一一〇《工政》，岳麓书社，2005，第179页。

害并不剧烈。他指出，永定河"从前原无堤岸，地面宽阔，卢沟桥以下直至霸州，由会通河入淀归海。水发之年一往湍激，散漫于数百里之远。深处不过尺许，浅止数寸。及至到淀，沙已停积，止余清流，不致淤塞淀池。而卢沟桥以下，淀池以上，一望平芜，虽不免年年过水，而水过沙留，次年麦收丰稔，所谓一水一麦是也"。

（2）永定河河身狭窄，难以容纳永定河汛期水量，洪水一至势必溃决。自康熙三十七年（1698）筑堤束水以来，河身窄狭，两岸相去远者不过二三里，近则一里半里至数十丈不等。以千里远来之急流，束之于几里之河堤，不能容纳，率多漫溢，此理势之必然。

（3）永定河含沙量巨大，河床逐渐淤高，堤岸亦随之加筑，一旦溃决，势如建瓴。"现在河底高于平地丈余，而堤则更高一二丈不等，俨同筑墙堵水，岂能免于溃决……即再加高堤岸，而淤沙随堤而长，水势愈高，势如建瓴，冲溢溃决，随处皆是"。

（4）筑堤束水使得永定河泥沙迅速淤积淀池，淀池一旦淤平，必然阻塞直隶诸水归海流路，造成整个直隶地区水患。他认为"淀池为西南各河蓄水之区，若将永定河之水束之入淀，淀必淤积。淀池多淤一尺，则直省受水之咽喉即多一尺之阻。所以自雍正三年淤平胜芳淀以后，各河水患年多一年。数年之后淀池淤满，西南诸水无处容受，则直隶水患更不可言"。

（5）永定河下游全系浮沙，即使筑堤也无法坚固。陈宏谋认为"永定一带，全无泥土，皆系浮沙筑堤，非夯砑可期坚固。遇风则堤随沙去，遇水则堤与沙化。是以极宽极厚之堤，水到即开，冲决仍所不免，此永定一河断难筑堤束水成河之情形也"。

直隶总督孙嘉淦对康熙以来筑堤束水的治理思路批判尤为激烈，认为永定河"从前散流于固安、霸州之野，泥留田间而清水归淀。间有漫淹，不为大害。自筑堤束水以来，始有溃堤淤淀之患。岁糜帑金，讫无成效"。① 同时提出一项大胆计划，即恢复永定河固安、霸州之间清初故道，废除永定河大堤，实现"不治而治"的理想状态："汛水涨发，散入田野，民收肥腴之利；经流归漕，安行故道，并无冲决之忧。即使间有漫溢，不过一二村庄，较之溃决淤淀之害不及十分之一。即使保护村庄，不过零星疏筑，较之岁修、抢修之费亦不及十分之一"。②

陈仪、方苞也主张永定河复归故道，但他们不敢将矛头指向康熙，而是对于成龙大加笔伐。康熙三十七年改河路线本为康熙钦定，此时却被说成于成龙为保护祖坟而设："康熙三十七年，直隶巡抚于成龙以浑河冲半壁店，近其祖墓，奏改河道，迤东入淀"。③ 陈仪也认为，康熙三十七年治河违背了永定河本性："昔浑河南行之时，河身不过十余丈，溢岸漫流深不过一二尺，旋长旋消，为期不过二三日，本非巨津，如黄河之浩瀚而莫可控御。特以东折既违其性，入淀又窒其归，强束以长堤，适足以激其怒耳。"永定河当时本向南流，汇入玉带河，"盖率其自然之性。河未尝淤，淀亦未尝淤也。虽东坍西涨，时有迁徙，亦不无冲齿之虞，而填淤肥美，秋禾所失，夏麦倍偿，原不足深为病。治之之法，但当顺其南下之性而利导之，多其分酾之渠以减杀之，宽筑陂陀之泺岸以缓受其怒流，分建护村之月坝以预防其冲击，如此则害可减而利亦可兴"。当时治河时"若顺其南下之性，束以长堤，其患自息。乃抚臣自护茔域，奏改故流而注之淀池之内。以浊流入止水，不数年间而信安、高桥、胜涝、辛张等淀垫为平陆。骎骎乎淤黄汊，抵台头，淤壅清流，几无达津之路"。康熙三十七年治河不理想原因在于"不为全局计而只为一河计，遂改南流之故道折而东行，自柳岔口注之东淀。于是淀河病

---

① （清）孙嘉淦：《永定复故疏》，见《孙文定公奏疏》卷七《直隶总督》，清敦和堂刻本。
② （清）孙嘉淦：《永定复故疏》，见《孙文定公奏疏》卷七《直隶总督》，清敦和堂刻本。
③ （清）方苞：《与顾用方论治浑河事宜书》，见《望溪集》卷六《书》，咸丰元年（1851）刻本。

而全局皆病，即永定一河亦自不胜其病。淤高桥淀而信安、堂二铺遂成平陆，淤胜芳淀而辛张、策城尽变桑田，向之渺然巨浸者皆安归乎"。[①]

乾隆五年（1740）永定河"规复故道"的实践

在这种"不治而治"理念与"规复故道"具体方法指导下，乾隆五年（1740）在直隶总督孙嘉淦的主持下，自金门闸附近开永定河南堤，放永定河回归固安以西、直达霸州的永定河故道："引河两岸不设堤防，汛水长发，则任其出槽平漫。溜势既散，低田可收淤肥之利。其霸州城郭围筑护堤，近河邮落加筑土埝，虽大水可保无虞，此实以不治为治之上策也。"[②] 这是为实现永定河"不治而治"理念的一次具体实践，也是清代永定河治理的一次极端大胆尝试。

乾隆五年（1740）永定河复归故道工程的环境基础

自北魏以来永定河河道即呈现出南迁的趋势，到元代河道已向东南迁徙至凤河河道，明代至清初永定河河道更以南流为主，在白沟河以东，固安、永清以西留下了诸多故道，如大沙河、牤牛河、太平河、黄家河等。

清康熙三十七年（1698）以前，永定河下游河道以南流为主。比较大的改道包括以下五次。顺治八年（1651）永定河"从永清县界徙固安县西七十里，与白沟河合流"，[③] 达到了西南迁徙的极限。这一河道并未能维持长久，顺治十年（1653 年）永定河又从宫村决口，南入新城县，从霸州城下达口

---

① （清）陈仪：《治河蠡测》，见贺长龄、魏源《清经世文编》卷一一〇《工政》，岳麓书社，2005，第160 页。
② （清）周家楣：《（光绪）顺天府志》卷四一《河渠志》，光绪十二年（1886）刻本。
③ 光绪《顺天府志》卷三六《河渠志》。

头村，赴东淀。《大清一统志》记载："故浑河在新城县东三十里，旧自顺天府固安县分支流入经雄县东北界，入霸州"即为顺治十年（1653）以后永定河所经。康熙二十五年（1686）永定河河道向东摆动，"改流固安之米各庄，直入霸州之苑家口"，这样就形成了东西两股河道，此后永定河主流逐渐东移。康熙二十七年（1689）河道形势再次发生了较大变化，一方面东股河道尾闾入大清河位置由苑家口迁徙至善来营；另外随着主流东徙，为防止永定河再次西摆，人为将西股河道堵闭，《永定河续志》记载"康熙二十七年，河从善来营入玉带河，旧从固安之故城村决而西南，至茨村合琉璃河，直南冲茨村。分为二股，渐从而东。至是筑塞，不复相通。琉璃河遂南入新城，其故道由涿州、固安、永清、东安、霸州者悉为浑河所夺"。[1] 由于久未修筑堤岸，这一河道也并不稳定，康熙二十七年以后各处冲决，河道渐次北移。永清、霸州、固安、文安等处，时被水灾。康熙三十一年（1694）为分泄永定河水势，减轻霸州、文安等处水灾，在直隶巡抚郭世隆的建议下，永清东北的明代永定河故道得到疏浚，但主流未发生变化"固安西北及沙垡等处，今为浑河正流，绵亘四十余里，滨河悉属沙砾，即使成堤，难免冲溃。令地方官饬附近居民，不时疏浚"。[2] 到康熙三十七年（1698）清圣祖亲临巡视，在直隶巡抚于成龙的主持下开展了一次大规模的河道治理活动，今永定河下游河道由此大致形成。

孙嘉淦所谓永定河复归故道，即指康熙二十五年（1686）至康熙三十七年（1698）期间永定河南流故道。对于这一故道的流路，《顺天府志》卷36《河渠志》中有详细描述，概略言之，自金门闸下南流，经长安城村，与屯子头草坝引河之水相汇，南流经宫村，至固安毕家庄分东西两股，西股西南流，经礼让店、赵家务、下岔河，至霸州西老堤头入中亭河；东股东南流至

---

① （清）朱其诏、蒋廷皋：《（光绪）永定河续志》，文海出版社，1969，第88页。
② 《康熙实录》卷一五四，康熙三十一年三月丁丑。

牛驼镇与南岸三工减河相汇，东南流称黄家河，经赵各庄、彩木营，至高桥津水洼，最终汇入东淀。东股引河在牛驼镇南又分出一支南流经南孟，范家庄，于栲栳圈西入中亭河。

乾隆五年（1740）永定河复归故道工程经过

乾隆三年（1738）十月孙嘉淦任直隶总督，四年（1739）兼管直隶河务。在勘察永定河下口后，孙嘉淦指出"（永定河）下口河流自郑家楼逆折而北，历龙河、凤河、雅拔河之下游，清水俱有壅滞，且去北运河不远，倘再冲泛，恐碍运道，所关匪细""下口之道穷而无所复入，必于上游放水，始为经久之图"，加快了推动永定河复归故道的进程。

孙嘉淦所称永定河复归故道，即指康熙二十五年（1686）至康熙三十七年（1698）期间永定河南流故道，乾隆三年被疏浚为金门闸引河，"有东西两股，自毕家庄分流，东股历牛驼、蒲塔等处，由津水洼入淀，渠身深通但所历村庄颇多，水势不能宽展。其西股河道俱行旷野之中，不与村庄相近，下口入中亭河。一百余里之内止有王莽店一处逼近河岸，其中亭河入淀之处止有苑家口、苏家桥等处村庄尚须保护，中亭及玉带河南堤尚须加镶，其余并无妨碍村庄城垣之处。河身宽大，两岸开展。询之土人金云此系永定河之故道，睹其形势，实足以容纳全河之水"。[①] 在孙嘉淦永定河复归故道的工程设想中，西股河道流势较顺且人口相对东股稀疏，因此被确定为主流所在。东西两股分流之处建有笋尖坝，以保证永定河水平时能专走西股，汛期时又能借助东股分泄水势："于两股分流之处将东股之口筑高数尺，遇异涨之水则兼入东股，以资消减。寻常汛水专走西股，可保无虞"。永定河复归

---

① （清）陈琮：《（乾隆）永定河志》卷一四《奏议》。

故道后，不仅可以节省每年岁修、抢修等永定河大堤维护费用，同时汛水涨发之时携带的泥沙还可以起到淤肥下游地区田地的作用："将来汛水涨发，散入田野，民收肥腴之利，经流归漕安行故道，并无溃决之忧。即使间有漫溢，不过一二村庄，较之岁堤淤淀之害，不及十分之一。即使保护村庄，不过零星疏筑，较之岁修抢修之费亦不及十分之一"。①

复归故道工程于乾隆五年（1740）九月初七兴工，于金门闸以上开挖河堤二十丈（约 64 米），挑浚河槽二百七十丈，引永定河入金门闸引河。"东西二股，现将东股闭塞，令其专走西股。其西股之中尚有浅窄之处相度开挑，自杨青务起至李各庄止，展宽挑深共三千六百余丈"。西股浅窄之处每日用工两三千人展宽挑深。至九月十五日各工俱竣，至十六日辰时，开河放水。孙嘉淦在奏疏中称"顷刻之间全河已过，顺轨安流，毫无阻碍"。②

永定河回归故道之初，由于伏汛已过，水势平稳，没有造成太大影响。孙嘉淦在奏折中提到放水之后"河流循轨，二百余里之内逼近河岸村庄不过十数处，易于保护。两岸地势平衍，汛水一至，可以散漫平流，不能为害。至中亭河清浑合流之处，浑水入后清水不过涨高四寸，将来不致溃溢。又随流而东，睹其清浑荡刷，不过数里水色已清，将来亦不致淤淀"。③ 对孙嘉淦在此次改河中作为乾隆予以了充分肯定："永定应归故道，朕已虑之久矣。今孙嘉淦一力担承，妥协办理，实属可嘉"。对于这次改河，乾隆也极为乐观，甚至已开始考虑永定河归故道后官制问题："至永定既归故道，此后河道总督应否尚设之处，亦着（孙嘉淦、顾琮）一并详议具奏"。④

① （清）孙嘉淦：《永定复故疏》，见《孙文定公奏疏》卷七《直隶总督》，清敦和堂刻本。
② （清）孙嘉淦：《永定复故疏》，见《孙文定公奏疏》卷七《直隶总督》，清敦和堂刻本。
③ （清）朱其诏、蒋廷皋：《（光绪）永定河续志》卷九《奏议》，文海出版社，1969，第199页。
④ （清）孙嘉淦：《永定复故疏》，见《孙文定公奏疏》卷七《直隶总督》，清敦和堂刻本。

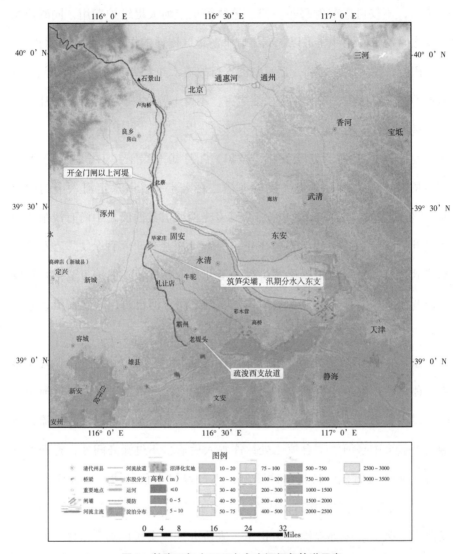

图3　乾隆五年（1740）永定河规复故道示意

余　论

时移世易，固、霸之间永定河故道附近经过近四十年繁衍生息，已经是野无旷土，人烟稠密。乾隆六年（1741）二月凌汛水发，"固安、良乡、新城、涿州、雄县、霸州各境内村庄地亩多有被淹之处，难以耕种，且居民迁移，不无困乏"。[①] 经大学士鄂尔泰题请，金门闸上游新闸堤口被堵筑，永定河又回到康熙三十七年以来河道，规复故道的尝试归于失败。

对此次失败原因，直隶河道总督顾琮称"永定河从前原无堤岸，溜走成河，淤停为地。京南霸北涿东武西皆其故道，数百里内任其游荡迁折……今金门闸坝外固南霸北良东永西，地方百里，较从前地面仅四分之一。胜芳大淀，久经淤成平陆。是游荡之地狭于前，而容水之淀小于前。伏秋汛涨，四漫横流，水必深于前，此今昔之异也。况生齿倍，人烟稠，未便村村迁徙，岂能处处防护，水性无定，实有所难。……况永定河之所以为患者，总以浑水淤淀，下游不能畅达之故。今虽名为改复故道，实系导水于两淀之间，若引河浅狭则有漫淹之患，宽深则有淤淀之虞"。[②]

复归故道失败后，乾隆帝对此一直后悔不已。此次失败也使乾隆帝对康熙朝筑堤束水的治河思想有了进一步理解："筑堤讵得已？皇祖为民计"。在题给方观承的诗文中乾隆不无抱怨："无堤免冲决，有堤劳防备。若禹岂不易，今古实异势。上古田庐稀，不与水争利。今则尺寸争，安得如许地？"认识到因古今形势的不同，生齿日繁，田庐增加，寸土必争，想要做到不与水争地是不可能的。"我欲弃地使让水，安得余地置彼民？"因此筑堤束水虽为下策，却是最符合实际的方案。同时，这次失败也使乾隆帝认识到一劳永逸地解决永定河水患难以实现："欲期一劳永逸，实无善策，只可尽人力补苴。惟祈天佑神助，庶得长庆安澜耳"。永定河治理方式自此以后基本定型。

（北京市社会科学院历史所）

---

① （清）李逢亨:《(嘉庆）永定河志》卷二〇《奏议》，文海出版社，1969，第376页。
② （清）周家楣:《(光绪）顺天府志》卷四一《河渠志》，光绪十二年（1886）刻本。

产业金融

清代直隶手工棉纺织业发展原因探析

张诗波

棉业经济的发展受到棉花种植制度的影响。种植制度包括作物分布、轮作、间种及复种等，是农耕制度的核心。[①] 学者从不同角度研究了农业结构和种植制度在提高农业生产方面的作用。美国学者珀金斯在《中国农业的发展（1368~1968年）》[②] 中提出，中国在十四世纪和十九世纪之间，人口和可能的产量增长了六倍。大约一半左右是由于主要粮食作物产量加倍而获得的。除工具、肥料和水利工程投入、种子改良与美洲新作物引入外，还重点提到了耕作方式的改变。国内经济史学者李伯重将农业中劳力人数和耕地数量不变，但采用"复种制"列为提高劳动生产率的至少四种途径的其中之一。劳动生产率的提高（包括人均产量的增加）是能够发生在近代以前农业经济中的，而且甚至在没有技术突破的情况下也能够发生。[③] 徐秀丽指出，清乾隆以前，农业生产比明代有所发展，乾隆以后呈下降态势。[④] 十九世纪中后期，由于长期的战乱和严重的自然灾害，粮食生产均趋减低；十九世纪八九十年代以后，农业逐渐复苏。粮食作物结构在向合理化方向发生轻微的变化。[⑤]

---

① 李丕明、李显荣：《耕作学基础知识》，农业出版社，1981，第24~27页。
② 〔美〕珀金斯：《中国农业的发展（1368~1968年）》，宋海文等译，上海译文出版社，1984，第150~183页。
③ 李伯重：《江南农业的发展》，王湘云译，上海古籍出版社，2007，第33页。
④ 徐秀丽：《中国近代粮食亩产的估计——以华北平原为例》，《近代史研究》1996年第1期。
⑤ 从翰香：《近代冀鲁豫乡村》，中国社会科学出版社，1995，第335~348页。

一　清代直隶种植制度与影响棉业发展因素的合理利用

1. 清代直隶种植制度的合理调整

清代直隶的种植结构发生了转变，从以小麦等粮食作物种植为主到以棉花等经济作物广泛种植为主。农民卖掉小麦换取粟米等粗粮食用。雍正年间，天津、保定等府沿河地区大面积种植水稻，乾隆时永年县城西南地区"引水治稻田共一万九千余亩"，[1] 所产稻米多由政府收购。乾隆初年甘薯、玉米等美洲物种的引入与普遍种植，进一步缓解了人口增长带来的压力。随着商品经济的发展，部分粮食作物的种植面积减少，棉花等经济作物得到广泛种植。束鹿县有"多植五谷，见种棉与果蔬，率狃故习"[2] 的记载，清代中期以降，人口的增长以及经济作物种植面积的扩大，为了缓解百姓对粮食需求的紧张局面，仰赖于口外、山西、关东等地谷米的贩入。直隶与周边地区的粮食流通，使得直隶与关外、口外及晋豫鲁的粮食市场联结起来，基本满足了直隶对粮食的需求。[3] 棉花等经济作物种植非但没有影响到直隶小农对商品粮的需求，反而有利于农业种植结构朝着日益合理的方向发展。

直隶采用麦豆复种制始于清代前期。康熙永年县"土皆宜棉，收入倍于他乡，稼惟麦谷，不甚艺粱豆"。[4] 至迟在乾隆以前，冀南府永年县甚至直隶广大地区还未推行麦豆复种制。直隶地区的农作物，除冀北高原为

---

[1] （清）吴谷：《广平府志》，乾隆十年本，第3页。

[2] （清）李中桂：《束鹿乡土志》，光绪三十一年本，第35页。

[3] 张诗波：《清代直隶商品经济研究》，南开大学博士学位论文，2008，第66页。

[4] （清）《永年县志》，清康熙十一年刻，乾隆四年王玲再增补本，卷十一，第25页。永年县是广平府附郭，人口众多，为棉花主产区之一。该县县志从康熙开始经雍正、乾隆初年屡有增修，如方志记载无误，从中可以推知康熙初年甚至到清代乾隆即位之初，永年县还未实行麦豆复种制。种植制度的施行与普及，一般都需要经过一段时间传播，试种，被人们认可，不断扩大规模，扩展到周边甚至更远的区域，上述结论或不仅适用于永年县、广平府，甚至还可推广至冀南地区甚至整个直隶。

一年一熟外，大部分地区为两年三熟，即小麦、大豆和大秋作物交替种植。清代棉花等经济作物大量种植，形成了棉花的集中产区，促进了种植制度的优化。清乾隆初年直隶已实行"麦—豆—大秋作物"两年三熟种植方式。北方地区土多杂以沙，麦地喜松，五六月地气热，"麦收毕，布种黍谷"，正好适宜，"至秋末便可收成，收后又可种麦，总之不留空地"。① 大豆生长期短，有很强的固氮作用，能提高土壤肥力，在两季大粮作物中插入一季大豆，可以在不增加肥料投入的前提下提高土地产量。据《乾隆朝宫中档奏折》记载，"五月下旬六月初，顺德府沙河、邢台、内丘、广宗，广平府邯郸、磁州、成安、威县一带沙地得雨后，间有麦后未种之地，亦已赶种黍豆，以冀有收"。② 少数殷实之家为追求麦收的最大收益，"不欲以杂粮占分地脉，一俟白露后即耩种求买，以期稔收，其地常居三十分之一"。③ 毕竟绝大多数小农要依赖秋粮过活，单种麦子的家庭数量有限，况且采用如此耕作方法的土地，所占份额很小，两年三熟制在直隶南部等地区得以普及。

除麦豆复种制外，清末工商部还倡导推行棉麦间作、稻棉交替种植等方法。小农在种植结构设计方面安排合理，有"半种棉花半种田，农家计算亦周全"之谓。《棉业图说》称"麦田于棉最宜"，春季于冬小麦未熟之时，"先于麦畦之间播种，后约三四十日再行刈麦"。收割时"留其半株，可以御风，为棉之屏璋。"④ 如此即不违农时，又能充分利用和养护地力，实现粮食作物与经济作物的合理搭配，促进作物产量。采用棉麦复种方法，单位面积的收益较之麦豆复种会更优。除棉麦间种外，根据稻麦对土壤的喜好，因地制宜，实行轮作。高燥倾斜之地，"第一年种稻，第二年种棉，轮年易地

---

① （清）黄可润：《畿辅见闻录》，乾隆十九年年刻本，第21页。
② 《乾隆朝宫中档奏折》，台北故宫博物院印行，1983，第690页。
③ 从翰香：《近代冀鲁豫乡村》，中国社会科学出版社，1995，第119页。
④ 李文治：《中国近代农业史资料》第一辑，三联书店，1957，第605页。

而植"。① 总体来讲，属麦豆复种的适用性最强，也最符合小农当时的承受能力。小农并不一味种植经济作物，追求利益最大化，而是依据自己的承受能力和实际情况，保持经济作物与粮食作物种植的平衡点。

由于采用麦豆复种、棉麦间种等方式，直隶地区的棉花等作物产量比单种某一种作物要高，收益增加。乾隆河间府宁津县"种棉者几半，岁无大水，其利倍入"。② 正定府获鹿县"棉花产于于底、休门、塔谈村等区数十村庄"。本县交易十余万石，运往邻境省山西的更达四倍之多。③ 保定府所属祁州、深泽、安平及本镇商家，多植棉花，皆以本地生产，售卖于天津外国洋行，每日装卸货物，络绎不绝。④ 棉花已成为影响直隶地区经济发展的重要产业，不同程度纳入县域、区域及世界市场。

2. 清代直隶影响农业发展的两方面因素

除农业种植制度外，还有其他影响农业发展的因素。首要因素是水利工程建设。具体到直隶，井灌是其最重要的灌溉方式。凿井花费不少，由于有地方政府的专项财政支持，凿井变得可行和有保障。直隶地区多平原，地势平坦，易于掘井，井灌在明代后期已经有一定发展。由于棉花种植的专业化和棉花市场的勃兴，从清初开始直隶就大规模种植棉花。近河地带，虽土质肥沃却不适宜植棉，解决水源的最好途径就是井灌。有当地官员称直隶凿井技术高于江南。乾隆初年开凿一口井所需工费"大者须制钱十三四千文，次者须十一二千文，小者亦须七八千文不等"。地方政府于每年春季开井之时，通过动支出借地方州县常平仓米谷，给小农凿井以财政支持。"大井准借谷一十五石，中井一十二石，小井八石，分限三年照数还仓，以五百口井

① 李文治：《中国近代农业史资料》第一辑，三联书店，1957，第604页。
② （清）杜甲：《河间府新志》，乾隆二十五年本，第38~40页。
③ （清）严书勋：《获鹿县乡土志》，《乡土志抄稿本选编》，国家图书馆线装书局，2002，第755页。
④ 《天津商会档案汇编（1903—1911）（上）》，天津社会科学院出版社，1989，第241~274页。

为限"。① 将当时的银钱比价与当时的货币购买力结合起来考量，以凿成一口井计算，凿井的花费与政府相应借出米谷的价值基本相当。② 说明小农在凿井方面可以基本不需要额外的补贴，这样就解除了直隶农户凿井的后顾之忧，利于凿井的普及。以无极县为例，全县三千余顷土地，所需资金以中等井计算，亦需要大约三四千两白银。除了个别殷实富户外，如果没有地方政府的支持，光靠农户自身的力量完成凿井，难度可想而知。

井灌的灌溉能力强，不仅可以优化种植结构，提高亩产量，还产生了一定的社会效益。乾隆初年井灌能力，"每井大者可灌地五六十亩，中者三四十亩，小者二三十亩"。③ 经济作物对土壤和水分有很高的要求，通过灌溉可以改良和优化土壤。井灌投入使用，可以顺利渡过春旱，农户可以在很大程度上克服自然条件的束缚，选择种植麦棉等经济作物，提高亩产量，以获得更高的经济收益。井灌园地土性宜种二麦、棉花，以中岁计之，"每亩可收麦三斗，收后尚可接种秋禾"，如种植棉花"每亩岁可以收七八十斤。"而没有井灌之利的地方，种植高粱，黍豆等项，"中岁不过收五六斗，计所获利息井地之与旱地实有三四倍之殊"。④《完县乡土志》记录了光绪年间该县丰年棉花产量，每亩可获百斤以上。井灌不仅利于提高作物单产，还为直隶推行复种制和棉花集中产区的形成提供了条件。"有井之地，于引水浇灌时，必雇觅穷民代汲，约四辘轳之井，每井日须工人八名，轮番引灌，小旱时，每名受值大钱三十文，大旱时则四五十文不等。"全县原有一千七百余口井眼，雇佣万余人。因井灌的使用，棉花等经济作物给小农带

---

① （清）黄可润：《无极县志》，乾隆十三年修，光绪十九年补刻本，第2~5页。

② 彭信威：《中国货币史》，上海人民出版社，1958，第570~571页。据彭信威《中国货币史》记载，乾隆初年的银钱比价1：800，据此我们大致可以推算分别开凿一口大井、中井和小井最少分别需银16两、12两和8两多不等。当时一石米的价格约为915文，即使以900文计，那么地方政府支借给农户的谷米分别值银16.8两、13.5两和9两。两相比较来看，谷米的价值基本可以满足农户在凿井上的费用。由于全国市场的形成，米价得以整合，粮价差别不会很大，故所推算数值具有较大的可信度。

③ （清）黄可润：《无极县志》，乾隆十三年修，光绪十九年补刻本，第2~5页。

④ （清）黄可润：《无极县志》，乾隆十三年修，光绪十九年补刻本，第2~11页。

来数倍的经济收益，为众多贫民提供就业机会外，还带动了井灌地地价的上涨。清初永年县"亩地价至十金，置之最难"。① 而地价的上涨，反过来又刺激农户倾向于选择种植高收益的作物，棉花等经济作物种植日益广泛，专业化程度不断提升，农民种田的积极性也得到提升。

肥料的使用是影响农产品产量的又一重要因素。乾隆时《棉花图》提到棉花籽可榨油，渣可肥田。无极县所产棉花"油之滓可以粪地"。② 从清代前期开始，北方的菜油、棉油业得到发展，大约嘉道时期豆油加工业开始普及，花生油更晚。③ 榨油业的发展，给河北农业提供更为丰富的肥料，提高亩产量。此外，家畜粪便也是很好的肥料。光绪曲阳县"农家养猪，粪可肥田，故农家多蓄之"。④ 如今北方有些养猪农户，仍沿用猪粪肥田的做法。

实际上在二十世纪初保定设立省属农事试验场进行技术革新以前，择种、肥田、办土宜、去虫害等技术没有出现大的变动。传统的灌溉、肥田等方式，为直隶棉花种植业的迅速发展提供了条件，贡献很大。直隶种植结构的调整，不仅优化了资源配置，提高了耕地的生产效率和经济效益，一定程度上为直隶棉纺织业提供了相对稳定的原料来源，为农户从事手工业生产提供了基础和保障。

二 清代直隶棉纺织业的劳动经营方式

学者对清代家庭手工业地位的研究多集中于清代前期，对其地位的评价有不同观点。有学者认为"粮食生产普遍表现为自给性质，家庭手工业实际

---

① （清）《永年县志》，清康熙十一年刻，乾隆四年王玲再增补本，卷十一，第22页。
② （清）曹凤来：《无极县续志》，光绪年本，第4-5页。
③ 徐建青：《清代前期的榨油业》，《中国农史》1994年第2期，第62页。
④ （清）陈嘉荫：《曲阳县乡土志》，光绪抄本。

是小农自给的必要补充，商业主要在于各地土特产的贩运贸易"。① 方行则认为清代前期，农民的家庭手工业得到了长足发展，农民家庭手工业具有从副业向主业发展的趋势，而这实质上就是一种中国式的专业化生产分工的发展。② 手工业专业化程度越高，粮食自给率越低。徐秀丽将棉纺织业与纺织工业并称，棉纺织手工业在小农家庭经济中的地位是自给性副业、商品性副业和商品性主业并存。③ 后面两位学者都肯定了棉纺织业可能已不限于作为农业补充的地位，而处于由副业向主业转变或已成为主业的类似观点。以上分析多就全国范围而言，即使关于冀鲁豫也是提及而已，具体到直隶地区棉纺织业地位如何，受到何种因素影响等，有进一步研究的必要。本文对棉纺织业中存在的劳动分工状况、雇佣合伙制度等方面进行研究，尝试分析它们与棉业经济发展的内在关联，以期深化对直隶棉纺织业在小农家庭中的地位的认识。

1. 棉纺织业中的社会分工

直隶棉纺织业的社会分工的发展，既有地区分工，也包括棉纺织业的产业内部的劳动分工。粮食作物区与经济作物区、手工业品产区间远距离的大规模的商品交换，是清代出现的具有划时代意义的经济现象。这是国内市场扩大的一种最本质的反映，与棉纺织生产地区分工的发展也是有很大关联的。④ 棉纺织业的地区分工，具体到直隶，主要是直隶与山西、口外和东北等地的粮食和棉布贸易，限于篇幅本文不加详细论述，而主要着手对直隶棉纺业内部的劳动分工状况进行研究。

明末清初，河北棉纺织业商品生产出现。明初华北成为明王朝北部边

① 张岗:《清代直隶商品经济分析》，《河北师院学报》1985 年第 3 期。
② 方行:《清代前期农民的家庭手工业》，《中国经济史研究》2005 年第 1 期，第 16 页。
③ 徐秀丽:《中国近代粮食亩产的估计——以华北平原为例》，《近代史研究》1996 年第 1 期。
④ 方行:《清代前期棉纺织的社会分工》，《中国经济史研究》1987 年第 1 期。

防所需军用棉布的重要生产基地，但由国家征派，未形成商品生产。[①] 明后期《农政全书》存在棉纺织品商品生产的记载。肃宁县棉布，明末的产量达到江南松江棉布产量的十分之一。[②] 明代（北）直隶棉花主要输往江南，况且当时的生产仅限于个别县份，还未出现集中生产。分工起因于交换能力，分工的程度因此总要受交换能力大小的限制，换言之，要受市场广狭的限制。明代北直隶的纺织业还不受重视，远未形成棉布市场，多半还不存在劳动分工。清代前期，随着棉花运销格局的转变，直隶州县多将自产棉花纺线织布。康熙永年县，男子力农"尚奢浇者，好事纺绩"。[③]

男耕女织是农户家庭经济发展到一定阶段劳动分工的表现形式，清代前中期棉纺织业快速发展，而且在家庭经济中的地位上升，甚至被视为关乎生计的主业。宁河县沙地皆可种棉，妇女"兼习纺织"，集市有余布出售。[④] 博野县"女专织纺"，[⑤] 巨鹿县"农务耕作，女勤织纺，生计之本，胥在于是"，"全赖纺织为生谋之要务，所用工本无多，贫民可措，利虽未厚，而源源接济衣食所资取之裕，如农隙即可为"。[⑥] 农户利用冬季农闲时节，集中纺织三四个月即能解决一家人一年的口粮问题。"今之棉布，棉花也。……此正业也，此要业也。……有一日纺六两四两者，即使纺一二两，得二三十文亦可买米养一家矣。"[⑦] 昌黎县"男耕女织，昌黎习尚，三十年前，几于家家纺织，比户机声。"[⑧] 李伯重在研究清代江南农业时认为，农家妇女转向棉纺织业，是因为她们从事棉纺

---

① 出自〔日〕寺田隆信《山西商人研究》，第4章第1节。

② 从翰香：《近代冀鲁豫乡村》，中国社会科学出版社，1995，第335页。

③ （清）吴中彦修、胡景桂纂《重修广平府志》，光绪二十年，第1~4页。

④ （清）关廷牧修，徐以观纂《宁河县志》，乾隆四十四年刻本，第12页。

⑤ （清）吴鳌修，朱基、尹启铨纂《博野县志》，乾隆三十一年刻本，第8~9页。

⑥ （清）凌燮总修，夏应麟纂《巨鹿县志》，光绪十二年刊本，第299~308页。

⑦ （清）杨桂森：《保安州志》，道光十五年，第89页。

⑧ （民国）陶宗奇修，张鹏翱纂《昌黎县志》，民国二十二年本，第293~294页。

织业的劳动生产率及劳动报酬较从事大田农作更高。虽是江南经验，从棉纺织业的收益及其在家庭中的地位而言，无论是江南还是华北都应是相似的。

从事纺织的主要是妇女，男子也参与其中，存在一定程度的分工。乾隆时正定府栾城县"力于农，男女勤纺纴"。[①]"布甫脱机即并市去"，山西布商汇集于此。[②]顺德府巨鹿县"其妇女专以织绩为业，男子无事亦佐理之"。[③]冀东乐亭县"以农隙之时，女纺于家，男织于穴，遂为本业"。[④]保安州"男女皆可纺织，种棉花之地，可纺织，不种棉花之地亦可买花纺织"。[⑤]祁州"今之工艺纺织染色，虽男子必学，而后通技也"。[⑥]李伯重将"男耕女织"视为近代以前江南农家劳动安排的最佳模式。从方志记载来看清代直隶与江南有所不同，直隶主体虽然也是男主耕，女主织，但两者却不是完全分离，在秋收和冬闲纺织时男女多共同进行。宁河县勤于纺织，"聚家之老幼，姑率其妇，母督其女，篝灯相对，星月横斜，犹轧轧纺车声达户外也。"[⑦]纺织过程中存在女纺男织、老妇小女纺线壮年女子织布的分工。清初无极县人每逢集期"买花卖线各奔驰"。[⑧]赞皇县妇女织纺，"线从外买"，只是织布获利不多。除了使用自家所纺线外，还从他处购买，纺织实现家庭内部及地域之间分离。

分工的结果是提升生产的专业化程度，提高生产效率。专业化和劳动分工，由市场规模扩大所引起的，导致交易费用的增加和资源的浪费，原有的

① （清）郑大进：《正定府志》，乾隆二十七年年刻本，第26页。
② （清）郑大进：《正定府志》，乾隆二十七年年刻本，第11页。
③ （清）凌燮总修，夏应麟纂《巨鹿县志》，光绪十二年刊本，第299~308页。
④ 〔美〕道格拉斯C.诺斯：《经济史中的结构与变迁》，陈郁、罗华平等译，上海人民出版社，2003，第105~106页。
⑤ （清）杨桂森：《保安州志》，道光十五年，第89页。
⑥ （清）佚名：《祁州乡土志》，光绪抄本，全国图书馆缩微文献复制中心，1992。
⑦ （清）关廷牧修，徐以观纂《宁河县志》，乾隆四十四年刻本，第2~3页。
⑧ （清）曹凤来：《无极县续志》，光绪年本，第6~7页。

经济组织出现了不适应性，经济组织发生变更，降低技术变革的费用。[1] 棉纺织业的专业化生产，扩大了市场规模，也推动了棉纺织业的技术革新。

2. 棉纺织业的雇工与合伙经营

清代直隶棉纺织业除了家庭内部劳动分工外，还存在家庭间雇工及合伙经营。农村租佃和雇佣关系的蔓延，是随着长期的人口增长和农业及家庭手工业商品化而来的。[2] 巨鹿县"比邻数家共成之，机杼之声，无间昼夜"。[3]《嘉庆朝上谕档》所记载的村民供词，为我们描绘了当时直隶地区棉纺织工场的大致情形。38 岁顺天府固安县农民与负责"络线"（即纺线）的妻子一起织布，26 岁以前靠"织布为生"。后因"发送女人将织布本钱用去"，转而"给人家做短工"。近两年内李玉租赁"织布地窖内排机"分别与"情愿出本钱"的同村人"搭伙织布"，"两家地窖内织布的人，都是平民"。[4] 辛家村附近各村织布地窖甚多，地窖内安放"八张布机"、"五六张布机"不等。从档案的记载来看，合伙经营双方有可能实行较为灵活的合作经营方式。估计棉花收获后，两家搭伙雇佣平民织布。从"发送女人将织布本钱用去"来看，织布本钱该是一笔不小的数目。清代民间社会非常重视婚丧嫁娶，花销自然不少。所雇工人的人数与织机数量相当，至少有五六人至七八人不等，俨然一小型手工工场。"附近各村织布地窖甚多"，如此规模的工场不在少数，这样易于形成集聚优势，极大地推动棉纺织业规模的扩大。

以单个家庭或农户合伙经营方式从事棉纺织手工业生产，其原料、半成品与成品均面向市场。合伙雇工经营相对于单个家庭，投入资本多，规模更

---

① 〔美〕道格拉斯 C. 诺斯：《经济史中的结构与变迁》，陈郁、罗华平等译，上海人民出版社，2003，第74 页。
② 〔美〕黄宗智：《华北的小农经济与社会变迁》，中华书局，2000，第 109 页。
③ （清）凌燮总修，夏应麟纂《巨鹿县志》，光绪十二年刊本，第 299~308 页。
④ 彭泽益编《中国近代手工业史资料（1840 ~ 1949）》，中华书局，1984，第 556~557 页。

大，资源配置得以合理优化，更易于接受和实现纺织工具等技术革新，织布效率和产能高，具有更大的竞争力。此种合作方式相对于单个家庭的纺织来说，灵活性有余，稳定性不足。

三　清政府在棉纺织业发展中的导向作用

清代棉纺织业的发展，除耕织结合的生产方式和棉布市场的发展等因素外，还与政府在棉纺织过程中所起的作用分不开。清承明制，历朝皇帝都对地方社会的棉花种植和纺织重视有加。康熙作《木棉赋》，褒扬木棉之利；乾隆纂《授时通考》，详采棉事，以补桑余之利；光绪御咏《棉花图》，说命儒臣纂辑《授衣广训》，于棉花之事，纤悉具赅。在国家重视棉花的政策环境下，地方政府也切实进行宣传和落实工作。

1. 省（府）级政府为棉纺织业发展提供政策支持

国家重视棉花生产，地方政府为小农从事纺织业提供了相应的政策支持和物质帮助。首先，省（府）级政府发布文告，劝导教习乡民学习棉纺织技术，从事棉纺织手工业生产。直隶北部高寒地区，棉布需求量大，然而这些地方不织布，所需棉布依赖直隶产布州县。道光年间，政府给予优惠政策，倡导高纬寒冷地区百姓从事纺织。道光十一年（1831）产棉不织布的承德府知府海忠发布《劝民纺绩说》：

（棉花）今承德府境皆有之，民但以作絮，不事织纴。近仿拔茶植桑之意，课民纺绩，于府城赁男舍一，置织工二人；女舍一，置女师二人，乡落男妇愿来学者，区其族以居之。贫能织，无力置纺具者，官给其具，设三长一人，收贸纱布，以美其值，又每一村置一机式，每十户置一纺式，使之迭相规仿，转辗效工，自是鸦轧机声，遍于关外，焦脂夜作，各有恒业，杼柚之空吾知免矣。①

政府向农民提供教习纺织所需场所、技师、纺织工具，为前来学习的男女乡民解决住宿问题，向其提供免费的技术培训。这里明确提出"乡落男妇愿来学者"，将男子也作为教授纺织技术的对象，表明政府对棉纺织业的重视程度和普及力度。政府送纺具给无力购买的乡民。设专官按照至少不低于市场价收购乡民生产的棉纱与布匹。以上措施基本为小农解决了几乎所有可能面临的难题，诸如从事纺织的资金、技术、制备纺织工具及产品销路等。小农基本家家都有棉花种植，利用自产原料即可从事纺织。贫困小农只要愿意，经过培训即可开始工作，改善自己的生活。政府发布文告，反映了地方政府对棉纺织业的重视，在一定时间和范围内，可以促进棉纺织业发展，传播纺织技术，改善小农生活，有益于地方经济的发展和政府财源的扩充。

2. 地方州县调动地方社会力量促棉纺织业发展

首先，地方州县借助乡绅之力，劝导乡民学习纺织，是棉纺织业得以发展的重要依托。以宣化府万全县为例。

本县特先捐制纺车一百辆，并雇觅中年纺织娘十名，捐给工食，妥处闾阎，使我民间妇女咸知习勤……赖绅耆劝谕，妇女观感多愿领车学习，前置纺车将次用完，惟恐窎远村庄尚未周知，本县再行捐置纺车一百辆，以便领取学习，合再示仰阖属绅耆乡地人等，互相传说，如有愿学纺织者咸赴本县衙署，领取纺车，务使家喻户晓，一体习勤，使民有余粟，女亦咸有余布。②

---

① （清）海忠：《承德府志》，道光十一年刻本，第34页。
② （清）左承业纂修、（清）施彦士续纂修《万全县志》，道光十四年刻本，第23页。

由"前置纺车将次用完"可见，县官让乡绅劝导在乡妇女学习纺织，已经初见成效。传统社会中扮演国家与乡村社会中介角色的乡绅，在地方社会具有举足轻重的影响力。

其次，从棉花主产区引进技术，置办纺车，规范棉布回收的管理，为棉纺织业得以持续推进提供技术和制度保证。宣化府保安州（今河北省涿鹿县、怀来县西南）政府，积极倡导织布，据记载：

> 今专差赴饶阳置扣齿梭，雇织工二人，随到州教习织布。每发纺车一辆，棉花二两五钱，限五日交线一两五钱，以备织机之经线，其纬线择其细者用之，已饬木铺制织机十六架，纺车一百二十把，分发城乡，一乡传一乡，一村传一村，比邻相学相习，毋懈此示。①

州县官员派专人到棉花主产区或实习工场引进技术，饶阳县是直隶重要的棉花产区之一，二十世纪该县棉布之利为洋布所夺之前，一直远销塞外。纺车发放的范围，涵盖城乡，已不仅限于乡村；按照纺车数量配发棉花，回收棉线的时间、规格和数量有明确规定，更加制度化了。如果前述州县还只是有包买制的影子的话，保安州政府所倡导推行的向城乡百姓发放原材料，收购成品的方式，更接近于包买商人所采用的包买制。所不同的是，由政府主导具有社会保障的意味。

再次，商会的组织与推动，是土布得以发展振兴的组织保障。清末高阳县倡兴布业的影响下，与其毗连的东南各村，"为织业者甚伙"，"但系家置一机，自行工作，零售商贩之手，获利甚微，且散布各村，并无荟萃之处"。②而且织窄面粗布销售不利，致民间失业之局面。面对这种局面，工

---

① （清）杨桂森：《保安州志》，道光十五年，第1页。
② （民国）金良骥、刘云亭修，姚寿昌纂《清苑县志》，民国22年本，第48~49页。

艺局向各县发文，提倡手工业，赴由劝业铁工厂供给织机①的工场实习，返乡后，逐年推广②1906年8月高阳商会成立以来，改进织布技术，先后改用木轮机与铁轮机。

> 因在天津各机厂调查购办人力木轮机，选本地良工巧匠仿做若干架，放给织布各户，改织宽面土布，推广实行，日增月益。统计日出数千匹，月出数万匹。……布织质不及外洋精密……劝导商民改用铁轮机，并劝设工厂，以期推广各种土布，精益求精，布质于外洋相仿，出布日盛，制本稍廉，举国畅行……近来土布经纬尽用本国线批织纺……运销各处。③

经过技术单新的高阳土布，凭较强的竞争力，占据全国棉布市场，对洋布具有一定的抵制作用。

此外，土布的发展，还与政府税收优惠政策和人口增长等因素有关。高阳土布的发展，除了技术等方面的因素，政府应商会之请对高阳土布"宽减厘税以资提倡"。高阳土布成为华北手工业发展贡献最大的代表，高阳成为近代华北三大著名棉纺织区之一。政府大力助推农村棉纺织业，还与人口快速增长有关。以保安州为例，乾隆九年，城乡户均人口不足4口，到道光十四年户均人口达5口，总人口增长了3倍多。同治年间人口在此基础上进一步增长。④十九世纪七十年代以后，尤其是八九十年代，由于农业的恢复

---

① 关于织布机的制造，据称源于1906年4月，周学熙创办北洋劝业铁工厂。建厂之初，派人赴日本大阪铁工厂实习，学习先进的生产技术。后来，该厂制造出织布机等，并将织布、轧棉籽机推到直隶各县农村。见江沛《留日学生东游官绅与直隶省近代化》，《史学月刊》2005年第5期。

② 原文出自周叔贞《周止庵先生别传》，第4~6页，见彭泽益编《中国近代手工业史资料（1840~1949）》，中华书局，1984，第484~521页。

③ 《天津商会档案汇编（1903—1911）》（上），天津社会科学院出版社，1989，第241页。

④ 文中人口据保安州志所载城乡户口推算。（清）杨桂森：《保安州志》卷三，仓贮，第58~59页，道光十五年本。（清）《保安州续志》卷一，户口，第8页，光绪三年本。

和对外贸易的快速发展，直隶的人口快速增长，导致小农增加对布匹的消费量。同时，政府为应对和改善财政紧缺问题，也是其倡导和促进棉纺织业发展的一个考虑。

棉纺织手工业具有顽强的生命力，据学者研究，清代内陆省份的纺织业受到国外市场的影响相对有限。在二十世纪三十年代，在受外国资本主义侵入最深的纺织工业方面，61% 的国产棉布（以平方码集散；如果以码为计量单位，应为 73%）仍是手工织成的。[1] 清代直隶棉纺织业在技术不占优势的情况下，能够存在并继续发展，与该产业中的"种（或购）花——纺（或购）线——织布"产业链的存在和有效发挥作用有关。借井灌以调整和优化种植结构、在农户家庭内部及家庭之间采用"男耕女织"的劳动分工及雇佣合伙形式，促进了棉花种植业和手工棉纺织业的发展。政府通过资金支持、技术普及、雇工的身份认可等为农户提供棉纺织业发展所需的的条件。棉纺织品市场的发育与农产品的商业化的存在，也是直隶手工棉纺织业发展的影响也不容忽视的。

（重庆师范大学马克思主义学院）

---

① 〔美〕费正清、刘广京：《剑桥中国晚清史（1800–1911）》，中国社会科学出版社，1993，第 25 页。

清代北京的钱铺、炉房与账局

章永俊

一 钱铺

钱铺，亦称钱店、钱庄、钱局或银号。北京的钱铺在明代便已存在，清代获得长足发展。自康熙年间到道光十年（1830）以前，先后开设的钱铺有 389 家。[①] 此后，到咸丰九年（1859），京城内外先后开设的挂幌钱铺共有 511 家。[②] 晚清文人齐如山称，在光绪末年，京城可以"出票之铺，尚有三百七十余家"。[③] 钱铺开始只单纯地经营银钱的兑换，随着经济的发展，钱铺的业务范围也在不断地扩大。首先发展起来的业务就是银两的成色鉴定与熔铸，其后还经营存放汇、贴现、兑换及其他信用业务。北京钱铺从经营兑换扩大到经营存款、放款、汇兑等信用业务，经历了一个很长的历史时期。在乾隆初年，钱铺的职能还是以银钱兑换为主。钱铺业务比较明显地出现变化，是在乾隆后期，钱铺逐渐从经营银钱兑换业转化为以经营存放款业务为主的信贷机构，其主要标志就是钱票的使用和流通。

清代北京的钱铺有官、私两类。官钱铺亦叫官钱局，按政府规定进行银

[①] 《工部尚书兼管顺天府尹事务张祥河等奏》（咸丰九年九月十六日），《清代钞档》，中国社会科学院经济研究所藏。

[②] 丁进军：《有关咸丰年间北京钱铺方面史料》，《中国钱币》2006 年第 1 期，第 46 页。

[③] 齐如山：《故都三百六十行》，书目文献出版社，1993，第 21 页。

钱兑换,维持适当的银钱比价。咸丰三年(1853),设立官钱银号,光绪末年才设立新式金融机构。私人设立的钱铺,亦称钱店,或银号。

北京的银号,在康熙年间就已经开始活跃起来,最早的是由浙江绍兴人创建于康熙六年(1667)的"正乙祠",亦称"银号会馆"。"正乙祠"在正阳门左右列肆而居,"操奇赢,权子母,以博三倍之利"。①

清初雍正时,北京曾设有官钱铺,分别由户部和八旗设立。雍正九年(1731),京师钱价上涨,世宗谕八旗都统说:"八旗所设钱局,应照民间价值,逐渐减价,至每两换大制钱一千文而止。如此则钱价自平,于民生实有裨益。其随时减价之外,八旗务须画一办理。"② 同年户部提出疏通办法,其中提到,"五城十厂粜卖成色米所得钱文,发五城钱铺,照定价九百五十文兑换。俟此项兑完,即令官钱铺将所换银两照时价收钱,循环流转。至八旗米局粜卖钱文,亦交本旗钱铺,照五城例,循环收换"。③ 五城钱铺是户部设立的官钱铺,八旗所设钱铺亦称钱局。

清初官钱铺并非常设机构,其主要业务是通过发放钱文以平抑钱价,兼有管理银钱交易之责。官钱铺常设之后,遂以兑换银钱为要务。乾隆二年(1737),钱价又上涨,户部会同提督衙门奏称:"见在京城每纹银一两换大制钱八百文,较之往时稍觉昂贵。盖因兑换之柄操于钱铺之手,而官不司其事,故奸商得任意高昂,以图厚利。"④ 他们提出在京城内外开设官钱局10处,"东南西北四城共八处,东华门、西华门外各一处",⑤ 用工部节慎库余钱八万串做本,以平钱价。

乾隆初期,京师民间的钱很缺乏,钱价腾贵。乾隆九年(1744)十月,

---

① 转引自李华《明清以来北京工商会馆碑刻选编》,文物出版社,1980,第15页。
② 《清实录》第8册,中华书局,1985,第400页。
③ 《清朝文献通考》卷三十二《市籴一》。
④ 《清朝文献通考》卷十六《钱币四》。
⑤ 《清朝文献通考》卷十六《钱币四》。

内阁大学士鄂尔泰等奏："钱市经纪，宜归并一处，官为稽查，以杜抬价。查钱市向设经纪十二名，各铺户有高抬钱价者，责成经纪，严谕平减，不许垄断；但该经纪等散居各处，早晚时价，难归画一，向无专员约束，或与钱铺通同勒索。查正阳门外，为商贾云集之地，应令经纪等，聚集一处，每日上市，招集买卖铺户商人，遵照官定市价，公平交易，以杜私买私卖之弊。"① 文中的铺户即指钱铺，这里，已经把钱铺专门作为办理银钱兑换的店铺，而且强调防止高抬钱价。

京城钱铺中，私人钱铺占着相当的数量。私人钱铺主要经营银钱兑换和钱票发放，此外兼营存款、放款及捐官、放高利贷等业务。凡办钱铺者需向清朝步军统领衙门申报并交纳执照费，领得钱幌子（相当营业执照）挂出，即可营业。嘉庆十五年（1810），步军统领衙门及五城御史奉旨查办京城内外之钱铺。查出外城"旧有各铺多至三百五十余家"，内城八旗"左翼地面现开钱铺三百八十五座，右翼地面现开钱铺三百座，共六百八十五座"。②

私人钱铺往往不吝手段承揽金融业务，多有奸商"关铺潜逃"等欺诈谋财的事情发生。为了抑制屡次发生的钱铺诈骗之事，清政府开始引入五家联保制度实施对钱铺的监管。嘉庆十五年（1810）二月壬辰，清帝谕："又给事中何学林请禁奸商一折。据称，京城钱铺与钱市通同一气，兑换钱文，每千多有短少，往往换钱之人向争不理，并有狡猾铺户多出钱票，陡然关闭逃匿，致民人多受欺骗。"③ 于是下令步军统领衙门及顺天府五城实力查禁，还规定："开张钱铺者，必令五家互出保结。遇有关铺潜逃之事，即令保结之家照票分赔。"④ 嘉庆二十一年（1816），御史王维钰上奏"严禁钱铺短数并查辑逃骗一折"，仁宗认为，"京城市廛稠密，钱铺众多"，不可能都由官府

---

① 《清实录》第 11 册，中华书局，1985，第 925 页。
② 《金吾事例·章程二·城内开设关闭钱铺章程》，咸丰刊本。
③ 《清实录》第 31 册，中华书局，1986，第 22~23 页。
④ 《清实录》第 31 册，中华书局，1986，第 23 页。

查察，"如有假票诈骗，经被累之人首告者，著步军统领、顺天府五城各衙门查拿究办"。①

京城钱铺，每家签发的钱票，多者数十万吊，少者也有数万吊。由于钱铺资本不多，一般有一二千两白银，少者只有几百两，发行超过资本几十倍甚至几百倍的钱票，对一些投机商人来说，则成为他们开设钱铺诓骗人们钱财的手段，流弊不断。②"京城钱铺大半资本无多，所存之钱不敌所出之帖，加以奸民造言煽惑，以致此晚尚安然照常生理，次早已歇业关闭，并有请该司坊封条将门封闭，人携资远飏，故作经官情状。近日东城之天义，西城之悦来亨，南城之天顺昌各钱铺，十日间已三铺歇业，遂使钱价低昂无定，物价逐渐加增"。③因为钱铺借故关闭，诓骗钱财屡有发生，道光年间刊印的《都门纪略》一书中，也对初来京城的人告诫曰："京师钱铺，时常关闭。客商换银，无论钱铺在大街小巷，与门面大小、字号新旧，必须打听钱铺虚实。不然今晚换银，明日闭门逃走，所开钱帖尽成废纸。"④

道光五年（1825），因北京钱铺关闭过多，清政府再次强调五家联名互保。《大清律例》（续纂）中增加"贼盗律诈伪官私取财律"规定："京城钱铺，无论新开旧设，均令五家联名互保，报明该地方官存案。"⑤"遇有关闭钱铺，即令互保之四家代为开发票存钱文。若五家一同关闭，即系安心诓骗"，⑥除治罪外，还要向犯人家属追银。道光十年（1830），御史豫益上奏京城钱铺的骗局情况说："近来新开钱铺，并不实取联名保结，仅将字号钱铺捏称搪塞。各地方官并不查询真伪，关闭后或有远飏不获，日久案销。或事后被获，托人从中说合包揽。或因骗人钱数过多，自行到官投首，总以因

① 《清实录》第 32 册，中华书局，1986，第 219 页。
② 黄鉴晖：《明清山西商人研究》，山西经济出版社，2002，第 173~174 页。
③ （清）济澂：《请饬查禁钱店舞弊疏》，《皇朝道咸同光奏议》卷三十八，光绪二十八年刊本。
④ （清）杨静亭：《都门纪略》，道光二十六年刻本。
⑤ 〔日〕加藤繁：《中国经济史考证》第 3 卷，吴杰译，商务印书馆，1973，第 33 页。
⑥ 《中国近代货币史资料（第一辑）》上册，中华书局，1964，第 127 页。

人负累为辞，捏造账目呈出，以为减罪地步。"① 同年都察院奏准，以后关闭钱铺，如能在限期内将所欠钱全数给发，照例免罪。否则按所折成数，减等治罪，但只给一二成的不准减等。"倘有坊役棍徒包揽，代为开发者，从重治罪，并将不查拿之司坊官咨参议处"。② 道光二十年（1840），御史祥璋指出，"京城内外钱铺不下千余家，近年来关闭十有二三"，百姓的存款损失达数百万串，"大半无从追讨"。③ 清政府虽然采取了一些措施，如京师钱铺开业必须五家店铺联保，严禁钱铺宣布倒闭，逮捕逃亡钱铺老板，责其退还用户银钱者等，但收效甚微。

京师钱铺实行五家互保制度，从咸丰后期全面推行，从此有了顺天府登记注册"挂幌钱铺"的规定，从而为查办非法开设的钱铺提供了依据。咸丰九年（1859），工部尚书张祥河奏呈《酌议钱铺限制章程》中提出，京城内外挂幌钱铺"应有五家互保，不足者限期补足；对私自开设钱铺并发票者，照律治罪"。④ 同治元年（1862）九月，查获西直门外海淀四王府等处，未挂幌兑换银钱铺户王大等人，"开票换银，并无保结，实属有干例禁"，⑤ 被交坊审办。宣统元年（1909）六月初八日，度支部《通用银钱票暂行章程》再次强调，发行钱票的私商行号须有"殷实五家互保"。⑥

道光二十五年（1845），内务府在北京设天元、天亨、天利、天贞、西天五处官钱铺，统称"五天官号"，以发行钱票为主。官钱铺"分储户工两局卯钱。京师俸饷，照公费发票之案，按数支给，以钱代银"。⑦ 五天官号发行的钱票，可以自由兑换现钱，在市场上流通较畅，所得利益，由内务府

---

① 《清实录》第35册，中华书局，1986，第622~623页。
② 《清实录》第35册，中华书局，1986，第875~876页。
③ 《中国近代货币史资料（第一辑）》上册，中华书局，1964，第139页。
④ 丁进军：《有关咸丰年间北京钱铺方面史料》，《中国钱币》2006年第1期，第46页。
⑤ 清上谕档，同治元年九月二十九日。
⑥ 席长庚编《北京金融史料·典当钱庄票号证券篇》，中国人民银行北京市分行金融研究所，1994，第469页。
⑦ 《清史稿》卷四百二十二《列传二〇九·文瑞》。

作为进款。

咸丰三年（1853），清政府为了推行户部官票和大清宝钞，在北京招商设官银钱号乾豫、乾恒、乾丰、乾益四所，经管八旗各营兵饷。次年又开设宇升、宇恒、宇谦、宇泰、宇丰五家官号，由部库拨银作本，发行钱票，承兑官票、宝钞。四乾官号的地址，乾豫在东四牌楼迤北路东，乾恒在东江米巷路北，乾丰在新街口路北，乾益在西单牌楼迤东路东。咸丰末年，由于户部官票与大清宝钞通货膨胀严重，继而五天、四乾、五宇官号的钱票亦不能兑现，从而引起挤兑，相继倒闭而裁撤。①

19世纪末叶，京师钱庄"首称四恒号"，"皆设于东四牌楼左右，恒和号在牌楼北路西，恒兴号居其北、隆福寺胡同东口，恒利号在路东，恒源号在牌楼东路北"。②四大恒资本雄厚，都各自出银票、钱帖，在市面上流通。由于信用卓著，各界人士都以储存和使用四大恒银票和钱帖为荣，当时，北京流行"头戴马聚源，身穿瑞蚨祥，脚踩内联升，腰缠四大恒"的顺口溜。

清末，北京发行钱票的手续仍沿用道光时期的办法，因此，各商号钱票在市场能否被接受全凭各自的信誉优劣了。"当时银票除四大恒（恒利、恒和、恒源和恒兴）之外，尚有泰原钱铺所出之银票，市面上均欢迎收存。其他出票家过多，不可胜计，因信用不如四大恒之著，其所出之银票，收票人随收随取，不愿留存，或即委托炉房钱铺代为取现"。③

19世纪末的北京，"无论何项行业，只需买得步军统领衙门钱幌子，即可随意发出银票钱票，既无任何条例与规章，且亦不加限制……北京每年发生银票挤现风波若干次，实为市面巨大祸患。政府不仅无何改良措施，且竟

---

① 吴筹中：《中国纸币研究》，上海古籍出版社，1998，第26页。
② （清）崇彝：《道咸以来朝野杂记》，北京古籍出版社，1982，第104页。
③ 尚绥珊：《北京炉房、钱铺及银号琐谈》，《文史资料选辑》第44辑，中国文史出版社，1964，第230页。

置若罔闻，听其自然，市民只有对于出银票字号无信用者不予收受"。①

光绪二十四年十二月，北京钱铺倒闭的案件"层见叠出，银价日落，粮价日长"。针对这一情况，朝廷宣布："嗣后京城地面，开设钱铺、粮店商人，均应按照市价，公平贸易。倘仍借口现钱短绌，任意居奇，再有诓骗倒闭、抬高粮价情事，即行严惩不贷。地方居民人等，如有借此聚众，哄闹钱铺，致令匪徒乘机肆抢，即著一体严拿，从重究办，以安市面而恤民艰。"②要求钱铺、粮店商人和居民双方都遵守法令，共同维护市场和社会的稳定。

庚子事变后，市面恐慌，金融混乱，四大恒突遭巨变，当时的清政府虽曾从"内帑"拨款 80 万两加以接济，但无济于事，四恒号先后歇业。

宣统二年（1910）上海源丰润票号总号倒闭，波及北京，倒闭的银钱商号达十五六家，市面震动，几乎停止交易。经度支部拨款 50 万两，全体炉房向大清银行借银 50 万两，京奉铁路局解到银 30 万两，市面始稍安静。③

进入二十世纪，在推行新政中，清政府于光绪三十年（1904）在京师设立户部银行，"纠合官商资本四百万两，通用国币，发行纸币，官款公债皆主之"，④并且专为发行纸币开设纸厂、印刷厂。光绪三十四年（1908），将其改为大清银行，附设有储蓄银行，资本扩至一千万两。这是在京师设立的最早的本国银行。光绪三十三年（1908）十二月经邮传部奏请，在京师又设立了交通银行，资本为五百万两，官股四成，商股六成。⑤现代银行的成立，使京师旧式金融机构渐趋衰微。

京师发行钱票、银票的机关，不唯钱铺、银号，此外还有香烛铺、烟

---

① 尚绶珊：《北京炉房、钱铺及银号琐谈》，《文史资料选辑》第 44 辑，中国文史出版社，1964，第 232 页。
② 《清实录》第 57 册，中华书局，1987，第 712~713 页。
③ 叶世昌：《中国古近代金融史》，复旦大学出版社，2001，第 188 页。
④ 《清史稿》卷一百二十四《志九十九·食货五》。
⑤ 齐钟久主编《近代中国报道 1839~1919 插图本》，首都师范大学出版社，2000，第 635 页。

蜡铺、酒馆等。据《清稗类钞》记载:"银钱二票,为票号、钱店、香蜡铺(京师香蜡铺亦兼兑钱,故得发行钱票)所发行,其数多寡无定,而势之所趋,咸以多发纸币为扩充营业之张本。幸而获利者,其营业愈盛,而所发之票信用益著。一旦拙于调度,营业失败,则受其害者,不知其几千百万矣,源丰、盛义、善源倒闭后之情形其最显者也。钱店、香蜡铺之资本大者,率在京松秤千两左右,小者仅一二百两,而发行钱票之金额往往以万计。钱票宽二寸许,长约五寸,中记钱额,盖方印,左角又盖发行各铺之图记。票额至不等,都凡七种,有一吊者,二吊者,三吊者,四吊者,五吊者,六吊者,并有十吊者。(吊者,等于南方之所谓百。一吊合大个儿钱五十枚。)"[1]

柳泉居是酒馆,亦兼存放业务。"资本厚而信誉坚,存款取息极微,都人以其殷实可靠,往往不责息。有存款多年,往取而银之曾未动者"。[2]

随处可见的香蜡铺、烟蜡铺在一定程度上便利了商民的交易活动,免除了其马驮车载现钱进行交易的"盘运之烦",然而,它们并非尽为诚信之家。在说到香蜡铺发行兑换券的弊端时,《清稗类钞》指出:"钱票充塞,奸商多借此获利。每届年终或端午、中秋前歇业潜逃者,往往而有。虽其影响不如各票号滥发纸币倒闭之甚,然于平民,实有切肤之痛。"[3]《旧京琐记》载:"所谓烟蜡铺,亦兼兑换业,并出钱帖,往往出帖既多,随时关闭。"[4]

庚子以后,因铜元滥发,钱票日渐消灭。

二 炉房

炉房,亦称银炉,原本是铸造宝银的手工作坊,后逐渐发展成兼营存

---

[1] (清)徐珂:《清稗类钞》第5册《农商类·京师钱市之沿革》,中华书局,1984,第2292~2293页。
[2] (清)夏仁虎:《旧京琐记》卷九《市肆》,北京古籍出版社,1986,第96页。
[3] (清)徐珂:《清稗类钞》第5册《农商类·京师钱市之沿革》,中华书局,1984,第2293页。
[4] (清)夏仁虎:《旧京琐记》卷九《市肆》,北京古籍出版社,1986,第96页。

款、放款、汇兑的金融机构。

炉房最初的营业，只代客商熔化零碎银两，定为大小元宝。炉房的市招（即幌子）是一个蓝色金边象征银锭的木牌，下面系着布帘，木牌上面分别写有"倾化银两""散碎成锭"等字样。① 由于往来客商携带现银不便，多于换成银两后，即浮存于炉房，并无利息；而与炉房东家掌柜有关系者，遇有急需，亦常临时通融暂借，初亦无利息，多于事后私人馈送而已。此类浮存、暂借，由少而多，由暂而久，炉房见有利可图，遂增添管账及跑外人员，专司其事，由是遂开始兼做存放业务。最初，借款利息甚低，而存款则无利息。光绪年间，长期存款始付予少许利息，往来（折交）存款则无利息。②

到晚清时，北京炉房众多，而以珠宝市的 26 家炉房信用最为卓著，它们分别是：聚丰、德顺、同元祥、聚义、益泰源、源丰、复聚、增盛、万聚、宝元祥、聚增、全聚厚、万丰、万兴、裕丰、宝丰成、祥瑞兴、谦和瑞、宝兴、德丰、恒盛、裕兴源、聚泰、恒康、增茂、聚盛源炉房。这 26 家炉房虽都是私人开设，但是由于它们都在户部备案，所以称之为"官炉房"。光绪年间，这 26 家炉房实际上控制了北京的金融行情，全市大小店铺在早晨开业前，都必须到珠宝市查看银钱比价的水牌，而后才能开店门营业。"庚子事变"时期，大栅栏、珠宝市遭大火，炉房全被烧毁，导致所有的银号、钱庄和当铺全部停业，直到户部给 26 家炉房拨款后才恢复营业。

炉房兼做存放业务后，各家多有各自交往之行业。如聚义专交布行、煤行、票号及"八大祥"，如瑞蚨祥等。全聚厚专交外馆（做蒙古买卖者）和伊犁帮（做新疆买卖者）。增茂专交官木厂，如兴隆木厂（即总承办建筑颐和园的木厂）。其他各家炉房，亦均有各自交往之行业。再者，所有行业或

---

① 北京政协文史资料委员会选编《北京文史资料精华风俗趣闻》，北京出版社，2000，第 161 页。
② 中国人民政治协商会议全国委员会文史和学习委员会编《文史资料选辑 合订本 第十五卷 总第43~44 辑》，中国文史出版社，2011，第 362 页。

富户，其所收受之散碎杂色银两，多向炉房换成通用纹银，俾便于随时使用或拨兑。①

炉房自改为官炉房后，信用大著，不仅化银成为专利，且存款亦蜂拥而来，大有应接不暇之势。按当时北京做存放业务者，除炉房外，不过仅有大钱铺如"四大恒"数家和山西票号十余家，故此，炉房竟成为北京经济之枢纽。于是，旗汉显宦巨贾多认为炉房为发财之捷径，纷纷集资在内外城开设炉房（地方官厅不许在珠宝市增设炉房）。此类炉房如义顺、蔚丰源等十数家，所化之银锭必须送至珠宝市公议局，经官炉房审查合格，加打"公议十足"和某炉房戳记后，方能按十足纹银通用。每千两付打戳费一两。该十余家炉房，亦做存放业务，与官炉房业务相同，唯字号分散各处，相距较远，拨兑和交换现银等事，均须由官炉房办理，故俗称"小炉房"。②

据 1912 年统计，北京炉房商会属下，尚有炉房 64 家。这些炉房设在前门外珠宝市的有 26 家，设在西单的有 5 家，设在西四的有 4 家，设在东四的有 5 家，设在地安门的有 5 家，设在北新桥的有 4 家，设在安定门的有 4 家。③

民国后，炉房不再拥有政府授予的特许经营权，又因币制改革，炉房业务日渐衰败，珠宝市街的炉房也改建成银号铺房，但仍延续着北京城金融中心的地位。

三 账局

账局，又称账庄，是以放款为主要业务的信用机构。账局产生于清雍

---

① 中国人民政治协商会议全国委员会文史和学习委员会编《文史资料选辑》（合订本 第十五卷），总第 43~44 辑，中国文史出版社，2011，第 363 页。

② 中国人民政治协商会议全国委员会文史和学习委员会编《文史资料选辑》（合订本 第十五卷），总第 43~44 辑，中国文史出版社，2011，第 364~365 页。

③ 北京市地方志编纂委员会编《北京志 综合经济管理卷 金融志》，北京出版社，2001，第 83 页。

正、乾隆之交，咸丰初年达于鼎盛，至清末则逐渐衰退下来。

乾隆元年（1736），山西汾阳商人王庭荣，出资 4 万两白银，在张家口建立祥发永账局，并在北京设分号，是目前发现的有确凿史料可据的最早的账局。[①] 乾隆时期的文人李燧在《晋游日记》中写道："汾（州）平（阳）两郡，多以贸易为生……富人携资入都，开设账局。"[②] 账局出现后得以迅速发展，并主要集中在京师。先后有永泰公亨记账局于嘉庆十二年（1807）、大升玉账局于嘉庆十九年（1814）、隆胜永账局于道光十七年（1837）、大泉玉账庄于道光二十年（1840）、保隆堂账庄于道光二十二年（1842）在北京建立或者开设分号。[③] 18 世纪上半叶，是京师账局的发展时期，账局的数量明显增多。到咸丰三年（1853）北京城内账局（庄）已不下 268 家，其中 210 家为晋商开设。[④] 账局家数众多，而各账局帮伙"统计不下万人"。[⑤] 到宣统二年（1910），北京账局尚有 92 家。[⑥] 光绪三十年（1904）北京还出现了账庄商会，与汇兑庄（票号）商会、金银号商会、钱业商会、当行商会成为京城五大金融业商会。[⑦]

北京账局的主要业务对象是工商业者。账局为工商业融通资本，王茂荫作了如下的描述："闻账局自来借贷，多以一年为期。五六月间，各路货物到京，借者尤多。每逢到期，将本利全数措齐，送到局中，谓之本利见面。账局看后将利收起。令借者更换一券，仍将本银持归，每年如此。"[⑧] 对于商业放款，多以镖期确定借贷期限。即按镖车、镖骡运送货物或银两到达时间

① 清度支部档案，宣统二年十月账局注册。
② （清）李燧：《晋游日记》卷三，乾隆六十年闰二月二十一日，丛书集成初编。
③ 黄鉴晖：《中国银行业史》，山西经济出版社，1994，第 389~391 页。
④ 黄鉴晖：《中国银行业史》，山西经济出版社，1994，第 383 页。
⑤ （清）王茂荫：《王侍郎奏议》卷三《请筹通商以安民业折》（咸丰三年三月二十五日），见张新旭等点校《王侍郎奏议》，黄山书社，1991，第 49 页。
⑥ 北京市地方志编纂委员会编《北京志 综合经济管理卷 金融志》，北京出版社，2001，第 82 页。
⑦ 黄鉴晖：《中国银行业史》，山西经济出版社，1994，第 392 页。
⑧ 《军机处录副》，咸丰三年三月十五日，《御史王茂荫奏折》，中国第一历史档案馆藏。

为标（镖）期，有年标、冬夏春秋四季标。按货物周转时间决定归期，还款时本利见面。①

账局在一段时期几乎垄断了京师的商业放款。《翰林院侍读学士宝钧奏折》中称："都中设立账局者，山西商人最伙，子母相权，旋收旋放，各行铺户皆借此为贸易之资。"② 由此足见账局在当时京师金融市场上举足轻重的地位。如果账局收缩银根，立刻对市场产生影响。如咸丰三年（1853）春，太平天国北伐军进逼北京，都城恐慌，账局收本不放，工商铺户纷纷关闭，危及京师市场流通。在这个时候，京城许多官吏纷纷上奏皇帝。道光、咸丰朝大学士祁寯藻奏陈："查京城之大，商贾云集，其最便于民者有二，曰会兑局（即票号），曰印局（应为账局）。内外所以无滞，全赖会局为流通。银钱所以不穷，尤藉印局（应为账局）③为接济。"④ 王茂荫认为："各行歇业之由，大抵因买卖之日微，借贷之日紧。夫买卖多寡，由于时势，非人所能为也。而借贷日紧，则由银钱账局各财东，自上年冬以来，立意收本，但有还者，只进不出，以致各行生意不能转动"。⑤ 这说明账局是工商业资金的主要提供者，所以账局收本，各业纷纷歇业，以致市场萧条。工商业关闭，不仅给城市居民生活带来困难，而且必然造成很多人失业。账局帮伙"万人者已成无业之民，各店铺中帮伙，小者数人，多者数十人。一店歇业，则此数人、数十人者，亦即成无业之民。是账局一收，而失业之民将不可数计也"。⑥

---

① 北京市地方志编纂委员会编《北京志 综合经济管理卷 金融志》，北京出版社，2001，第82页。
② 咸丰三年三月十四日，《翰林院侍读学士宝钧奏折》，引自《山西金融志》，中华书局，1991，第23页。
③ 按：账局和印局是两种不同的机构，但咸丰时有些官员往往将它们混淆。如祁寯藻等所陈折中说的"印局"实为账局。
④ 咸丰三年七月初九日，《祁寯藻等奏京城官设印局之事暂缓办理折》，引自中国第一历史档案馆编《清代档案史料丛编第11辑》，中华书局，1984，第56页。
⑤ （清）王茂荫：《王侍郎奏议》卷三《请筹通商以安民业折》（咸丰三年三月二十五日），见张新旭等点校《王侍郎奏议》，黄山书社，1991，第48~49页。
⑥ （清）王茂荫：《王侍郎奏议》卷三《请筹通商以安民业折》（咸丰三年三月二十五日），见张新旭等点校《王侍郎奏议》，黄山书社，1991，第49页。

京城的账局，除对工商业放账外，也对候选官吏和在任官吏放账，即所谓的"放京债"。

在封建社会，官吏赴任一切费用自理，因而历来就是"富者变产，贫者借贷"。① 候选官吏一到京，账局就设法接近，对其予以借款支持。因而，账局就经营起放京债业务。乾隆二十三年（1758）御史史茂上奏说："月选各官，借贷赴任，放债之人，乘隙居奇，创立短票名色，七扣八扣，辗转盘剥。"② "月选各官，借贷赴任"即借京债。放京债者将借款打折扣以提高实际利率，借契上的借款数有短缺，故称"短票"。"短票"是借契上的借钱数要大大高于实际借钱数。乾隆末年李燧在《晋游日记》中指出，对候选官吏放账，是账局"利之十倍"的生意。"开设账局，遇选人借债者，必先讲扣头。如九扣，则名曰一千，实九百也。以缺之远近，定扣之多少，自八九至四五不等，甚至有倒二八扣者。扣之外，复加月利三分。以母权子，三月后则子又生子矣。滚利叠算，以数百金，未几而积至盈万"。③ 账局对候选官吏放账，收费高于典当铺。账局收费分为三层：一是按官缺距京城之远近定扣头的多少，近者扣头少，远者扣头多，借银一千两，实付给九百，或六七百；二是按借款额支付三分左右的利息；三是三个月或六个月"转票"，收取复利。道光时梁章钜说："今赴铨守候者，所假京债之息，以九扣三分为常，甚有对扣、四扣、三扣者。得缺莅任之初，债主已相随而至，剥下不足，遂借库藏以偿之。欲求其为良吏循吏，其势甚难，则京债之为害大矣。"④ 账局除抽收扣头，收取高利外，有时甚至扣押贷款人的证件或随行讨债。

---

① （清）林起龙：《皇清奏议》卷七《严贪吏以肃官方疏》。

② 《清高宗实录》卷五六一，乾隆二十三年四月癸酉。

③ （清）李燧著，黄鉴晖校注《晋游日记》卷三，乾隆六十年闰二月二十一日，山西经济出版社，2003，第73页。

④ （清）梁章钜：《退庵随笔》卷七《政事》。

账局也向蒙古贵族放账。北京东安门外恒义号账局，由马临宵、段马儿、李黄金、张来儿、李连陞等五人祖辈伙开，就是一家"专与蒙人交易"的账局。这个账局，长期与蒙古扎赉王旗、土什土旗、拉公旗得王爷林贝子、小巴林旗、大而汗旗嗯都王爷来往。其中，仅科尔沁和镇国公名喇什敏珠尔之祖色旺多尔济的借款，自嘉庆二十四年至光绪二十九年，前后八十五年，就共欠本利八万余两。[1]

京债利息重，危害大，朝廷屡下禁令。嘉庆二十年（1815），因账局对候选官吏重利盘剥，明令"如有违例私设账局者，即行拿究"。[2] 道光十六年（1836），江宁知府善庆向京城恒太成账局借京债，"被账局滚剥"，本利合计达 5 万余两，受到参究。[3]

北京的账局还对印局、当铺和钱铺提供贷款。

印局出现于明末清初，是放印子钱的商号。印子钱的发放，全为制钱，数额一般为一串、二三串，最多不过十来串。期限长短不一，多数为"朝发夕收"，还有十日、三十日或百日为期限的。每日或十日还钱一次，本利合算，还一次盖一次印，故名"印子钱"。印子钱利息很高，通常为月息三分至六分，属于高利贷资本。不论借款期长短，皆须有熟人作保。印局的放款对象主要是城市贫民或肩挑货担为生的小商小贩。"贫穷之人原无资本，唯赖印局挪钱"，印局放印子钱的"资本全靠账局"。所以"账局不发本，则印局竭其源；印局竭其源，则游民失其业"。[4]

当铺也向账局进行资金融通。当铺除自有资本外，长期以来可以得到官府借款，即"发当生息银两"。账局出现以后，当铺也向账局借款。故在

① 清民政部档案，《李连隆控马临宵案》，光绪三十三年三月二十九日。
② 《清仁宗实录》卷三〇八，嘉庆二十七年七月丁酉。
③ 《清宣宗实录》卷二九〇，道光十六年十月戊午。
④ 《通政使司副使董灜山奏折》咸丰三年三月初四日，《军录》，引自黄鉴晖等编《山西票号史料》，山西经济出版社，2002，第 45 页。

咸丰三年，账局收本之后，当铺周转不灵，出现"民间告贷无门，典当不给"[①]的情形。

自乾隆、嘉庆以来，一些大的钱铺基于商品交换的需要，为社会提供了一种信用流通工具——钱票，成为牟利的重要手段，而"钱店之懋迁半出账局"。[②]因此，当咸丰三年账局收本不放，加上持钱票者向钱铺挤兑时，钱铺也关闭甚多。[③]

（北京市社会科学院历史所）

---

① 《庆惠奏折》咸丰三年十月三十日，《军录》财政类，卷号94，引自黄鉴晖等编《山西票号史料》，山西经济出版社，2002，第47页。

② 《翰林院侍读学士宝钧奏折》咸丰三年三月十四日，《朱批》财政类，卷号24~26，引自黄鉴晖等编：《山西票号史料》，山西经济出版社，2002，第45页。

③ 《上谕档》咸丰三年三月二十五日，见黄鉴晖等编《山西票号史料》，山西经济出版社，2002，第46页。《鸿胪寺卿祥泰为库款支绌兵民交困谨拟变通章程奏》咸丰三年四月初三日，《朱批》财政类，货币，折包60，见黄鉴晖等编《山西票号史料》，山西经济出版社，2002，第46页。

咸丰元年的山西票号金融经营

——张家口致京师分号书信《往京书札》的解读

闫爱萍　孟　伟

一　资料

1. 原始书信

新正月十二日托光裕局寄去第六次信底

时值新春，另柬拜贺。

启者于去腊念五日托光裕局捎去第五次信，内报收会去谷交温淋兄镜宝银四百零五两，与伊立去会票一张，注在谷正月底日升世内，见票无利交结，公较去伊备五千（十）两钱砝一付（副），其平每五十两比本合砝大一两一钱二兑。又定会过河口本年四月初九日无利交大成王合（河）宝足银四千两，又封去口寄平、汴、鲁、苏等信，大德常等信以及信报一切，已知收阅录底各达矣。于正月初八日收接第二十六次信一封，内叙苏会来口交乾泰永足宝银二千两，俟期照信注账交结。又统来万盛成二千两会票一张，汉寄口钱砝二付（副），又平、苏、泾寄口信三封，武有谦兄一信，苗汝霖等信四封，并另启一纸，内云一切，均已领悉收转，祈勿计（记）念。兹报去腊现收会过河口四月初十日无利交三和同合（河）宝足银三千两，若在彼迟早交三五天，按河时利扣加，所言在口早收伊日按月三厘八在口结算，两无空期外，每千两贴咱会费银十两，公较去伊备五十两钱砝一付（副），其平比咱本合砝每五十两大一两零四分兑，俟立票与否再信详报。又定会过河口交德生世合（河）宝足银三千两，与伊立去不列次凭信一封，注定在河口本年四月初十至十五日见信无利交伊，伊自正月初一日按月三厘八口规与咱行息，咱在口四、七月各收伊足宝银一千五百两，合净得空期一百天，公较去伊备五十两钱砝一付（副），其平比咱本合砝每五十两大二钱七兑。又现收会过河口交合盛永合（河）宝足银二千两，与伊立去会票一张，注定在河口四月初十至十五日见票无利交伊，未较合砝，其平票上批明每五十两比咱本合砝大一钱二兑，合净得空期一百天。又现收会过平本春标交永兴玉足宝银三百两，以（已）定不立票砝，各依信为凭，其平比咱本合砝每五十两大一钱兑，合净得空期四十天。又收会过祁本春标无利交昌泰和镜宝银二百四十两，合净得空期四十天，连前会去祁春标交伊之项共一万八千二百四十两，今正与伊写去不列次凭信一封，注定在祁复和成内见信无利交伊。又收会过生旺德添会汉口四月十五日无利交伊下炉足银二千两，会式、平码照前所会伊四千两之样，至日捡阅注账达平、汉、江知之为要。随统去口寄广程炳南三百两回信一封，口寄平、汉、江、广、长、常、汴、鲁、泾、西安、成、重、扬、浦各一封，大德常等信十封，随信捎去口号结账并钱流水各一本，至祈收阅转往。刻下口地月息无市。余无别叙，专此奉上。

再者，京会来口年标交义兴永银一万两，系二十八日交。再者前会去汉口交兴盛成足宝银一千两，今与伊立去会票一张，注定在汉七八月随伊便用，未较会砝，其平比咱本合砝每五十两大一钱五兑。再报前会去苏三月二十至二十五日交兴盛玉西批足银二千两，以（已）定不立票砝，各依信为凭，其平比咱本合砝每五十两大九分兑，至祈达苏、汉知之为是。

另启者今着光裕局发去标二担计元宝一百定（锭），共长平一百五十九两五钱一分，又银一千零四十两四钱九分，统共合本平足银六千二百两正，至祈捡收注账为是，脚钱在口付清不欠。再者与口号将双料金章笔捎来十包，小寸封二百个勿误。又及。

2. 资料来源及其必要说明

《往京书札》，系一本日升昌票号张家口分号致京师分号的书信底稿。原件现存日本东京大学东洋文化研究所。本文依据《山西票号史料》（增订本）所收录情况展开讨论。^①由"咸丰元年新正吉立"，可以断定，这是张家口分号留底的一本信稿，一般而言"册记"题写在封面上，通常采用缎面包装，属于传统的"四方开本"。至于书信的截止时间，则目前不详。该《札》的部分书信，早在1990年由日本东京大学教授滨下武志等编《山西票号资料书简篇（一）》，出版刊行。^②由于是毛笔书写，因此编辑刊行时多有错录丢掉之字。笔者没有目见原件，无法校对，只能根据对山西票号书信的研究体会予以适当校正。

可以肯定，目前日本东京大学收藏山西票号资料，最早收集的时间在1935年，由撰写第一本《山西票号史》的作者卫聚贤^③接受当时财政部长孔祥熙的委托，^④专门调查衰败之后的山西票号的情况，从平遥城获得。卫氏将搜集到的资料带回上海，不久抗日战争爆发，卫氏随同中央银行撤往重庆，而从平遥所获得的有关山西票号的"三大车"资料，便落入了日本人之手——现在尚不清楚辗转到东京大学的经过。

一般而言，既然有《咸丰元年吉立》，并且还有五月初六—十六日的信稿，至少说明，该《往京书札》肯定不单纯是目前所刊行的几封，因为山西票号信稿的习惯多半是一个"账年"的，或者一年的往来——包括收到书信的、按时间顺序的誊抄。

---

① 参见《山西票号史料》（增订本），第841~842页。
② 〔日〕滨下武志等编《山西票号资料书简篇（一）》，第107~118页。
③ 卫聚贤：《山西票号史》，说文社出版，1944。《序言》中有详细的解释和说明。
④ 需要强调说明，孔祥熙为山西票号的"后裔"，山西太谷县人氏。无论出于情感，还是当时"法币改革"的现实需要，由他出面安排，对山西票号进行了最早的有组织的"调查研究"。负责人为北京大学历史系教授卫聚贤，也是山西人，时任中央银行政策研究顾问。

二 问题提出与结构安排

非常庆幸，本文能够针对现存于世较早山西票号的"两封半"信——第六次和第七次展开研究，之所以使用了一个不伦不类的词语"两封半"，是由山西票号"编号书信"特点所决定的——每封书信都包括书信寄发方式和时间、复报、正报、附报、再启等几个部分组成；也即，第六封书信的"复报"，其实就是"第五次"书信的"正报"，因此就内容而言，完全可以称之为"半封信"。

如果从第五次正报书信的时间开始算起，那么，这"两封半"书信恰好是一个月——从道光三十年的腊月二十日到咸丰元年的新正月十九日。确定一个"时间单位"相当重要，可以凭借这一时间单位，对这"一个月"的业务进行基本"统计"。进而给出一个张家口分号展开经营的"相对轮廓"。

我们之所以相当看重山西票号的"编号书信"的资料价值，原因如下。

第一，山西票号的金融经营，从道光时期开始，经过三十年的时间，臻于完善走向了成熟，有六个方面是不可或缺的，我们称之为山西票号金融经营六要素：运营资本、分号开设、书信往来、本平创设、龙门账核算、金融市场。任何一个方面都不可缺少，而这六个方面相得益彰，有机地组合，其中最基础的就是书信往来。

第二，每一封书信中，特别是编号书信中的内容，都是以上六要素的具体化体现。与其同时，书信本身还有替代"汇票"的功用，也即，习惯上所说的"信汇"——与票汇相互补充，成为一种"中国特色"的金融经营方式，西方国家是没有"信汇"的。传统的伦理文化尽在其中。

第三，唯有书信的往来联络，才使的山西票号的专业化汇兑和金融经营实现了网络化和规模化，进而真正地走向"专业垄断"，走向辉煌。因此，可以给出界定如下：山西票号活跃的时代，中国金融经营属于"书信经营"的历史阶段，等等。

有关"票号书信"的重要意义，笔者另有专文多方面讨论，这里不赘，相关的问题还是需要提出：在徒步舟车的时代，在白银货币为主要货币的时代，商品经济的活跃，除了商品的流通以外，实物的金属货币——白银，通常与商品的运动呈现相反的方向，因此在研究山西票号金融经营的时候，必然地要对应到商品的"流通"。关键还在于白银货币本身所具有的"一般等价物"的所有货币属性。其中，"符号化"的、计算货币和记账货币的意义之理论基础，属于古典经济学、新古典经济学等的核心领域。也就是说，在经济学层面深化山西票号的金融经营研究，也是基础前提。

有鉴于以上，加之限于文章篇幅，本文拟分两篇，希望结束相关问题讨论，着重解决以下问题。其一，对咸丰年间票号编号书信的基本格式予以考察。其二，以一个月为时间单元，对张家口分号腊月下旬到正月中旬的业务展开考察。其三，针对张家口的汇兑业务，重点讨论张家口的业务特点，包括张家口标期和行市——"口规"等。其四，围绕张家口的票号经营，具体地探讨山西票号早期的"利润"结构和来源问题。其五，一个相当重要的理论讨论，也随之引出：围绕张家口的"市场"属性，到底在多大层面上，体现着"民族市场"，或者说，如何看待张家口的"市场圈"——有清一代，张家口一直是商业的重镇，更是山西商人施展才能的领地，当然也是对外贸易的极其重要的、屈指可数的口岸之一。

尽管说问题稍显宏大，凭借"两封半"书信，肯定是不能尽述的，但是由此出发，提出相关问题，却是理由充足的——尤其是对张家口的特殊性揭示意义重大。

为了使问题集中，也为了资料的充分利用，本文采用"资料在前"——

援引、分列于两篇文章之首，"进一步研究"在后的行文方式。同时，将以上问题分别处理在（一）和（二）中，既不重复，又有联系，这也是颇费思量的问题。不过，将以上问题能有所讨论，是本文的最终愿望，结构的安排尽管重要，有不协调之处也是在所难免的。

三　具体的书信解读

所谓的书信解读，是指对票号书信的书写格式、往来传递、收阅规则等等情况的基本介绍与说明及其逐步展开的深入考察。

1．票号书信的"标题"

"新正月十二日托光裕局寄去第六次信底"是这一封信的标题，通常以时间、邮寄方式、编号、收发情况为要素。

所谓的"底"，也即留底或者底稿，实际上是当时誊抄的记载，而原信已经被寄出，由光裕局带到了京师分号，为京师分号所保留。

针对异地之间的往来书信，山西票号有一个最基本的规章：1.任何一地的分号在给他处分号去信时，每一封书信在寄出之前，都必须留底。于是有了张家口分号的《往京书札》的"吉立"。目的就是为了防止书信在路途丢失等意外情况发生，如此情况，每一分号都必须严格执行，不得有丝毫马虎；2.任何一地分号收到其他分号发来之书信，必须誊抄一遍，与此同时，还必须将原收书信按照收接时间次序予以装订。因此不难推断在当时的京师分号肯定有《口号书札》一册。

稍许强调的是时间、寄信的字号、编号次序、收接情况作为山西票号往来书信标题的要素必须清晰，目前山西票号存世的几千封书信，都有相应的标题，没有标题的书信，几乎没有。也就是说，书信标题是山西票号书信内容极其关键的一个组成部分。

以标题为起点，自然就开始了编号书信的内容。所谓编号书信，顾名思义，具有时间的顺序性。这一点与一般的民间书信不同，具有了专门化的意蕴。实质上类似于当今的编号单据，甚至可以类比于近代银行的内部传票。

紧接着标题以下的一句话"启者于去腊念五日托光裕局捎去第五次信"，既可以看作书信标题的相关补充，也可以看作书信内容的组成部分。几乎所有的书信都如此，必然地通报上一封信的邮寄情况——也是时间、邮寄单位（委托人，或捎，或寄）编号次序（或者号数）。

很显然，上下两封信之间的连续关系更为重要——一种规定的意识、规章的机制由此凸显出来——山西票号的分号与分号之间，是依靠编号书信之间的往来而维系序列关系。

2. 票号书信的"复报"

从"内报收会去谷交温淋兄镜宝银四百零五两"开始，到"祈勿计（记）念"，这一段内容，通常称为复报部分。一般而言，涉及两个方面。其一，本号所发上信的相关主要内容——具体业务、随同上信一起捎起的其他书信，以及上封信需要强调的事项，等等。其二，在这一段时间——与上封信的间隔内，收到了对方来信之后，对对方所发书信情况和内容等予以重述，与此同时，还就对方所涉及事项的情况予以回应，以免挂念和担心。特别是对于相关要求予以回复的事项予以针对性答复，或者遵照办理，或者予以解释，等等。

实际上，将后者置于下面的正报部分也未尝不可。不过，无论如何需要对收接信情况给予回复是相当重要的，预示着联络的成功，否则对方无法知晓事项的落实与否。这一点对于票号的经营来说意味深长。倘若没有按时收到，一般要追查并及时补寄副信，或者誊抄原底，严重的还涉及票据遗失、冒领兑付等后果。所以，这一部分是不可或缺的。

3. 票号书信的"正报"

所谓正报，是相对于后面附报而言的，也相对于前面的复报而言，或者说正报属于本封信的核心部分。通常，从上封信寄出之后，到本封信成信之时这一段时间内进行的业务，构成正报的主要事项。稍为强调，关于业务的项目，尽管不能说"细无巨细"地详尽，但是其中几个要件，或者要素，无论如何不可或缺、不可少。否则，对方没办法操作，兹将情况比较如下。

A 腊现收会过河口四月初十日无利交三和同合（河）宝足银三千两，若在彼迟早交三五天，按河时利扣加，所言在口早收伊日按月三厘八在口结算，两无空期外，每千两贴咱会费银十两，公较去伊备五十两钱砝一付（副），其平比咱本合砝每五十两大一两零四分兑，俟立票与否再信详报。

B 又定会过河口交德生世合（河）宝足银三千两，与伊立去不列次凭信一封，注定在河口本年四月初十至十五日见信无利交伊，伊自正月初一日按月三厘八口规与咱行息，咱在口四、七月各收伊足宝银一千五百两，合净得空期一百天，公较去伊备五十两钱砝一付（副），其平比咱本合砝每五十两大二钱七兑。

C 又现收会过河口交合盛永合（河）宝足银二千两，与伊立去会票一张，注定在河口四月初十至十五日见票无利交伊，未较合砝，其平票上批明每五十两比咱本合砝大一钱二兑，合净得空期一百天。

D 又现收会过平本春标交永兴玉足宝银三百两，以（已）定不立票砝，各依信为凭，其平比咱本合砝每五十两大一钱兑，合净得空期四十天。

从上面四宗业务的"通报"内容中，我们可以归纳出以下六点。

1. 汇兑方式，或者类型，也即"收会过"和"定会过"，其中，稍微区分"现收会过"和"现定会过"。

2. 举凡收会，就必然地要有"交付交兑"的另一方：A、B、C的交付一方都是"河口分号"（江西省铅山县河口镇），D的交付一方，则是"平遥总号"。

3. 交付时间，非常具体，并且一定要明确，这是无须强调的常规。

4. 顾客或者商号名称分别是三和合、德生世、合盛永、永兴玉，很显然，前三家就是专门做武夷山茶叶的字号。

5. 金额多少，更不需要解释，准确和精确是基本原则。

6. 采用什么汇兑工具，A 俟立票与否再信详报；B 与伊立去不列次凭信一封，注定在河口本年四月初十至十五日见信无利交伊；C 与伊立去会票一张，注定在河口四月初十至十五日见票无利交伊；D 已定不立票砥，各依信为凭。四笔业务，四种不同的汇兑方式和汇兑工具。不过，归根结底是两大类，或者汇票，或者书信。

书信中需要注意到所谓的"不列次凭信"，通俗地说就是以"不编号书信"作为交付的依据。而"各以信为凭"，显然仅仅凭借各自对方寄给相关分庄的书信就可以作为凭据，或者前去支取，或者主动给付。十足的"信誉"经营。①

这个时候，一定要清楚：无论"汇票"，还是"凭信"，仅仅是凭证和凭据，或者说是一种书面契约，这是山西票号的特殊性之一。由于种种原因，山西票号的"汇票"远远没有达到完全符号化的境地，至少没有可以达到随意转让的地步，更不要说随时买卖的境界。

强调另外一点：在汇票上，印有（写有）"无利交付"字样，这四个字的确是令人费解的，看上去无足轻重，以往学者常常忽视其重要意义，实际上这表明了山西票号从来就不承认顾客交给票号汇兑的银两，在委托票号的时间内具有"存款"特点和属性。因此也就不存在得利和取息的情况，从而彻底地与钱庄存储银两和制钱的情况区别开来，杜绝了一种习惯方式所能带

---

① 这里，不采用"信用"一词，而使用"信誉"。因为，在经济领域和金融领域，"信用"的含义常常会被误用，实际上，"信用"更强调的是一种"借贷方式"。

来的不好后果。专门化和专业化的经营方式和特征尽在其中。这一问题是被"注定"的。

与此同时，还在汇票的票面上，"注定"了交付的日期，又一个不大不小的问题随之产生，需要讨论。比较下面两句话：

B 不列次凭信中："注定在河口本年四月初十至十五日见信无利交伊"。

C 汇票上："注定在河口四月初十至十五日见票无利交伊"。

不论是汇票还是书信，都必须是在"四月初十至十五日"，见到凭证才交付。也就是说，交付情况与汇兑工具并不存在绝对的差别。

那么，这算是"即期"呢？还是"定期"？抑或是"见票（信）就支付"呢？因此，我不主张一些学者的做法，动不动就用现代金融票据的情况去套解山西票号的专门化汇兑经营。如此不求甚解的陋习，常常会混淆许多历史真实。更关键的是，如此做法会造成概念化的倾向，本质上说"四月初十日至十五日"这一时间，牵涉到了山西票号的收费标准和收费多少的问题，也即利润的核算需要依照具体情况看待。纯粹的汇兑和借贷汇兑相结合的具体情况，在收费标准方面是根本不同的。

7. 比较 A 和 B 的另外一个问题：结算方式。

A 注定四月初十日见票无利交，若在彼迟早交三五天，按河时利扣加，所言在口早收伊日按月三厘八在口结算，两无空期外，每千两贴咱会费银十两。

B 注定四月初十至十五日见信无利交，伊自正月初一日按月三厘八口规与咱行息，咱在口四、七月各收伊足宝银一千五百两，合净得空期一百天。

有关具体结算方法，因为涉及了张家口的金融行市。因此，就这一问题我们将在稍后专门讨论。

8. 不难发现，最后一个要素，则集中在了"平砝"上，我们还是比较：

A 公较去伊备五十两钱砝一付（副），其平比咱本合砝每五十两大一两零四分兑；

　　B 公较去伊备五十两钱砝一付（副），其平比咱本合砝每五十两大二钱七兑；

　　C 未较合砝，其平票上批明每五十两比咱本合砝大一钱二兑；

　　D 其平比咱本合砝每五十两大一钱兑。

　　不管情况如何，这里仅仅指出，咸丰年间的张家口汇兑，一般情况下生意双方——商号和票号是要"较砝"的。这是为什么呢？隐含着什么问题呢？相关讨论在稍后进行。

　　总之，张家口分号将这一个月内进行的业务所涉及的项目，悉数地通报给对方。一方面，对方也就清楚该如何兑付；另一方面，也借此知道张家口分号最近的业务实际。这是汇兑的固有属性所决定——汇兑必然地在空间范围内因为需要而展开。如此来看，书信的正报，的的确确是相当重要的。

　　4. 票号书信的"附报"

　　目前学界对附报的内容认识不一，一种说法是：附报不包括行市和利息行情等，这一方面属于专报。持这一主张的根据是一些票号伙友的回忆。[①]不管怎样，如同本文所引资料，附报应当包括以下内容。其一，"随统去口寄广程炳南三百两回信一封，口寄平、汉、江、广、长、常、汴、鲁、泾、西安、成、重、扬、浦各一封，大德常等信十封，随信捎去口号结账并钱流水各一本，至祈收阅转往"等类似内容，通常使用"随统""一并检阅"等词语。其二，"刻下口地月息无市。余无别叙，专此奉上。"举凡山西票号书信中的这一项，一般都以"专此奉上"结尾，甚至包括商号的书信也如此。

---

　　① 参见《山西票号史料》（增订本）第 627 页"乔殿蛟访问录"，1961，他认为"行市"属于单独的一项内容报告。

5. 票号书信的"再启"

习惯上也叫作叙事报，还有的称为另启等。票号伙友回忆说："它是总号或分号对某一分号业务的指示、评论及意见。报告的内容，大都是由掌柜的和老板们写，它是兹、附报和行市之后，并注明本次信件年月日之后，所写的内容。一般是'管信'把兹报、附报和行市写就，俟掌柜的和老板晚间有时间才写，或者'管信'先替起稿，等掌柜的、老板们修改后再誊写"。[①]

依照本次书信来看，情况并不尽然，报告内容中还有其他的相关事项，也包括在"另启"中，诸如现标的发送、委托收款等，抑或"另启"含有"补充"的意味。

总之，"另启"和"再启"是新事项的"开头语"，"又及"则一般是最后结束时的用语。一般而言，这一部分比较突出，也容易区别。多半在信的最后——因为票号的书信，通常情况是不署名，不落款，不写时间，包括礼节性习惯用语，也免去了"客套"。

以上针对山西票号的编号书信的基本格式进行了"一般规范"的解读，进而可以从"格式化"的书信中感受到"千篇一律"的"百年不变"，不能不说是一种固有的"经营模式"——山西票号所特有的。

倘若有兴趣，对应地将下一封信——张家口致京师"新正月十九日托日新中带去京第七次信稿"也具体做一番解读，不难体会到"两封半信"的前后"包含"和"相继"关系。

四　进一步研究

本文的进一步研究，并不能够完全展开，因为有关山西票号的专门化汇

---

① 参见《山西票号史料》（增订本）第 627 页"乔殿蛟访问录"，1961。

兑的基础准备，目前尚很不够，这里仅仅希望能为下一篇文章铺平道路。因此，这里的"进一步"，也只不过是围绕书信内容，稍微有所拓展——对书信中反映的汇兑要素，做进一步的、必要的叙述，抑或对日升昌票号的整体情况做适当的背景和基础考察。

1. 关于日升昌平号咸丰元年的"规模"问题——分号的设立

这"两封半信"，对于日升昌票号的早期情况的了解，相当重要，实是非常难得的直接资料。张家口与各地分号的通信，充分说明了当时日升昌票号的分号开设情况。也就是说，道光时期，日升昌票号已经在以下城市、商埠、码头开设了分号。

第五次信载（道光三十年腊月之信）："又封去口寄平、汴、鲁、苏等信，大德常等信以及信报一切，已知收阅录底各达矣。于正月初八日收接第二十六次信一封，又平、苏、泾寄口信三封，武有谦兄一信，苗汝霖等信四封，并另启一纸，内云一切，均已领悉收转，祈勿计（记）念。"

第六次信载（咸丰元年新正月）："至日捡阅注账达平、汉、江知之为要。随统去口寄广程炳南三百两回信一封，口寄平、汉、江、广、长、常、汴、鲁、泾、西安、成、重、扬、浦各一封，大德常等信十封，随信捎去口号结账并钱流水各一本，至祈收阅转往。"

第七次信载（咸丰元年正月十九日）："随统去口寄平、苏、汉、江、广、扬、浦、汴、泾、西安、重、成、鲁、长、常各一信，大德常等信十封。随信统去口寄苏、江各一信，至祈转往。"

故而可知，此时的日升昌票号至少在：京师、苏州、汉口、广州、扬州、开封、西安、三原、重庆、成都、济南、常德、长沙、清江浦、河口、张家口、平遥等十七处开设了分号，展开专门化的汇兑经营。另外，此时的天津与张家口一样，还属于京师的派出机构，但是其作用和地位，还远远不及张家口显赫和重要。

需要强调：此时的上海和杭州并没有进入日升昌票号掌柜的"视野"，相反，当时的广州却分外"显眼"——一南一北与张家口相对峙，遥遥相望。

还需要注意到，此时的湘潭，日升昌平号也没有派人前往，想必是包含在长沙分号之内，但常德却是独立的。

以上强调相当重要：因为，稍后不久——咸丰八年的时候（有资料），我们就会发现以上格局发生了较大的变化——河口消失，而湘潭取而代之。意味着什么？一个影响区域经济的重要商品——恰克图红茶的产地转移了。从福建、江西的武夷山，转移到了湖南和湖北的羊楼寺和羊楼洞等地了。

习惯上，长期以来的固有认识——咸丰年间的太平天国致使山西票号遭受挫折——很有必要再检讨。目前我们发现，前贤学者所持主张的主要根据就是以上日升昌票号的分号收撤。因此，我们给出咸丰元年的分号情况，也就建立了进一步讨论的基础。

顺便指出的是，当时张家口的基本信件通过京师转递，想必当时的张家口民信局还很局限，或者是邮路本身的问题，或者张家口隶属于京师分号决定了"不能自作主张"。甚至连寄往平遥总号的信，也要通过京师转递——分级管理的隶属机制，显而易见。

2. 关于账册和往来结算

第六次信中说："随信捎去口号结账并钱流水各一本，至祈收阅转往"。分明是给平遥总号的"结账并钱流水账"，当然京师分号也是可以阅览，甚至是必须阅览的，所以要求"收阅转往"。这封信是新一年的第一封信，也是新一月的第一封信。结合其他资料，可以肯定，月结制度初步形成，"合龙门"的格局也彰显无疑。流水账——做为基础账务的汇报，脱离了书信底稿，自成一体。倘若张家口果真属于二级分号，即便如此，其会计的核算体系也已经与其它分号没有差别——最多是掌柜的（习惯上，也称"执事"）的能力和水平的方面，因人而异。

以第七次信为例，信中有几处细节需要强调："（复报）并报一切，谅早收阅注账各达矣，其余不复再叙，（其中还有现标，'至祈捡收注账为是'）。""（正报）至祈一并收阅注账，达苏、江知之为是。""（再启）三厘八在口结算，至日注账。达江知之。又及。""（再启）所有生梧在口号存本平布施足银三十八两九钱，随信与伊结去，至祈将账注明可也。又及。"等等。

其中"注账"一词，毫无疑问是张家口向对方分号提出的要求，除了嘱托之外，要求对方在"往来账上"予以处理，包括相关"收费"。由此可见，各分号之间都相互开设有"往来账户"。我们说这是山西票号分号经营汇兑金融的一个基本层面，至少预示着山西票号会计体系的"分科分目"的具体成熟，理所当然是龙门账的组成部分。需要指出，山西票号本身为各分号开设"往来账户"，却与钱庄稍有不同——为往来商家开设往来账户，更与近代银行不同。

也就是说，龙门账并不仅仅局限于几本账册——月清折、总结账、流水账、钱流水账、清抄册等等，它更应当是实际操作时候的具体要求和基本标准——实用和实际意义更为至上，会计体系的韵味十足。已经在总号年账和大账之外体现为报表、平衡表、损益表、分红账等的体系化。

进一步说，张家口分号至少在业务的方方面面，实行了独立自主的金融经营，唯人事管理还很可能隶属于京师。

3. 关于"现标"

本次信的"另启者"说："今着光裕局发去标二担计元宝一百定（锭），共长平一百五十九两五钱一分，又银一千零四十两四钱九分，统共合本平足银六千二百两正，至祈捡收注账为是，脚钱在口付清不欠"。

这是一个饶有趣味的问题，这里丝毫没有文学家笔下的镖局和镖师的神乎其神。或许因为我们的角度不同，我们重点关注"现标"问题。有必要注意，文学家的想象和夸张有时候会影响人们对历史的认识也是事实。

众所周知，现标其实就是"现银的运送"在不同行业的术语对应而已。原本是商家自己携带，到天南海北去采购商品，置办货物，或者销售完商品，无论获利还是亏折，总是不免要返回故里，等等，不一而足。但不知从什么时候起，形成了一个传统的说法：由于商家携带白银货币的不方便，于是有人发明了汇兑。最初是商家之间相互顶兑，后来就出现了专门化经营的票号，或者汇兑庄。倘若仅仅如此也没有什么不妥，我们表示认同，因为金融源自于商业（广义上如此），细节上和经营方向等不同的金融机构出现，各有特殊的前提和条件。

相当糟糕的是，也不知从何（哪一位学者）开始，演化成了"由于镖局运现不便，并且费时、不安全、成本高等原因，于是票号代替镖局应运而生"。如此演绎和说法，着实是令人费解，甚至"丈二和尚摸不着头脑"。笔者就这一问题有专门的考订文章，这里不赘。仅仅提供几个思考角度。

1. 目前没有较为翔实的镖局资料可以证明镖局为商家专门运送"运营货币"的实际历史阶段。强调一点：所谓的镖局界定，想必应当是开张、挂牌经营的经济实体，而不是单个镖师的"神出鬼没"的"仗义行侠、打抱不平"，等等，单个的镖师与镖局根本不是一回事，镖局是一个字号，是独立的组织机构。

2. 所谓镖局，还涉及习武的问题，在清代前中期，《大清律》明确规定：不准民间习武和结拜，等等。

3. 即便镖局可以公开经营，需要考察其大致时代，更多的资料实际是在票号遍布全国之后，或者说从朝廷放松了对民间习武的管制开始。

4. 镖局的活动区域，目前基本在北方——黄河流域以北地区突出，大概与陆路更密切，当然商贸活跃、路途不靖才是根本。

5. 票号是专业经营空间区域白银货币运动的专门机构，而镖局在京师、张家口、天津、沈阳、陕西、山东、河南等地屡有出现，主要集中在京师和祁太平地区，绝非偶然。

6. 倘若替镖局算一笔收益账，其利润来源，也即服务对象，与当今经济警察的武装押钞相似；再说镖局的资本构成，其中习武的人力资本恐怕是主要的，或者说无形资产和人力资本、资源更为主要。

7. 1920 年是京师著名的十大镖局最后消失的时候，然而，我们要说，曾经不可一世的山西票号就在此之前的两三年内 80% 收歇了，这难道仅仅是巧合吗？

8. 目前所存的山西票号书信资料，可以证实：镖局的的确确在为山西票号的现标服务，并且以此作为主要的收益来源。本文所出现的情况，仅仅是一例而已。

稍为留意，还会发现：

"去腊念五日托光裕局捎去第五次信"；

"新正月十二日托光裕局起寄去第六次信"；

"今着光裕局发去标二担计元宝一百锭……脚钱在口付清不欠"。

"送信"和"发标"都是"光裕局"的所为。现在可以明白，北方地区在嘉道以来，基本上没有，或者很少有民信局的原因了——不是北方地区没有民信局，而是在北方地区，民信局与镖局合而为一了。大体地说，北方的民信局从一诞生，就不是单纯的传递书信，而是大多兼有镖局的功能和属性——与南方的民信局稍有不同。与此同时，更为重要的是，北方的镖局应当是后来专业化运输行业的前身，路边货栈和车马店与镖局的关系从来就不一般。只不过在道咸年间，专业化分工的时间，尚没有到来，或许专业化工具、手段等条件尚不完全具备，很可能在利润和收益上尚没有体现出大有前途——还必须依附在主要为票号的服务狭窄领域，成为收益的主要来源。

4. 关于"本平"

至于张家口发去京师的现标，以"担"为单位，很容易使我们联想到元末明初诞生的著名小说《水浒传》中的"智取生辰纲"的情节。暂时把镖局的想象搁置一旁，留给文学家去演绎。我们关注除此之外的问题，"二担计元宝一百锭，共长平一百五十九两五钱一分，又银一千零四十两四钱九分，统共合本平足银六千二百两正"，犹如《算经》等普及读物中的例题。

不妨也做一回小学生，予以演算。二担一百锭＝5159.51（本平两），如果一百锭元宝均是标准的库平—纹银——朝廷从康熙十八年就规定了的标准，也就是5000两（库平）。那么"共长平一百五十九两五钱一分"，显然就是"日升昌票号的本平问题"。也即日升昌票号用以汇兑的自行规定的一个"平砝"标准，习惯上，票号伙友称之为"本平"。以库平为标准，可以推算出日升昌本平较之库平要小，大体是每百两小三两二钱，或者每五十两小一两六钱。

总之，日升昌票号在咸丰元年的时候，就采用较库平每百两小三两二钱的"平砝"展开汇兑。关于本平的重要意义和理论基础，以及对于山西票号的金融经营相当关键的实践方面等，笔者另有专文讨论，这里不再专门展开（可参见）。

还以 A、B、C、D 为例：

A 公较去伊备五十两钱砝一付（副），其平比咱本合砝每五十两大一两零四分兑；

B 公较去伊备五十两钱砝一付（副），其平比咱本合砝每五十两大二钱七兑；

C 未较合砝，其平票上批明每五十两比咱本合砝大一钱二兑；

D 其平比咱本合砝每五十两大一钱兑。

以上四家商号的"平砝"，都较日升昌的"本平"为大。难道说这里有什么蹊跷不成？抑或有"缺斤短两"的欺诈嫌疑吗？

先给出一个肯定的答案："缺斤短两"肯定不存在，因为日升昌平号非常讲究和注重信誉。需要票号汇兑的商家都知道，日升昌票号每一分号的"本平"都是一致的，最多有稍许的自然磨损。问题是为什么商家要求票号"较砝前行"，或者票号本身也要求"较砝"呢？

最终的答案聚焦在明清以来的白银货币的色、平、兑上。问题的复杂令人望而生畏，面对明清以来极形复杂的、千变万化的、令人眼花缭乱的情况，望而却步自然地造成明清以来白银货币领域研究的学者寥寥——犹如一滩浑水，很少有人勇敢地涉入。仅就以上的"平砝"大小，足以使不熟悉商业、不熟悉白银的人退避三舍了。

上文已经给出一个线索。（"平砝"）最多有稍许的自然磨损。这个时候，千万千万注意到，举凡西方重商主义时代以及古典经济学大师们论及西方的经济、商业、货币的时候，都要提到金银币的磨损问题，中国的白银货币向来是称量的，而不是计量货币，因此，与西方相对应，磨损的是"平砝"而不是货币本身。倘若在"平砝"上稍做手脚，精明的商人不会轻易地罢休，至少"一两白银等于2000文制钱"，差1%就是20文制钱！因此，关于白银货币称量标准的"平砝"之重要，可见一斑。更关键的是，买卖的双方，或者生意的双方，到底以什么为标准呢？谁说了算呢？唯一减少分歧的办法就是"公较去""公封去"。至于加大了交易成本是制度经济学的关注焦点和核心精髓，[①] 我们不涉及如此深刻，仅仅指出咸丰元年的时候，张家口的汇兑和商业活动中，出现了一个"较砝"的社会想象。"平砝"的不统一，已经离开了纯粹的商品计量，而上升到了货币本身的计量上，计量标准的紊乱至少成了商家关注的"大问题"。

---

① 〔美〕道格拉斯 C. 诺思：《经济史上的结构和变革》之《结论部分》，厉以平译，商务印书馆，2005，第 228~236 页。

正是在这一货币标准紊乱的前提下，我们提出两个方面的问题。

第一，山西票号如何实现公平、公允的汇兑，展开专门化的金融经营呢？

第二，中国的货币标准，抑或度量衡制度、货币制度的紊乱何以会出现，并严重到阻碍商业活动的地步呢？进而在广阔的中国白银货币的标准失却之后会是什么样的情形？

我给出的初步考察结论是：白银货币从乾隆中后期开始了明显的区域化趋势（另有专文论述，这里不赘）。如果白银货币象征着政治的权力和权利，那么白银货币区域化也就开始了国家政治将权力和权利让度给民间社会和区域的新阶段。

五　简单结论

因为本文属于系列文章之一，因此，结论也呈现相应的特点。

其一，山西票号金融经营的六要素分别为资本运营、分号开设、本平创设、书信往来、龙门账核算、金融市场，其中书信往来是核心，不但将其他要素有机地联系在了一起，而且充分地体现出金融经营的特点，区别于其他的金融机构，诸如传统的典当和囿于一城一地的钱庄。与此同时，汇票与书信并行，甚至书信可以替代汇票——举世无双的"信汇"方式，成为中国特色的金融经营。因此，我们有足够的理由将山西票号书信经营金融的时代，称之为"中国金融的书信经营时代"。

其二，山西票号的书信不仅是对外的经营工具，同时也是对内的经营管理工具——作为"内部传票"的职能，从多个方面体现出来。

其三，书信的通报，构建了网络化和规模化经营的大厦，细无巨细的通报内容，既实现了"利润"，也使得金融经营有条不紊、相互协作和连续。

其四，书信往来，俨然是一种制度和规章，100多年千篇一律，几与雷同，因此山西票号辉煌历史也有另一面——随时会遭受到一日千里的新技术革命的挑战，电报、铁路等技术应用在经济发展的金融专业化汇兑上势必将对稳定的"书信经营"予以冲击。

其五，最为关键的是一系列专门化术语和概念的形成，标志着近代中国白银货币的演进轨迹。其书信中反映出来的白银货币区域化，对于近代中国的经济史的学术研究来说是极其重要的一个方面。一个全新的考察经济史演进的框架可以从具体研究山西票号的金融经营中构建。

其六，历时性和共时性两个方面，昭示了张家口作为山西票号的发祥地之一，曾经代表过一个时代的经济发展方向。随着时代的变迁，必然要发生剧烈的变革，本文给出的是张家口辉煌鼎盛时期的情况，为研究张家口的衰落提供基础和平台。①

（山西大学历史学院）

---

① 有关另外一系列问题的考察，参见我们研究团队后续之研究成果《咸丰元年的山西票号金融经营〈往京书札〉——张家口致京师分号书信的解读（二）（三）》。

社会生活

走上街头：1920 年代的北京大学平民教育讲演团

王建伟

　　如何唤醒大众、改造大众一直是近代中国知识分子思考的核心问题之一。1919 年 3 月，北京大学平民教育讲演团成立，这是北京大学在新文化运动中涌现出来的诸多学生团体之一。在前后五六年的时间中，讲演团的团员们来到北京的街头、乡村与工厂，面对普通大众进行各种内容的露天演讲，以期开启民智。尽管讲演团在实践中遭遇到各种各样的冲突与困境，但作为一种重要尝试，这是民国新式知识分子走出书斋，迈进社会的重要一步，为日后建立政党，进行政治活动，改造中国社会积累了最初的经验。

一

　　1915 年，出于对民国政治的失望，陈独秀将塑造"新青年"作为一项重要使命，创办《青年杂志》，提出了一系列革新青年身体与精神的主张，希望青年能够成为未来革新历史与社会的先锋。在陈独秀等青年导师的启蒙与召唤之下，一批伴随着新式教育成长起来的青年以创办刊物与成立社团等方式传播新文化，寻找自我实现的新方式。[1] 这些小团体以北京为中心，遍

---

[1] 据统计，"五四"前后，全国各地以青年学生与业界的青年知识分子为主体的小团体就有四百多个。参见张允侯、殷叙彝、洪清祥、王云开《五四时期的社团》，生活·读书·新知三联书店，1979。

布上海、天津、湖南、湖北、浙江、四川等地，形成了传播新文化热潮的全国性声势。

在这股时代洪流中，受"民主""平等"思想以及杜威"平民主义""民治主义"主张的影响，"教育救国""平民教育"成为一波颇为流行的社会思潮，一批知识分子意识到："文化运动是要紧的，而平民教育是辅助文化运动的，要想达到这种目的，就是我们平日对于平民关于家庭、社会和国家的各种常识要负一种指导和促进的责任，时时讲给他们听。那末，我们以后有兴利除弊的事情发生，自然一倡百和地容易成功了。"[1] 北京大学平民教育讲演团（以下简称"讲演团"）正是在这一背景之下应运而生。

1918 年初，北京大学"第一寄宿舍诸生"集体致信校长蔡元培，称赞舍中校役何以庄热心向学，刻苦背诵四书，"洵仆从中所仅见"。蔡元培一方面将何氏调入文科教务处负责缮写事务，增加了工资；另一方面向学生强调，校役与职员同是做工，无贵贱之别。同时，蔡氏以校长名义发布文告，于当年 4 月成立了"校役夜班"，向校内校役教授基本的知识，教员多由北大在校学生担任。在开班仪式上，大约 230 位校役参加，蔡元培校长亲到现场祝贺并发表了演讲。他认为："一种社会，无论小之若家庭，若商店，大之若国家，必须此一社会之名人皆与社会有休戚相关之情状，且深知此一社会之性质，而各尽其一责任。故无人不当学，而亦无时不当学也。"[2] 在蔡元培的启迪与支持下，以邓中夏、廖书仓为核心的北大学生团体在"校役夜班"的基础上组建了北京大学"平民夜校"，它的教育对象已经不再局限于北大校役，而是拓展到校外，面向所有没受过教育但又渴望学习的人们，基本不设入学门槛，不论年龄、性别，只要愿意，都可以免费进入平民夜校学习。

---

[1] 《北京大学日刊》1920 年 10 月 16 日。

[2] 蔡元培：《北京大学校役夜班开学式演说词》，《蔡元培全集》第 3 卷，浙江教育出版社，1997，第 285 页。

有了校役夜班与平民夜校的实践经验，邓中夏在 1919 年 2 月致信蔡元培，转述同学来信中的意见，认为大学"为教育最高机关，有转移风气指导人民之责"，应带头发动设立民间"阅书报室"等下层启蒙教育机关，以便让"人民耳目心知有所寄托，有所开发"，蔡元培对此给予了支持。1919 年 3 月 23 日，廖书仓、邓中夏、罗家伦、康白情、张国焘、许德珩等北大学生创立的"平民教育讲演团"在马神庙理科校长室召开了成立大会，廖书仓与邓中夏当选为总务干事。该团以"增进平民知识，唤起平民之自觉心"为宗旨，以"教育普及"与"平等"为目标，征求志同道合、有热情的同学加入，共同致力于平民教育的推行。最初社员 39 人，后不断有新人加入，前后约有近 160 位学员参与。

对于这些创办者而言，他们最初在征集团员的启事中强调教育的区别："一曰以人就学之教育，学校教育是也；一曰以学就人之教育，露天演讲、刊发出版物是也。共和国家，以平民教育为基础。平民教育，普及教育也，平等教育也。……顾以吾国平民识字者少，能阅印刷品出版物者，只限于少数人，欲期教育之普及与平等，自非从事演讲不为功。"[1] 因此，他们走出书斋，走向社会，希望通过对民众发表各种内容的讲演，从而提升后者的教育水平，达到精神启蒙，最终改造社会的目的。

讲演团成立之初，即分别在蟠桃宫和护国寺进行了两期不定期讲演。这一时期的讲演团还显示出明确的政治目的，演讲内容与民国初年以来京师地区一些"阅报社""宣讲所"进行的"通俗教育宣讲"之间区别不大。其中绝大部分讲稿今已无从寻觅，只有许德珩的《勤劳与知识》讲稿因在《北京大学日刊》上刊载而得以留存。他最后提醒听众，"若是肯花工夫将做事的余闲去看白话报，入贫民学校，听演讲，知识渐渐就会充足"，至于具体的

---

[1] 《北京大学平民教育讲演团征集团员启》，《北京大学日刊》1919 年 3 月 8 日。

途径，则有"警察厅与高等师范所设的贫民学校，不要钱；白话报花钱不多；更有我们的讲演团，是专为大家设的，常常出来演讲，若是肯来听，稍稍总有点益处"。[①]

一

城市街头与工厂是讲演团活动的主要空间。相对于乡村讲演，这些场所取得的效果更加显著。"五四运动"的爆发为刚刚成立不久的"讲演团"提供了发展壮大的契机，团员们走向城市街头，扩大听众范围，引起公众更多注意。1919 年下半年，由于五四学生运动陷入低潮，讲演团活动暂时停顿。1920 年 4 月讲演团重新活动后，调整方向，招募新团员，拓展新的活动空间，走向更广阔的乡村与工厂。讲演团要求团员们利用春假在卢沟桥、丰台、长辛店、海甸、罗道庄等地举行"乡村讲演"。同时还希望："各团员在春假或暑假中归家者，无论已毕业或未毕业，皆须就地力肆讲演，并组织讲演团体。以帮助本团平民主义之宣传。"[②] 讲演团还规定了一些工作细节，如"火车费由团中开支，但饭费则由各人自备"；"每队须推定书记一人，详记讲演情形，报告于团中"；"讲演员如恐方言、名辞不易为听众所晓，可作成讲义，交由本团代为油印"。[③] 这也是重新凝聚团员，寻找新活动空间的一种尝试。至此，讲演团的活动恢复了。

至 1920 年夏，讲演团的团员已经意识到要将"平民教育"推广到全国："我们都是北大学生，事实上已偏重于北京一隅了。黑暗的中国，何处不应该改造？腐败的教育，何处不应该改良……现在暑假快到了，我们的团员大

---

① 许德珩:《勤劳与知识》,《北京大学日刊》1919 年 4 月 21、22 日。

② 《平民教育讲演团开第三次常会纪略》,《北京大学日刊》1920 年 3 月 16 日。

③ 《平民教育讲演团启事》,《北京大学日刊》1920 年 3 月 30 日。

概都要回家；即有不回家的，也有长期或短期底旅行。这是什么时候？不是我们推广主义唯一的好机会吗？我们团员各省各县都有，我们足迹所到的地方，就使那个地方得到光明，吸收'北大化'。建议将平民教育的实践推向每一个团员所到之处。具体通过以下几种措施：一是所交接底人，如认为有输入吾们主义之必要时，不管他是人多人少，我们就要与他攀谈；二是所到地方，如有讲演会所，我们便要乘时加入讲演；三是若该地没有讲演会所，便要提倡设立一个或数个。最好是联合该地底学生或比较好点绅士一致进行；四是提倡阅书报社。"[1]

为了确保演讲活动的持续性，在 1920 年的秋季常会上，讲演团决定在北京大学附近建立了一个固定的讲演所。次年 3 月 7 日，讲演所就正式开放，总务干事朱务善常住所内。当日《北京大学日刊》刊载"于规定讲演时间内必有人讲演，始能昭信于平民"，列出了从 3 月 7 日起后续几天确定的讲演者名单。此后的城市讲演在这处地方又造就了讲演团历史上的小高潮，远近听众很多，附设的书报阅览处也吸引不少读者。如 1921 年 12 月 27 日载"鉴于我国内政日糜，外交日急，故近来加入本团讲演所讲演者甚众。听讲演者亦极踊跃。"1922 年 5 月，"天气晴和，听众不少"且"近来复因听讲者多数人之要求，添讲'注音字母'。每到讲演时，讲的讲，问的问，煞有兴趣！"当年春季常年大会总结讲演所吸引远近来客的盛况："远至之人，多与近邻有亲戚或朋友关系，故转相告引，亦可见其兴会之不浅也。"[2]

讲演团成立之初，为规范行动、保证出勤，采用分组的办法。1919 年 5 月 2 日，根据讲演地点分成四组，由团员先期认领，以便做相应准备。后因为学生运动的火热态势，讲演活动中止。但是分组的办法还是得到明确。关于每位团员的讲演内容，讲演团都有相关提醒与设置。如 1920 年讲演团发

---

[1] 《北京大学日刊》1920 年 6 月 17 日。

[2] 《北大平民教育讲演团常年大会》，《晨报》1922 年 3 月 24 日。

动暑假讲演的启事中要求团员注意，讲演应该围绕"（a）卫生常识；（b）科学常识；（c）民治国家组织底大要和意义；（d）经济组织底内容和利弊；（e）世界和国内底大事情"具体来谈，切忌说救国爱国的空话。同时，团员也在遇有重大事件发生（比如五四运动、中日山东问题、纪念五一节）时，联系时事，调整题目，借机为平民普及政治社会常识。

为了引起更多的人听讲的兴趣，增强讲演效果，团员们也想了一些办法，如在购买话匣子之后，使来听讲的人数"较前骤增数倍"。为更好地普及科学卫生知识，成员们购买传染病图书，供人观览。

从1919年到1925年，讲演团开展的活动约有400起，大部分集中在成立最初的两三年，即1919至1922年，这也是这一团体最具声势的时期。通过《北京大学日刊》的相关记录，我们大体能看到这个社团活动的基本面貌，他们遇到的问题、困惑以及应对等。

知识分子在对大众进行启蒙的过程中，由于双方的知识结构、认知水平以及关注点等都有很多差异，因此常常发生"错位"，在一组记述演讲组在长辛店附近的赵辛店演讲经历的文字中，呈现出这样一种画面。

　　虽然扯着旗帜，开着留声机，加劲地演讲起来，也不过召到几个小孩和妇人罢了。讲不到两个人，他们觉得没趣味，也就渐渐引去。这样一来，我们就不能不"偃旗息鼓"，"宣告闭幕"啦。没奈何，向西走，问他们附近有大村庄没有？他们答有赵辛店，及到到赵辛店，又使我们大大的失望，既到了这个地方，也不得不实施我们的职务。于是，仍把旗子扯起来，留声机开起来。然而一点多钟，到不了五六人，还是小孩。那么，自然又要"免开尊口"了。土墙的底边，露出几个半身妇人，脸上堆着雪白的粉，两腮和嘴唇却又涂着鲜红的胭脂，穿上红绿的古色衣服（但不敢拟定是哪个朝代的），把鲜红的嘴张开着，仿佛很惊讶似的, 都总不敢进前来。但是我们也不好理他。好! 入京的火车快到了, 回去罢, 莫要尽在这里做"时间耗费者"啦。[1]

在《丰台演讲组活动的详细报告》中, 我们看到对七里庄演讲的记述。"首由汤君炳荣演讲'北大平民夜校与本村国民小学的比较', 次由刘君炽昌演讲'女子应当和男子一样读书', 村中老人听讲的还不少, 个个都点头称善"。在大井村的演讲一开始情形也是不错的, "此次演讲, 乡里来听的也不少, 共有六十多人"。但尴尬接踵而至, "首由王君星汉讲'缠足的害处'。有些女人都半笑半羞袅袅娜娜的回家去了";"当讲演时, 有一位年轻媳妇才要出门来听听, 立刻叫一位老妇人痛骂了些混蛋、王八羔子、不学好这一类的话, 那媳妇马上关上了门"。[2]

面向乡村的演讲, 一定程度上挫伤了团员们的热情, 也使他们更加深刻地认识到了中国乡村社会, 团员第一次到丰台讲演就发现, "丰台一个大镇, 离北京城才几十里路, 教育一途就糟糕到这步田地, 其他的地方就可想而知了!"几十年后, 讲演团骨干朱务善回忆到: 学生在讲演的时候, 经常是满嘴的新名词, 满嘴的专业术语, 一般平民无法理解这些概念, 所以也就不知学生所云, 更别说听懂了。"据我们当时的想法, 认为这样的乡村讲演不能得到多大效果, 因为一则他们不感兴趣, 即有时听者不少, 可是拿郊区全部农民数字衡量, ……这种讲演没有和他们切身实际结合起来……听者对之犹如耳边风一吹……所以有一个时期我们停止了农村露天讲演。"另外, "他们的讲演经常是这一星期在这个村子讲, 下个星期又到别的村子讲, 听者对之犹如耳边风, 没有什么用处。"[3]

---

① 《平民教育讲演团农村讲演的报告》,《北京大学日刊》1920 年 4 月 13 日。

② 《丰台讲演组的详细报告》,《北京大学日刊》1920 年 4 月 13 日。

③ 朱务善:《北大平民教育讲演团在"五四"前后所起的作用》, 张允候编《五四时期的社团》(第 2 册), 三联书店, 1979, 第 254 页。

知识分子们带着留声机、挥舞着彩旗，居高临下，以一种救世主的心态，主动承担起了启蒙大众的责任，但他们的讲演内容并不能引发那些底层大众们的真正理解与兴趣，而那些小孩和妇人们则以猎奇的眼光，拘谨地注视着这样一群与她们的日常生活毫不相关的人群。城市与乡村、进步与落后、文明与愚昧，呈现出鲜明的对比关系。知识分子与大众之间缺乏联系的纽带，他们不能相互理解，他们是毫不相关的人群。

三

在讲演团后期，一部分团员仍然坚守街头演讲，开展平民教育，另一部分则无法继续安于这种渐进的立场，而是运用他们在实践运动中获得的经验，开始转向另一种更趋激进的"政治革命"道路。讲演团成立不到两个月就发生了五四运动，团内骨干成员邓中夏、廖书仓、黄日葵、罗家伦、许德珩等人都参与其中，成为运动中的活跃分子。半年后的一次集会上，许德珩已经建立起五四运动与讲演团的逻辑关系，强调讲演团的活动对于推动五四运动起到了非常"猛勇"的效果。[1] 后来，讲演团总务干事朱务善也提及：讲演团创办不久，颇著成效，"轰动一时之'五四''六三'运动，本团团员曾尽力奔走呼号，竭力宣传，颇有以促醒社会之自觉，而引起同情。至于'乡村讲演'尤为有力，盖此种讲演，能于最短时间内使大多数乡民得受少许常识，并能助长其兴趣。"

作为平民教育讲演团的主要发起人，邓中夏先后参与创办了觉悟社、少年中国学会以及北京大学"马克斯学说研究会"，这些组织成为后来李大钊建立的北京共产主义小组的前身。该小组作为中国共产党成立之前的早期

---

① 《北京大学日刊》1919 年 10 月 12 日。

组织, 属于核心机密, 当初确定的成员人数总共不到 20 人, 其中的张国焘、邓中夏、高尚德、朱务善、吴汝明、李骏等均是讲演团成员。

"马克斯学说研究会"建立之后, 决定与工人群体加强联系。由于长辛店基础较好, 李大钊派张国焘、邓中夏等人来此开展工作, 与当地工人建立了最初的联系。从 1920 年 4 月开始, 张国焘、罗章龙、邓中夏、杨人杞与武明科、史文斌、李懋银等人数次联络, 以"提倡平民教育"为名, 在原工人子弟学校的基础上建立长辛店劳动补习学校, 办学宗旨是"以增进劳动者和劳动者的子弟完全知识, 养成劳动者和劳动者的子弟高尚人格"。[1] 作为推进工人运动的长期据点, 这也是知识分子接近工人的一个主要途径。

学校分设日夜两班, 日班是为铁路工人子弟而设, 课程与普通国民高小课程略同。夜班为工人而设, 课程有国文、法文(当时工厂被法国和比利时人控制)、科学常识、社会常识、工场和铁路知识以及社会发展史、工人运动等内容。教材由教员自己编写。邓中夏要求根据工人的实际, 把工人的生活, 工人日常用的工具、器物都编在课本里, 要叫工人读了书就晓得他用的老虎钳子怎样写, 锉刀是哪两个字。[2] 工人及其子弟可以免费入学, 由学校酌量津贴书籍用具。

讲演团的很多成员都曾向工人授过课, 其中有团员作为专职教员常驻学校。讲演团在补习学校并非是单纯的教授文化知识, 还在于启发工人思想, 宣传马克思主义, 从而为动员和组织工人运动做前期准备。学校表面上以"补习"为名, 实际上是对铁路工人进行马克思主义的宣传和教育。教员一般先从教认"做工、劳动、劳工神圣"这些字开始, 讲为什么下雨打雷, 讲到工人为什么受苦受穷? 为什么受到资本家的压迫与掠夺? 为什么要团结起来向军阀、官僚、资本家做斗争? 为了强调工人团结, 教员不是空讲

① 国焘:《长辛店工人发起劳动补习学校》,《劳动界》第 15 期, 1920 年 11 月 21 日。
② 冯资荣、何培香编著《邓中夏年谱》, 中国文史出版社, 2014, 第 71 页。

一般道理，而是进行形象的教育。如邓中夏讲授《工人最伟大》一课，他提出，"世界上的一切都是劳动人民创造的。火车、飞机、工厂、房屋，都是工人生产出来的，离开工人，谁也活不成。""当有工人问他，工人为什么受穷呢？他回答说：工人穷不是八字不好，也不是命中注定的，而是军阀、厂主剥削工人劳动造成的。他告诉工人，要想不穷，大伙就得抱成团。团结以来，五人团结是只虎，十人团结成条龙，百人团结像泰山，谁也搬不动"。[1]当时的一些宣传马列主义的书籍杂志，如《工人周刊》《劳动音》《共产党》《共产党宣言》等，也传到长辛店来。通过平民教育讲演团的活动，共产主义知识分子取得了联系工农群众的初步经验。

长辛店劳动补习学校的创建，标志着讲演团成员的行动道路正式发生分化，这种转变其实存在着某种必然性，因为讲演团自创立以来秉持的宗旨和目标，就已经包含了后期发展的种子，而前期的工作对于后来的转向也积累了实践经验。邓中夏后来总结说："这个学校当然只是我们党在此地工作的入手方法，借此以接近群众，目的在于组织工会。"1921 年 5 月 1 日，长辛店 1000 多名工人在娘娘宫召开庆祝"五一"劳动节大会。天津、保定等地的工人代表也专程前来参加，《晨报》和《京报》的记者都到场报道。[2] 会议持续三个多小时，宣布长辛店京汉铁路工人会成立。会后工人们举行了游行示威，散发传单以及《五月一日》和《工人的胜利》两本小册子，高呼口号"劳工万岁"、"八小时工作"、"一小时教育"、"五一节万岁"、"官僚是公仆，工人是神圣"、"我们的仇敌，就是不劳而食的人"，等等。当天晚上，工人们在娘娘宫演出了话剧和相声。邓中夏称其为"中国空前未有的真正的工人群众的示威游行。"[3]

---

① 冯资荣、何培香编著《邓中夏年谱》，中国文史出版社，2014，第 72~73 页。

② 《劳动节之长辛店工人大会》，《晨报》1921 年 5 月 2 日。

③ 邓中夏：《中国职工运动简史（1919~1926）》，人民出版社，1953，第 15 页。

在讲演团的影响下，长辛店工人也开始利用演说这种形式，组建了"长辛店工人讲演团"："现在国内各铁路的工会，虽说是都有了组织，但对于工友们直接的训练上，恐怕是还有很大的缺憾呢！所以长辛店工人俱乐部近来开会议决，要组织一个讲演团，招集工厂各科之工人，火速加入这个团体。使工友们确实了解自己所占的地位，得点充足的智识和良善的方法，以期巩固工人团体的势力，并予备阶级作战的工具，好消灭那班不劳而食的生命。"[1] 这种实践的极富政治目的性，从一开始就决定了长辛店工人学校及后续组织工会、工人反抗运动的活动，都早已溢出平民教育讲演团作为学校社团的职能范围，从而走上了与普及教育并不相同的政治革命道路，成为中国共产党早期开展工人运动的范例之一。

如果从更长的历史时段考察，知识分子与工人群体的接触与联合是二十世纪中国革命非常重要的组织形式，讲演团在这条道路上进行了最初的探索。在 1919 年 10 月讲演团刚成立半年的时候，许德珩提到五四运动中工人对学生的看法："'五四'以前的学生，他眼睛是长在头顶上的，经了这回运动，他才来瞧瞧我们没知识的人；我们没知识的人，也要自己觉悟，和他们打在一块，得点知识。"而他对此的意见便是，同学们应当也同工人"打在一块，本互助的精神，谋种种的改革"。从上述表述中，可以探知学生与工人对于彼此都有了新的认识，这种认识有助于双方关系的深化，为建立一个更加紧密的联合体奠定了基础。

四

进入 1923 年以后，讲演团的活动明显减少。1924 年 3 月，讲演团再次

---

① 《长辛店工人讲演团成立》，《工人周刊》第 57 期，1922 年 12 月 17 日。

刊出了征求团员的启示："本团成立已有六年了。他的性质是同人等自由组织；他的宗旨是普及平民教育增进平民知识；他的成绩虽不敢说有如何的伟大，但使一般劳苦贫寒的兄弟姐妹们能稍识文字，能略知世事，能得着一点常识，能觉悟自己的地位和社会的病源，起而作积极的活动，同人的努力总算有点代价。因此我们很高兴地、很勇敢地仍要继续干下去，并且决定大事扩充，要将本团的宗旨和精神同化北京，组织一大规模的平教团体。"[1] 不过，这篇启示似乎没有收到很好的效果。到 1925 年末，讲演团基本销声匿迹，《北京大学日刊》再也无法看到相关报道。

讲演团的衰落有多重原因，且与二十世纪二十年代的社会变革密切相关。作为骨干，邓中夏、朱务善等相继将工作重心转移到中国共产党的活动，而末期当选的主要负责人如明仲祺、杨景山、舒大桢、汪群等，也多把重心放在具体的政治活动上，对于讲演团的组织必然产生影响。

讲演团作为一个学生团体，团员具有很强的流动性。虽然建立了固定的讲演所，但由于经费、假期等原因，并不能保证演讲活动的持续性。讲演团对团员没有强力的约束性，团员的参与性主要靠个人热情。1923 年 3 月 20 日《北京大学日刊》载，讲演团"以内政日，外交日亟，且以各干事先后辞职者多，办事诸有不便"。4 月 11 日的讲演中，甚至出现了讲演者不够踊跃，使得听众上台救场的情况。当日讲演报告即记有苏士孚君讲演"人民须知"。苏作为一个普通市民，"初在座听讲，既而见继讲无人，乃自言愿抒意见"。

经费短缺严重制约了讲演团的活动。1921 年 10 月，团内发出募款启事："同人等能力薄弱，经费艰难，所以一切设置和计划都不能如愿实施，甚至于各种通俗图书及报纸亦不能充分购备。"长辛店定期讲演，因车费不够而无法开展，几年间一直强调的刊印讲义、讲演录、出版专门的讲演集等事

---

[1] 《北京大学日刊》1924 年 3 月 4 日。

项，团员虽有热情，但限于经费问题无法落实。讲演团还在实践中遇到很多其他具体问题，如团员在演讲过程中的方言问题，影响讲演效果，"因为我们的团员，外省人实居多数，方言术语当然是格外的杂乱，所以听讲的人感受困难，不易领会。"①

北京大学平民教育讲演团自成立到 1925 年停止活动，先后在北京城内、郊区乃至讲演团员所到之处，讲演约四百余次，同时开设阅报处，对民众传播知识。讲演团为团员提供走出书斋、走出校园的实践机会，为知识分子了解社会、进行政治活动提供了重要平台。大学里的青年学生可以和工人、底层大众有直接的接触，将大学教育延伸到了基层社会。通过创办长辛店工人补习学校，讲演团凝聚了政治实力，促进了工人群体与知识分子的联合与彼此了解，使其成为北京共产主义小组从事革命运动的重要基地。讲演团培养、塑造了一批敢想敢干、对社会有一定了解的青年学生，为中国共产党的早期创建输送了难得的人才。从二十世纪上半期中国革命的历史进程进行回溯考察，北京大学平民教育讲演团实际上承担了联结高等学府与社会大众的纽带功能，是知识分子改造社会的早期实践，是从"教育救国"转向"革命救国"的中间过渡。这种尝试虽然没有取得完全成功，但却是一个必要的过程，作为一种探索形式，具有无法磨灭的历史价值。

（北京市社会科学院历史所）

---

① 《北京大学日刊》1919 年 12 月 11 日。

外国人眼中的晚清北京城市生活

——以《北京与北京人（1861）》为中心

张艳丽

　　《北京与北京人（1861）》是英人芮尼以日记形式，记述京师发生的政治、经济、社会、文化、生活等内容的一本书。日记中关于北京城市环境、市政设施、商品供应，居民的风俗习惯、日常生活和休闲活动的描述极为丰富，是北京史研究的重要参考资料，为全面研究晚清北京城市生活史增加了一个重要视角。

一　京师城市面貌

　　第二次鸦片战争清政府战败，被迫签订了不平等条约，除赔款、开放通商口岸外，英、法两国派遣公使进驻北京。1861年3月22日，英国人芮尼随同英军前往北京，对沿途所经及在京期间看到的村庄、桥梁、寺庙等周围景物，农民的耕作方式、居民的生活状况，中国各阶层初见英国人的反应等进行全面记述。

　　清代北京城街巷胡同密布，棋盘街、崇文门街、宣武门街、王府街、地安门街、安定门街、德胜门街、南小街、北小街、江米巷、朝阳门街、东直门街、阜成门街、西直门街、鼓楼大街等都是规划比较严整的街巷。因此，北京街道留给芮尼的印象是比较宽阔、优美、干净的。"北京的街道，除了较宽阔和商店较漂亮之外，跟我在天津所惯常看到的差不多"，①活动在正阳门一带的英国人感受到的是北京街道的漂亮。芮尼曾经被奉命派遣天津执行医务，抵达后"立即感觉到我在北京的生活，是已经宠坏了我了，使我难以适应一个普通的中国城市的情况。狭窄的泥路、走在这道路上扑面而来的不断变化的浓郁气味，和北京宽阔优美的街道比较，简直不可同日而语。在北京，无论天气怎样恶劣，总都可以找到一条干净的道路行走"，（p353–354）侧面表现出他对北京街道的良好印象。

他看到崇文门正面是一条又长又阔的街道，街道上行人穿梭。所有的商店和房屋都是平房式样。右面触目是一片与树混杂的屋顶，远处几座巨大的炮楼。稍左是高大的鼓楼和钟楼，景山在树丛中若隐若现。"中间地带则又是被房屋和树木所占领，其中最瞩目的是皇宫的黄琉璃瓦顶"，格外引人注意。（p20–21）芮尼信步至崇文门往北的大街，这里约90英尺，"中间有两排临时的营业摊档。这营业的地方是在街中间高出的堤道上，有商店、摊贩、食店等。这些营业店铺背靠背，面向另一边的街道，其阔度仍可让车马经过而绰绰有余"。（p23）日记中提到的是正阳门大街，是清代京师比较繁华的街道。

但就一般道路而言，却没有如此平整宽阔平整。通州通往北京的大路，路面非常坏，处处是坑穴，"过了山堤之后，道路变得开扬，除偶或一些石头之外，泥土的路面没有什么变化"。清代道路还是以土路为主，途中，由于走了很多山路，布尔布隆夫人乘坐的车的车轴断了，不得不弃车乘轿。（p15–16）

北京城壮丽的宫殿城墙震撼了这位首次来华的英国人，对"城墙的高大和一望无际的景色赞叹不已"。（p288）9月30日中午，芮尼和宾桑在

① 〔英〕芮尼：《北京与北京人（1861）》，国家图书馆出版社，2008，第23页。（为行文简洁起见，文中其他引用只随文注明页码。）

崇文门朝西走，在这个方向看北京是一片森林，唯一例外的是城墙视野范围内的屋宇。"这一片绿色，间或被皇宫黄色的琉璃瓦顶所打破。这黄色的琉璃瓦顶在太阳光的照射下，发出夺目光辉。从皇宫这个方向望去，清室大部分的主要宫殿，历历可见"。正南方是清代皇帝祭天祈谷的场所天坛，"有 4 座巨大的红色的殿宇，建筑在高厚的石基上，距离地面约有 25 英尺。这石基呈椭圆形，周围有大理石栏杆围着。……这 4 座殿宇中，每一座的屋脊的末端都有金色的装饰"，绿树掩映下，雄伟堂皇的宫殿坛庙显得格外醒目。经过正阳门之后，"那总数共有 7 座的高筑的宫殿的中轴线，便正正向着我们站立的位置。这些宫殿的屋脊飞檐所构成的景象动人心弦。中轴线两边的较低矮的建筑物，其黄色的瓦顶在树林中若隐若现，构成一幅多彩多姿的图画"。（p295-296）历经元明时期的修建，北京城粗具规模。清代对北京城多方营建，历经顺治时期的恢复、康熙时期的整建和乾隆时期的改建，北京城已经成为一座庄严壮美、规模宏伟的大都市。

沟渠是京师城市生活正常进行的基础设施。京师的下水道"都建造得很符合规格，用大块的石板盖着"。清廷定期于春季进行疏浚，当芮尼等来到京城时，大街的下水道"石盖是打开的"。"把下水道的石盖打开的理由，似乎是因为冬天时下水道结了冰，现在趁春天回暖的时候把它清理，以迎接夏天雨季的来临"，尽量保证雨季充沛时沟渠的通畅。（p96）

5 月 21 日晚上，大雨倾盆，这场高强度降雨持续了几个小时。第二天早晨，芮尼外出，发觉"道路上一些低洼的地方，水都浸到了车轴，而亦只有很少的车在街上活动"。接近下午的时候，"城市的下水道似乎突然发挥作用，因为使馆前面那条一直干涸的大运河此时（下午 4 时）流水淙淙"。他见到使馆附近区域的几条下水道都把雨水汹涌地注入这条运河里，"下雨时这运河似乎变成半个城市的总下水道"。（p115）

7 月 16 日午前十分闷热，下午一点半开始突降特大暴雨，一个小时后逐渐转为毛毛细雨。芮尼和尼尔中校趁着雨小之际，来到街上看看路面积水的情况。他们"对这近乎完美的排水系统十分惊异，而路面除了失修的地方外，基本上没有积水"。大量雨水顺着沟渠，倾注入英使馆前面的运河里。这条运河一个小时之前还是完全干涸的，大雨过后变成了一条湍急的河流，水深至膝盖。（p194）上文所说运河是元通惠河故道，它与很多沟渠构成京师的排水系统。

但是，京城大部分地区排水沟渠并未达到如此效果。6 月 27 晚，大雷雨几乎整夜不停。第二天早上，普鲁斯驾车外出，过了西便门后，发现原本宽阔易走的道路，竟然变成泽国。积水较深，达到驴子的胸部。（p169）

7 月 16 日雨后，芮尼一行人从使馆出发，步行前往崇文门，"并尽可能走到我们所穿的皮靴可以去到的地方。我们曾经走到市区的另一面，但城门堡垒附近的大水洼阻止我们的去路"。有几个乞丐趁机赚钱，背着行人走过水洼。（p194）可见，此次暴雨造成路面积水，对市政排水系统提出了考验。

雨后路面变得崎岖难行。7 月 18 日雨霁，天气有所好转，中午尼尔中校、邓特先生和芮尼在随从的陪同下逛商店。他们每人雇了一辆马车，"而对于这种交通工具我以前所有的好印象，经过今天后都须有所修正。我相信除了直接给人暴力袭击外，没有人会经历像我们今天所遇到的损伤和抛掷，这全都是拜雨后破烂的道路所赐。虽然市区一般的排水系统很好，但许多低于路面、积水的地方很快便变成了泥潭，马车在上面很难行走。至于其他的地方，则因为泥土潮湿，造成许多高高低低的坑沟，马车在这里颠簸得十分厉害。乘车的人必须经常要保持坐在正中的位置，同时紧紧握着座椅的两边，否则他便有如给人不断拳打脚踢"。芮尼觉得行走在这样的路面上，好像被人不停地拳打脚踢。（p197）清代京师土路居多，雨后泥泞不堪，坑坑洼洼，行路艰难。

清政府定期对京师沟渠进行疏浚，以便疏通城市路面积水。但自清中期以来，统治日趋腐败，沟渠制度逐渐流于形式。沟渠逐渐淤积堵塞，排水功能无法充分发挥，出现大雨过后道路变成泽国的情况。

二 满族特色的冠服

清朝入关后，为了巩固其在中原的政治统治，强制施行剃发令，由此导致传统的冠服制度的改变。山海关之战，李自成军战败，被迫撤出北京，多尔衮率领的清军进入北京，但李自成率领的大顺军，仍在各地辗转，南京的南明政权聚集了前明很多的文臣武将。虽然战事繁重，摄政王多尔衮率军征战之际，命令制定冠服，确立清朝政治统治。顺治帝御太和门后，颁诏天下，定鼎燕京。清朝冠服一改前明冠服体式，遵从满洲冠服，如不符合满式，以违制定罪。①

恭亲王奕䜣在第二次鸦片战争时期，留京办理对外交涉事宜。在总理各国事务衙门的临时办事处与恭亲王奕䜣会面时，芮尼描述如下："衣着方面，主要是一件海獭皮的皮袍，内面是紫色的丝质衣服，饰以貂皮的衣袖。他的帽子是一般满人戴的那种，卷起的部分有黑色的丝绒衬里。帽的顶部有一颗鲜红色的丝质小圆球，与一般贵族阶级所配的其他圆纽球或孔雀翎毛不同"。（p28）在衣着方面，他对戴在头部的帽子的形状、颜色、制作材料等进行了颇为详细的描述。

帽子的种类很多，根据佩戴季节可分为夏季的凉帽和冬季的暖帽。4月29日，官报发布皇帝改戴夏帽消息。消息出来后，一时之间所有社会上层人士，特别是大小京官，都纷纷跟随。第二天，芮尼在街面上见到的北京人已经摘下他们整个冬季和春季时所戴的翻了冒檐的帽子，换上了一种圆锥形

---

① 《清世祖实录》卷七十二，顺治十年二月戊戌，中华书局，1985。

的草帽，垂下一撮红色的马毛。"这一帽式的改变使他们完全变了样子，就好像北京城一夜之间换了人间一样"。（p86）9月24日，官报宣布人们可以开始戴暖帽。（p289）

帽子不仅是一种服饰打扮，更是社会身份地位的象征。7月7日，天气十分酷热。芮尼在法国使馆吃晚餐的时候，碰见了一位法国教士，是河南教会的主教。他在中国已经很长时间了，穿着中式的服装，"在酷热的天气下仍然戴着帽，因为在中国，戴帽是礼仪"。（p184）

妇女所着厚屐体现了清代衣冠服饰的满族习俗。芮尼留意到妇女穿了厚屐，"鞋底部分和其他的一般鞋子不同，被造成一个树桩的样子，因而把他们从地面升高了最少3寸。这种屐是鞑靼妇人和北方其他没有缠脚的妇人穿着的"。（p189-190）

冠服是服饰的重要组成部分，更是中国礼制的重要组成部分。清朝是满族少数民族建立的国家政权，为维护本民族的利益，统治者通过易服等手段强制推行民族同化。作为政治统治中心，满族化政令给北京地区城市生活留下了鲜明的烙印。

三 战后困顿的居民生活

第一次鸦片战争后，西方列强不满足于已经取得的利益和特权，蓄意加紧对中国的掠夺。太平天国起义爆发后，英国、法国借口"亚罗号事件"和"马神甫事件"，联合发动侵华战争，因这场战争被看作是鸦片战争的延续，又被称为第二次鸦片战争。英法联军入侵北京期间，肆意焚掠，对人们生活造成极大破坏。在这样恐怖的社会状态下，居民纷纷外逃，但在逃途中所携带物品被人趁机打劫，生活全无着落，而留守居民被侵略军随意驱逐，身家财物被任意掠夺。战事结束之后，这种惶恐仍未消除。5月26日，京师雨后放晴，许多居民出来散步，有些人还带着小狗溜达。芮尼一行人看见后，特别喜欢这些狗，上前打听价钱。但是当他们走近时，狗主人脸上立即露出惊慌的神色，急忙抱起他们的小动物夺路而逃。芮尼对此并不觉得奇怪，他认为"当联军占领北京城的时候，他们抢去了很多北京人的宠物狗。……他们的惶恐便不足为奇了"。（p229）

战乱引起的商品经济凋敝导致居民日用必需品涨价。米价已经上涨，优质的大米价钱为原来价钱的两倍，一般的穷人已经买不起普通的大米，被迫接受发霉和半坏的存货。（p179）据8月10日日记记载，"粮食供应现在据说是很快迫近饥荒时期的价格了。而根据源源不断拿来使馆出售的物品的性质来看，上层人士的处境也是日见困蹙。那个龙椅和景泰蓝摆件的代理昨天再来到使馆，他把叫价大幅减去一半，说这是最低的价钱了。……今天有人又从肃亲王府拿来一套五式铜器，是祭坛所用的器皿，铸造非常精美，开价65元"。可见，不仅一般居民生活困难，肃亲王府"源源不断"拿来物品出售，甚至搬来龙椅这类特殊象征的物件，提出的"最低的价钱"，等都表明上层人士的生活也陷入困境。（p225）

晚清京师战乱，社会动荡，陷入赤贫的人口越来越多，甚至被迫乞食为生。晚清京师聚集着大量乞丐，如崇文门一带往来人流比较密集，流浪乞讨人员众多。他们向行人纠缠不休，赶在行人的前面，不断叩头，双脚踢起泥土灰尘，令人不胜其烦，以便行人给他们钱，打发他们走开。晚清京师贫困人口越来越多，官府通过给予食物补助和设立收容所的救济方式，已经很难解决如此庞大的贫困人口救济问题。

四　多样的居民休闲活动

居民的休闲活动形式多样。有人喜欢养鸟，趁着天气回暖的机会提着雀笼出来散步。(p95)有人喜欢放鸽子，他们在鸽子的尾部装上一种像哨子又像凤鸣琴的木质东西，当鸽子从天空中飞过时，发出一阵好像是汽船或火车的汽笛长鸣的声音。"这玩意儿似乎只是北京独有，我在中国其他地方还没有见到"。(p135)

踢毽子因简便易行，在京师普通百姓中十分流行。一天，芮尼走在大街上，看见一个有露台的空地上，一群成年人正在踢毽子。毽子是"一块半便士的金属，用皮布裹着，并插上一些羽毛使它在空中飞动时能够稳定"。人们用脚把它踢起，互相传递，你来我往。他们踢得十分熟练，技巧很高，身体灵活，毽子很少落在地面。(p47)毽子制作材料简单，对场地要求不高，踢法多样，单人多人都可以进行，是一项男女老幼皆宜的趣味运动。儿童尤其喜爱，他们三五成群，"踢弄之，足以活血御寒"。① 时至今日，踢毽子已经成为一种传统的娱乐活动。

儿童的娱乐方式还有很多种。如，6月29日，昆虫逐渐活跃起来，在稍为宽阔的街道的旁边，"儿童在这里嬉戏，用网捕捉甲虫。有些儿童用绳绑着蟋蟀，像风筝一样在空中飞翔"。(p171)再如，10月17日，芮尼经过肃亲王府和法使馆之间的小巷时，看到一些儿童在玩马拉车的游戏。一个儿童扮演马，身上绑着一对长长的高粱秆作为马的套具，嘴里咬着一个木嚼子，另一个则用绳子做成的马鞭在后面驱赶。(p313)

老年人在健步的同时，手握铜球不停转动。6月7日，芮尼等人从城市的西面返回，在路上他们"见到几个老年人在健步，手里握着铜球不停地转动。我想这大概是一种操练，目的是使手指柔软，以抗拒因年老而导致的僵硬。这种指操似乎又是北京所独有，我记不起其他地方也有这种操练"。(p137)这项运动简便易行，通过转动铜球，活动手指，进而达到强身健体

---

① （清）富察敦崇：《燕京岁时记》，北京古籍出版社，1981，第85页。

的目的，无疑是一种适合老年人的十分健康的休闲活动。

冬季京师天气变冷，滑冰开始盛行。芮尼亲眼见到很多居民在护城河冰面上滑冰，往来旋转，姿势优美。没有准备冰鞋的人，还可以找人出租，按小时收费。有的人喜欢坐雪橇，专人拉动雪橇，当速度下降时，他便站起来用力加速。（p396）

清代京师居民的休闲活动内容丰富，既有历史的传承，又在清代被赋予特殊含义，具有新的时代特点。很多活动形式流传久远，可能具体内容稍微发生改变，但依然深受民众欢迎，成为京师居民城市生活的重要组成部分。

城市是居民生活的先决环境。它的存在，决定了居民的构成，有什么样的城市，就会有什么样的居民。与城市的发展关系最为密切的，就是居民们的城市生活。正是由于有了居民们的生活，才会产生城市文化，这座城市也才有了灵魂。《北京与北京人（1861）》以一个初来北京的外国人的观察角度，记载了北京城及居民的生活状况，为我们更深入地了解晚清北京城市生活提供了有益的补充。

（北京市社会科学院历史所）

卢沟桥事变后世界红卐字会的社会救济

任 超

1937年卢沟桥事变发生后，京津一带的四乡百姓逃往京师，麇集城关。红卐字会于北京设立收容所13处，临时医院2处；于天津设立收容所9处；保定及京奉、京浦、京汉沿线的各地分会，也纷纷组织救济队，设立收容所，实施救济。京津两地的救济队共收容难民妇孺22000余人，治疗伤兵4600多人，掩埋尸体700余具。对于七七卢沟桥事变的研究，学界在政治、军事和外交等方面进行了非常深入和广泛的研究。而对卢沟桥事变给北京民众造成的伤害和影响，特别是当时的社会救助的研究却不多。在当时战争状态下，特别是战争结束后，社会组织如何进行战争救援和战后救济工作尤其值得关注。研究这一重要历史事件中社会组织的救援活动对于还原当时的历史情境具有很大帮助。本文以世界红卐字会①这一本土救济机构为对象，分析民间社会团体在卢沟桥事变中的活动，从而分析在缺乏政府领导的状态下，社会组织是如何发挥作用进行社会救济的。

---

① 此方面的研究成果主要参见：高鹏程的《红卐字会及其社会救助事业研究（1922~1949）》，合肥工业大学出版社，2011；李光伟《道院·道德社·世界红卐字会——新兴民间宗教慈善组织的历史考察（1916~1954）》，山东师范大学硕士学位论文，2008；贺永田《世界红卐字会研究（1922~1953）》，湖南师范大学硕士学位论文，2009；濮文起的《民国时期的世界红卐字会》，《贵州大学学报》（社会科学版）2007年第2期；孙江的《近代中国的亚洲主义话语》，《上海师范大学学报》（哲学社会科学版）2004年第3期；宋光宇的《慈善与功德：以世界红卐字会的赣赈工作为例》，《宋光宇宗教文化论文集》下册，台北佛光人文社会学院，2002等。

一　世界红卍字会在北京的日常救济工作概要

世界红卍字会于 1916 年肇端于山东滨县的民间宗教道院，为吸引教民，确立伊始即将慈善救助事业作为自身的重要职责。后为弱化宗教色彩、谋求合法地位，1922 年 9 月在济南成立世界红卍字会作为道院的外围机构，宣称"以不涉政治，不联党派为要"，"以促进世界和平、救济灾患为宗旨"，[①]专司社会救助事业。当年底，经钱能训、徐世光等人发起筹备、并报内务部批准立案，迁往北京，正式成立了世界红卍字会中华总会，会址设在西单舍饭寺十七号。[②]

世界红卍字会中华总会下设总务、储计、防空、救济、慈业、交际六部，按事务繁简又分为若干股。其分会发展迅猛、布设广泛，甚至日本、朝鲜、新加坡等国也有分会或支会，最多时总计达 500 余处，形成了一个全国性的社会救助网络。分会与总会的机构设置、功能运作大体类似，但具有较强的独立性。风云际会之下，世界红卍字会成为民国时期在本土孕育发展起来的大型民间宗教慈善组织。[③]世界红卍字会是民国时期一个重要的社会组织，它的社会救济活动可分为永久性（或称固定性）慈业和临时性慈业两种。永久性慈业包括兴办学堂、医院、残废院、孤贫院、育婴堂、贫儿习艺所、平民工厂、恤嫠局、恤产局、防疫所、粥厂、公墓、义地、施棺等。临时性慈业主要针对天灾人祸等突发性事件而开展，不限于国内，在海外也积极开展。"对于历次兵灾，总、分各会联合救济队组织恪守国际战时公法之

---

① 《红卍字会之成立》，《申报》1922 年 9 月 5 日。

② 《社会局关于世界红卍字会中华总会章程和会员名单的呈文》，北京市档案馆馆藏，档案号：J002-006-00047。

③ 李光伟：《道院·道德社·世界红卍字会——新兴民间宗教慈善组织的历史考察（1916-1954）》，山东师范大学硕士学位论文，2008，第 267 页。

旨，驰赴战区救济，不分国籍，不论种族，无不实施救济与收容、医疗、掩埋等工作"。对于灾荒，则"通过会员发票，由贫苦人到慈善会领取。救济物资有豆饼、粮食、衣服，有时设施粥厂发放稀饭。"①

具体在北京设立的永久性慈善救助机构涉及医院、学校等。如设在北平宣武门内舍饭寺门牌 17 号的卍字医院，1922 年开始应诊，最初只设有中医，1923 年，增设西医。贫民就医，完全免费；一般平民，则酌收费用。1929 年，该医院改组为"世界卍字医院"，并在卫生局立案。1944~1945 年，该医院每月治疗内外科病人多达 4000 人，最少时也有 2000 人。该医院每月所需行政费 230 元、医药费 400 元，完全由世界红卍字会中华总会供给。②1933 年，世界红卍字会中华总会在北平北郊青龙桥开办卍字中学，专门招收由各地分会及慈幼院保送的品行兼优学生。到 1936 年，该校已有学生三班 140 名。该校"延聘教师，不独务求学识卓越、经验丰富，且注意其人品，除音乐、美术教员外，一律住校，以便在课外与学生随时研究功课。"教学方法则"采用自学扶导主义，注意分团研究，未授之课，学生须先预习，已授之课，务使学生明了谙熟，然后接授下课。"③这些日常救济为北京市普通民众了解和接受红卍字会奠定了基础，同时也给北京民众提供了很多实在的帮助。

除日常救济外，遇到兵灾匪患，世界红卍字会"恪守国际战时公法之旨，驰赴战区救济，不分国籍，不论种族，无不实施救济与收容、医疗、掩埋等工作"。④1924 年秋，江浙之战和第二次直奉战争在南北两地几乎同时发生。世界红卍字会立即组设救济队，分赴南北战区实施救护。1925 年，长江一带及直鲁豫各省发生战争，北京总会及各分会联合组织救济队共 30

---

① 王中甫：《国民党统治时期的抚养慈善会》，《安徽文史资料全书》，安徽人民出版社，2007，第 932 页。
② 世界红卍字会中华总会：《世界红卍字会史料汇编》，第 17 页。
③ 世界红卍字会中华总会：《世界红卍字会史料汇编》，第 75 页。
④ 《世界红卍字会中华总会一览》。

队，分途出发，至战区实施救护，约救护 115900 余人，掩埋尸体 5069 具，收容妇孺 50000 余名。[①]1928 年，北方战事仍未结束，世界红卍字会中华总会及天津、通县、杨柳青、保定、固安、净海、沧县等分会组设救济队，在京浦线各地收容难民达数 10 万人，疗治受伤兵民计 11200 余人。1931 年"九·一八"事变发生，东三省民众纷纷逃往关内避难，余下未走者多赤贫乏食，红卍字会组织救济队前往救护。1932 年"一·二八"事变发生，日军在上海闸北、吴淞等地肆虐。世界红卍字会中华东南各会联合总办事处，立即组织九支救济队，分赴战地实施救护。1932 年初，日伪军大举进攻榆关（山海关）、热河，长城抗战爆发。榆热事件发生的当天，世界红卍字会中华总会立即组设东亚联合救济队。1934 年春，绥西平罗蹬口一带因孙刘两军发生冲突，受灾惨重。红卍字会中华总会联合察哈尔、绥远、包头各分会组设华北联合救济队。1949 年 5 月，解放上海的战役打响，世界红卍字会上海市分会立即组织救济队办理救护掩埋事宜。

在七七卢沟桥事变中，世界红卍字会的快速反应和救济为受灾平民提供了很大帮助，为民间组织在当时战时救助中较为积极和有成效的救助活动。

二 卢沟桥事变后世界红卍字会的具体救助情形

（一）成立救济队进行初步救治

卢沟桥事变爆发后，世界红卍字会中华总会在七月八日即召开会议决定成立救济队，为受战争影响的灾民提供援助，并任命了相关负责人。"七月八日卢沟桥事变猝尔暴发。自是日清晨起，炮声不绝于耳，人心大为震骇。

---

① 《世界红卍字会慈业工作报告书》，上海市档案馆馆藏，档案号：Q120-04-00002，又《世界红卍字会中华总分各会历年办理临时赈济工作一览表》，上海市档案馆馆藏，档案号：Q120-04-00437。

总会即日召开职方紧急会议，筹备救济。次日即成立世界红卍字会第一联合救济队。第一队推阎君承龙为队长，遴选队员，医士于九日午前分组驰赴四城，相机救济。"① 此间的一个月内先后成立了三个救护队。"越数日，总会各重要首领驰赴津门，在津开临时会议，商筹救济进行方法。自是而后，局势之变幻靡常，救务之工作不容稍缓，遂联合北平、大兴两分会一致筹备，北平分会推封君聿端充队长，张君昭岩副之。于二十二日成立第一联合救济队第二队。大兴分会推周君慧达充队长，王君净尘副之。亦于二十七日成立第一联合救济队第三队。"② 三队下又各有分组，一队分三组，二队三队均分两组，其中第一组还有两名医士。从七月八日设第一队到二十七日设第三队，短短二十天时间，即建立了救援组织。从组建速度和人员构成看，世界红卍字会中华总会在事变后可以称得上反映迅速，组织严密。

七月间的救助工作以救济伤员，急赈为主。通过施放钱款，治疗伤病和发放暑药为主要内容。"事变以后，附近各村镇人民饱受惊恐，又值天气炎热，伤兵及逃难者所在多有。第一联合救济队第一队长阎承龙率领队员、医士乘救护汽车，于七月十一、十二、十九、二十二、二十三等日，先后绕道至宛平县城。一面治疗伤兵患者并施送暑药，一面施放临时急赈。计共治疗伤病五百九十名，施放急赈二百七十三户，计赈款洋三百二十三元一角。"③ 施赈钱款主要集中在宛平城四关，而治疗伤员和施放暑药已经扩展到了北平城附近各村，这与难民开始逃离和伤兵在附近村镇分散不无关系。其中施放的暑药种类包括良丹、十滴水、长春丹、藿香正气丸、消暑丸、痢疾药、眼药、避瘟散等。在这一阶段第一队治疗人数已经相当可观，如表1所示。

---

① 《世界红卍字会中华总会卢沟桥事变救济工作报告》，《北京档案史料》1995年第3期，第16页。
② 《世界红卍字会中华总会卢沟桥事变救济工作报告》，《北京档案史料》1995年第3期，第16页。
③ 《世界红卍字会中华总会卢沟桥事变救济工作报告》，《北京档案史料》1995年第3期，第17页。

表1 世界红卍字会中华总会第一次联合救济队第一队宛平各村治疗人数

日期	次别	施治地点	治疗人数
七月十二日	第一次	宛平县南关	一百一十二人
七月十七日	第二次	齐化门外各村	五十四人
同	同	朝阳门外各村	六十五人
七月十九日	第三次	德胜门外各村	四十三人
同	同	阜成门外各村	七十六人
七月二十三日	第四次	宛平县南关	一百五十人
同	同	宛平县西关	九十人
附记	以上历次治疗人数共计五百九十人		

在日本占领宛平城后，出城或进城都受到了严格的限制，但当时的红卍字会却能进行有效施救，日本军并没有进行过分的阻拦。据一份资料显示，当时卍字会专门疏通了关系，但最主要的是日本军队对红卍字会的认可和宽容。因为在关东大地震时，红卍字会曾远赴日本对当地人民进行救济，受到了日本百姓的认可和称赞，在日本上下都获得了积极的评价。因此在这次卢沟桥事变发生后，卍字会也以救治伤民为宗旨，不干涉政治，又因为其宗教救济机构的性质，所以在战争进行中并没有遇到日本军的过分阻拦。

（二）重病救治和尸体掩埋

自七月二十六七日后，救济工作从简单的医疗救护转向重大伤病的救治和进行尸体掩埋工作。救济工作是随着战事的变化而变化的。"七月二十八日晨，日军向北平南苑、北苑、西苑、黄寺、团河等驻军发动总进攻。"[①] 救济队也应战况变化而改变了急赈时的办法而转变为更适宜战况的救济工作。"七月二十六七日之顷，事态趋于严重。南苑宛平一带沦于枪林弹雨之中。情状至为惨烈。至二十八日局势突为之一变。本会各救济队亟思驰赴被灾地带，设法救济。""统计先后接护难民一万三千零六十一人，救治伤病患者二百余

---

① 《军政部参事严宽呈何应钦部长报告日军对平郊总攻战况及军情电》，选自秦孝义主编《卢沟桥事变史料》（上册），台湾文物供应社，1986，第191~192页。

人，掩埋尸体五百九十三局，马一百六十四匹。"三个队各有侧重，第一队主要以宛平、南苑一带为主要施救地点，因为战事主要发生在这一带，所以第一队也担任了主要的掩埋尸体任务；第二队主要以东便门通县、北郊、清河一带为施救地点，主要治疗伤员并施放赈款；第三队主要以西郊、西直门等一带为主要施救地点，施救内容与二队同。在尸体掩埋过程中，通过登记和监视员管理的制度，使得掩埋工作有序进行。在"掩埋尸体统计表"中分列了村别、日期、尸数、竹签号数、掩埋地点、何队掩埋、监视员姓名等项。本文节录统计表部分内容以展示当时做掩埋工作时的工作队的认真态度。

表 2　世界红卍字会中华总会卢沟桥事变后掩埋尸体统计

村别	日期	尸数	竹签号数	掩埋地点	何队掩埋	监视员姓名
大红门	七月卅一日	30	一号至十号	大道马路左右地内	第一联合救济队 第一队	胡曜澄 曹泰惠 李汝和
同上	同上	11	十一号至二十一号	同上	同上	藏纯善 李洵咸
同上	八月一日	6	二十二号至二十三号	同上	同上	薛静尘
同上	同上	14	二十四号至二十八号	同上	同上	张佛如
同上	同上	12	二十九号至三十一号	同上	同上	曹泰惠

其中的监视员对尸体的确认和记录为日后死者家属查找尸体提供了保障。尸体掩埋工作一直持续到 8 月上旬。据当时的《竞报》报道"【本市消息】卢沟桥事变后，所有城外，因作战死亡之尸体，经本市各慈善团体，连日出城掩埋结果，现已殆尽，惟高粱地内，日前难以搜索。"[①] 在尸体掩埋工作中，相关的慈善机构作了积极的工作。

---

① 《城外死亡军士尸体即掩埋竣事》，《竞报》1937 年 8 月 11 日。

（三）收容难民

八月后，救助工作以成立收容所收容难民妇孺为主。八月后，守军撤出平城，战事宣告结束。涌入城内的避难群众则成为救助的主要对象。"各救济队分途出发以后，一方实施掩埋之工作，一方接护城郊各地逃避之难民。本会于七月三十日先行成立临时难民妇孺第一、二、三收容所，分别收容。嗣以各灾区难民咸以平市为比较安全之地，扶老携幼，日益增多。复于城内增设第五第六第七第八第十一等各收容所，又为难民便于投止起见，在西郊增设第四第九第十二第十三各收容所，广为收容。"[1] 下表为事变发生后所设收容具体地点及收容人数的统计。

表3　世界红卍字会北平城郊收容所七八九月收容人数统计

所别	所址	入所人数	出所人数	九月底留所人数	按日住食合计人口数
第一收容所	安定门大街	3853	3432	421	56024
第二收容所	石驸马大街	1186	950	236	19921
第三收容所	青龙桥	2089	1971	118	27630
第四收容所	香山	2132	2057	75	22846
第五收容所	东城魏家胡同	406	356	50	9197
第六收容所	南长街九道湾	61	61		1430
第七收容所	东城东门仓豆芽菜胡同	163	163		2808
第八收容所	崇文门外兴隆街十一号	254	254		3461
第九收容所	平西大有庄	1111	1040	71	10193
第十一收容所	阜成门内帝王庙	644	539	105	9240
第十二收容所	平西海甸	1414	1092	322	14034
第十三收容所	广安门外观音寺	525	525		3442
统计		13838	12440	1398	178226
备考	按日合计人口数系案每日留所住食人数计算以每日一日为单位。				

注：表3资料来源于《世界红卍字会中华总会卢沟桥事变救济工作报告》。

---

[1]《世界红卍字会中华总会卢沟桥事变救济工作报告》，《北京档案史料》1995年第3期，第22页。

为保证收容工作顺利进行，各收容所都进行了细致的分工和安排。"每所置主任一员，男女管理员数员，举凡难民起居饮食管理、训育以及检察疾病卫生等事，悉由主任及管理员负责处理。"

此外，针对不同的受难者给予有针对性的赈济。如"其入所难民衣履单薄早晚不足御寒者，分别施给衣裤；其患疾病者由各救济队及临时医院医士轮流分赴各所施以治疗，惟住所难民大都惊恐之余神经刺激过甚，特由本会年高同人间日分往各所多方劝导宽解，以安慰其心神，代为查询亲属，俾得全其骨肉。难妇中有怀孕及生产者，另设产室，以便调养，并承助产学校医士随时到所义务接生。"① 在当时混乱情况下不仅照顾到受难者的衣食之需，并能进行心理安抚，工作细致可见一斑。

由于赈济的难民受战争之害，多有伤患，或轻或重，亟待救治，故世界红卍字会还设立了专门的临时医院。医院以原卍字会医院为基础，"本会原有附设之卍字医院房屋狭小，设备简陋。爰就本会慈业筹备处，西院临时组设，于七月三十日成立。推胡会长睿觉为临时医院院长，综理一切事务。夏君辅和为医务主任。"医生来源"除本会附设卍字医院医务人员全体拨充分任外，并延请医师医助及看护等相助为理。"关于病室之设备，以及伤病之登记资遣等事，"匆促之间筹设完整，由各救济队在城郊各地随时救护，送院收治，并承中央及红十字各医院之助力，凡属重伤须用大手术者，允予转送医治"。"其留院者所有饮食一切，均由专员随时视察。衣服不完整者亦由院中分别调换，务期整洁，每日上午八时，下午四时，由医务主任会同医士按次换药。稍重者则随时诊视"。统计两月之间共收治伤患 302 人，临时施诊 4323 人。除治愈出院者外，刻尚有 119 人伤病未愈，仍当继续治疗，务期痊愈出院而后已。从登记在册的患者报告表可知，入院者男性为 108

---

① 《世界红卍字会中华总会卢沟桥事变救济工作报告》，《北京档案史料》1995 年第 3 期，第 22 页。

名，主要为炸伤和刺伤，女性入院者为二十八名，以肠炎等为主。而接受治疗者的年龄主要集中在二十岁左右。采用的救治方法则以防腐消毒上绷带为主，从中也可看出当时的条件简陋只能进行简单治疗。表4为笔者截取的部分伤病人员的登记表，从表中对伤者姓名、年龄、籍贯、入院时间和病状及治疗方法的细致登记，可以了解当时治疗和救助的情形和红卍字会在救助过程中进行统计的严谨态度。

表 4　世界红卍字会救济伤病员的情况（部分）

号次	姓名	年龄	籍贯	入院日期	出院日期	共住日期	病状	疗法	备考
15	张树海	25	河北阜城	二十六年七月三十一日			左前炸伤膊	防腐消毒绷带	
16	姚绍田	21	河北沧县	同上			左足贯通	防腐消毒绷带	
28	王宏鹏	21	河北天津	二十六年八月六日			胸部炸伤右上膊骨折炸伤	麻醉后整复固定防腐绷带	
29	张千元	41	河南滑县	同上			右胸炸伤	防腐绷带	
35	张传友	26	山东章丘	二十六年八月十日			左下腿炸伤	防腐绷带	

注：该表资料来源于《世界红卍字会中华总会卢沟桥事变救济工作报告》。

据世界红卍字会接收统计，难民主要来自宛平9271人，通县1190人，昌平1508人，大兴180人，良乡161人，北苑354人，南苑282人，海淀389人，天津101人，其他176人，各所收容难民妇孺一万三千余人。随着战事结束，救济工作的有序进行，八月中旬以后，城郊附近各地渐趋平靖，难民陆续返里。

三　救助特点及评价

世界红卍字会在七七卢沟桥事变后的社会救助具有如下特点。

首先，反应迅速。红卍字会中华总会在事变第二日即七月八日就组织了第一救护小组赶赴到战地，进行伤员查看和暑药发放，这比同期的许多慈善组织都要迅捷很多。如中国红十字会总会于七月十三日才致电北平分会："北平干面胡同，中国红十字会鉴：卢事恶化，兵民必伤，分会应先列平市组织，而救护委会，则人才、物质相筹备，举措如何？盼径复牯岭。弟庞京周叩。浔。元。"[1] 而当时北京市商会临时救济会第一次会议记录的时间是在1937 年 8 月 4 日下午四时，议题通过了成立第一收容所、掩埋尸体和推专员负责管理等内容。

世界红卍字会中华总会能够在第一时间赶赴战地进行救助，可见其在应急中的快速反应能力。这与其进行过多次战事救助不无关系。如 1924 年的直奉战争世界红卍字会即派出救济队治疗伤兵、掩埋尸体、收容妇孺等，1925 年的直鲁豫各省发生的战争亦组织三十支救济队分赴各地救护，1933 年的长城抗战中，世界红卍字会上海总办事处决定派出救济队赴榆关、热河等地救济难民、伤兵。[2] 这些战时救助为日后的救助提供了宝贵的经验。从1924~1937 年，世界红卍字会共组成救济队 132 支，救治受伤兵民 741800 名，收容妇孺 370000 多名，掩埋尸体 33700 多具。[3]

其次，组织有序，救济规范。世界红卍字会中华总会组织了三支救济队，每支队下又分小组，队有队长，组有组长，分工明确，责任到人，所以才能在混乱的战事中有序地进行救护。在了解了大体情况后，各队又分别在北京不同方向的郊区县工作，没有浪费人力，把救助扩大到尽可能广的范围。在尸体掩埋工作中，明确了责任人和登记制度，使得掩埋方位、掩埋尸体数量和尸体情形都有了明确的记录，为日后追悼逝者提供了查询依据。一个民间慈善组织能做到如此有序规范的救助实属难得。同时，总会与分会之

---

[1] 《中国红十字会总会关于芦沟桥事变组织救护队的代电》，北京市档案馆馆藏，档案号：J023-0011-160。

[2] 《世界红卍字会上海总办事处为救济对出发榆关热河等处救济难民捐启》，《申报》1932 年 2 月 9 日。

[3] 《世界红卍字会中华总会一览》。

间也进行了良好的配合。世界红卍字会中华总会于卢沟桥事变之始，即联合北平、大兴两分会组织救济队、并于北平城郊先后成立临时难民妇孺收容所及临时医院，在东至青云店、通县、香河，西至西郊，宛平及大灰厂、良乡县境，南至南苑、丰台，北至北郊以及沙河、昌平等处进行救护、收容、治疗、掩埋各项工作。

最后，救助的人性化。由于七七事变正值北京暑热难耐之时，救助队第一时间赶赴宛平即开始发放暑药等，为平民提供了最初的医药服务。在救助的第二阶段，救助伤员时，尽可能地给予有效治疗，难以治疗时即快速送往他处救助，不耽误伤员病情。在救助的第三阶段，收容站内不仅照顾难民的衣食保暖等基础问题，还能注意安抚开导受战争创伤的平民的心灵，派专人进行辅导。这种人性化的救助方式，让人称赞。

在战争发生时，对于大部分人都会寻求躲避，即便是进行救济的团体，也常在保证自身安全的情况下才进行施救。而红卍字会救济队却能在战争中赶赴最危险的地方进行救治活动，主要是基于红卍字会的道教信仰和一套有效的保障机制。

世界红卍字会作为民间慈善组织，与红十字会和华洋义赈会均不同。尽管在资金筹募上，红卍字会不像以上两个团体有广泛的国际渠道，但红卍字会的救济层面远比其宽泛，不论天灾还是人祸，红卍字会均积极赈救，近乎达到有灾必救、有难必帮的程度。红卍字会除对于日常的鳏寡孤独老幼废疾等弱势群体给予救恤与教养外，对天灾人祸及战争所造成的伤害也进行积极的救济。世界红卍字会这种靠道院为依托，凭借中国传统文化、宗教、道德的力量在社会转型之际，构建起的遍布全国各地甚至远及海外的慈善救济网络对于当时的社会救助具有积极的作用。

从其规模和性质上来看，世界红卍字会应该是中国近代本土第一个规模最大的民间慈善救助组织。尽管现行的诸多近代史书著中都不曾提及其救济活动，但世界红卍字会的慈善救济事业应该在民国慈善救济史上得到应有的肯定和重视。

卢沟桥事变后社会各界发起自救和他救的工作。如北平市商会主办临时救济会，以救济北平市附近的难民。中国红十字会北平分会与北平各界抗日团体开展了卢沟桥抗战的救护工作等。世界红卍字会中华总会作为他们中的一员参与其中并提供了有效的救助，为抗击日寇，救助难民提供了帮助。从一个侧面也可以看到当社会面临巨大灾变时，民间慈善组织在其中所产生的作用，同时他们的救助活动为日后的战时救济提供了宝贵的经验。

（北京市社会科学院历史所）

南京国民政府时期城市社会
行政机构用人研究分析*

——以北平市社会局为例

姚文秀

为提升城市管理水平，促进城市民生的改善，南京国民政府成立后，加快了自清末以来的现代市政制度确立的步伐。

一

中国传统上实行城乡合治的管理模式。清末，政府实行新政，在光绪三十一年（1905）派出专使赴各国调查政制。三十四年（1909）十二月由宪政编查馆制定了《城镇乡地方自治章程》，其中规定，"凡府厅州县治城厢地方为城，其余市镇村庄屯集等地方人口满五万以上者为镇，人口不满五万者为乡"，这个章程明确规定了城镇乡成立的条件，"城固为市，而镇亦与市同"。① 次年，又设立自治研究所筹办城乡自治，在地方自治名义下提出城乡区划的分开，这是中国现代市政制度的肇端。据1921年的海关统计，全国5万以上人口的城市有130个，其中人口达到百万以上的有3个，分别是上海、广州、北京。② 中国城市的情况是"大城市畸形发展，中等以下城市发展缓慢，而一些

---

   * 本文为作者所申报的九江学院校级课题"社会风气视野下的首善工艺厂历史考察"项目的阶段性成果。

  ① 钱端升等：《民国政制史（下）》，上海人民出版社，2011，第683~685页。
  ② 易家钺：《中国都市问题》，《民铎杂志》1921年第5期。

工矿企业和交通枢纽城市发展迅速，但基础差，人口数量少"。[①]

1928 年，国民政府公布了由法制局起草的《特别市组织法》（1928 年 6 月 20 日）和《市组织法》（1928 年 7 月 3 日），分别规定，人口超过 100 万者，首都或在政治经济上有特殊情形者，可设特别市；人口超过 20 万者可设普通市。特别市直隶于中央，市直隶于省政府。两法还分别确定了特别市市政府、市政府，及各局的行政范围。[②]

作为人口超过百万的特大型城市，1928 年的北京，刚刚经历了剧烈的震荡，该年 5 月 9 日，国民革命军兵临北京城下，6 月 3 日，张作霖率部退出关外。6 月 20 日，国民党中央政治会议第 145 次会议决定，将直隶省改名为河北省，旧京兆区及各县并入河北省，北京市改名为北平市，建立特别市政府，直隶国民政府。

北平特别市政府遵照《特别市组织法》的规定进行改组，将市政公所改为市政府，京师警察厅改为公安局，京师学务局改为教育局，并新成立了社会局、财政局、工务局、卫生局、公用局五个局，它们分担了此前由京师警察厅和市政公所各自主管的事务。至此，北平的各项事务均有了专管部门，这标志着北平城市现代管理体制的正式确立。

与公安局、公用局等机构相比，社会局是南京国民政府成立后新增设的城市政府职能机构。这个机构职能甚广，所有与民生、社会有直接关系的事项都可纳入其中。它在管辖范围上借鉴了当时英美等发达国家所实施的社会行政工作。

英国是当时国际上社会行政最为发展的国家，十七世纪末叶，英国完成资产阶级工业革命后，贫困、失业、社会疏离现象大量出现，政府依靠制定法律和社会政策加以应对。英国逐渐形成自上而下的社会行政体制。二十世

---

① 顾彭年：《训政时期的市政》，《市政月刊》1928 年第 9 期。
② 中国第二历史档案馆编《中华民国史档案资料汇编》第五辑第一编，《政治（一）》，江苏古籍出版社，1994，第 125、82 页。

纪二十年代末，受世界性经济危机的严重冲击，以英美为首的发达国家又以建立福利国家为目标，大力发展本国的社会行政和社会事业。[①] 我国的社会行政管理直至晚清才得到一定的发展。在改革维新思潮的影响下，清政府于光绪三十二年（1906）改革官制，设立民政部，下设民治、警政、疆里、营缮、卫生五司及其机构，其管理事务与安民治世有关。民国之初，中央政府设内务部，主管赈恤、救济、慈善、感化、卫生等，后内务部改为内政部。[②] 省一级设有民政厅，县一级设有民政局。

在北京政府时期，政府对城市的管理"草创规模"，"其行政实多模拟西洋人之处理远东殖民商埠，所致力的多半在物质方面，现代都市行政精神，与西洋过去百年前一样未尝展布"。市政管理中，除公安、工务、财政、教育形成规模外，社会行政则"偶然略为设计而已"。其中较突出的有上海市"公益局"与"农工商局"的设置。[③]

二十世纪二三十年代的中国，随着城市人口增长及市民政治意识的萌发，人们对城市管理提出更高的要求。城市管理不仅包括基础设施的管理，如道路、住房、公园、供水、运输及排污系统等，还包括城市农工商业管理、城市公用事业和公益慈善事业管理，对城市的各项经济活动，按照中央的方针政策，进行宏观调控。1928 年南京国民政府成立后城市社会局机构的设立，顺应了这一城市现代化发展的需要。1928 年南京国民政府公布的《特别市组织法》和《市组织法》均规定，社会局的主管事项为市农工商业之调查统计、奖励、取缔事项，市劳动行政事项以及市公益慈善事项。《市组织法》第十三条还规定，在未设教育局之市，市教育文化风纪事项由社会局掌理。

1928 年 8 月 6 日，北平社会局正式成立，办公地点设在东城区东堂子胡同

---

① 关于英国社会行政学界的情况可参考 Robert M.Page, *The Changing Face of Social Administration*.Social Policy&Administration. 2010.44.3:326–342.

② 王思斌主编《社会工作概论》，高等教育出版社，2006，第 167 页。

③ 梁冰弦：《我国的都市社会行政》，《社会与教育》1937 年第 4 期。

20 号。(1930 年 11 月份，社会局由东城区东堂子胡同迁至府前街集灵囿办公)，9 月 27 日，依照市政府办事通则第八条及《社会局组织暂行条例》之规定制定的《北平特别市社会局办事细则》在第市政府第八次常会上讨论通过，社会局的组织机构和职责范围得以确立。它的组织系统分为本部和附属机关两大部分，社会局本部在局长之下，设秘书室和四个主管科，四科分掌文书、农工商、劳动、公益慈善等行政事务。作为北平市政府的一个职能部门，社会局在市政组织更迭频繁的 1928~1937 年之间，一直存在，管辖范围并不断扩展，在成立之初负责北平全市的农工商行政、劳动行政、公益慈善行政管理，又在 1931 年增加了公用事务，1932 年 7 月又取代北平教育局，负责全市中小学、社会教育等事务的管理。

以下本文将通过对 1928~1937 年间历任北平社会局局长、科长、一般工作人员等的资料进行分析，以期根据他们的出身、从政经历、职务变动来得出某些共性认识。这样，我们可以对北平市政体系中从事社会管理的人员有一个初步而必要的认识，从而能使我们进一步了解北平社会局的履责能力及它对北平社会民生的作用。

二

北平市政府的行政官员均来自市长任命。各局职员除书记、雇员外，由局长选定，呈请市长加委。1928 年 9 月 6 日市政府公布的《北平特别市社会局组织暂行条例》规定，社会局"设局长一人；秘书一人或二人；科长四人、技正一人或二人、科员若干人；技士若干人；办事员若干人。局长承市长之命依照本市政府办事通则第五条执行职权并指挥监督所属职员，秘书承局长之命办理重要文书事务，科长承局长之命分掌各科事务，技正科员办事员承长官之命办理及佐理各该科事务"。[①]

---

① 《北平特别市社会局组织暂行条例》，《北平特别市市政公报》1928 年第 2 期。

组织社会学认为，组织能否良性运行取决于两个要素，一是组织结构的设计，二是领导者的选择。领导是影响组织运转的重要因素。如果组织缺乏有效的领导者，即使组织结构设计得再合理，也不会发挥出它应有的潜能，组织的运转将处于混乱无序、一盘散沙的状态。据此，我们在对社会局人员的考察中，重点分析社会局历任局长、科长的情况。此外，还对部分年份中社会局本部职员的整体情况进行分析，力求反映当时北平社会局内人员的实际任用。

（一）社会局局长

1928 至 1937 年间，北平社会局先后有六任局长。将社会局历任局长与北平历任市长在职时间对比发现，除蔡元一人外，基本随市长的进退而发生变动。

表 1　北平历任社会局局长与北平市长任职时间对照（1928-1937 年）

北平市长	任职期间	北平社会局局长	任职期间
何其巩	1928.6.26-1929.6.12	赵正平	1928.8.6-1929.6.19
张荫梧	1929.6.12-1930.10	延毓琪	1929.6.20-1929.12.28
		梁上栋	1930.1.1-1930.10.2
王韬	1930.10-1931.2.26	娄学熙	1930.10.23-1932.7.6
胡若愚	1931.2.27-1931.7.1		
周大文	1931.7.1-1933.6.16	蔡元	1932.7.16-1935.11.8
袁良	1933.6.16-1935.11.3		
宋哲元	1935.11.3-1935.11.8	雷嗣尚	1935.11.19-1937.7.20
秦德纯	1935.11.8-1937.7		
王韬	1930.10-1931.2.26		
胡若愚	1931.2.27-1931.7.1		

資料来源：北平市社会局档案，档案号：J002-007-00160，北京市档案馆藏。

历任局长的年龄均在 40 岁上下，年富力强。从学历来看，6 人均为大学毕业及以上，其中 5 人毕业于国外知名大学。娄学熙更有美国哈佛大学政治硕士、哥伦比亚大学政治博士的头衔。延毓琪、梁上栋二人为军职，另外四人为文职。留学过日本的1人，英国1人，美国2人，法国1人。可见，北平社会局的历任局长多为受过高等教育或有留学经历的精英人才，学而优则仕的趋势很明显，虽然，受教育程度的深浅不一定与做事的优劣成正比，但一般来讲，教育能令人思想公平，视事明白。

表2　北平社会局历任局长履历（1928-1937年）

姓名	籍贯	年龄	资格	任职前经历	后期经历
赵正平	江苏宝山（今属上海市）	42	日本早稻田大学	辛亥革命后任暨南大学校长等职	青岛特别市教育局长，曾主编《复兴月刊》，1940年后任汪伪国民政府委员，教育部部长，中央图书馆长，中央大学、上海大学校长。抗战胜利后，畏罪自杀
延毓琪（国民党党员）	山东	36	曾先后在保定陆军军官学校和北京陆军大学学习	早年加入同盟会，历任山西阎锡山部的学兵团连长、察哈尔民众组织的骑兵支队参谋长、军部上校参议、国民革命军总司令部参谋团上校参谋兼办公厅主任等职	
梁上栋	山西崞县	43	曾在山西大学堂、英国伯明翰大学工科学习	1905年入山西大学堂，后留学英国伯明翰大学。辛亥前加入同盟会，后任南京临时政府交通部参事，1915年任职于北京民国政府陆军部。1919年作为中国代表团军事代表身份出席巴黎和会，此后任国联常务军事顾问会中国代表。1922年回国任接收青岛委员会主任兼胶澳保安处处长。1928年任国民革命军战地政务委员会委员	北平市政府参事。1932年应绥远省主席傅作义之邀，任包头市政筹办处处长。1933年9月任实业部商业司司长。1938年起至1947年连任第一届至第四届国民参政会参政员。1948年当选监察院监察委员。1949年后去台湾，曾任台湾监察部门副负责人
娄学熙	吉林	40	美国哈佛大学政治硕士，哥伦比亚大学政治博士	第二届文官高等考试政治科及格，曾奉前内务部派赴美国调查市政。获得学位归国后历任东北大学教授、法学院院长、第三方面军团部秘书及县长职，著有英文《美国青年法院》一书流行美邦	
蔡元	浙江崇德	41	巴黎政治经济学校	曾任唐山市建大学、北平清华大学、香山中法大学教师、北平绥靖主任公署参事、北平市财政局长	
雷嗣尚	湖南		北平师范大学	曾任冯玉祥的机要秘书	

资料来源：张宪文等主编《中华民国史大辞典》，江苏古籍出版社，2001，第1697页。北平市社会局档案，档案号：J002-007-00160；J002-001-00055；J002-001-00102。《北京志·政务卷·民政志》，第540页。

六任局长任职时间均很短，最短的延毓琪任职六个月，在职期间主动辞职，重返军界。任职最长的是蔡元，三年有余。

另外，各局长在任期间，仅延毓琪一人为国民党党员。

（二）社会局科长及秘书人员

据不完全统计，社会局六任局长任内，先后至少有31位秘书和科长在局内工作，其中秘书5人，科长26人。社会局秘书和科长是事务员，并非行政官，他们由局长选任，呈请市长加委，因此，他们秉承社会局长意旨做事，具体请见下文。因属基层工作人员，资料搜集不易，但已可从中观察到这部分人员的基本特征。

1. 地理背景

有籍贯资料的23人中，江苏3人，河北9人，吉林2人，湖北2人，福建1人，陕西1人，广东1人，山东1人，江西1人，湖南1人，贵州1人。可见，河北人最多，江苏人次之。若以南北来划分，仍以北方人士居多。赵正平任局长时，江苏、河北、福建、陕西、广东各1人。延毓琪任局长时，河北4人，山东1人。梁上栋任局长时，有资料的3人均为河北人。娄学熙任局长时，有资料的4人中，有2人为吉林人，1人为江西人，1人为湖北人。蔡元任局长时，有资料的5人中，江苏2人，河北1人，湖南1人，湖北1人。雷嗣尚任局长时，有资料的1人，为贵州人。总之，延毓琪、梁上栋、娄学熙在任时，社会局科长秘书人员以河北人占大多数。蔡元在任时，其属下科长秘书人员以南方籍为主。表现出各位局长在用人上倾向于与他本人籍贯地接近的人员。

2. 年龄

有年龄资料的16人中，任职时年龄在30岁以下者仅有2人，在30~35岁之间有6人，在36~40岁之间有1人，在41~45岁之间有5人，此外，还有 49 岁的 1 人，53 岁的 1 人。各局长所选助手倾向于与自身年龄相仿佛者，一般说来，年龄接近者易有相似的认知，在工作中易产生默契。

3. 出身

31 人中，有资格资料的有 9 人，出身北京大学者 5 人（其中日本留学 1 人，北京大学预科 1 人），北京师范大学 2 人，北洋大学堂 1 人。哲学博士 1 人。

4. 任职社会局之前的经历

31 人中，6 人有任职社会局前的资料，从表面看，各人的年龄、资格以及任职前的经历与其所担任的职务大致相合。其中张毓麟以其财政相关的背景而任职总务和公益救济股事务的管理，是因为他随同原财政局局长蔡元调任社会局。6 人中有 2 人有过报社工作的经历，这对北平社会局向外界宣传政策法令，以及彰显本局工作成绩方面均有助益，这种感受是笔者在翻阅相关档案和报刊中所获得的。

表 3 北平社会局历年科长以上荐任人员概况

姓名	职务	籍贯	年龄	学历	任职前的主要经历
赵正平任局长时期					
谢筱愚	秘书	江苏东海	41		海州光复后，谢筱愚成立自由党
张鸿藻	第一科科长	河北武清	31		
卓宣谋	第二科科长	福建闽侯	41	度支部财政高等学堂、北洋大学堂	内政部、司法部秘书，广西省银行总理，河北省合作事业指导委员会委员
汤鹤逸	第三科科长	陕西汉阴	28	北京大学、日本留学	北京《晨报》日文翻译，农工部佥事、国立京师大学法科讲师
莫嵩福	第四科科长	广东番禺	41		
延毓琪任局长时期					
魏元祥	首席秘书	河北安国	34		
田迈训（国民党党员）	第一科长	山东广饶	53		宁夏平罗县县长
刁雨亭	第二科长	河北邯郸	38		

续表

姓名	职务	籍贯	年龄	学历	任职前的主要经历
苏仲欣	第三科长	河北广宗	29	北京大学	
张国璘	第四科长	河北博野	32	北京师范大学	河北三中校长
梁上栋任局长时期					
魏元祥	首席秘书	河北安国	34		
塔齐贤	第一科科长				
赵堪（国民党党员）	第二科长				
苏仲欣	第三科科长	河北广宗		北京大学	
张国璘	第四科科长	河北博野		北京师范大学	河北三中校长
娄学熙任局长时期					
李百川	第一科科长	江西萍乡			
牟文芳	第二科科长	吉林德惠			无
王希禹	第三科科长	吉林宾县（今黑龙江宾县）			
白景鑫	第四科科长	湖北利川			
石景俊	第五科科长				
蔡元任局长时期					
吴曼公	首席秘书	江苏武进	41		
张毓麟	第一科科长	河北乐亭	44	永平旧制中学；北京大学预科	1928年9月任河北省工商厅第四科科长；1929年9月经省政府审查成绩合格，准以县长酌委班注册。1930年5月调任河北省财政厅第一科科长，是年9月离职，计在省府任荐任科长共二年，1931年4月任北平市财政局第一科科长兼代本市税捐稽征所所长。1932年7月财政局裁并，调充社会局第一科科长
蔡霖	第二科科长	江苏上海（今上海）	38		
彭赓良	第三科科长	湖南长沙	49		
胡道维	第四科科长	湖北枝江	34	哲学博士	汉口《武汉英文日报》社社长兼总编辑
雷嗣尚任局长时期					
钱华毓	首席秘书				
唐集之	第一科科长				
赵尚序	第二科科长				

续表

姓名	职务	籍贯	年龄	学历	任职前的主要经历
袁祚庠	第三科科长	贵州		北京大学	
何岑	第四科科长				

资料来源：据社会局档案和人名辞典综合而成，兹不一一列举。

（三）社会局本部职员的整体分析

1. 官等及人数

据北京市档案馆所藏社会局相关档案统计，社会局简任官只有局长一人，荐任人数较为稳定，一般为局内首席秘书和各科科长。委任人员呈逐年上升的趋势，即正式人员增多。1929 年人数最少，仅 62 人，1936 年人数最多，达到 129 人。总体来说，抗战前社会局公务人员的数量是持续增长的，在 1934 年至 1936 年更进入稳定增长的时期，这与社会局职权范围不断拓展有关。

表 4　北平社会局公务人员官等及人数统计（1929-1936 年）

官等	1929 年 3 月	1929 年 12 月	1932 年 5 月	1933 年 8 月	1934 年 12 月	1936 年 7 月
简任	1	1	1	—	1	1
荐任	7	6	6	—	5	5
委任	22	41	59	—	74	87
雇员	48	14	18	—	32	36
合计	78	62	84	72	112	129

资料来源：各项数字分别来自北平市社会局档案，档案号：J002-001-0001；J002-001-00056；J002-001-00093；J002-001-00139；J002-007-00160。

2. 年龄

据 1933 年 8 月社会局统计显示，本部职员 72 人，年龄分布最多的是 31~35 岁，占全体人数的 22.22%，其次是 26-30 和 36-40 这两个年龄段，均为全体人数的 20.84%。

表 5　北平社会局公务人员年龄（1933 年 8 月）

职　位	21~25 岁	26~30 岁	31~35 岁	36~40 岁	41~45 岁	46~50 岁	51~55 岁	56~60 岁	总计
局　长				1					1
秘　书				1					1
科　长			1	1		1			3
督　学		1			1		1		3
主　任		1	3	2		3			9
科　员		3	3	4	1	1		1	13
技　士									1
视察员		4	1	1					6
办事员	8	6	7	5	5	2		2	35
总计 人数	8	15	16	15	7	7	1	3	72
总计 百分数	11.11	20.84	22.22	20.84	9.72	8.72	1.39	4.16	100%

资料来源：《社会局及附属机关职员统计表、春、夏季职员进退表和薪俸表》，北平社会局档案，档案号：J002-001-00115，北京市档案馆藏。

3. 籍贯

1929 年社会局内江苏籍职员人数最多，其次是浙江籍和河北籍。1933 年河北籍职员人数大增，占全局职员总人数的 33.33%，居第一位；浙江籍人居第二位；1934 年和 1935 年情况与 1933 年相似。

表 6　北平社会局公务人员籍贯

年份	江苏	浙江	河北	山东	安徽	辽宁	北平	福建	湖南	湖北	上海	云南	四川	山西	陕西	吉林	天津	不清
1929	8	4	4		4			3	1	1	1	1	1		1			
1933	8	15	24	6		5		1	2	2				1		1		
1934	9	14	20	8		7		1			1				1			1
1935	11	16	30	5	4	3	6	3	1	2	1	1	2	2			3	

资料来源：各年数据分别来自北平市社会局档案，档案号：J002-001-00017；J002-001-00115；J002-001-00139。

4. 薪俸

在二十世纪三十年代，北平市的财政状况经历了从混乱、整顿，再到逐渐恢复的过程。北平市公务员的工资发放实行月薪制。以 1932 年 5 月的社会局为例，社会局本部有职员 84 人，月薪支出 3934 元，平均月薪 46 元。其中:（1）局长娄学熙月薪 315 元;（2）秘书 3 人，除一人月薪 160 元外，其余二人月薪分别为 62 元、76 元;（3）科长 4 人，月薪均为 140 元;（4）主任 9 人，月薪最低 46 元，最高 80 元;（5）办事员月薪在 30 元左右;（6）书记月薪在 20 元出头。[①] 按照北平一般平民的生活费支出，社会局月薪在 30 元以下的有 30 人，除此之外，则有 65% 的职员靠个人工资可以养活一个普通家庭。社会局科长的收入接近于社会中间阶层，足见当时北平政府公务人员的基本生活状况。另据社会局在 1936 年的内部统计，局内共计 131 人，局长薪俸在 250–299 元之间。全体职员中薪俸在 20–24 元这个区间的人数最多，有 26 人;其次是 40–44 元之间，有 22 人;再次是 50–59 元之间，有 16 人;35–39 元之间有 14 人。[②] 与 1932 年 5 月的薪资水平相比较，1936 年局长月薪降低，职员整体工资水平有所提升。综上所述，成为社会局职员后，经济水平是较为稳定的。

薪俸水平的高低实是影响职员能否安心任事的重要因素。相比较教师得不到充分发薪，政府公务人员的工资首先得到保证。所以，在二十世纪三十年代北平地区频繁爆发教师索薪运动，而政府公务人员情况则较为稳定。

5. 受教育程度

除年龄、籍贯、薪俸外，考察工作人员的受教育情况及兼职情况也有助于了解社会局内部组织职权的运作。1929 年 12 月，社会局上呈市政府的职员学历表显示，局内有小学 1 人;中学 20 人;大学男 39 人，女 2 人，共 41 人。其中大学程度人员占全体人员的 66%。[③]

[①] 《民国二十一年五月全体职员俸薪数目一览表》，北平市社会局档案，档案号: J002-001-00093，北京市档案馆藏。

[②] 《冀察调查统计丛刊》1936 年第 5 期。

[③] 《市政府关于人事变动应报知铨叙部的训令及社会局呈报的工作人员调查表和市府公布的人事登记施行细则》，北平社会局档案，档案号: J002-001-00056，北京市档案馆藏，1930。

另据 1933 年 8 月的详细统计，社会局内受过高等教育的职员人数最多。受过中等教育人员数量占到总数的 26.39%，大多为科员及以下职务人员。前清科举出身的职员也有 9 人，占到总数 72 人中的 12.30%。1929 年底统计还有 1 名小学毕业人员，到此时已不复见。

表 7　北平社会局公务人员学历（1933 年 8 月）

职　　位	中等教育	高等教育	前清科举	总计
局　长		1		1
秘　书		1		1
科　长		2	1	3
督　学		3		3
主　任		7	2	9
科　员	2	10	1	13
技　士		1		1
视察员	2	4		6
办事员	15	15	5	35
人　数	19	44	9	72
百分比	26.39%	61.11%	12.30%	100%

资料来源：《社会局及附属机关职员统计表、春、夏季职员进退表和薪俸表》，北平社会局档案，档案号：J002-001-00115，北京市档案馆藏。

1934 年社会局人员增至 112 人，受过高等教育人员的百分数也达到了 50%。国外大学毕业的有 8 人，国内大学毕业的有 45 人，中等学校毕业的有 34 人，初等学校毕业的有 2 人，高等军警学校毕业的有 3 人，普通军警学校毕业的有 1 人，特种学校毕业的有 14 人，其他 5 人。[1]

6. 兼职情况

在社会局的日常工作中，实际情况是人少事繁，往往一人身兼多职。1928 年社会局初成立时，有《世界日报》记者采访局长赵正平，赵局长就用人方面谈："现当开办之始，对于用人方面，决不滥用，须有一事可办，而

---

[1] 《社会局组织调查表、公务员历年动态调查表及公务员名单》，北平市社会局档案，档案号：J002-001-00139，北京市档案馆藏，1934。

后方用一人，而且办事人员，每人所负之职务，在服务时间必须使其应接不暇，决不能如以前各官署之按时画到，饮茶吸烟而已"。① 是年 12 月 18 日，赵正平接市政府训令，令其兼任北平筹备自治办事处副处长一职，并无薪水。②1934 年 2 月 22 日，社会局秘书彭庚良辞职，他同时卸任的职务还有实业部经济年鉴通讯专员、北平手工业奖励审查委员会主任委员、北平筹设仓储委员会委员、戏曲审查委员会委员兼常务委员，所有各职均由继任者陈颇兼充。③

7. 职员性别

历年中，社会局本部人员全部为男性。这种情况体现了当时的政府用人的性别取向特点。

三

二十世纪三十年代的北平，面临战争的威胁，难民问题与贫困问题均很严重，北平社会局积极改进公营救济，监督整顿慈善团体组织，整合救济系统。北平社会局还充分利用北平丰富的教育资源，督导、促进各种教育层次的发展，它在推进教育公平方面的努力主要包括：设立市立幼稚园，增设市立小学、扩大小学入学率，整顿私立中学、加大中等教育中职业教育的比重，探索更有效的社会教育管理模式等。

北平社会局的行政工作以体察北平实际情况，利用积极生产救济为原则，从事切实整顿社会事业设备及组织，加以教育和科学方法管理；力图使农工商业各能自存，平民生计有着。社会局的工作对于协助市政府加强社会

① 《北平社会局长赵正平之谈话》，《世界日报》，1928-08-10。
② 《北平特别市社会局第一次宣言》，1928，北平市社会局档案，档案号：J002-001-00003，北京市档案馆馆藏。
③ 《社会周刊》1934 年第 70 期。

管理，缓和北平严峻的民生形势，以及促进北平社会的稳定均产生一定作用。

通过北平社会局的用人分析，使我们初步了解南京国民政府成立之初，在复杂的社会环境下，南京国民政府的地方政治文化生态。

（九江学院社会系统学研究中心）

领事独裁与市民自治:"永租权"的不同解读

——以上海天津英法租界管理制度之差异为中心

何岩巍

　　鸦片战争以后,"租界"这一特殊形态的外国人聚居区出现在中国众多通商口岸。自二十世纪三十年代以来,学术界对租界制度进行了一些研究,[①] 其主流观点认为"租界是十九世纪中期至二十世纪中期帝国主义列强在中国等国的通商口岸开辟、经营的居留、贸易区域。其特点是外人侵夺了当地的行政管理权及其他一些国家主权,并主要由外国领事或由侨民组织的工部局之类的市政机构来行使这些权力,从而使这些地区成为不受本国政府行政管理的国中之国"。[②] 不过,对于租界制度形成之根本所谓永租权这一问题,学术界很少从比较法的角度进行研究,本文尝试从上海、天津租界土地永租权入手做一些基本的探讨。[③]

---

① 夏晋麟:《上海租界问题》,太平洋国际学会,1932,徐公肃:《上海公共租界史稿》,上海人民出版社,1980;阮笃诚:《租界制度与上海公共租界》,法云书屋,1936;岑德彰:《上海租界略史》,文海出版社,1971;吴圳义:《上海租界问题》,正中书局,1981;费成康:《中国租界史》,上海社会科学院出版社,1991。

② 费成康:《中国租界史》,上海社会科学院出版社,1991,第384页。

③ 对于上海租界土地制度,近年来已有一些相关论文,如练育强《上海租界土地登记法理分析》、马学强《近代上海道契与明清江南土地契约之比较》、杜恂诚《道契制度,完全意义上的土地私有产权制度》,《中国经济史研究》2011年第1期。

一 上海、天津租界管理机构的形成及差异

上海公共租界形成之基本法肇始于1845年上海道台宫慕九与英国领事巴富尔订立之《土地章程》。其中文本今已无存，据1852年《北华捷报》之英文本，其条文之要点如：租地人租地之地契须交与上海道台审查，加盖印章；年租与押手均由原业主收取；允许租地人建设简单之市政设施，如修建道路桥梁、消防机关及雇用看守人。其中还特别规定外国商人租地建房之后只准这些商人禀报不租，退回押租，不准原土地业主任意退租，更不准再议加添租价，实行"永租制"。1854年，因小刀会进攻上海县城，租地西人深感威胁，遂改订《土地章程》，共十三条，其与本文探讨之永租权有关之内容为第七条。该条之中英文本有异，英文本称界内西人所租之地须于每年农历十二月十五日缴纳年租或地税每亩一千五百文于中国政府，中文本称每亩年租一千五百文，每年于十二月中预付该业户，以备完粮。此外，该章程第十条规定选派人员组成一委员会以收取捐税。租界工部局也在此时正式建立。此后，英国领事及租地西人又多次修改这一土地章程，明确了租地人大会的立法权和工部局的行政管理权，使上海公共租界成为具有自治性质的"特殊地区"。在这一区域，英国领事没有直接干预租借事务的权力。

上海法租界的形成比公共租界稍晚。1849年，新任上海道台麟桂发布告示，确认了法人租地之界址：南至上海北门外的城河，北至洋泾浜，西至关帝庙、褚家桥，东至广东潮州会馆沿河至洋泾浜东角。[①]1862年，法国公董局正式成立，标志着上海法租界管理机构的建立。法租界的管理机构在表

---

① 吴鑫等修《民国上海县志》第十四卷，1938，第3页。

面上与英国占主导地位的公共租界类似，也有租地人会议和仿照公共租界工部局建立的公董局。^①但嗣后不久，法国领事就全面控制了租地人会议和公董局，成为上海法租界的最高统治者。^②

天津英租界成立于咸丰十年，东南与特别第一区毗连，西南临堤防，西北毗连法国租界，东北临海河。^③其《土地章程》规定的土地让与方式和上海不同，采用所谓"国租"方式，即由租界开辟国向中国政府租借整片土地为专管租界，然后再由该国将界内土地分租给本国商民及别国商民的方式。天津英租界的《土地章程》指出：租界悉指该区域由中国政府永久租与英政府，名为英国租界，而可转租与市民者。^④在分租土地时，英国政府只给租地人 99 年的土地使用权，租地人所持租地契约也不同于上海租借的道契而称为"皇家租契"。不过，虽然土地占有方式存在差异，天津英租界的管理机构基本与上海英国占主导地位的公共租界相仿，实行"自治"的制度，租地人会议的决议具有最高权威，工部局则执行租地人会议的决议，英国领事没有直接控制租界的权力。天津法租界东南与英租界毗连，西临堤防，西北与日本租界毗连，东北界海河与特别第三区河沿遥对。天津法租界的土地取得方式及管理机构的组织形式均与上海法租界相似，法国领事不仅是工部局总董，也可以任意否决租地人会议做出的决议，是租界的最高统治者。^⑤

在上海和天津，英租界与法租界的形成均仰赖于相关之条约中规定的领事裁判权及各类租地章程。然而，虽然英法租界都肇基于永租权，但二者的立法与行政组织却有着相当的差异。对英国与法国租界管理机构的差异，前

---

① 有关法租界公董局的建立具体可参〔法〕梅朋、傅立德《上海法租界史》，倪静兰译，上海译文出版社，1983，第 386~421 页。

② 〔法〕梅朋、傅立德：《上海法租界史》，倪静兰译，上海译文出版社，1983，第 325~386 页。

③ 南开大学政治学会：《天津租界及特区》，商务印书馆，1926，第 2 页。

④ 《驻津英国工部局所辖地亩章程》，1918，第一条。

⑤ 南开大学政治学会：《天津租界及特区》，商务印书馆，1926，第 18~21 页。

人已经有所认识，对此进行过一些探讨。[①] 费成康认为这种差异的形成在于英国人民自身享有的民主权利多于其他西欧国家，其具体表现在于在所有英租界中，当地的英国领事都不担任工部局董事会的总董，在一般情况下都不干预工部局负责的日常行政事务。对于租界纳税人会议做出的兴革租界现状的决议，英国领事也只能在决议做出的数天内加以否决，过后就无权推翻。同时，英租界又是租界警察不受领事指挥，而是直接受工部局节制的少数租界。[②] 法租界则与英租界有很大不同，法国外交部曾专门制定《上海法租界公董局组织章程》，其中规定：上海法租界的一切行政实权归领事，巡捕房也直接归领事管辖，公董局董事会只是个咨询机构，其决议均须经领事批准，并随时可被领事解散；租界选举人大会仅可选举董事会董事，除此没有任何职权。[③] 天津法租界也有类似的制度。对于英租界与法租界的这种差异，早有人对此注意，称前者为"市民自治"，后者为"领事独裁"。王利民则将二者的差异归因于法国共和管理传统的影响。[④] 然而，前人论著都未注意到租界建立之根本基础"永租权"这一概念内涵的不同对这种差异形成的影响。

不管在天津还是上海，不论是英租界还是法租界，租界管理当局建立之基础都是所谓"永租制"，或者称之为"永租权"，如何理解这一概念是分析租界制度最为关键之点。然而也正是"永租制"为理解租界制度平添了许多困难。因为这一概念乃是一新创之词汇，不论中西皆没有完全对应的概念，人们对它的理解只能建立在对本国相似法律规定的解读基础上。前人对这一制度的研究认为该概念系指出租人让去其土地所有权而承租人仅取得永

---

① 费成康：《中国租界史》，上海社会科学院出版社，1991；王利民：《论上海租界法制的差异》，《法学》2011年第7期对英法租界的差异有所论述。

② 费成康：《中国租界史》，上海社会科学院出版社，1991，第243页。

③ 〔法〕梅朋、傅立德：《上海法租界史》，倪静兰译，上海译文出版社，1983，第410页。

④ 王利民：《论上海租界法制的差异》，《法学》2011年第7期。

远使用与收益权之双方法律行为，故实为一种特殊的契约。① 不过，在中国传统习惯法、罗马法、英国法和法国民法中都有与此类似的概念。通过比较这些不同法系对"永租"的定义可以进一步分析英租界与法租界管理制度差异的深层原因。

二　中西法律背景下的"永租制"②

1. 中国传统上的永租制

中国传统的法律实践中没有永租的概念，却有与"永租"类似的"永佃"的概念。"永佃"制在明朝时已很发达，当时的土地文书中对此已有明确的记载："不限年月，佃人不愿耕种，将田退还业主，接取前银（佃户预付的赔银），两相交付，不至留难；永远耕种，如佃人不愿耕种，将田退还业主，不许自行转佃他人，任从业主召佃，不得执占。"③ 清代以后在江南又进一步出现了"一田两主"的田皮、田骨制。原来作为佃户的出租人获得了将多余的土地分租出去获利的权利。无疑，这种"永佃"在一定程度上带有近代物权的特征，虽然并未在法律上获得明确的定义。杨国桢先生曾总结了明清时期永佃权的基本特征：1. 永远耕作的权利，2. 自由退佃的权利，3. 不得欠租的义务，4. 不得抛荒和埋没界至的义务，5. 不得私顶、典卖的义务。④ 杨先生用现代的权利义务关系来定义传统的"永佃"这一概念，虽然有助于对永佃制度的理解，却忽视了永佃权是一个来自西方的概念，二者之间在形式的类似下有着本质的不同。中国历史上的永佃制在保护永佃权人利

---

① 徐公肃、邱瑾章：《上海公共租界制度》，《民国丛书》第四编，上海书店出版社，1990，第170页。

② 周子良：《永佃权的历史考察及其当代价值》，《现代法学》2002年第24卷第2期。该文回顾了中西各国永佃权的历史，对认识永佃权的本质很有助益。

③ 《翰府锦囊》，转引自杨国桢《明清土地契约文书研究》，人民出版社，1988，第92页。

④ 杨国桢：《论中国永佃权的基本特征》，《中国社会经济史研究》1988年第2期。

益方面有一个致命的弱点，即这种永佃只是在习惯法的范畴内抵御私人对永佃人的利益侵害，而无法上升到国家法的层面对永佃人的利益进行保护，更不用谈抵御国家权力的侵害了。在皇权专制至高无上的中国传统国家，不要说永佃制下的土地，就是所谓"绝买"的土地在专制王权面前依然没有任何抵抗力。虽然永佃制事实上在民间普遍实行，但很少有官方法律对此进行规定。永佃制基本上是按照民间的惯例实行。明代法律对永佃制没有明确的规定，在清代的户部则例中有关于永佃的一些规定。乾隆五年颁布了禁止增租夺佃例，但五十六年又加以废止，"增租夺佃均由业主自便"。不过嘉庆五年又下令禁止增租夺佃。从户部则例对永佃制的规定可以看出专制皇权对个人权利的漠视。由此可见清代官方法律对"永佃"并不重视，只是在户部则例中做出过禁止增租夺佃的规定，但并未形成与此有关的各种配套制度安排。

2. 罗马法上的永租制

欧洲大陆国家法律规定之"永租权"概念起源于罗马帝国时期，在盖尤斯和优士丁尼的《法学阶梯》以及《法典》中有充分的论述。盖尤斯指出："某个物被永久地出租，例如在租赁自治市的土地时达成这样的约定：只要交纳租税，就不得从承租人或者其继承人那里剥夺该土地。但多数人认为这是租赁。"[1] 盖尤斯没有对"永租权"的性质做出明确的定义，但他显然不认为这是一般意义上的租赁。优士丁尼认为："买卖契约与租赁契约如此相近，以致在某些场合，人们常问这是买卖契约呢还是租赁契约。"公元五世纪芝诺皇帝给这一争论做出了回答：即在买卖和租赁之外承认"永佃契约"，从此永佃权成为一种独立的物权。《法典》中的相关记载如下："我们规定，永佃权既非租赁亦非买卖，而是同上述两种合同毫无联系或相似之处的一种权

---

[1] Gaius,inst.3.145.

利,是一个独立概念,是一个正当、有效的合同的标的。在那一合同中,双方以书面形式就任何情况达成的协议将被看成是永久不变的,不管怎样,必须被遵守。要是偶然发生的情况未被包括、规定在协议中,如果损害很大以致设定永佃权之物绝对灭失,而这一灭失不能归因于失去永佃权标的物的永佃权人而是归因于物之所有人。那么,即使合同无规定,那一损害也应由物之所有人承担;然而,若发生未改变物的性质的部分的或轻微的损害,它无疑应由永佃权人承担"。[①]永佃权人的权利包括:长期或永久地享有对永佃物及其附属物的使用、收益的权利;以不减损永佃物的价值为前提,可改良标的物或变更其用途;收取永佃地的孳息;任意处分其永佃权,或转让或以遗嘱处分,但不得抛弃永佃权;永佃期内可设立他物权。永佃权人所负担的义务主要有:按期缴纳租金,否则将丧失其权利,即使遇天灾战祸歉收,也不得请求减免租金;负担管理和一般修缮费用,缴纳赋税;以善良人的注意来耕种土地,使用房屋;转让永佃权时需提前两月通知土地所有人并以受益价值的百分之二给予土地所有人;[②]由此可见,帝国时期罗马法对于永佃权人的权利义务有着极为详尽的规定,这与清代仅在户部则例中做出的语焉不详的解释形成鲜明的对比。

3. 法国民法典上的相关规定

法国古代存在着为数众多极为复杂的租赁物权。地租制、每年缴租制、永久承租制等。出让人授予受让人以用益权,而出租人对承租人则具有一种社会特权。这一体系是当时封建制度的反映。法国大革命之后,国家制度发生了根本的变化,个人逐渐脱离封建的共同体享有了自由权利,封建性的租赁权也向保护个人财产自由的资本主义租赁权演变。1804年法国民法典的

---

① 桑德罗斯奇巴尼选编《民法大全选译 物与物权》,范怀俊、费安玲译,中国政法大学出版社,2009,第126页。

② 江平、米健:《罗马法基础》,中国政法大学出版社,1987,第172~173页。

制定明确表明了这一点。在法国民法典中有所谓长期租赁权，指长期对他人财产享有的用益权。这种用益权指承租人可通过支付廉价的租金在土地上兴建重要的工程。法国民法典对长期租赁权的规定与一般租赁权明显不同，在十九世纪时，一般的法学观点认为："当事人能够设定于财产上的权利只能是以下三种之一，或为所有权，或为用益权，即收益、使用或居住的权利，或为地役权。在这一范围内，合同的自由应该变为支配财产的自由。在此以外的权利，一律都属于人权，如租赁产生的权利等。"[1] 按照法国民法典的规定，承租人的权利是一种人权，但是，租赁权的特点已表现出其存在的某些"物权性"因素。特别是长期租赁权，法国民法典明文规定其土地承租人享有物权。[2] 这种物权乃是所有权的派生权利。[3]

4. 英国普通法上的相关规定

英国的土地制度从1066年威廉征服以后就采取所谓"保有权"的形式，是以独立于实物土地的抽象地产权为基础型构其他权利类型的。"地产保有权"则是一系列具体土地权利的总和。在名义上，全国的土地只属于国王，每一个从国王处分或赎回土地之人成为第一持有人，他们持有而不是拥有土地。持有人可以对持有土地进行在分封，分得土地的二级持有人可以继续往下分封，每一次分租均产生一层保有关系。[4] 如果英国的土地持有人没有履行其所负担的封建义务，则其土地会被上级领主收回，但若他履行了义务，上级领主则不能对土地行使权利。从中可以发现，英国的土地保有权并不是一种绝对意义上的所有权，毋宁说是一种非常类似"永久租赁"的权利。所以有学者认为英国法土地持有人所拥有的是一个存在于持有人与土地之间的抽象实体，该实体被称为"地产权"，即对土地进行占有性利用的权力范围。

① Ch Demolombe Cours de Code Napoleon.
② 尹田：《法国物权法》，法律出版社，1998，第46页。
③ 尹田：《法国物权法》，法律出版社，1998，第26页。
④ 吴一鸣：《英美物权法》，上海人民出版社，2011，第57页。

地产权是连接租户与土地之间的一个法律概念。[①]

保有权的基础是占有，领主将土地封赐给保有人占有，保有人占有经营土地并向领主提供其所需的各种义务，这是保有制关系的基本内容。

"土地租赁诉讼在十五世纪以前的普通法法院中适用动产诉讼程序，土地承租人的权利是一种动产，是一种请求自由保有人依据协议允许其占据土地的请求权"。[②] 十五世纪之后，在一系列有关"侵占承租地令状"的诉讼中，王室法院与王室普通诉讼法院都曾做出判决：土地承租人在租期未满之前一旦被他人从其占有的土地上驱逐，在诉讼中不仅可以获得损害赔偿，而且可以实际返还所承租的土地。无疑，这在法律上承认了承租人的土地权利。但是，这种权利究竟是一种什么性质的权利直到柯克才有了较为明确的解释。柯克认为："保有权是一个有特定含义的专业术语，在诉讼中只能用于自由保有权益，而占有则出于不同的目的被用于准不动产和动产"，[③] "承租人仅仅是占有人，而不是自由保有人，所以他不享有保有权，出租人由于已经将土地交给他人占有，所以也不能实际占有土地"。

但是，在以后的法律实践中，"承租人被认为向出租人按照保有制的方式持有土地，就像终身保有人或限定继承地产权人向封赐人持有土地一样；同样，承租人可以将土地分租给他人，成为分承租人的领主。"

土地保有权制度对租赁关系产生了越来越大的影响，十九世纪时，普通法自由保有制下的规则也被运用到租赁关系的法律规范中。十九世纪初，普通法上的土地保有制已经被分为自由保有制、公簿保有制和租赁保有制三种。由此可见，英国普通法体系中的永久租赁权已经属于土地保有权中的一类。

---

① 约翰·梅利曼：《所有权与地产权》，《比较法研究》2011年第3期。

② F.Pollock, *The Land Laws, 3rd.*, London; Macmillan Co., p.144.

③ A W B Simpson, *A History of Land Law*, Oxford.

三 中国习惯法、罗马法、法国民法及英国普通法 有关"永租"规定之差异

1. "永租权利"的法律保护

比较中国的永佃制与罗马法上的永佃制可以发现二者最大的区别在于中国的永佃制直到清末仍然是一种民间习惯法，虽然在户部则例中有零星的规定，仍然不是国家法律层面上的制度。而罗马法上的永租权则有着非常完备的法律制度，对永佃权人的权利义务有着明确的规定。这也使永佃权人的权利得到比较充分的保护。法国民法对于永久租赁权人权利义务的规定与罗马法很接近，对于租赁权人的权利义务也有着详尽的规定。如果说中国的"永佃"仅仅只是一种习惯法，而没有上升到国家私法的高度对永佃权人进行保护的话，那么法国民法典已经将"长久租赁权"上升到国家私法的层面并且作为一种物权予以充分的保护。而在英国的普通法中，"永久租赁权"则已经在十九世纪成为土地保有制的一种，获得法律的承认。

2. 土地权利与公共制度安排

从现代法律角度来看，租界外国租地人享有私法意义上的土地权利，中国官方则仍然有公法意义上的主权权力。然而，由于中国与英法两国在处理财产权与国家主权之间关系时的巨大差异，造成对于永租权理解上的根本不同。清代的永佃制只是一种民间习惯法规定下的行为，从未上升为国家的法律。在清王朝统治者看来，这种涉及小民的田土契约无关统治，因此连维护永佃者的利益这种仅仅保护私人间财产权利的法律制度也毫不重视，仅仅在户部则例中偶尔涉及，且始终没有明确的定论。显然，在公法私法不分，权力高度集中的清朝统治者看来永佃制与国家权力毫不相干。

首先来看英国的情况。英国早在十三世纪就通过颁布《大宪章》对国家

制度做出了某种分权制衡的规定。《大宪章》包括序言和63个条文,在制度层面上限制了王权,体现了"王在法下"的精神,并首次从法律程序上规范财产等自由权利和保障。其中第39条规定:"凡自由民,如未经同级贵族之依法裁判,或经国法判决,皆不得被逮捕、监禁、没收财产、剥夺法律保护权、流放或加以任何其他损害"。随后,在1354年英国国会通过的第28条法令即《自由令》第三章规定"未经法律的正当程序进行答辩,对任何财产或身份的拥有者一律不得剥夺其土地或住所,不得逮捕或幽禁,不得剥夺其继承权,或剥夺其生存之权利"。这条规定首次以法令的形式表达包括私有财产权在内的正当法律程序原则。在1628年的宪法性文件《权利请愿书》中,除重申《自由令》的正当程序原则外,更规定"自今而后,非经国会法案共表同意,不宜强迫任何人征收或缴付任何贡金、货款、强迫献金、租税或类似负担"。从而进一步加强对私有财产的保护。

英国自光荣革命之后,初步建立了宪政制度,分权与制衡的国家制度建立起来,此后,随着时间的推移,英国的宪政制度越来越完善。在建立宪政制度及其完善的过程中,财产权成为至关重要的基石。

财产权不仅仅体现在对外在财产的控制上,更反映了人的精神——自由意志。财产权的产生实质上就是人将自由意志加于自然之上的结果。[1] 公民财产权是所有其他权利的基石,是划分公域和私域的一把尺子。

哈灵顿认为权力来源于财产权,他认为:一个国家的政府形式有可能长期存在下去,这取决于财产的分配,尤其是地产的分配。不论哪个阶级要是占有超过半数的土地,比如说占有全国土地的四分之三,那么单凭经济上的需要,也必然要掌握控制政府的权力。在土地与政体关系的分析中,哈灵顿认为如果一个人是一片领土的唯一地主,或者他的土地超过了人民,那么

---

[1] 王敏:《基于外部性对财产权观念的反思——以私法制度为视角》,《河南大学学报》2007年第6期。

他就是大君主。其国家也是极权君主政体的国家。如果少数人或一个贵族阶级，或贵族连同教士成为地主，其土地按比例超过了人民，这样的国家就是贵族政体。如果是全体人民都是地主，并超过贵族和君主，这样的国家就是共和国。这一看法与霍布豪斯不谋而合。霍布豪斯对财产权的实质有着深刻的洞察，他指出：财产权有两种职能，一种是对物的控制，他给予自由和安全；一种是通过物实现的对人的控制，他给所有者以权力。民法意义上的财产权具有第一种职能，而宪法意义上的财产权则具有第二种职能。

对于财产权的精确定义，休谟的贡献至关重要，他指出确定财产权的关键在于区分占有在时间上的不同形态。现实占有，占领，时效，添附和继承正是按照这种标准来划分财物占有的不同方式的。斯密则把财产权分为物权和人权，物权有四种：财产权、地役权、抵押权和专利权。人权有三种：由于契约、准契约和过失产生的权利。斯密认为上述七种权利构成一个人的全部财产。

对于财产权的特别重视也深刻影响了英国的地方自治制度。英国有着悠久的地方自治传统，长期以来，中央都不享有任免自治市市政官员的权力。当然中世纪的英国地方自治是封建制度下的自治，不是现代意义上的公民自治。自光荣革命到十九世纪中期议会改革，国王和议会在一百多年里都没有对地方权力进行干涉。在英国，自由的内涵自古以来都以人们拥有权利的程度为标志，其中以土地为主要内容的经济财产权和以选举权和被选举权为标志的政治权利为核心标志。中央层面的分权制衡并不足以充分保证个人的权利，只有实行地方自治，才能把个人权利的保障真正落实到实处。

由此可以发现在英国财产权，尤其是地产权与国家的制度安排息息相关，地产权不仅仅是一种私人的权利，还决定了国家的制度。也正以为这一点，按照英国的法制传统，租界的永租权人自由组织了租地人大会和工部局处理租界事务。

在法国，情况则不同，虽然拿破仑法典对长期租佃物权的概念有着明确的定义，但是这种物权只是体现在维护财产免于私人侵害方面，并不涉及国家层面。从十九世纪初期到六十年代，法国历经第一帝国、复辟的波旁王朝、奥尔良及法兰西第二帝国，虽然政权更迭频繁，但有两点始终未变：1.中央层面没有建立真正意义上的权力制衡体制，2.地方层面没有实行地方自治。拿破仑取消了大革命时期经选举产生的地方自治，大部分地方官员都由他本人任命。此后法国虽然历经政权更迭，始终没有在中央层面建立起完备的分权制衡制度，而在地方层面也没有真正意义的地方自治，中央政府可以在很大程度上干涉地方事务。

深受罗马法影响的法国民法典虽然规定了财产权的不可侵犯性，同时在法国宪法中也规定了人权的重要意义，但是由于完善的分权制衡制度始终未能真正建立，使得财产权在实质上被限制在私法的范围内而无法上升到宪法的范畴。这种意义上的财产权只能是私法意义上的财产权。它可以保护私人对于财产的侵犯，却无法抵御国家权力的侵害。另外在地方层面上的中央集权制度也进一步限制了这种本来就不完善的财产权。基于法国当时的制度安排，在华的领事事实上具有代表法国政府的权力。法租界租地人所享有的权利也只能是在私法层面上的权利，而无法像英租界租地人那样享有自由管理租界的权力。

（北京市社会科学院历史所）

浅谈先秦时期燕地的休闲娱乐活动

赵雅丽

休闲娱乐生活多与城市有关。繁华的城市，象征着上流社会生活的富足与悠闲。与王公贵族的享乐时尚相比，城市其他社会阶层的娱乐生活往往因为政治经济地位及文化教育、文化素养的限制而显得有些隐晦，见载于史者极为少见。先秦时期燕地的休闲娱乐活动亦如此。

先秦时期，燕地休闲娱乐活动已较丰富，有饮宴、投壶、乐舞、弹琴、弈棋、六博等。这些休闲娱乐活动多由古礼演变而来，多是贵族教育的主要内容，因此多在贵族阶层中流行。春秋时期，王室衰微，礼崩乐坏，学术下移，特别是战国时期，燕国经济、文化、教育、商贸等都有长足发展，城市规模不断扩大，学术文化日益繁盛，士人流动日益扩大，商人贸易日益活跃，燕地的休闲娱乐生活也渐由上层社会下移，在民间社会普及开来。同时，燕国与诸侯争霸和各种军事活动不断，直接推动了燕国与邻国经济文化交流，推动了邻国休闲娱乐活动在燕国民间社会的流行。本文试从礼制和地缘文明视角，对先秦时期燕地休闲娱乐活动做一择要介绍。

一　投壶竞技

先秦时期，燕国上层社会流行投壶娱乐活动。投壶，由西周时期"射礼"演变而来，亦称射壶。投壶作为一种礼制出身的游戏运动，是当时各种邦交与内政燕饮场合必备的娱乐助兴项目。

燕国作为周王室的诸侯国之一，必须遵守周礼，也有富强国家、屏藩周王室的重任，因此，对诸侯、卿、大夫、士等贵族阶层来说，射箭是必须掌握的一种技能，是六艺之一。射礼，也是必须掌握与遵守的礼仪之一。[①] 射礼，西周"六礼"之一，以射箭为重点，融合了选拔、竞技、礼乐、宴宾、致礼等内容，有大射礼、宾射礼、燕射礼、乡射礼四种，不同的射礼适用的场合不同、意义亦不同。大射，天子举行郊庙祭祀前选择参加祭祀之人，在射宫举行；宾射，诸侯朝觐天子或诸侯相互朝会时举行；燕射，天子或是诸侯平常宴息时在路寝庭中举行，其中，天子燕于寝，诸侯则燕于小寝；乡射，卿大夫、士、国人举行的射礼。无论哪种射礼，都有固定的礼仪，都是贵族男子必须学习掌握的六艺之一，燕国国君为首的贵族男子，亦不例外。

举行射礼前后，时常会有燕饮招待宾客，请宾客射箭是燕饮的必备礼仪之一。最初，举行射礼的本义是借此观察双方对军事训练的重视程度：主宾都得轮流展示射箭，主人请客人射箭，客人不能推辞，更不能不熟悉礼仪。如果做得不对会受到耻笑，如果不能投中，还要被罚酒，这在邦交场合上会很难为情，也会被视为一国的耻辱。这种"耀武扬威"的色彩太过明显，与燕饮之间宾主交欢的氛围不甚协调。同时燕饮之间"或因庭之修广不足以张侯置鹄，或因宾客之众不足以备官比耦，欲行射礼而不可得"，遂以投壶代替弯弓。《周礼·春官·乐师》："燕射，帅射夫以弓矢舞"。孙诒让正义："燕射者，王与诸侯、诸臣因燕而射。"由此，投壶也是燕国贵族男子必须学习的礼仪和技能之一。

然而，燕饮时举行投壶，仍然是主宾展示自己才艺之机，也是彰显国

---

① 本文参阅如下研究成果：张金莲：《燕饮乐宾话投壶》，《酒泉日报》2015 年 4 月 13 日。

力之机，所谓"投壶者，以其记主人与客燕讲论才艺之礼。"因此，早期的投壶虽说是讲论才艺，但在诸侯争霸的背景下，依然带有炫耀武力的意味。《左传·昭公十二年》就记载了公元前530年晋昭公和齐景公"斗壶"事件，讲的是二公在行投壶之礼时各自炫耀自己国家肉山酒海，国富民强，堪当霸主，最后不欢而散之事。

因此，展示诸侯之间的有礼修睦，就成为投壶在贵族中间广泛盛行的背后深意。投壶有十分严格的礼仪规定，《礼记》中有《投壶》和《少仪》专篇介绍投壶的规则和方法。《投壶》篇记载："投壶，射之细也，……取半以下为投壶礼，尽用之为射礼。"投壶礼简化，只是射礼的一半，却仍是一整套正规礼数，严格而烦琐，无论何人，必须遵循。

投壶所用器具，有壶、箭矢、中、筭、各种盥洗用具和酒樽等，皆有严格规定。矢，又称"筹"，用柘木或棘木制成，没有箭镞，不剥去树皮，以使矢"坚且重"；壶，初用酒器，后来专门制作，标准是"脰（脖子）修（长）七寸，口径二寸半，壶高尺二寸，受豆斗五升，壶腹修五寸"；筭，古同"算"，计算投中次数的筹码；中，盛算之器，木刻而成，形如伏兕，刻有鹿兕形象，背上凿孔，上立有圆圈，投中了就把相应的算插进去；马，胜筭，木制，刻作马形，每胜一轮则立一马，投壶礼三番而止，需立三马；觯，饮酒器，因投壶常与饮酒相伴随；瑟，乐器，同射礼一样，投壶时以乐为节；鼓，乐器；鼗，乐器；赤豆，装入壶内以使箭矢投入后不弹跃出来。如上器具，在所有贵族男子投壶前必须备好。

投壶的参与者有严格要求。主宾（投壶者）、司射（主持投壶礼）、司正（掌宾主之礼），由主人属吏充任；酌者（为负方酌酒，由胜方子弟充任）；乐师（掌协调音律），乐人（奏乐之人），使者（执事之人，荐羞即进献美味食品之人），皆由主方担任。另据《大戴礼记·投壶》，投壶过程中有许多观礼的乡人（国人），包括未成年的童子（主方）和已行冠礼的成年之士（宾方）、众宾之长（投壶在庭时称庭长，宾方）。所有贵族阶级举行投壶，皆需如上服务人员。

投壶的准备工作烦琐。司射设置壶、中等器具，"日中则于室，日晚则于堂，太晚则于庭，是各随光明处也。矢有长短，亦随地广狭。室中狭，矢长五扶（一扶相当于四指并列的宽度，二尺）；堂上稍广，矢长七扶（二尺八寸）；庭中大广，矢长九扶（三尺六寸）。"不论在室中、堂中或是庭中投壶，两樽壶都分放在距宾主之席二矢半的席子上，正对着宾客和主人。司射设壶完毕，返回西阶之上，取中，将中里放入八支算，而后向东，手中另拿八支算。一算对应一矢，投壶每人四矢。之后，司射先后走至宾主席前报告投壶准备齐备，并宣布规则，请主宾轮流投壶，而后返回司射席位。

投壶之前，宾主脱履，跪坐宾主席上。乐工开始演奏瑟曲，多是《诗经》名篇《狸首》，节奏快慢须一致。主宾双方先行三请三让之礼。主人奉矢到宾客面前，请曰："某有枉矢哨壶，请以乐宾。"宾曰："子有旨酒嘉肴，又重以乐，敢辞。"主人曰："枉矢哨壶，不足辞也，敢以请。"宾曰："某赐旨酒嘉肴，又重以乐，敢固辞。"主人曰："枉矢哨壶，不足辞也，敢固以请。"宾对曰："某固辞不得命，敢不敬从？"主人的"固请"之下，宾客推辞两次后，恭敬地遵从主人的建议，向主人行拜礼，接受主人奉上的四只矢，主人授矢后答拜（主人邀请，宾客接受，主人应先行拜礼，但手中有矢不便，故后拜）。宾主互行揖礼。主人由使者手中接过矢，退返，西向揖宾，请宾就席。宾主于各自席位上正坐。宾主席位间距离和射礼时两物的距离一样，在六尺六寸至六尺之间。宾主的随从分立于左右。

比赛开始，主宾站立到离壶五至九尺距离的地方，将矢放于身前地上，一一取之而投向壶口，动作要与鼓声及古乐节奏相和，步骤要符合投壶的规则，即"顺投为入，比投不释，胜饮不胜者。正爵既行，请为胜者立马，一马从二马。三马既立，请庆多马。"换言之，只有箭矢的端头掷入壶内才算投中。有投中者，司射就坐下由中取出一"算"置于地面。宾客和主人更替而投，抢先连投者投中亦不计分。每投入一矢，司射便给投中者一边放上一"算"计分。每人四矢投完为一局，一局结束，司射为宾主双方数算，为胜者"立一马"。随后，胜者罚不胜者饮酒：胜方弟子为负方酌酒，负方跪着捧起酒杯说："承蒙赐欢"。胜者也跪着说："请敬养贵体"。比赛共三局，两胜者为胜方，胜方要亲自为另一方酌酒，行庆贺礼。参加投壶的国君或者其他贵族，如不遵循程序，会被视为无礼而罚酒。

"射以观德"，参与投壶的宾主与侍从都要严谨守礼，"毋背立、毋怃、毋踰言、毋敖"，不得背立、不可态度怠慢、不准谈论他事、不准态度傲慢，非常庄严肃穆。但同时，投壶作为"主人与客燕饮讲论才艺之礼"，又带有竞技性，伴着古雅的音乐和讲究的仪式，投壶足以"乐嘉宾，以习礼仪"，使参与者得到从容安详的娱乐享受。

《礼记·礼运》记载，"诸侯以礼相与。"由此，投壶作为宴饮时必备的一种礼仪和娱乐，在先秦燕国贵族社会流行，成为一种古老的传统。

至战国时期，燕国民间社会活跃起来，作为上层贵族社会身体力行的投壶活动，也逐渐向民间社会普及开来。这一方面有着礼崩乐坏、经济发展、学术下移、社会结构变动等社会背景，也有着礼制由上层社会向民间社会的延伸。投壶过程中宾主双方有着众多的随从与观礼者，他们熟悉投壶的烦琐礼仪，也更容易将投壶作为游戏传向身边人，促使投壶走向民间。同时，从民间角度而言，地缘相近的人们，在风俗上更容易互相影响。从燕国的地理位置上看，与齐、赵、中山等国相近交错，从地缘关系而言，边界地带的民间经济、贸易、习俗、娱乐上有着相互沟通交流的便利。同时，在燕国与相邻国战争及军事活动中，边界城市是冲突的重要地带，也是交融的重要地带。以"古中山国"为例，其是由白狄的一支——鲜虞仿照东周各诸侯国而建立的国家，处于燕国和赵国夹缝之间，与燕国在商贸有许多交流，如两国都是刀币布币并行等；人才流动也十分近便，如著名的军事家乐毅就是从中山灵寿来到燕国辅佐燕昭王振兴雪耻；风俗娱乐上也有许多相通相近之处，如作为礼制和娱乐的投壶也盛行于中山国。1974 年河北平山战国时期中山王墓出土了一件大的三犀足铜投壶，圆筒状，两侧各有一铺首衔环，遍体饰以细线变形山字花纹。此外，还有一件高约 40 厘米，口径约 10 厘米的小铜投壶。一墓内出土大小两个投壶，表明中山王国上层社会对投壶游戏的推崇。从地缘关系而言，中山王国地近燕国赵，长期接触宗周文明，受燕赵之地投壶娱乐的浸染而盛行起来。再如齐国，据《史记·滑稽列传》齐国民间已经普遍流行投壶、六博游戏，民间"州闾之会，男女杂坐，行酒稽留，六博投壶，相引为曹……"。公元前 284 年，以燕国为首的燕、韩、魏、赵、秦五国联军乐毅率领燕军在齐五年，攻下齐国城邑七十多座，都划为郡县归属燕国。从地缘关系和地缘文明角度而言，齐国民间的投壶游戏，自会在燕国兵士间流行并传播到燕地社会。

二　弹琴弈棋

弹琴弈棋，是古代文人雅客必备的修身技能，也是高雅人士的休闲娱乐活动。先秦时期，琴瑟以外，燕国贵族社会与市井坊间广为流行的是听筑。筑，是当时广为流传的乐器，形似琴，有十三弦，弦下有柱。演奏时，左手按弦的一端，右手执竹尺击弦，发出的声音悲亢而激越。《战国策·燕策三》《史记·刺客列传》记载了战国末年"荆轲刺秦"的重大案件，震动天下，其中，筑是一件不可或缺的历史道具。高渐离，燕国人，籍贯今河北定兴县高里村，是一位击筑名家。他与荆轲是好友，二人日日在燕市里酣饮、击筑、和歌，不顾旁人的观瞻。那么，对于旁人而言，观瞻二人的醉态，聆听二人击筑和歌，是一件充满好奇与娱乐的事情，是一件很容易传播开来的娱乐谈资；当荆轲西刺秦王，太子丹及宾客易水送别时，高渐离击筑，为变徵之声，声调苍凉凄婉，荆轲和着拍节唱歌，送行的人都流泪哭泣。随着荆轲悲歌"风萧萧兮易水寒，壮士兮一去不复还"，高渐离的筑声也转而慷慨激昂，送行的人都怒目圆睁。当荆轲"终已不顾，就车而去"时，悲壮慷慨的筑音，将悲忍与心酸的心境弥漫开来。当荆轲刺秦事败后，高渐离为避秦始皇对荆轲同谋的抓捕而逃离燕都，避难来到边城宋子城（今河北省平乡县）外，更名改姓为燕大，藏身在一家小酒馆里做工。他看见这家主人经常宾客满堂，饮酒击筑，以为娱乐时，就忍不住对堂上击筑的客人进行品评。当他表露身份后，受到家主人和宾客的礼遇，尊为上宾，更被宋子城内的大户请去击筑。由此可见，听筑，在燕地民间的流行。

更重要的信息是，远在秦国的嬴政也酷爱欣赏击筑。于是，高渐离在燕国边城击筑的消息传到秦王耳中后，便令宋子城的官员将高渐离抓来，赦其死罪。出于戒心，又命军士用马粪熏瞎高的双目，令其击筑。但是，高渐离并未忘记勇士荆轲之死，他用心收集一些重铅块放进筑的空腔中。日久，沉迷于听筑的秦王渐渐放松了戒心，高渐离也得以渐渐接近。于是，在一次击筑时秦王靠近的时机，他举筑撞击秦王，未中，被绞死。高渐离选择了作燕国义士，他的故事、他的筑音，为时人、为后人所渲染，所称道，成为燕国的文化符号。

六博棋，亦名博戏、陆博，是古代一种雅俗共赏、喜闻乐见的娱乐活动，春秋战国以前已出现并流行各国，燕国的贵族、官僚乃至黎民百姓，皆乐于此道。

六博棋，初由模仿兵制与兵士训练而来。器具有棋、局、箸三种，棋盘为方形，木制，上刻曲道。箸，即骰子，六根，长皆六分，由小竹管劈成两半，富贵之家常以玉为装饰以显其珍贵。博弈双方每人六枚棋子，即"一枭五散"，其中一枚较大、红色，称"枭"，相当于王。其余五枚较小，分别是卢、雉、犊、塞二枚，称"散"，相当于卒。行棋双方都争取吃掉对方的"散"或杀掉对方的"枭"，以杀"枭"定胜负。①

六博棋是一种带有比赛性质的棋类游戏，具有极大的娱乐性。博弈的两人相对而坐，靠掷箸行棋，"投六箸，行六棋"，双反轮流掷箸，根据掷得的箸的数量多少决定行棋的步数，箸数越大，行棋步数越多，这就使得胜负带有很强的运气与偶然性，即如东汉班固在《弈旨》中所总结的："夫博悬于投，不专在行，优者有不遇，劣者有侥幸。拿相凌，气势力争，虽有雌雄，未足以为平也。"六博既是一种赌输赢的游戏，弈者观者对游戏结果都要付出一定的"代价"，俗者赌钱，雅者赌酒。对弈双方神情紧张、认真、投入，肢体语言极为丰富，一边扬手掷箸，一边口喊祈求好运，赢了得意大笑，输了计筹罚酒，时称"饮博"，双方都通过游戏满足了自身的娱乐需求。玩六博棋时，有很多围观者，亦神情肃然，博弈双方掷采瞬间，常发出吆喝喝彩声，场面可谓是笑语喧哗，热闹异常。

尽管有关先秦时期燕国六博的史料记载缺失，但从地缘关系和地缘文明以及风俗历代相沿积久的视角，可以佐证燕地六博亦应盛行。春秋时期，燕齐相好，燕庄公二十七年（公元前 664 年），山戎侵燕，燕向齐国求援，齐桓公出兵救燕，大败山戎，乘胜追击至孤竹（今河北卢龙）。燕庄公为表示感谢，执意相送，一直把齐桓公送出燕国南界，约在今天津市静海县与沧州市青县、黄骅市交界一线。两公边行边谈，不知不觉进入齐国境内，到了今沧州市北 17 里的地方，齐桓公猛然醒悟，一面请燕庄公止步回国，一面按照宗周"诸侯国君相送不出境"的宗周礼仪，将庄公送别地点东西一线以北送给燕国，让燕国在此就地筑起城邑，名曰"燕留城"，作为齐、

_____

① 《韩非子·外储说左下》第三十三："博者贵枭，胜者必杀枭"。

燕分界的燕国边城。桓公奉送的齐国五十里地带，因此成为齐国和燕国文化交流融合的地带。从地缘关系角度而言，民间娱乐风气相传相通，当属自然之事。到了战国时期，燕齐之间关系恶化，常常兵戎相加。公元前318年，燕王哙让位子之引发内乱，齐宣王乘机出兵伐燕，破燕都，中山国也趁机夺占了燕国大片土地，燕国几乎亡国。燕昭王即位后，励精图治，一心雪耻。至公元前284年（燕昭王二十八年），燕昭王拜乐毅为上将军，联合秦、韩、赵、魏四国共同伐齐，大败齐军。乐毅率燕军乘胜攻克齐72城，直入都城临淄，齐国仅剩近海的莒与即墨。这次军事碰撞，乐毅在齐国坚守了五年，是燕国兵士对齐国的风俗、文化、娱乐有所了解掌握并传回燕国的一种契机。"五国相王"时，齐国甚至打算以割让平邑给燕赵来阻止中山称王。虽未成功，但彼时城邑被占或割让，城邑内居民的身份也在燕民与齐民间转换。据《战国策·齐策》，燕国的邻国齐国有着六博的传统悠久，到了齐威王宣王时期，国都临淄之"民无不吹竽、鼓瑟、击筑、弹琴、斗鸡、走犬、六博、蹋鞠"。而燕齐领土交界，齐国的文明风俗及娱乐风尚在民间极易相通相近。

燕国与另一邻国赵国边境相接又多次变动，双方在河北中部一代反复拉锯。和平时期，两国民间及商业往来交流密切，民间风习相通、娱乐活动相传，燕国寿陵少年到邯郸学步的典故，就可以说明这点。战国末年，赵国都城邯郸盛行六博戏。豪侠荆轲从卫国朝歌（今河南鹤壁淇县）游历到邯郸时，就与一个叫鲁句践的玩起了六博棋，双方因抢占棋道而起争执，鲁句践大怒，叱骂荆轲，荆轲忍让，"嘿（默）而逃去"，[①] 而后至燕，他玩六博"打架"的故事，也随之传到燕国，成为人们的娱乐。

---

① 燕国的六博娱乐，到了汉代同样盛行。汉代的最高统治者如汉文帝、汉景帝、汉武帝都是六博爱好者，朝廷还设有博侍诏官，善博者享有较高社会地位。西汉的王公贵族同样喜爱博戏。1974年，大葆台1号西汉墓发现象牙六博棋棋子及花斑石棋盘，与漆床和一些日用陶器等一并放在前室中，这透露出墓主人广阳顷王刘建生前的喜好和生活乐趣，也反映了北京地区盛行六博戏的风尚。

三　赏乐观舞

赏乐观舞，是燕国贵族生活中的重要娱乐方式。在西周初年，制礼作乐，礼有吉礼（祭礼）、军礼（行军，出征）、嘉礼（婚宴，加冠）等，必须伴有不同的乐舞。周代的乐舞，有"六大舞"（六代舞），二十岁后贵族男子必须学习，包括《云门》（歌颂黄帝）、《咸池》（歌颂尧）、《大韶》（歌颂舜）、《大夏》（歌颂禹）、《大濩》（歌颂商汤）、《大武》（歌颂武王）。这六套乐舞，分别用于祭祀天地、祖先、神灵以及祝祷风调、雨顺、丰收等典礼活动。周礼规定，各种不同等级的人，用不同规模的乐舞，等级严明，不容僭越：天子用八佾，诸侯用六佾，卿大夫用四佾，士用二佾。佾是奏乐舞蹈的行列，也是表示社会地位的乐舞等级、规格。一佾指一列八人，由舞者执羽而舞。天子八佾，八列六十四人，这是天子祭太庙所用的人数。燕国作为诸侯国，国君祭祀宗庙只能用六佾，即四十八人；燕国的大夫用四佾为三十二人，士用二佾为十六人。周代，还编有"六小舞"，由未成年的童子练习，包括《帔舞》（执长柄饰五彩丝绸的舞具而舞）、《羽舞》、（执鸟羽而舞）、《皇舞》（执五彩鸟羽而舞）《干舞》（又名《兵舞》，执盾而舞）、《旄舞》（执牛尾而舞）、《人舞》（舞袖）。从礼制角度而言，这些雅乐舞，是燕国贵族们必须学习的。这一方面反映了乐舞在燕国贵族政治生活中的重要性，另一方面，欣赏乐舞也是一种重要的休闲娱乐活动。

周代，天子或诸侯宴飨时都会以音乐歌舞助兴，称为"以乐侑食"。天子宴飨诸侯、各诸侯间相互宴飨、射礼、燕礼、乡饮酒礼活动等活动中也要奏乐，这种燕饮礼俗，称为"食举乐"。如此，燕国的贵族社会，自然也是过着这种"钟鸣鼎食"的生活：一边奏乐击钟，一边享受各种珍肴，何等悠闲、何等愉悦!

春秋末年，王室衰微，礼崩乐坏，一些有权势的卿大夫敢于僭越周礼，自行其是，越制享受。① 同时，雅乐衰，俗乐兴，一些清新活泼、具有浓郁生活气息的民间俗舞蓬勃出现。1970 年河北易县燕下都东贯城出土了青铜楼阙形饰件，下部方銎四面饰以浮雕镂空献禽、庖厨等纹饰，上部呈楼阁形，中为坐人，其侧有乐人，屋顶中间立二鸟，四脊有伏兽，结构复杂。其中的乐人，指的旧时歌舞演奏艺人，《仪礼·燕礼》："膳宰具官馔于寝东，乐人县。"胡培翚正义："是悬乐诸官皆有其事，故总称乐人。"乐人形象刻于青铜楼阙形饰件上，最能生动地反映出燕国贵族的休闲娱乐生活。

春秋战国时期，随着社会生产力的发展，社会发生巨大变革，西周初年建立的礼乐体系逐渐崩坏，千姿百态的民间舞蓬勃兴起。《东晋王嘉《拾遗记》卷二记载了一条材料，讲的是燕昭王即位第二年（公元前 310 年），有广延国来献善舞者二人，一名旋娟，一名提嫫，二女"玉质凝肤，体轻气馥，绰约而窈窕"，或"行无迹影"，或"积年不饥"，昭王处以单绡华幄，饮以需珉之膏，饴以丹泉之粟。昭王"登崇霞之台，乃召二人，徘徊翔舞，殆不自支，王以缨缕拂之，二人皆舞。容冶妖丽，靡于鸾翔，而歌声轻扬，乃使女伶代唱其曲，清响流韵，虽飘梁动木，未足嘉也。其舞一名紫尘，言其体轻与尘相乱。次曰集羽，言其婉转若羽毛之从风。末曲曰旋怀，言其支体缠蔓，若入怀袖也。"两个善舞女——旋娟与提嫫，她们容颜美丽，舞姿轻盈飘逸，表演了三个舞蹈:《紫尘》，舞姿如空际萦绕的轻尘，《集羽》，舞姿如羽毛在风中飘摇;《旋怀》，舞姿柔软若"入怀"之袖。她们在铺有四、五寸厚的香屑上舞蹈一天竟没有留下一点脚印。此虽志怪小说，虽有艺

---

① 最早记载僭越周礼的事件出自《论语·八佾篇》:孔子谓季氏，"八佾舞于庭，是可忍也，孰不可忍也。"季氏是正卿，只能用四佾，他却用八佾，所以 孔子对于季氏破坏周礼等级的僭越行为深为不满，认为季氏在他的家庙庭院里用八佾奏乐舞蹈祭祀祖先，如此严重的僭礼行为，必然为害于国家，这样的人不可容忍。

术夸张，但舞姿轻盈却是不虚，且在众多历史君王中选择燕昭王作为故事的主角，则燕昭王爱好欣赏乐舞，亦应不虚。

四　结语

综上可见，先秦时期燕地贵族社会的文化、休闲、娱乐生活，与制度、礼制密切相关，多由古礼演变而来。春秋战国时期，随着经济发展，礼崩乐坏，社会结构变革，燕地的文化娱乐生也逐渐由上层社会向民间社会下移并普及开来。同时，与邻国的军事冲突也推动了他国娱乐活动在燕国民间社会的普及，投壶、弹琴弈棋、听歌赏舞，成为燕地休闲娱乐的重要内容。

（北京市社会科学院历史研究所）

学术思想

明清易代进程中的学术反思与统合

刘仲华

明清易代之际，所谓"天崩地解"的描述往往是从民族主义情绪出发的激愤之语，从政教的本质而言，封建君主专制的社会性质并没有根本的改变，而且以儒学作为封建政教的基础也没有改变。从学术发展的脉络来看，明清学术之变并非完全因清军入关才发生，而是始于明季。程朱陆王之争，由王返朱；儒学由虚入实，由尊德性而道问学的路径，在明末就已经成为学术发展的主要趋势。即便是清代学术之显著特色的考据学也在明末就已暗流涌动。但这并不意味着明清学术发展与明清鼎革没有关系，事实上，明清学术的发展脉络，其源头虽然大都起始于明末之"变"，但明清鼎革的朝代更替却在相当程度上塑造了明清学术演进的轨迹和路径。

一 从"变"到"天崩地解"

"变"，并不是明朝灭亡以后士人才有的感受，而是明朝末季时人就对当时政治社会的强烈感受和描述。范镰鉴于"嘉、隆以来，豪门贵室，导奢导淫，博带儒冠，长奸长傲，日有奇闻迭出，岁多新事百端。……伦教荡然，纲常已矣。"并断定当时"人心世道之一变"。[①] 只不过，崇祯皇帝在京城煤

---

① 范镰:《云间据目抄》卷二。

山自缢，李自成和多尔衮先后进入京城，这种政权更迭进一步加剧了时人感受"变"的程度。邹式金在《杂剧三集小引》中言："迩来世变沧桑，人多怀感。或抑郁幽忧，抒其禾黍铜驼之怨；或愤懑激烈，写其击壶弹铗之思；或月露风云，寄其饮醇近妇之情；或蛇神牛鬼，发其问天游仙之梦。"周鹤芝对于时局的感受亦强化为"天摧地缺"式的巨变："去岁甲申，数奇阳九，逆闯披倡，天摧地缺。"①

入清以后，士人往往追述自己因时事巨变而改变读书志趣，如顾炎武"见时事日非，遂弃举业，屏居山中，取家藏经史、累朝实录及天下郡县志、明代名人文集、奏疏遍阅之"；②陆元辅"少事举子业，中遭感愤废辍，穷研于《六经》"。③

实际上，批评"王学"，讲求经世致用，在明季就已经汹涌如潮。王门中的人物王塘南就很忧虑王学末流的猖狂自恣，"学者以任情为率性，以媚世为与物同体，以破戒为不好名，以不事检束为孔、颜乐地，以虚见为超悟，以无所用耻为不动心"。④顾宪成批评讲学家"水间林下，三三两两，相与讲求性命，切磨德业，念头不在世道上"。⑤高攀龙借顾季时之口"叹夫今之讲学者"，"恁是天崩地陷，他也不管，只管讲学快活过日"。⑥刘宗周愤慨讲学家失去了儒家的社会担当功能，只是闭眉合眼，求一己心灵之安适，"此乾坤何等时，犹堪吾辈从容拥皋比讲学！此所谓不识人间羞耻者也"。⑦

面对动荡的政治社会局面，儒学在长期历史积淀基础上所形成的应对能

---

① 转引自萧一山《清代通史》，华东师范大学出版社，2006，第588页。
② 叶衍兰、叶恭卓：《清代学者象传合集》，"顾炎武"。
③ 李集：《鹤征录》卷七，"陆元辅"。
④ 黄宗羲：《明儒学案》，"江右王门学案五·太常王塘南先生时槐"，中华书局，1985，第483页。
⑤ 顾枢：《顾端文公年谱》下卷。
⑥ 高攀龙：《高子遗书》卷十一《顾季时行状》。
⑦ 邵廷采：《思复堂文集》卷一《刘门弟子传》。

力依然没有失灵。明末各种文社林立，虽不乏揣摩经义、应付科考的目的，但其中也有相当的因素是动员士人更多地关心政治社会现实，东林书院甚至喊出了"家事国事天下事事事关心"的口号。

应社领袖张采主张"专事理学"，以救世教之衰，称"非绝功名与文章也，绝功名将绝经济，绝文章将绝经史。经济绝，世何由治平；经史绝，世何由闻见？但理学中，两者具足。"①复社领袖张溥忧虑"今日之人心，莫患乎讳道学之名而指六经为迂阔，不乐闻封疆之急而幸目前为苟安"。②

明朝末年，面对内忧外患不断加深，整个社会面临巨大的危机，谈论心性已被士人所厌倦，一些有志之士转而致力于政治、民生、军事等相关问题的研究。陈其愫《皇明经济文辑》、陈子壮《昭代经济言》、陈子龙等《皇明经世文编》，大致反映了明末士人在政治社会变局之下的学术调整和努力方向。在政治社会现实的刺激之下，士人越来越重视经济、战术、谋略等实用之学，有关于考察军事要塞，纵览山川形胜的，如张溥的《备边论》《山东论》《海防议》《江防议》等，有谈权谋、阴阳、形势、技巧，挑选军事人才标准的，如《兵论》《任边将论》《选择将帅之术议》等。这些都充分反映了明末士人"天下兴亡，匹夫有责"的担当意识。延至清初黄宗羲的《留书》、《明夷待访录》、顾炎武的《天下郡国利病书》、《日知录》、王夫之的《读通鉴论》、《宋论》、唐甄的《潜书》以及王源《平书》等一批经世著作，只不过是明清之际儒家学术自我调整的继续。

二　来自士人层面的学术反思

鼎革之际的学术反思主题有很多，概言之，主要有四个：一是反思"王

---

① 张采：《知畏堂集》卷一《答龚子书》。
② 张溥：《七录斋诗文合集·论略》卷一。

学"，二是反思世风礼教，三是反思君主政治运作，四是反思"华夷之变"。这里既有学术路径和方法的反思，也有思想层面的反思。而且明末清初的学术反思，在相当程度上决定了后来学术乃至国家社会的发展方向。

其一，反思"王学末流"，主张尊程朱。

在反思明末动荡和明亡教训中，学术问题是当时的众矢之的。清初尊朱的陆陇其在《学术辨》中总结："至于启、祯之际，风俗愈坏，礼义扫地，以至于不可收拾。其所从来，非一日矣。故愚以为，明之天下不亡于寇盗，不亡于朋党，而亡于学术：学术之坏，所以酿成寇盗、朋党之祸也。"① 在清初大多数学者笔下，明末的基本面貌是学术分裂、士风败坏，人心陷溺，并将其罪魁祸首指向"王学"。顾炎武曰："以一人而易天下，其风流至于千百余年之久，古有之矣，王夷甫之清谈，王介甫之新说。其在于今，则王伯安之良知矣。"② 批评"王学""以实为空，以空为实，以名教为桎梏，以纲纪为赘疣，以放言高论为神奇，以荡佚为规矩、扫灭是非廉耻为广大。"在一片反思的声浪中，"王学"成为导致学术悖谬的罪魁祸首，"明季讲家多主阳明之说，谓道问学即是尊德性，工夫混作一件，此尤悖谬，皆不可不辨"。③ 又导致人们"心粗气浮"，"大抵明季习气诋毁程朱无所忌惮，只是心粗气浮，不曾细思"。④ 更导致士大夫不关心国计民生。"今日士大夫，才任一官，即以教戏唱曲为事，官方民隐，置之不讲，国安得不亡，身安得无败！"⑤ 朱之瑜斥理学家"不曾做得一事"，是"优孟衣冠"、"与今和尚一般"。⑥ 颜元批评宋元以来儒者"习成妇女态，甚可羞，无事袖手谈心性，临危一死报

---

① 陆陇其：《三鱼堂文集》卷二《学术辨上》。
② 顾炎武：《日知录》卷十八，"朱熹晚年定论"。
③ 陆陇其：《松阳讲义》卷三，"大哉圣人之道章"。
④ 《松阳讲义》卷四，"有子曰其为人也孝弟章"。
⑤ 《日知录》卷十三，"家事"。
⑥ 朱之瑜：《舜水文集》卷九《与安东守约》，卷十四《答安东守约杂问》。

君王，即为上品矣"，^① 根本无益于经世救国。他强调"学问以用而见其得失，口笔之得者不足恃"，倡导实用。

呼吁学术将"学道"与"事功"结合起来，是明末清初反思王学"空疏"基础上的一个重要趋向。黄宗羲说："道无定体，学贵适用，奈何今之人执一以为道，使学道与事功判为两途。事功而不出于道，则机智用事而流于伪；道不能达之事功，论其学则有，适于用则无，讲一身之行为则似是，救国家之急难则非也。岂真儒哉！"^② 儒学是学道与事功、修己与治国的统一。当时很多学者忽视外王经世的一面，但混乱的社会现实急需学术发挥其实用的功能。

经世致用学风实际上是要学术从"空虚"转向"实行"，即"学道"要与"事功"相结合。因此，明末清初经世致用学风，从一开始就不是远离现实政治，而是要学术更加贴近政治需要。

当时亦有人反对将明亡的责任一股脑地归咎于学术，"若夫明之末季，溃败不振，盖气运使然，岂尽学术之故也？明之衰可以咎阳明，宋之衰亦将咎程朱，周之衰亦将咎孔孟乎？"陆陇其意识到这其中的问题，并力辩："是又不然，周、宋之衰，孔、孟、程、朱之道不行也。""今自阳明之教盛行天下，靡然从之，其天资纯粹不胜其学术之僻，流荡忘返者，不知凡几矣。间有卓越之士，虽从其学，而修身励行，不愧古人，是非其学之无弊也，盖其天资之美，而学术不能尽蔽之。亦如颜、富诸公，学于神仙浮屠，而其人其行则非神仙浮屠之可及也。是故不得因其学而弃其人，亦岂可因其人而遂不敢议其学哉！且人但见颜、富之品行卓荦，而不知向使其不溺于异学，则其所成就，岂特如此而已！但见明季诸儒为王氏之学者，亦有大贤君子出其间，而不知向使其悉遵程、朱遗法，不谈良知，不言无善无恶，不指心为

① 颜元:《存学编》卷一。
② 黄宗羲:《姜定庵先生小传》，见《黄宗羲全集》第10册。

性，不偏于静坐，不以一贯尽心为入门，不以物格为知本，则其造诣，亦岂仅如是而已耶！"[1] 对于明朝灭亡的原因，自有其时势所造就的内在和外在原因，且不论清初人依据这一逻辑所开出的策略是否对症下药，对王学的批判却直接影响了此后的学术发展取向。

其二，反思世风礼教，张扬"礼学"。

明季王学大胆立异的泰州学派，如王艮宣扬自主精神，发展平民化倾向，冲破"天理"观的束缚；李贽援释入儒，追求性情本真，提出"童心"、"性灵"和"至情"观，呼唤个性真情，蔑视礼法，突破封建伦理道德的禁锢，对传统礼教带来了不少的冲击。也正因为此，很多卫道士将明中后期以来思想混乱、道德式微、社会失序归咎于"王学"，并提出重建"礼学"以维护封建政教秩序。

顾炎武认为"礼者，本于人心之节文，以为自治治人之具"，"周公之所以为治，孔子之所以为教，舍礼其何以焉？"[2] 重振礼教，可谓清初学者的共识。孙奇逢提出"谨身守礼"，"谨身则无败度败礼之事，守礼则无不顺亲、不敬长之时"。[3] 陆世仪认为："礼乐不可斯须去身。古人教人自幼便教他礼乐，所以德性气质，易于成就。今人自读书之外，一无所事，不知礼乐为何物，身子从幼便骄惰坏了。"[4] 儒家之"礼"无论对于个人之修养还是国家社会秩序之规范，都具有非常重要的作用，因此顾炎武又说："目击世趋，方知治乱之关必在人心风俗，而所以转移人心，整顿风俗，则教化纪纲为不可阙矣。"[5]

孙奇逢、陆世仪、陆陇其、颜元、李塨诸大儒，为了矫正礼制崩坏的社

---

① 《三鱼堂文集》卷二。
② 顾炎武：《仪礼郑注句读序》，《亭林诗文集》，商务印书馆，1937，第203页。
③ 孙奇逢：《寄高甥承五》，《孙征君日谱存录》卷十七。
④ 陆世仪：《思辨录辑要》卷一《小学类》。
⑤ 顾炎武：《亭林文集》卷四《与人书九》。

会现实，主张恢复传统的儒家礼制，期望通过复兴礼学，能使动荡的社会重返稳定，使凋敝的国家重新复兴，使积贫积弱的民族重新得到振兴。

明末清初学者重建礼学的考虑无疑是针对当时动荡不安、礼崩乐坏的社会现实，重倡儒学，实践礼学，重建儒家礼秩。这原本是士人基于现实的一种学术实践，但很快成为清王朝的官方主流意识形态，从而为清初国家秩序和地方社会的恢复与建设提供了有力的武器。

其三，反思政治运作，期待贤主明君。

鉴于明末君王理政的乱象，一些学者也开始反思君主政治。黄宗羲称："天下之大害者，君而已矣。"[1] 唐甄曰："自秦以来，凡为帝王者皆贼也。"[2] 王夫之亦认为"天下者，非一姓之私也"。[3] 这些对于君主的批评，一方面源于儒家源远流长的民本思想，另一方面其实更多地反映了当时士人对圣人般君主的期待，正如唐甄在批评"乱天下者惟君"的同时，也强调"治天下者惟君"。[4]

黄宗羲、唐甄、王夫之等人对君主的批评之辞，从本质上讲并不是对君主制度的否定，他们反对的只是祸国殃民的皇帝，因为他们深切地意识到皇权支配着政治的发展方向，"国家根本切要之地端在我皇上之一身"，故促使皇上尽心儒学"为当今第一要务"。[5] 天下之治的关键还是皇帝。正如刘宗周所说："一切言动事为，庆赏刑罚，无不日见于天下，而问其所从出之地，凝然不动些子，只有一个渊然之象，为天下立皇极而已。"[6] 在他看来，"天下"的关键是"立皇极"，"天下治乱，总系之人主之一心"，[7] 只要"君

---

[1] 黄宗羲：《明夷待访录》，"原君"。
[2] 唐甄：《潜书》，"室语"。
[3] 王夫之：《读通鉴论》卷十一。
[4] 唐甄：《潜书》，"远谏"。
[5] 《碑传集》卷十一《熊赐履事状》。
[6] 刘宗周：《论语学案》卷一，"为政第二"。
[7] 刘宗周著，董玚编《刘子全书》卷十六《再披愚悃疏》，道光四年重刊本。

志定而后天下之治成"。①

再者，许多史家认为大臣朋党之争导致政治混乱，从而导致明朝灭亡。王源的父亲王世德说："惟知营私相倾轧，致疆场日蹙，中原盗贼蜂起，虽有一二可用之才，而门户牢不可破，如其党即力护持之，误国殃民皆不问；非其党，纵有其才可用，必多方陷之，致之死，而安危所不恤。"②戴名世说："中朝以门户相争，而操持阃外之事，使任事者辗转彷徨而无所用其力，直至于国亡君死而后已焉。此其罪甚至盗贼万万。"③除了朋党，宦官、外戚也是清初学者在反思明朝灭亡教训时的重要话题。

从为君之道、朋党问题、外戚宦官等问题反思明亡，不仅反映了他们不愿将明亡的责任一股脑地归咎于王学的思考，而且这些反思也并没有简单地停留在学术思想的层面上，而是直接反映甚至影响了清初政治运行的构建路径。例如，清初对宦官问题的处理，就充分反映了政治操作层面对士人学术思想的吸收和采纳。

其四，反思"华夷之变"。

明清更替，不仅是历史上常有的政权更替现象，更是少数民族入主中原的"华夷之变"，对于传统汉族士人来说无疑是一次社会意识的大动荡。黄宗羲认为："中国与夷狄也，内外之辨也，以中国治中国，以夷狄治夷狄，犹人之不可杂于兽，兽之不可杂于人也。"④王夫之更将华夷之辨与君子小人之分并列为"天下之大防"，其至高无上的重要性甚至超过一家一姓的朝代更迭，"天下之大防二：中国、夷狄也，君子、小人也。"⑤

清军入关对明清学术走向的影响主要表现在学术思想上，其表现便是强

---

① 《刘子全书》卷十六《三申皇极之要疏》。
② 王源：《先府君行实》，《居业堂文集》丛书集成初编本，中华书局，1985，第290页。
③ 戴名世：《子遗录》，《戴名世集》，中华书局，1986，第309页。
④ 黄宗羲：《留书》，天一阁郑氏钞本。
⑤ 王船山：《船山全书》第10册，岳麓书社，2010，第503页。

烈的民族主义思潮。清初，身遭国变的遗民学者，如黄宗羲和他的同道顾炎武、王夫之、朱舜水等人，敦励民族气节。认为"春秋严华夷之辨，为古今之通义，万世不易之公理。屈节以事夷者，为万世之罪人。"严华夷之辨为清初思想界一大潮流。黄宗羲严华夷之辨的思想颇为激烈。他说："自三代以后，乱天下者无如夷狄矣。"①顾炎武则说："有亡国，有亡天下。亡国与亡天下奚辨？曰：易姓改号，谓之亡国。仁义充塞，而至于率兽食人，人将相食，谓之亡天下。"②

也正是这种危机意识极强的"华夷之辨"思想推动清初学者更进一步增强了保存儒家文化本真的迫切感和动力。表现在学术思想上也有两个方面的意义：一是更加鉴定了清初士人通过"正学术"以保存中国文化的决心；二是返归儒学本真，以延续文化血脉的学术路径，进而极力剔除汉唐以来对儒学的杂糅。这也是后来清代经学（考据学）发展的内在动力之一。

三 "天下之道不容有二"：士林阶层学术一统的气概

明清之际，鉴于"天下之裂"而出现的统一进程，不仅存在于政治军事领域，而且同时也发生在思想文化领域。就学术秩序的重建而言，当时有两股力量，一是来自士林自身的内在趋势，二是来自政治层面的需要。自古治世，文武并用，乃长久之术，"马上"可得天下，但绝不能保证"马上"治之。清入关后，在以军事武力手段推进统一进程的同时，清政府也开始借助思想武器，以稳定局面，拉拢广大的汉人士大夫，竭力重建学统与道统，以尽快确立取代明朝后在全国统治的合法性。再加上，清朝是以满洲入主，面对华夷之辨，来自思想意识形态领域的一统天下，即治统合法性的需求，更

---

① 沈善洪：《黄宗羲全集》第 1 册，浙江古籍出版社，2005，第 421 页。
② 顾炎武：《日知录》卷十三《正始》。

加显得迫在眉睫。

在明末清初的众多学者眼中，天下之"裂"已成为士人心中之痛。黄宗羲痛言学术之"裂"，即可为当时士人内心感受的典型："夫一儒也，裂而为文苑、为儒林、为理学、为心学，岂非析之欲其极精乎？奈何今之言心学者，则无事乎读书穷理；言理学者，其所读之书不过经生之章句，其所穷之理不过字义之从违。薄文苑为辞章，惜儒学于皓首，封己守残，摘索不出一卷之内。其规为措注，与纤儿细士不见长短！天崩地解，落然无与吾事，犹且说同道异，自附于所谓道学者，岂非逃之者之愈巧乎？"① 张履祥则痛言人心风俗之"裂变"："一曰贪，至于父子兄弟不相顾；一曰狠，至于惟以凌弱暴寡为事，今日风俗人心，大概如此。"② 焦竑论明末学术分裂时说："其流有四，离性则一，故有清虚之学焉，有义理之学焉，有名节之学、有词章之学焉。其弊也，日疲于学而不知所学为何事，此岂学之罪哉？知学而不知所以学故耳。"③ 唐甄说："至于宋，则儒大兴而实大裂。文学为一途，事功为一途；有能诵法孔孟之言者别为一途，号之曰道学。人之生于道，如在天覆之下，地载之上，孰能外之！而读书聪明之士别为一途，或为文章，或为事功，其愚亦已甚矣。"④ 学术之"裂"，几乎是明末清初很多学者回顾并描述汉唐以来学术特点的"共识"。面对学术之"裂"，朝野士人开出的药方就是统一学术。

无论是在朝还是在野的知识分子，都表达了对学术分裂的反对以及对学术重归一统的向往。李颙认为只有"正学术"，才能解决"天下之治乱"的大问题。"天下之治乱，由人心之邪正；人心之邪正，由学术之明晦；学术之明晦，由当事之好尚。所好在正学，则正学明，正学明则人心正，人

---

① 黄宗羲：《南雷诗历·留别海昌同学序》，《黄宗羲全集》第 10 册，第 645~646 页。
② 张履祥：《杨园先生文集》卷四《与邱季心》，同治江苏书局刻本。
③ 焦竑：《澹园集》卷四《论·原学》。
④ 唐甄：《潜书》上篇《劝学》，中华书局，1963，第 46 页。

心正则治化淳；所好在词章，则正学晦，正学晦则人心不正，人心不正则治化不兴。"① 即便是庙堂之上，呼吁学术统一的呼声也首先来自孙承泽、魏裔介、魏象枢、熊赐履、汤斌等理学官员。曾经参与《明史》纂修的张烈"专守朱子家法，毅然以卫道为己任"，② 而且声称"天下之道不容有二"。③ 其学术思想的一统气概和当时的封建专制集权思想一样，达到了前所未有的程度。

就如何解决学术之"裂"，如何实现学术新的一统，不同学者开出的路径和方法也不尽相同。有人主张史学，有人主张经学，有人主张程朱理学，有人主张回归孔孟，有人主张经世致用，有人主张实学，诸如此类，不一而足。所有这些路径和方法，都指向一点，即统一天下之学。尽管当时有傅山等学者推崇先秦诸子学，但总体而言，学术统一的依归在当时依然是儒学，其具体表现层面有两个：一是程朱理学，二是经学。

学术统一的标准之一是程朱理学。据李光地称，入清后的孙承泽"独断然以洛闽为宗，寻其厉阶戎首，以为异学蜂兴姚江倡之也，故于伯安学术言行摘抉批绳，无所假借，晚于诸经皆有著述，而断断然朱子是翼，曰：吾翼朱者，所以翼孔也。"④ 陆陇其亦断言"今日起敝扶衰惟在力尊紫阳。"⑤"今之学者必尊朱子而黜阳明，然后是非明而学术一，人心可正，风俗可淳，阳明之学不熄，则朱子之学不尊。"⑥ 在陆陇其看来，学术必须一统，而且只能统一在程朱的旗帜下。即便是汤斌这样的调和派也未曾敢明揭程朱之非。他说："故某之不敢诋斥阳明者，非笃信阳明之学也，非博长厚之誉也。以为

① 李颙：《二曲集》，中华书局，1996，第105页。
② 徐世昌等：《清儒学案小传》卷三《孜堂学案·张先生烈》，见《清代传记丛刊·学林类》第5册"学林类·5"，明文书局，1986，第440页。
③ 张烈：《王学质疑》，附《朱陆异同论》，《四库全书存目丛书》子部第23册，第98页。
④ 李光地：《榕村集》卷十二《孙北海五经翼序》。
⑤《三鱼堂文集》卷五《又答秦定叟书》。
⑥《三鱼堂文集》卷五《上汤潜庵先生书》。

欲明程、朱之道者，当心程、朱之心，学程、朱之学穷理必极其精，居敬必极其至，喜怒哀乐必求中节，视听言动必求合礼，子臣弟友，必求尽分。"[1]

程朱理学再次成为思想界拯救未来的稻草，成为正学、学统、道统的判定依据。陆陇其曰："夫朱子之学，孔、孟之门户也。学孔、孟而不由朱子，是入室而不由户也。"[2] 又，"今之论学者无他，亦宗朱子而已。宗朱子者为正学，不宗朱子者即非正学。"[3] 陆陇其甚至要求断绝"不宗朱子之学者"的生存门路，"皆绝其道""勿使并进"，然后"统纪可一而法度可明"，从而实现"朱子学尊"的目的。

程朱理学之外，当时统合学术的另一个标准是经学。

"回归六经"的学术趋向始于明末。明清之际的学者方以智"平生雅志在经史"，极其尊崇经书，提出"圣人之经即圣人之道"，"藏经学于理学"[4] 的命题。杨慎、焦竑、陈第、胡应麟、方以智等提倡尊经，身体力行地从事经学的研究。明代考据学"风气既开，国初顾炎武、阎若璩、朱彝尊等沿波而起，始一扫悬揣之空谈"。钱谦益认为"天下不知穷经学古"，"生心而害政，作政而害事，学术尽坏，世道偏颇，而夷狄寇盗之祸，亦相挺而起"。解决这些问题的关键是"反经"，"诚欲正人心，必自反经始；诚欲反经，必自正经学始"。[5] 顾炎武则言："人苟遍读五经，略通史鉴，天下之事，自可洞然。"[6] 潘耒亦曰："先儒之学，穷经而已矣。一经明则一生之学术功业皆出焉，其治之也专，其用之也博，故有专家授受之学，而士不通经为不足用。"[7] 以经学作为学术建设的方向，已然是清初的一种潮流。

---

① 《三鱼堂文集》卷五，附汤斌答陆陇其书；又见汤斌《汤子遗书》卷五《答陆稼书书》。
② 《三鱼堂文集》卷五《答嘉善李子乔书》。
③ 《三鱼堂文集·外集》卷四《经学》。
④ 方以智：《清原志略》卷三，《仁树楼别录》凡例。
⑤ 钱谦益：《重刻十三经注疏序》，《牧斋初学集》，上海古籍出版社，1985，第851页。
⑥ 顾炎武：《亭林诗文集》，《与杨雪臣》。
⑦ 潘耒：《遂初堂文集》卷六，《尚书讲义序》。

与程朱理学的旗帜往往为庙堂士人所青睐的情形不同，以经学为目标的学术追求在清初往往为在野士人所信奉，而且反对以程朱为口号。例如，顾炎武一生为学，探究"六经之指"，称："予未南游时，尚有将就程、朱，附之圣门支派之意；自一南游，见人人禅子，家家虚文，直与孔门敌对，必破一分程、朱，始入一分孔、孟，乃定以为孔、孟、程、朱，判然两途，不愿作道统中乡愿矣。"[①] 在反思现实的基础上，回归"儒家原始"的冲动，可以算得上是明末清初学术的共同追求，所不同的是，到底是孔孟能代表"儒家本真"，还是程朱能够代表。这一原本只是士林层面的学术分歧并没有成为政治层面统合学术的障碍，而是在不同程度上都被统治者所利用和诱导。

四　君师合一，崇正学：权势对学术的塑造

在士林阶层整合学术的同时，清初统治者积极采取尊孔尊朱、恢复科举、兴办官方学术工程、在宫廷吸纳西方传教士西学以及尊崇喇嘛教等多元文化的融合手段，推进学术一统，打造"君师合一""圣君明主"乃至"帝王经师"的形象。其中，最重要的清统治者顺应士林的呼声实现了道统与治统的合二为一。

就士林阶层而言，理学官僚则意欲通过"道统"与"治统"的整合，力图以儒学影响帝王，尤其是希望将满洲身份的皇帝"儒家化"，从而消除"以夷变夏"的内心焦虑。顺治、康熙朝，汉臣急切建议皇帝恢复经筵日讲，就是这一内心的反映。陆陇其所撰《道统》曰："天下之盛衰，自道统之明晦始，君子之欲维持世教者，亦必自辨道统始。唐虞三代之世，其道不待辨而明者，统出于一也，唐虞三代而后，不辨则不明者，统散于下也。故董子

---

① 李塨：《颜习斋年谱》卷下，五十八岁条。

曰：诸不在六艺之科、孔子之术者，皆绝其道，勿使并进，然后统纪可一而法度可明。居今之世而不明道统之所自，在上者，何以为临民出政之本？在下者，何以为立身行已之方乎？""今之世当尊朱子，朱子者周程张邵所自发明而孔子之道所自传也，尊朱子，即所以尊周程张邵，即所以尊孔子，尊孔子而非孔子之术者皆绝其道，勿使并进，尊朱子而非朱子之说者皆绝其道，勿使并进，四书五经之注固学者所当奉以为式，不敢稍叛矣。而凡《太极图》《通书》《东西铭》《皇极经世》诸书为朱子所表章者，皆列于学宫，俾学者肄而习之，而又选敦厚有道术者为之师表，使之不惟诵其言，且法其行。如是则天下晓然知宋儒之学为天下之正学，为洙泗之真传，而向之嘉隆以来之学，得罪于圣教，得罪于国家，有君国子民、莅官临政之志者，当摈而绝之，不可稍有人焉者也。将见濂、洛、关、闽之儒接迹于世，而凡一切章句之习、异端之诬，不待痛斥而息矣。道统明而国家无疆之体从此出矣，愚生窃有望焉"① 李光地曰："道统之与治统古者出于一，后世出于二。孟子序尧舜以来至于文王，率五百年而统一续，此道与治之出于一者也。自孔子后五百年而建武，建武五百年而至贞观，贞观五百年而至南渡。夫东汉风俗一变至道，贞观治效几于成康，然律以纯王不能无愧。孔子之生东迁，朱子之在南渡，天盖付以斯道而时不逢。此道与治之出于二者也。自朱子而来，至皇上又五百岁，应王者之期，躬圣贤之学，天其殆将复启尧舜之运而道与治之统复合乎？"② 李光地之言已经明确表达了士大夫期盼统治者将"道统""治统"合二为一，进而实现天下大治的愿望。

就统治者而言，为巩固政权而拿出的有力武器之一，除了武力征伐之外，就是"正学术"。而且清初统治者在"华夷之辨"和西学东渐的挑战之

---

① 《三鱼堂文集》外集卷四《道统》。
② 李光地：《榕村集》卷十《进读书笔录及论说序记杂文序》，文渊阁《四库全书》集部第 1324 册，第 669 页。

下，为了表明自己移宅中土的合理性，清统治者对于"君师合一"的道统需求似乎更为强烈和急迫。因此，清初理学家论述"道统"与"治统"结合的努力，也正中清初统治者下怀，为清统治者顺利建立自己统治的合法性创造了条件。

对于道统与治统的关系，康熙帝在所撰《日讲四书讲义序》中有清晰的认识："万世道统之传，即万世治统之所系也。……道统在是，治统亦在是矣。历代贤哲之君，创业守成，莫不尊崇表章，讲明斯道。朕绍祖宗丕基，孳孳求治，留心问学。命儒臣撰为讲义，务使阐发义理，裨益政治，同诸经史进讲，经历寒暑，罔敢间辍。兹已告竣，思与海内臣民共臻至治，特命校刊，用垂永久。爰制序言，弁之简首。每念厚风俗，必先正人心，正人心，必先明学术。"①

为实现道统与治统的结合，康熙帝采取了一系列的措施。首要之举便是尊孔尊朱。康熙八年四月十五日，他首次率礼部诸臣去国子监视学，举行临雍大典。在南巡途中，亲诣孔庙参谒，行三跪九叩大礼，赐"万世师表"匾额悬挂于大成殿。康熙帝又称赞朱熹"集大成而继千百年绝传之学，开愚蒙而立亿万世一定之规。穷理以致其知，反躬以践其实。……文章言谈之中，全是天地之正气，宇宙之大道。朕读其书，察其理，非此不能知天人相与之奥，非此不能治万邦于衽席，非此不能仁心仁政施于天下，非此不能外内为一家"。② 所以，"朱子之功，最为弘钜"。③ 将朱子从原列孔庙东庑的先贤之位中抬出，"升于大成殿十贤之次"，④ 使其成为第十一哲。

其次是开经筵，设日讲起居注官，不仅满足了士人从"学统"层面企图将皇帝"儒家化"的心愿，而且使自己华丽转身为"帝王经师"。甚

---

① 《康熙起居注》第 1 册，中华书局，1984，第 339~340 页。
② 《清圣祖仁皇帝御制文》四集，卷二一。
③ 《清圣祖实录》卷二四九，康熙五十一年二月丁巳。
④ 《清圣祖仁皇帝御制文》四集卷二七。

至在三藩叛乱的军务繁杂之时，仍旧坚持开经筵，举行日讲，其意义不仅是学习儒家文化，更是一种彰显"君师合一"身份的广告。另外，就是以"御纂"名义编纂儒家经典，先后由熊赐履、李光地等编纂《性理精义》等书，重新刊定《性理大全》《朱子全书》等，而且康熙帝亲自为这些书作序。

清统治者集"道统""治统"于一身的努力也着实收到了成效，不仅大量儒士响应统治者的号召，积极参与到儒家经典的编纂活动中，而且在士大夫的眼里，康熙已不是异族统治者，而是能向百姓施以"深仁厚泽"的天下明君。汤斌称："今圣朝尊礼先圣，表章正学，士子宜知所趋向矣。"① 韩菼也说："我皇上表章正学，罢黜百家，扶道统而正人心，度越千古也。诸士必择守之有素，其著之篇将以知所向。"② 这些话未必就是阿谀之辞。

"治统"与"道统"的结合，也使得清朝帝王对学术的引导、规范和塑造完成了其合理性和合法性的建设。汉大学士魏裔介称颂圣祖说："我皇上继天立极，以君道而兼师道。""道统治统，我皇上固已集其成矣。"③ 李光地在《己丑会试策问》中说："我皇上所以尊经崇道者独至，而且笃信周程张朱之书，以统壹诸儒之说，经学之盛，千载一时也。"④ 统治者既然已经是"帝王经师"，那么对于士人而言，剩下的便只需"守之有素"和"以知所向"了。事实上，清初帝王这种将治统与道统合二为一的努力，不仅表现在汉文化区域的传统儒学领域，而且通过尊奉喇嘛教，进而覆盖了蒙古、西藏等边疆文化区域。

清统治者集儒、释、道为一体的"君师合一"构建，不仅因应了自明末

① 《皇清文颖》卷十八，汤斌《重修苏州府儒学碑记》。
② 《皇清文颖》卷二十四，韩菼《乙卯顺天乡试策问五道》。
③ 魏裔介《兼济堂集》卷二。
④ 《榕村集》卷二十二《己丑会试策问》。

以来士林阶层统合学术的努力，弥合了因"华夷之辨"而引起的民族文化冲突，促进了满蒙汉统治平台的搭建，为清朝接下来的政治大一统提供了合理性基础，而且促进了清代新文化局面的形成，为清代地方社会秩序的恢复与重建奠定了基础。

清初帝王"君师合一"的实现，注定了清代学术发展开始更多地受到官方权势的诱导和塑造。除了开科取士以使"读书者有出仕之望，而从逆之念自息"①之外，康熙帝所采取的重要举措是康熙十八年的博学鸿儒科。来自各地的众多鸿儒在朝廷的优待安排下，纂修《明史》，承担经筵日讲，其治学路径不仅反映出朝廷对士人的思想控制趋向，而且逐渐成为清前期学术发展的风向标。

另外，清统治者亦通过《明史》纂修等官办大型学术工程强化对士林学术思想的整合和引导。当时的国家重大学术工程，除了《明史》纂修之外，还有《一统志》《实录》《圣训》《全唐诗》等等，这些国家主导的学术工程不仅吸收了博学鸿词科的鸿儒士人，而且也有一大批江南士人（包括遗民子弟）的参与。像黄宗羲、顾炎武、梅文鼎、万斯同、刘献廷、王源等人以遗民或遗民子弟的身份参与了《明史》纂修，更能说明清初官办学术对士林的统合力度。

除了儒学，经清统治者权势塑造的对象还有传教士及其所带来的"西学"。明清鼎革，一度给西学在中国的传播带来了机遇。顺治帝宠信传教士，康熙帝酷爱西学与自然科学，使"西学东渐"的势头并未因明清鼎革而中断。但由于历法之争以及罗马教廷针对在华传教士的礼仪问题冲突，加速了清统治者对传教士的禁令，导致"西学"只能囿于宫廷所利用的技术层面。西学进入宫廷御用，一方面这是传教士梦寐以求的追求；另一方面这也是代

---

① 《清世祖实录》卷十九，顺治二年七月丙辰。

表中国传统的王朝统治者所乐见的结果，不仅直接利用、享受了西方传教士所带来的科技知识和产品，而且直接掌控了传教士的活动范围和影响，实际上是限制了其西学对中国社会的冲击，大大降低了"西学"作为异质文化大幅度激荡中国传统文化的可能和力度，从而消解了明清之际原本可能成为中西变局的可能。另外，得到统治者所认可、钦定的"西学中源论"，满足了士大夫的文化自信和对中国传统的坚守，从而降低了当时士人进一步学习了解西学的必要性和冲动，使当时的中国失去了有识之士创造性转化西学知识为"中国思想"的契机。

权势对学术的温和诱导之外，清初统治者还通过文字狱强化对学术的规训。以庄氏《明史》案为例，它对学术的打击，不仅体现在士人私家纂修明代历史的积极性上，而且对士人以学术经世的追求也是一种挫伤。从"天下兴亡，匹夫有责"，到"天下安危系乎人主之一心"的转移，就是明清鼎革对学术思想规训的直接结果。顾炎武在经历明史案后，在写给潘柽章弟弟潘耒的信中说："吾昔年所蓄史事之书，并为令兄取去，令兄亡后，书既无存，吾亦不谈此事……退而修经典之业，假年学《易》，庶无大过，不敢以草野之人，追论朝廷之政。"此后，顾炎武倾力于《音韵五书》《日知录》的撰写，亦足以表明文字狱对士人学术路径的塑造。而且更多的士人在遭遇一系列的文字狱打击后，埋头于经典的音韵训诂，从而造成了有清一代考据学的兴盛。

五　结语

传统社会中学术的调整，往往来自现实政治社会的变化。就明清易代而言，明清鼎革绝不只是当时学术演变的"大背景"这么简单，它实际上是明清学术演变的参与者和主导者。"成也萧何，败亦萧何"，明清学术之"变"

因缘于明清鼎革，其"不变"和"转移"亦受制于明清鼎革。

王朝皇权以及中国社会大局的平稳过渡与接续流转，从根本上决定了学术流变的程度和幅度。旧明官绅很快被清政府收编，从中央到地方政府，士绅官僚成为清初地方社会的重建者，成为新王朝与地方社会继续稳定在旧有政治社会结构中的纽带，这种明清之际权势流转的最大特征也决定了学术的流变路径。因此，当政治军事统一接续进行时，这种学术思想层面的再统一也与之相呼应，原本在王朝动荡之际而出现的思想多元化苗头也很容易重新被规范起来。

明清王朝更替，并没有从本质上改变中国的政治、经济、社会和文化特质，但却在一定程度上改变或者扰动了明代以来所形成的民族构成、文化视野、政治运行方式等，这些虽然不是根本性的变化，却在很大程度上塑造了清代中国的发展路径和方向。

明清易代对明清学术发展在学术宗旨、学术方法和学术思想层面的影响维度和程度都各不相同。就儒学作为封建王朝政教体系的支撑，以及儒学由虚返实的学术趋向而言，明清易代不仅没有扭转明末以来即已兴起的潮流，反而从某种意义上还加速了"由王返朱""由虚入实""经学取代理学"乃至"考据学大盛"的进程。从这种"明清易代"加速学风和学术思想转型过程的现象来看，明清易代的"天崩地解"感受更多的只是民族主义情绪的一种发泄而已。这也更进一步说明：由明入清，更多的是"清承明制"，是中国传统政教的延续而非"断裂"，是中国传统"声教"的夯实而非削弱。

就学术风气和学术思想而言，明清易代则突显了政治社会变动塑造学术发展的巨大作用。明末多元化的自由个性思想逐渐消弭于无形，清初遗民强烈的民族主义思想逐渐暗淡，批判君主专制主义思想苗头戛然而止，由遗民及其子弟倡导的经世致用学风后继乏人，而且学无用武之地。这些都不能不说是朝代更替对学术风气和学术思想"存亡绝续"的影响。

明清易代之际的学术发展还有一个重要特征，就是伴随政治社会统一进程的"学术统一"，而且这一整合过程是有其积极意义的。在士林层面和清统治者的协作互动下，不仅实现了学术的整合，也完成了道统与治统的合二为一。尤其是"君师合一"的政治社会意义大于学术意义。儒学内部的调整，礼教秩序的倡导，为中央和地方政治的重建提供了理论支撑。同时，由虚入实的学术路径和思想主张，也为清初地方社会秩序的恢复与发展提供了技术保障。更重要的是，道统与治统的整合，构建了清政权的合法性，缓和了"华夷之变"的民族文化冲突。

明清学术统合也带来了不可忽视的消极影响。一方面，清初学术固然延续了明末反思"王学"的内在路径，但也逐渐走向了官方所倡导的官办学术轨道，从而导致了学术思想的改弦易辙，尤其是明末以来一些特立独行的"异端思想"（例如李贽、傅山、王夫之、黄宗羲、唐甄、朱之瑜、陈确、方以智等人）经过明末清初这个特殊历史节点以后，而归于寂静。甚至一些学术方法和路径渐失本旨而被扭曲变形，比如音韵训诂，原本用以弥补理学"空疏"之偏，但在清初严厉的文化政策下，渐失"实事求是"的经世主旨，而走向脱离现实的另一个极端。

更糟糕的是，当缘起于士林"正学术以正人心"的路径被"君师合一"的权势所利用后，不但其宗旨被扭曲，甚至会成为剪除异己、消灭个性的可怕工具。在康熙三十一年（1692），黄宗羲《明儒学案序》（改定本）中说："学术之不同，正以见道体之无尽，即如圣门师、商之论交，游、夏之论教，何曾归一？终不可谓此是而彼非也。奈何今之君子必欲出于一途，剿其成说以衡量古今，稍有异同即诋之为离经叛道。时风众势，为黄茅白苇之归耳。"[1] 学术统一的结果使得官方学术成为士子奔竞钻营的工具。王源说：

---

[1] 《明儒学案序》（改定本），《黄宗羲全集》，第10册，第79页。

"今之讲道学，鲜有不伪者，非借道学以掩其污秽而要禄位，即借之以投时尚而博声名。……乃试问其心术，考其行事，不但不足为君子，并不足为小人。"[①] 汤斌在与陆陇其辨王学时也明确指出许多尊程朱者只是为了利禄而已，"今天下深明理学者固众，随声附和者实多。更有沉溺利欲之场，毁弃坊隅，节行亏丧者，亦皆著书镂板，肆口讥弹。曰吾以趋时局也。亦有心未究程、朱之理，目不见姚江之书，连篇累牍，无一字发明学术，但抉摘其居乡居家隐微之私，以自居卫道闲邪之功。夫讦以为直，圣贤恶之。"[②] 汤斌所言也真实反映了明清学术发展深受现实利益引诱的现象。

（北京市社会科学院历史所）

---

① 王源：《居业堂文集》卷八《与方灵皋书》，中华书局，1985，第 121 页。
② 《三鱼堂文集》卷五，附汤斌答陆陇其书；又见汤斌《汤子遗书》卷五《答陆稼书书》。

西汉幽燕学术文化风貌

靳 宝

西汉前期诸侯王国学术曾一度繁荣、发展，形成了以楚元王刘交为首的楚国学术中心、以齐相国曹参为首的齐国学术中心、以河间献王刘德为首的河间学术中心、以淮南王为首的淮南学术中心，甚至还包括以梁王为首的梁国学术中心。[①] 这不仅影响诸侯王国本身，而且对中央王朝学术文化也产生了一定的影响，在汉代学术史上占有重要的地位。那么对于偏居东北边地的燕国来讲，其学术面貌如何，是否亦称得上学术中心这样的地位，值得我们加以分析。

一 诗学与易学

西汉前期幽燕地区学术文化繁盛、影响深远的为诗学。《史记·儒林列传》载曰："韩生者，燕人也。孝文帝时为博士，景帝时为常山王太傅。韩生推《诗》之意而为《内外传》数万言，其语颇与齐、鲁间殊，然其归一

[①] 黑琨：《西汉前期诸侯王国学术中心研究》，山东大学博士学位论文，2004。该论文对西汉前期诸侯王国学术中心进行了较为详尽的叙述与分析，对本文撰写有诸多启示与参考。不过，该文中并没有把汉初以梁孝王刘武为首的梁国学术文化作为其中一个中心进行考察。刘广红：《汉代长沙国学术述论》（兰州大学硕士学位论文，2008）一文中，对梁国学术进行了叙述，指出其学术特点表现在三个方面：一是学术人才众多，二是文学繁荣，三是经学发达。这完全符合西汉前期诸侯王国学术中心的基本要求。

也。淮南贲生受之。自是之后，而燕、赵间言《诗》者由韩生。韩生孙商，为今上博士。"《集解》注曰："《汉书》曰：'名婴。'"常山王是指常山宪王刘舜，《集解》引徐广曰："宪王舜也。"《汉书·儒林传》亦载曰："汉兴，言《易》自淄川田生；言《书》自济南伏生；言《诗》，于鲁则申培公，于齐则辕固生，燕则韩太傅；言《礼》，则鲁高堂生；言《春秋》，于齐则胡毋生，于赵则董仲舒。"韩太傅即韩婴，颜师古注曰："名婴也。"《韩诗》与《鲁诗》、《齐诗》同列于学官，为汉初官学三家诗之一。除了燕赵间外，其他地区更是不断传授和传习韩诗。《汉书·儒林传》载曰："赵子，河内人也。事燕韩生，授同郡蔡谊。谊至丞相，自有传。谊授同郡食子公①与王吉。吉为昌邑王中尉，自有传。食生为博士，授泰山栗丰。吉授淄川长孙顺。顺为博士，丰部刺史。由是《韩诗》有王、食、长孙之学。丰授山阳张就，顺授东海发福，皆至大官，徒众尤盛。"

《汉书·艺文志》载"《诗》六家，四百一十六卷"，其中有"《诗经》二十八卷（鲁、齐、韩三家）。《韩故》三十六卷。②《韩内传》四卷。《韩外传》六卷。《韩说》四十一卷③"，总数达百余卷。洪迈《容斋随笔》亦曰："《艺文志》有《韩家诗经》、《韩故》、《内传》、《外传》、《韩说》五书。"对于《诗经》二十八卷（鲁齐韩三家），应劭曰："申公作《鲁诗》，后苍作《齐诗》，韩婴作《韩诗》。"王先谦《汉书补注》曰："此三家全经，并以序各冠其篇首，故皆二十八卷。十五《国风》十五卷，《小雅》七十四篇为七卷，《大雅》三十一篇为三卷，《周颂》三十一篇为三卷，《鲁》、《商颂》各为一卷，共二十八卷也。"《韩诗》二十八卷，这一部分应为韩婴传授诗学的

---

① 宋祁曰："萧该《音义》曰：案：《风俗通》曰：食我，韩公子也。见《战国策》。汉有食子公为博士。食音嗣。"
② （清）王先谦：《汉书补注》，上海古籍出版社，2011，"此韩婴自为本经训诂以别于《内》、《外》者，故《志》首列之。"
③ 《汉书补注》："《韩诗》有王、食、长孙之学，此其徒众所传。"

原始文本，之后的《内传》、《外传》等都是对此所作的阐释和演绎。它对我们分析和认识《韩诗外传》的著述性质有重要参考意义，因为这部分是韩婴言《诗》和堪称诗学者的最有力和最直接的证据。但它往往被研究者所忽略不计。

《韩故》，王先谦认为："此韩婴自为本经训诂，以别于《内外传》者，故志首列之。或以为弟子作，非也。"但我们看《汉书·艺文志》对三家诗的评论："汉兴，鲁申公为《诗》训故，而齐辕固、燕韩生皆为之传。或取《春秋》，采杂说，咸非其本义。与不得已，鲁最为近之。三家皆列于学官。"相比而言，《鲁诗》可谓最接近孔子《诗经》之本义，原因之一就是申公为《诗》训故，而不作《传》。如果韩婴也曾为《诗》训故，即《韩故》，为何班固在讨论韩诗是否合乎孔子《诗经》之本义时，独提韩婴《内外传》？唯一说得通的是，《汉书·艺文志》所言的"《韩故》"非韩婴自著，而是其后学所撰，从命名来讲，韩商的可能性很大。齐诗，就没有《齐故》，仅有《齐后氏故》、《齐孙氏故》，也就是说辕固生仅作诗传，所谓的齐诗训故，就是辕固生的后学者所为。

对于《韩说》，王先谦则认为"《韩诗》有王、食、长孙之学。此其徒众所传"。[1]如《汉书·王吉传》载曰："匪风发兮，匪车揭兮，顾瞻周道，中心怛兮。《说》曰：是非古之风也，发发者；是非古之车业，揭揭者：盖伤之也。"杨树达认为，"按吉学《韩诗》，所引《诗说》，殆即此书（《韩说》）也。又按：宋张端义《贵耳集》卷中云：'《韩诗》有四十一卷，庆历中将作簿李用章序之。'卷数相合，不知即此书否。"[2]虽然有王吉引《韩说》，但并不能说明这就是他所作。我们从上引齐诗作品可以看出，如果是后学所著，必在书名上显现出来，如《齐后氏故》、《齐孙氏故》等。或许《韩说》与

---

① 《汉书补注·艺文志》。
② 杨树达：《汉书窥管》卷三《艺文志》，上海古籍出版社，2013，第208页。

《韩故》一样，同为韩商所为。

徐复观认为，《韩故》与《韩说》为韩婴孙韩商为博士时所集录，[1] 这是有道理的。清人宋翔凤在解释《七略》记"《子夏易传》，韩氏婴也"[2] 与《汉书·艺文志》载"《韩氏》二篇，名婴"的不同时，就推测韩商字子夏，《易传子夏》乃取韩商这一传者题其书名。[3] 目录学家余嘉锡赞同这一认识，他说："此说文义既协，又与《七略》、《汉志》及《儒林》均无不合，千古积疑，至斯可释。韩婴之传而题以韩商之字者，盖商又有所附益，古人家法相传，固多如此。其后弟子题其亲师，因曰《子夏》矣。《七略》说之不详，班固又不云'《易传韩氏》，一曰子夏'，遂使后人附之魏文侯师，而异说纷然并作，古书之不易读如此。"[4] 这进一步证实了这种可能性。

对于《内外传》，其为韩婴作品，是没有问题的。班固的记录更为具体:《韩内传》四卷,《韩外传》六卷，这或得益于刘向、歆父子的文献整理。《隋书·经籍志》载曰："《齐诗》，魏代已亡。《鲁诗》亡于西晋。《韩诗》虽存，无传之者。"又载："《韩诗》二十二卷（下注：汉常山太傅韩婴、薛氏章句）、《韩诗翼要》十卷（下注：汉侯芭传）、《韩诗外传》十卷（下注：梁有《韩诗谱》二卷、《诗神泉》一卷，汉有道征士赵晔撰，亡）。"王先谦补充曰："至南宋后，《韩诗》亦亡，独存《外传》。"[5]《四库全书总目提要·韩诗外传》曰："汉韩婴撰。婴，燕人，文帝时为博士，景帝时至常山太傅。《汉书·艺文志》有《韩故》三十六卷，《韩内传》四卷，《韩外传》六卷，《韩说》四十一卷。岁久散佚，惟《韩故》二十二卷，《新唐书》尚著录。故刘安世称尝读《韩诗·雨无正篇》，然欧阳修已称今但存其《外传》，

---

① 徐复观:《两汉思想史》第三卷，华东师范大学出版社，2001，第5页。
② 王俭《七志》所引，见《唐会要》卷七七载司马贞议言。
③ （清）宋翔凤撰，梁运华点校《过庭录》卷一，中华书局，1986。
④ 余嘉锡《目录学发微·古书通例·汉志著录之书异同及别本单行》，中国人民大学出版社，第206页。
⑤ 《汉书补注·艺文志》。

则北宋之时，士大夫已有见有不见。范处义作《诗补传》在绍兴中，已不信刘安世得见，《韩诗》则亡在南北宋间矣。惟此《外传》至今尚存，然自《隋志》以后，即较《汉志》多四卷，盖后人所分也。"而杨树达提出，"至谓《韩诗》独存《外传》，则非。愚谓《内传》四卷，实在今本《外传》之中。《汉志》内传四卷，外传六卷，其合数恰与今本《外传》十卷相合。盖内外传同是依经推演之词，故后人为之合并，而犹留此痕迹耳。《隋志》有《外传》十卷而无《内传》，知其合并在隋以前矣。"① 这是建立在推测基础上得出来的结论，未必可信。而张舜徽同意这一判断并做了补充论证，他言："杨说是也。古之书籍，在未有雕版印刷以前，皆由手写。抄书者每喜取一人之书，合抄并存，汇为一编，此乃常有之事。抄《韩诗》内外传者，并成一籍，不足怪也。合抄既成，以《外传》多二卷，取其多者为大名，故总题《韩诗外传》耳。"② 有时理论与具体事实是相背离的，故这一补充论证并无说服力。

郑樵《通志》卷六十三《艺文略第一·经类第一》曰："'《韩婴传》二十二卷（薛氏章氏），《毛苌传》十卷，《韩诗内传》四卷，《韩诗外传》十卷，《齐后氏传》三十九卷，《齐孙氏传》二十八卷。'按：后、孙之传其亡已久，必不可得，今存其名，使学者知传注之门户也。今之学者，专溺毛氏，由其不知有他之故。"这说明，郑樵著录《通志》时，《韩诗内传》《韩诗外传》均存在，但《外传》卷数已与《汉书·艺文志》不同，而与《隋志》正同。显然，说其合并在隋以前，是错误的。从《四库全书》所载南宋时期有见有不见这一情况来看，很可能从唐初开始，《韩诗内传》就不怎么流行了，这与《隋志》所言"《韩诗》虽存，但无传之也"是一致的。这也就是说，"《韩诗》虽存"的"《韩诗》"应包括《韩诗内传》，或指的就

① 《汉书窥管》卷三《艺文志》，第 207~208 页。

② 张舜徽：《张舜徽集·广校雠略汉书艺文志通释》，华中师范大学出版社，2004，第 202 页。

是《韩诗内传》。由此我们可以得知,《隋志》"《韩诗外传》十卷"绝不包括《韩诗内传》在内。至于《四库全书》馆臣推论的"后人之分"而成新的《韩诗外传》版本,也是有可能的。屈守元认为,"《韩诗内传》未亡,即在今本《外传》之中一说,实不能成立。前人引《内传》,早者如《白虎通》,其文皆不在今本《外传》之中,唐人《群书治要》所引《外传》无一条为《内传》之文混入者,是隋唐时代,《内传》、《外传》固各自为书也。"① 根据现存辑本,我们还发现,内外传有对同一诗作了相异的解释,这说明二者并非一体。

除了诗学外,韩婴还兼通易学。《汉书·儒林传》载曰:"韩生亦以《易》授人,推《易》意而为之传。燕赵间好《诗》,故其《易》微,唯韩氏自传之。"同书又载曰:"孝宣时,涿郡韩生其后也,以《易》征,待诏殿中,曰:'所受《易》即先太傅所传也。尝受《韩诗》,不如韩氏《易》深,太傅故专传之。'"《汉书·艺文志》记录《易》学十三家,其中就有韩婴之《易》,"《韩氏》二篇。名婴。"沈钦韩亦曰:"《经典序录》'《子夏易传》三卷。'《七略》云'汉韩婴传'。"② 韩氏易学,虽未列于学官,但影响还是很大的。《汉书·儒林传》载曰:"司隶校尉盖宽饶本受《易》于孟喜,见涿韩生说《易》而好之,即更从受焉。"《汉书·盖宽饶传》亦载曰:"是时上方用刑法,信任中尚书宦官,宽饶奏封事曰:'方今圣道浸废,儒术不行,以刑余为周召,以法律为《诗》《书》。'又引《韩氏易传》言:'五帝官天下,三王家天下,家以传子,官以传贤,若四时之运,功成者去,不得其人则不居其位。'"周寿昌曰:"《宽饶传》引韩氏《易传》。"王应麟曰:"《韩婴传》'以《易》授人,推《易》意而为之传。盖宽饶从受焉。'封事引《韩氏

---

① 屈守元:《韩诗外传笺疏》,巴蜀书社,2012,第 1022 页。
② 《汉书补注·艺文志第十》引。

易传》言'五帝官天下，三王家天下'。"① 其实，韩婴的这一易学思想也是有所承继的，沈钦韩曰："《说苑·至公篇》博士鲍白令对秦始皇曰：'天下官则让贤，天下家则世继，故五帝以天下为官，三王以天下为家。'后世官家之称本此。"② 故徐复观指出，"由此可知《韩氏易传》之深，乃在于《易传》中发挥了战国末期盛行于儒家中的天下为公的思想。其《易传》所以传习者少的真正原因在此。"③ 汉初能有韩婴这样传承儒家天下为公思想的经学博士，与其所在地域是分不开的。韩婴为燕人，燕又处在东北边荒之地，无论经济发展还是社会生活，都较中原地区落后。愈是自然地理环境较为偏远，文明进程相对滞后的地域，反而能够较多较好的保存固守着自我的地方特色与文化色调，给予地域学术文化较为坚实、深厚的立足基础，凸显出更加浓郁的地域风情特征。④ 反过来说，儒家天下为公的思想又成了幽燕区域文化的一大亮点，或许对之后的幽燕士人之政治理想及其作为产生了一定影响。

二　纵横学

蒯通，《史记》中既说其为范阳辩士，又载其为齐人。《史记·淮阴侯列传》载曰："范阳辩士蒯通说（韩）信曰：……齐人蒯通知天下权在韩信，欲为奇策而感动之，以相人说韩信曰：……高祖已从豨军来，至，见信死，且喜且怜之，问：'信死亦何言？'吕后曰：'信言恨不用蒯通计。'高祖曰：'是齐辩士也。'乃诏齐捕蒯通。"《汉书·蒯伍江息夫传》载曰："蒯通范阳人也，本与武帝同讳。"颜师古注曰："（范阳）涿郡之县也，旧属燕。通本燕

---

① 《汉书补注·儒林传》引。
② 《汉书补注·儒林传》引。
③ 徐复观：《两汉思想史》第三卷，第112页。
④ 刘广红：《汉代长沙国学术述论》，兰州大学硕士学位论文，2008。

人，后游于齐，故高祖云‘齐辩士蒯通’。”又注曰：“本名为彻，其后史家追书为通。”《汉书》本传又载曰：“帝望见而异之，谓左右曰：‘燕、赵固多奇士。’”这些说明，蒯通为燕国范阳人是没有疑问的，只不过他到过齐国，遂有人亦称其为齐人而已。

蒯通的游说体现在三个方面，一是秦汉之际赵王武臣略地燕赵时，蒯通说服范阳令徐公，结果“燕、赵闻之，降者三十余城。如通策焉”；[①]二是蒯通游说韩信先是夺齐地自立为齐王，接着说服其背汉，与楚汉形成三足鼎立之势，对于后者，韩信并没有听从，结果“天下既定，后信以罪废为淮阴侯，谋反被诛，临死叹曰：‘悔不用蒯通之言，死于女子之手！’”[②]三是蒯通游说齐相曹参纳贤取士，这一条见于《汉书·蒯通传》，其实更早见于《韩诗外传》之中。清人沈钦韩在注《汉书》蒯通本传时，指出：“《韩诗外传》七‘客谓匽生’，即蒯生也。”[③]后人在注释《韩诗外传》时，也认为其中的“匽生”就是《汉书》中记述的蒯通，匽蒯字通。[④]

蒯通不只是一个简单的纵横游说之士，他完全称得上是一位学者。《史记·田儋列传》载太史公曰：“蒯通者，善为长短说，论战国之权变，为八十一首。”《索隐》注曰：“言欲令此事长，则长说之。言欲令此事短，则短说之：故《战国策》亦名曰‘短长书’是也。”又注曰：“《隽永》，书名也。”《集解》注曰：“《汉书》曰：‘号为《隽永》。’永，一作‘求’。”《汉书·蒯通传》载曰：“（蒯）通论战国时说士权变，亦自序其说，凡八十一首，号曰《隽永》。”颜师古注曰：“隽音字兖反。隽，肥肉也。永，长也。言其所论甘美，而义深长也。”《汉书·艺文志》所载纵横十二家中就有：“《蒯子》五篇。名通。”

徐乐，也属纵横家一类。《汉书·艺文志》载纵横家中就有“《徐乐》一

---

① 《汉书》卷四五《蒯通传》。
② 《汉书》卷四五《蒯通传》。
③ 《汉书补注·蒯通传》引。
④ 赖炎元：《韩诗外传今注今译》，台湾商务印书馆，1972，第278页。

篇"。《汉书》本传称其为"燕郡无终人"。① 对此各注疏家解释不一，顾炎武认为："《地理志》无燕郡，而无终属右北平。考燕王定国以元朔二年秋有罪自杀，国除。而元狩六年夏四月，始立皇子旦为燕王。其间为燕郡者十年，而志佚之也。徐乐上书，当作此时，而无终于其时属燕郡，后改属右北平耳。"② 钱大昕基本持有同一认识，但解释略有差异。在他看来，班固《汉书·地理志》所载郡县情况是以西汉元始初为断限的，同时也存在漏记、误记等现象，不可能靠这一志书就能全面反映西汉一代的郡县制情况，所以说："徐乐称燕郡无终，亦其类也。汉初诸侯王封国甚大，涿郡、辽东西、右北平，皆燕故地。韩广封辽东王，都无终，未几即为臧荼所灭，则仍属燕矣。徐乐，武帝时人，其时无终属燕郡，当得其实，未可断以为误。"王念孙则从版本源流考察，认为徐乐属燕人，无"郡"字，同时他还认为徐乐上书是在元光二年，此时燕国尚未改为郡，不得称燕郡也。郡字乃后人所加。王先谦赞同王念孙关于徐乐为燕人而不是燕郡人的分析，但认为其上书应在元光六年而非元光二年。③ 不管怎么说，徐乐为燕人是没有问题的。

西汉前期燕国纵横学说的出现，是有原因的。先秦时代的文化传统对其具有直接影响。④ 幽燕地区，自春秋战国以来，纵横学就比较发达，苏秦就是期间典型代表，蔡泽也是一位重要的纵横家。另外，汉初纵横学盛行对其也有一定影响。杨树达言："边通学短长，蒯通善为短长说，主父偃学长短纵横术，汉初此学盛行如此。"⑤ 当时纵横学说在政治活动中有一定积极作用。许倬云对汉初纵横辩士学说有过精辟分析，他指出："秦汉之际及汉初，伏匿的学者纷纷复出。……其中少数幸而得到机会参加新兴政治势力之中，

---

① 《史记》本传称其为赵人，《论衡·命禄篇》亦称其为赵人，可能王充因袭司马迁《史记》。
② 《日知录》卷三一"徐乐传"。
③ 上述所论见《汉书补注·徐乐传》引。
④ 卢云：《汉晋文化地理》，陕西人民教育出版社，1991，第17页。
⑤ 《汉书窥管》卷三《艺文志》，第212页。

也往往以他们纵横游说的能力，提供实用性的服务。郦食其见信于刘邦，不是以儒术，而是以冯轼说服齐国田荣的功劳。陆贾以客从高祖，善口辩，常为汉出使诸侯，尤以出使南越，说赵佗归汉，以及晚年调和陈平、周勃以安刘氏二事为毕生事业所在。"①

不过这一盛行是短暂的，根本原因是它无法与大一统社会制度相适应。所以秦始皇、汉武帝都曾对其发出过"禁令"。《史记·李斯列传》载丞相李斯上书言禁私学："入则心非，出则巷议，非主以为名，异趣以为高，率群下以造谤。如此不禁，则主势降乎上，党与成乎下。禁之便。"《汉书·武帝纪》亦载曰："建元元年冬十月，诏丞相、御史、列侯、中二千石、二千石、诸侯相举贤良方正直言极谏之士。丞相绾奏：'所举贤良，或治申、商、韩非、苏秦、张仪之言，乱国政，请皆罢。'奏'可'。"以纵横家起步的主父偃曾到过燕国，但并未受到应有的礼遇。《史记·平津侯主父列传》载曰："主父偃者，齐临菑人也。学长短纵横之术……乃北游燕、赵、中山皆莫能厚遇，为客甚困。"他后学"《易》、《春秋》百家言"，②最终以儒家思想而入仕途，"临淄主父偃，皆以《易》至大官"。③

史学家班固从学术自身特征认识到了纵横学说的局限性，"纵横家者流，盖出于行人之官。孔子曰：'诵《诗》三百，使于四方，不能专对，虽多亦奚以为？'又曰：'使乎，使乎！'言其当权事制宜，受命而不受辞，此其所长也。及邪人为之，则上诈谖而弃其信。"④《汉书·张汤传》载曰："边通学短长。"应劭注曰："短长术兴于六国时，长短其语，隐谬用相激怒也。"张晏注曰："苏秦、张仪之谋，趣彼为短，归此为长。《战国策》名短

---

① 许倬云：《秦汉知识分子》，载胡晓明、傅杰主编《释中国》第三卷，上海文艺出版社，1998，第1885页。
② 《史记》卷一一二《平津侯主父列传》。
③ 《汉书》卷八八《儒林传》。
④ 《汉书》卷三〇《艺文志》。

长术也。"边通与他人以"阴事"而揭发张汤，主父偃亦曾以"阴事"告发燕王，得以获禄，正显示出纵横家邪人为之而带来的负面影响。甚至司马迁、班固把蒯通也算作纵横家中的所谓"邪人"，故对其评价甚低。司马迁言："甚矣蒯通之谋，乱齐骄淮阴，其卒亡此两人！"[①]班固亦言："仲尼'恶利口之覆邦家'，蒯通一说而丧三俊，其得不亨者，幸也。"[②]当然这有失公允，他们没有看到蒯通游说齐相曹参纳贤取士所起到的积极意义。可以说，汉初齐国之所以能出现学术繁荣，这里面应有蒯通的一份贡献。同时，蒯通说服范阳令徐公降于赵王武臣，燕赵闻之而降者三十余城，这对于当地社会发展和民众安定，以及秦汉之际燕赵地区大一统是有一定积极意义的。

三　其他学术成就

《汉书·隽不疑传》载曰："隽不疑字曼倩，勃海人也。治《春秋》，为郡文学，进退必以礼，[③]名闻州郡。"按照《汉书·地理志》记载，勃海属幽州。始元五年（前82年），有一男子冒充卫太子，京城围观者数万人。当时诸多官吏不敢决断。而隽不疑到达现场，立即下令拘捕。有的人劝谏他说："是非未可知，且安之。"不疑曰："诸君何患于卫太子！昔蒯聩违命出奔，辄距而不纳，《春秋》是之。卫太子得罪先帝，亡不即死，今来自诣，此罪人也。"颜师古曰："蒯聩，卫灵公太子，辄，蒯聩子也。蒯聩得罪于灵公而出奔晋。及灵公卒，使辄嗣位，而晋赵鞅纳蒯聩于戚，欲求入卫。鲁哀公三年春，齐国夏、卫石曼姑帅师围戚。《公羊传》曰：'曼姑受命于灵公而

---

① 《史记》卷九四《田儋列传》太史公曰。
② 《汉书》卷四五《蒯通传》。
③ 《汉书补注》引宋祁曰："邵本无'必'字。"

立辄，曼姑之义固可以距蒯聩也。辄之义可以立乎？曰可。奈何不以父命辞王父命也。’”昭帝与大将军霍光闻而嘉之，曰："公卿大臣当用经术明于大谊。"① 遂盛名大振，威重朝廷。② 清人唐晏认为隽不疑的《春秋》学不知属何宗派。③ 但从这一点来看，隽不疑的《春秋》学很可能属《公羊春秋》。

《汉书·鲍宣传》载曰："鲍宣字子都，渤海高城人也。④ 好学明经，为县乡啬夫，守束州丞。⑤ 后为都尉太守功曹，举孝廉为郎，病去官，复为州从事。"鲍宣，西汉末年人，曾任谏大夫、豫州牧、司隶，最终因不入王莽新朝为仕而被迫自杀。在位期间，他几次上书劝谏帝王远离贵戚，而重用贤臣能士，其中内容也反映了他的一些经学思想。如他提出的"民有七亡"⑥"又有七死"这一重要思想，得出："民有七亡而无一得，欲望国安，诚难；民有七死而无一生，欲望刑措，诚难。"他在上书中频频引经据典，如"天下乃皇天之天下也，陛下上为皇天子，下为黎庶父母，为天牧养元元，视之当如一，合《尸鸠》之诗"，⑦ "惟陛下少留神明，览《五经》之文，原圣人之至意，深思天地之戒"，等等。所以，汉哀帝称其为"名儒"。鲍宣经学突出的另一个体现，就是他授受他人，拥有一批弟子。当他因干涉丞相孔光官署私自行天子驰道这一事件，导致他被捕入狱。这时，"博士弟子济南王咸举幡太学下，曰：'欲救鲍司隶者会此下。'诸生会者千余人。"⑧ 挽救了鲍宣一次。

又《论衡·命禄篇》载曰："儒者明说一经，习之京师，明如匡稚圭，

① 《汉书补注》："先谦曰：句似未了，疑有夺文。《通鉴》作'当用有经术明于大谊者'，《汉纪》作'当用经术士方明于大义'。"
② 以上均见《汉书》卷七一《隽不疑传》。
③ （清）唐晏：《两汉三国学案》卷九《春秋》，中华书局，1986。
④ 《汉书补注》："先谦曰：'官本《考证》高城，《地理志》作高成'。先谦案，在今天津府盐山县东南。"
⑤ 《汉书补注》："先谦曰：在今河间府河间县东北四十里，俗名如林乡。"
⑥ 颜师古注曰："亡谓失其作业也。"
⑦ 颜师古注曰："《尸鸠》，《曹国风》之篇也。"
⑧ 以上引文均见《汉书》卷七二《鲍宣传》。

深如赵子都，初阶甲乙之科，迁转至郎博士。"黄晖注释《论衡》引孙（笔者注：孙诒让或孙蜀丞）曰："赵子都乃赵广汉也。广汉廉吏，《汉书》本传无明经之语，亦无郎博士说，未知仲任何据。又《儒林传》云：'赵子，河内人，事燕韩生。'盖通《韩诗》者也，他事不详。岂后人误认赵子为广汉而加'都'字欤？"又引杨树达曰："'赵'盖'鲍'字之误。《汉书·鲍宣传》：'宣字子都，好学，明经，举孝廉，为郎。'与仲任所言正合。'赵'、'鲍'音近致误。"①清人王先谦《汉书补注》引沈钦韩曰："《论衡·命禄篇》：'赵子都明经，阶甲科，至郎、博士。'宋邵博《闻见后录》：'今章奏不当名赵广汉。案《国史会要》：本朝，广汉之后也。'"杨树达的分析是有道理的。如果指赵广汉，班固在其传里不可能不涉及其明经这么重要的事情。东汉初年政治方面最大一个特色就是统治者重经取士，这样的政治导向不可能对班固撰写《汉书》没有影响。班固对鲍宣的经学思想及其支配下的为吏之道作了重点叙述，恰好说明这一点。而对赵广汉，载其"为人强力，天性精于吏职"，②但终以此败，显然缺少经学的打磨与陶冶。

鲍宣世家明经通术。鲍宣的儿子鲍永，"少有志操，习《欧阳尚书》"。史载其为上党屯留人，这源于东汉初年他举家从渤海迁到这里，"与诸将及同心客百余人诣河内"。鲍永儿子鲍昱，"少传父学，客授于东平"。③

《汉书·韩延寿传》载曰："韩延寿字长公，燕人也，徙杜陵。少为郡文学。"其父韩义为燕国郎中，因谏燕王刘旦不要谋逆而被燕王处死。④昭帝即位，大将军霍光辅政，魏相上书荐韩延寿，理由是其父在世时体现出来的冒死强谏之义节，堪称比干。于是，韩延寿被提拔为谏大夫，后迁淮阳太守、颍川太守，治甚有名。据《汉书·宣帝纪》载，"元康元年（前

---

① 参见黄晖《论衡校释》卷一《命禄篇》，中华书局，1990，第23页。
② 《汉书》卷七六《赵广汉传》。
③ 《后汉书》卷二九《鲍永传》。
④ 《汉书》卷六三《武五子传》亦载曰："郎中韩义等数谏旦，旦杀义等凡十五人。"

65）春，以杜东原上为初陵，更名杜县为杜陵，徙丞相、将军、列侯、吏二千石、訾百万者杜陵。"韩延寿徙杜陵应是其中之一。这也说明至少宣帝元康元年之前，他是生活在燕国（燕郡或广阳国）。从刘旦谋反过程记述来看，韩义大约死于昭帝刚刚即位之时，即始元元年（前86），这距宣帝元康元年约有21年，也就是说举家徙杜陵时，韩延寿约30岁左右。那么文献记载的"少为郡文学"的"郡"应指燕郡，他的学术文化应是在燕地形成的。

虽然文献对韩延寿在燕地的生活学习没有记录，但我们可从他之后任职各地太守的情况中窥测一些。韩延寿任职颍川太守，治理颍川时，"教以礼让"、"接以礼意"、"议定嫁娶丧祭仪品，略以古礼"；任东郡太守时，"延寿为吏，上礼义，好古教化，所至必聘其贤士，以礼待用，广谋议，纳谏争；举行丧让财，表孝弟有行；修治学官，春秋乡社，陈钟鼓管弦，盛升降揖让，及都试讲武，设斧钺旌旗，习射御之事。"[1] 所谓"修治学官"，颜师古注曰："学官，谓庠序之舍也。"王先谦《汉书补注》引周寿昌云："学官亦谓学舍。汉学校立官，肇自董仲舒，见《仲舒传》，实京师学校也。郡县立学官始文翁，见《文翁传》。"可见，韩延寿对礼很重视，运用得也很好，关注当地教育发展，这些为吏之道反映了他的一些儒家思想。说韩延寿少时明经，是没有问题的。

清人唐晏曾给予韩延寿很高的评价，他言："汉代经学始于武帝，实本于文翁。文翁者，经学之鼻宗也。夫士生斯世，苟有肩任斯道之志，则位不在高。如文翁者，能以学化民，民自成为风俗。昔孔、孟皆以匹夫任斯道，遂与尧、舜比隆。文翁所为，又何足异？昔韩延寿治东郡，考其所行，亦一文翁也。乃延寿遭萧望之之忌，而不获其死；文翁以居远郡，遂成其名。

---

① 《汉书》卷七六《韩延寿传》。

有幸不幸耳。未可以甲此而乙彼焉。"①他还认为，"延寿，《汉书》置之赵广汉、尹翁归之列，最为无识。夫延寿所为，乃三代以上所以为治也。昔子游之治武城、子贱之治单父，盖如是。两汉一下，孰复解此？宜乎为萧望之所忮而必欲败之也。然而延寿能闭阁思过于子民，而独不能思过于望之之劾，遂致以暴易暴，则不足称述矣。然而是不能徒责韩、萧，固宣帝之过耳。宣帝以法律治天下，自难以望以帝王礼乐之盛焉。"②在霸王道杂之的政治环境下，我们很难分清孰过孰冤。作为燕人的韩延寿，不可能不受当地社会风习的影响，说其"以暴易暴"亦未尝不可。

《汉书·王尊传》载曰："王尊字子赣，涿郡高阳人也。少孤，归诸父，使牧羊泽中。尊窃学问，能史书。年十三，求为狱小吏。数岁，给事太守府，问诏书行事，尊无不对。太守奇之，除补书佐，署守属监狱。久之，尊称病去，事师郡文学官，治《尚书》、《论语》，③略通大义。复召署守属治狱，为郡决曹史。数岁，以令举幽州刺史从事。而太守察尊廉，补辽西盐官长。数上书言便宜事，事下丞相御史。"

王尊，元帝、成帝时期人，先后任书佐、涿郡决曹史、幽州刺史从事、辽西盐官长、安定太守、益州刺史、东平王相、司隶校尉、谏大夫、徐州刺史、东郡太守等职。少时好学，能史书。后"事师郡文学官，治《尚书》、《论语》，略通大义"，颜师古注曰："郡有文学官，而尊事之以为师也。"④诸如涿郡这样的地区，还设有文学官。这也是为何西汉中后期曾有人"北游燕赵，欲循行郡国求隐之士"。⑤如《汉书·王莽传上》载曰："及长乐少府戴崇、侍中金涉、胡骑校尉箕闳、上谷都尉阳并、中郎陈汤，皆当世名士，咸为莽

① 《两汉三国学案》卷九《春秋》。
② 《两汉三国学案》卷十一《明经文学列传》。
③ 《两汉三国学案》卷四《尚书》载，王尊、卢植、高诱等，"以上皆习尚书，不知宗派，亦不详授受"。
④ 《汉书》卷七六《王尊传》。
⑤ 《汉书》卷八〇《宣元六王传》。

言。……涿郡崔发、南阳陈崇皆以材能幸于莽。"

除了以上有专传的明经之士外，还有一些记述较为简略，但也值得我们关注的儒士及其著述成就。如《汉书·艺文志》载："《雅琴赵氏》七篇。名定，渤海人，宣帝时为丞相魏相所奏。"王先谦《汉书补注·艺文志》引王应麟曰："刘向《别录》'宣帝元康、神爵间，丞相奏能鼓琴者，勃海赵定、梁国龙德皆召入见温室，使鼓琴待诏。定为人尚清静，少言语，善鼓琴，时间燕为散操。'向有《雅琴赋》，见《文选注》。"又引沈钦韩曰："《长门赋》注引《七略》曰'雅琴，琴之言禁也，雅之言正也，君子守正以自禁也'。"还有不知作者的著述，如"《燕代讴雁门云中陇西歌诗》九篇"。《汉书·艺文志》载曰："自孝武立乐府而采歌谣，于是有代赵之讴，秦楚之风，皆感于哀乐，缘事而发，亦可以观风俗，知薄厚云。"沈钦韩曰："《上林赋》'文成颠歌'，文颖注：'文成，辽西县名，其县人善歌。'《宋志》有《雁门太守行歌洛阳令王涣》。盖本有此曲，后汉取其音节以祠王涣尔。《乐府·瑟调曲》有《陇西行》。"王先谦曰："魏曹植、晋陆机《拟出自蓟北门行》。蓟，古燕国也。"①

从上述分析来看，我们不能否认战国燕国学术在汉初继续传承和发展。《汉书·艺文志》又载"《论语》十二家，二百二十九篇"，其中有"《燕传说》三卷"。又载"右法十家，二百一十七篇"，其中有"《燕十事》十篇"。这说明，汉初燕国还有传授《论语》的儒者，法家之学也是存在的。故蒙文通指出："至讲《诗》的《韩诗》，他是燕国的学问，韩生又兼传《易》，《论语》里面又有《燕传说》三篇，足见燕国的学术也还是很盛，有《诗》有《易》有《论语》。"②当然，如果与汉初诸如楚、齐、淮南、河间等诸侯王国学术繁荣相比，无论从学者数量，还是学术著作，都无法比拟。

① 《汉书补注·艺文志》。
② 蒙文通：《经学抉原·经学导言》，上海人民出版社，2006，第23页。

　　然就诗学来看，韩诗不仅成为西汉前期列于官学的三家诗之一，而且还具有自身独特的学术文化内涵，传世最久，学术生命力旺盛，留存至今的汉初三家诗学作品仅有《韩诗外传》了。这些特征的形成与幽燕区域文化是分不开的。以往关于韩诗研究，成果很多，但缺乏从区域史视角对其进行考察。①

（北京市社会科学院历史所）

① 　白云娇：《二十世纪以来〈韩诗外传〉研究述评》，《中国社会科学院研究生院学报》2009年第5期。

《风俗通义》的文献价值

董 焱

应劭，东汉汝南南顿人，生于累世通显的官僚世家，《后汉书》本传称其"少笃学，博览多闻"。一生著作颇丰，而《风俗通义》是其中重要的一部书。以"辩风正俗"为宗旨的《风俗通义》所展现的社会内容广阔而丰富，对我们了解汉代的社会生活和文化思潮有着重要的文献价值。

今天存世的《风俗通义》的刻本以北京图书馆收藏的元大德无锡学刻本为最古，书前有元中议大夫、江南浙西道肃政廉访副使谢居仁题辞和元太中大夫、行都水监李果序；书后有南宋嘉定十三年丁黼和清黄廷鉴跋。尤其丁、黄二跋是研究其版本流传的重要资料，今本大多以此本为底本。谢居仁题词写在大德九年，李果序迟后二年。李序中提到无锡学先刊刻了《白虎通义》，接着又刻了《风俗通义》，把两书视作姊妹篇。《风俗通义》这一刻本错讹不少，但这不应归咎于刊刻者，而是毛希圣、刘平父依据的本子所使然。他们的刻书底本是丁黼本。据丁黼跋，他在余杭从会稽陈正卿那里借到《风俗通义》一个本子，陈正卿得之于中书徐渊子。这个本子讹舛已甚，他爱其近古，抄录下来。在中都，他又得到馆中本和孔复君寺丞本，用这两个本子与原抄本相比勘，始能句读，并在夔地刊刻。无锡学刻本的优劣，实际上是由丁黼刻本所决定的。

关于元刻本，吴树平认为："元刻本只有大德本，大德本只有一刻。但潘景郑先生在《著砚楼书跋》中说：'《风俗通》，以元大德本为最古，大德本有两刻，一大字本，每半叶九行，行十七字。一小字本，每半叶十行，行十六字，即拜经楼藏书。'《拜经楼题跋记》卷四记载有'每叶二十行，行十六字'的大德本，并说'前有应劭自序，元大德丁未太中大夫、行都水监李果序，后有宋嘉定十三年东徐丁黼跋'。后来莫友芝《邵亭知见传本书目》也据此加以著录。丁丙《善本书室藏书志》和郝懿辰《增订四库全书简明目录标注》等书也肯定了元刻小字本的存在，这似乎已成为公论。但是，校勘过《风俗通义》的卢文弨、朱筠都没有提及大德本有两刻，卢文弨见过大德本，用它跟胡文焕本互校。朱筠藏有大德本，曾拿它与《汉魏丛书》本互校。他们很了解元刻本，却都未曾提到大德本有大小字之分。黄廷鉴在大德本《风俗通义》跋语中也只说'余向知二书［指《白虎通义》和《风俗通义》］有元人大字合刻本'，道光八年夏得到了这一刻本，他也没有谈到大字本外还有小子本。这应该不是偶然的巧合。"①

明代，《风俗通义》刻本迭出，明刻单行本、胡维新《两京遗编》本、何允中《汉魏丛书》本、程荣《汉魏丛书》本、胡文焕《格致丛书》本、朗璧金堂策槛本都是十卷本中有代表性的刻本。另外还有吴琯《古今逸史》本，是四卷本，为晚出的四卷本的祖本。人们所传元大德小字本，极可能就是明代的单刻本。明刻本虽然很多，但都源于元大德本。卢文弨校《风俗通义》，用胡文焕本为底本，他发现胡文焕本脱误甚多，略以程荣本稍作补缀，后又校以元大德本，认为二本殊无大异。大德本存在的讹脱衍倒，明刻本偶有纠正，但大多数地方是沿袭下来。就整体而言，明刻本都逊色于大德本。清康熙七年汪士汉有《秘书廿一种》，则是据《古今逸史》本重编印本。

---

① 吴树平：《秦汉文献研究》，齐鲁书社，1988，第326页。

今人《风俗通义》的整理本则有王利器《风俗通义校注》和吴树平《风俗通义校释》。王书前有一篇《叙例》，书后有作者辑佚编排的《风俗通义》佚文和附录。尤其值得注意的是这些佚文不仅针对苏颂考出的二十篇佚文篇目进行了编排整理，还对今本十卷中《声音篇》、《祀典篇》的内容做了补充。吴书前有《叙例》，书后有佚文、附录、校释辑佚引用书目和简称、人名索引、引书索引，使用起来很方便。相较吴书的附录，王书中没有黄廷鉴跋和陆心源的《风俗通义篇目考》，而收录了自《后汉书·应劭传》起，历代一些官私目录以及笔记中关于《风俗通义》的著录和论说，尤以清人的最多。

一 《风俗通义》的卷数和篇目

今天传世的《风俗通义》，有四卷本与十卷本两个系统。除了明吴琯《古今逸史》本和清汪士汉《秘书廿一种》本是四卷本之外（后者是于康熙七年据《古今逸史》版重编印本），其他的刻本都是十卷本，在书前还有一篇应劭所作的序文。可见四卷本系统未能形成深远影响。关于《风俗通义》的卷数，今本序中记载说："私惧后进，益以迷昧，聊以不才，举尔所知，方以类聚，凡一十卷，谓之《风俗通义》。"宋代的官私著录，如《崇文总目》、《郡斋读书志》、《直录书斋解题》、《文献通考》也都记为十卷。但是《风俗通义》实际的卷数远不止此，从有宋以前的文献提供的材料中不难找到证据。最早著录《风俗通义》的是《隋书·经籍志》，归入子部杂家类："《风俗通义》三十一卷，录一卷，应劭撰。梁三十卷。"《旧唐书·经籍志》丙部杂家类著录："《风俗通义》三十卷，应劭撰。"而由宋人编修的《新唐书·艺文志》丙部杂家类也著录为："应劭，《风俗通义》三十卷。"我们看到《隋书·经籍志》和两《唐志》的记载存在着差异：即《隋志》比两《唐志》多记录了一卷。《隋志》说："录一卷。"意思是说三十一卷中包括一卷录；而两《唐志》没有著录这卷录。"一卷之差，在于录的加减。"① 吴树平的看法是精到的。全书原来有三十卷，按照篇、卷相对应，每卷为一篇，共有三十篇，如果加上录，全书则为三十一卷、三十一篇。

对于《风俗通义》在流传过程中是否有亡佚，前人的看法也存在差异。章学诚在《校雠通义·补郑篇》中说："应劭《风俗通义》，劭自序实止十卷，《隋书》亦然，至《唐志》乃有三十卷。又非有疏解家为之离析篇第，其书安所得有三倍之多乎？"在此，章氏否定了《旧唐书·经籍志》和《新唐书·艺文志》的记载，也把《隋书·经籍志》的记载弄错了，过于相信今本应劭的序文。而大多数学者则信从了上述史志目录的记载，认为《风俗通义》最初是三十卷，只是在流传的过程中大量的亡佚了。除了史志书目的记载，我们还可以在类书中找到相关的证据。梁人庾仲容《子抄》中大量选录了《风俗通义》，它没有记载各篇的篇名，却保留了卷第，共为三十一卷；唐人马总《意林》的残卷中也记载"《风俗通义》三十一卷"。这进一步说明，《风俗通义》全书不并录计算，原为三十卷，只是在流传的过程中大量亡佚，今天的十卷本只是其中的一小部分。如果我们根据卷、篇相对应的规律看，三十卷的内容，应该有三十篇。也就是说在魏徵撰修《隋书》的时候，他看到的《风俗通义》有三十篇内容。实际的情况是否如此，这就需要把篇目考察清楚。

宋代苏颂在其《苏魏公集》卷六十六中撰有《校风俗通义题序》一文，记录了《风俗通义》的篇目。当时庾仲容《子抄》、马总《意林》还完备，但是《子抄》只著卷第，凡三十一，而不记篇名；《意林》则仅存篇名，而无卷第。苏颂用这两书来校他所见的《风俗通义》的本子，并记录在《题

---

① 吴树平：《秦汉文献研究》，齐鲁书社，1988，第304页。

序》中。他所见的本子，除了《皇霸》一篇，与在《子抄》中的卷次同为第一之外，余者皆与《子抄》中的卷次不同，分别是《正失》第二，《子抄》云第六；《愆礼》第三，《子抄》云第八；《过誉》第四，《子抄》云第七；《十反》第五，《子抄》云第九；《声音》第六，《子抄》云第十三；《穷通》第七，《子抄》云第十五；《祀典》第八，《子抄》云第二十；《神怪》第九，《子抄》云第三十一（不算录，应是三十）；《山泽》第十，《子抄》云第二十四。《子抄》中记载的卷次可能是《风俗通义》原貌，苏颂所见本的篇名除《神怪》篇与今本《怪神》篇有差异外，其余的篇名都一样。《题序》还记载《祀典》在《意林》中作《仪礼》。

《题序》记述了苏颂所见本的卷次后，又根据《意林》列举了其余各篇的篇名，分别是：《心政》《古制》《阴教》《辩惑》《折当》《恕度》《嘉号》《徽称》《情遇》《姓氏》《讳篇》《释忌》《辑事》《服妖》《丧祭》《宫室》《市井》《数纪》《新秦》《狱法》。共二十篇，连同保存下来的十篇，凡三十篇。按一卷一篇计算，加上一卷录，正与《隋书·经籍志》的记载相符。

在清代，较早留意《风俗通义》篇目的应该是卢文弨，他在《群书拾补·风俗通佚文》中考出三篇篇名，一曰"论数"，下面注云："……论数当是篇名"。[1] 卢文弨是根据《太平御览》卷六百九十七中的一段文字断定的："《风俗通》论数曰：'踦者，奇也，履舃之一也。'"翻检一下《太平御览》，就会发现在它征引《风俗通义》一百多处中，都没有列举篇名，那么这一条也应该不例外。也就是说此处的"论数"并非指的是篇名。二曰"灾异"，下面注云："……故知当有灾异一篇"。[2] 卢文弨根据《续汉书·五行志》中的一段话："故太山太守应劭、给事中董巴、散骑常侍谯周并撰建武以来灾异。"此处的"灾异"也不应看作篇名。三曰"氏姓"，下面注云："《广韵》

---

① 卢文弨：《群书拾补·风俗通佚文》，《丛书集成初编》本，中华书局，1985，第 676 页。
② 卢文弨：《群书拾补·风俗通佚文》，《丛书集成初编》本，中华书局，1985，第 716 页。

十二齐部云《氏姓》篇，《史记·荀卿列传》集解引应劭氏姓亦即此篇，《困学纪闻》引宋景文说云《姓氏》篇"。① 由此可见，卢文弨考得的三篇篇名，有两篇是不足信的。

清人陆心源也曾提到《风俗通义》的篇名，《仪顾堂集》卷二有《风俗通义篇目考》。在这篇文章中，他首先肯定了苏颂校定的十卷本即今所行本，还指出钱大昕、孙诒让、卢文弨的辑佚考订未能详备。他根据《苏魏公集》中《校风俗通义题序》一文考出《皇霸》，《正失》，《愆礼》，《过誉》，《十反》，《声音》，《穷通》，《祀典》，《怪神》，《山泽》十篇篇名；又根据《意林》列举了其余二十篇的篇名。随后指出"御览所引《论数》，当即《数纪》篇，卢氏据续汉五行志增《灾异》一目，恐未必然也"。② 陆心源并没有提出新的材料，但有一点值得注意，《题序》中《徽称》、《情遇》、《释忌》三篇篇名，陆文作《秽称》、《恃遇》、《释忘》。考察内容，以《释忌》，《情遇》和《秽称》为确。关于佚篇的篇名，有差异的还有《姓氏》。对这一篇名，苏颂、陆心源并无异辞，但它与其他书籍所记或同或异。《史记·司马相如列传》正义云：

> 《风俗通·姓氏》云："《汉书》有谏大夫所忠氏。"

另外，《宋景文公笔记》中引《萧该音义》、《齐东野语》卷一"段干木"条皆云《风俗通义》有《姓氏》一篇。这与苏颂、陆心源的记载相同。不同的记载则有，《史记·老子列传》集解云：

> 《风俗通·氏姓》注云姓段名干木，恐或失之矣。天下自别有段

① 卢文弨：《群书拾补·风俗通佚文》，《丛书集成初编》本，中华书局，1985，第677页。
② 王利器：《风俗通义校注》，中华书局，1981，第648页。

姓，何必段干木邪？

又同书《荀卿列传》集解引徐广说注"剧子"云：

按应劭《氏姓》注直云"处子"也。

还有《广韵》卷一齐第十二云：

齐……又姓，《风俗通·氏姓篇》序曰："四氏于国，齐、鲁、宋、卫是也。"

《新唐书·柳冲传》载柳芳论氏族云：

初，汉有邓氏《官谱》，应劭有《氏族》一篇，王符《潜夫论》亦有《姓氏》一篇。宋何承天有《姓苑》二篇。谱学大抵具此。

此又作"氏族"。从佚文来分析，《姓氏》《氏姓》和《氏族》三称，究竟哪一个为是，难于判断。卢文弨所刻《风俗通佚文》作《氏姓》，张澍辑集的姓氏佚文则作《姓氏》，两人都没有就这一分歧的篇名进行探讨。王符的《潜夫论》有一篇专谈姓氏的文字，题作"志氏姓"。应劭与王符同为东汉末年人，应劭对姓氏的认识与《志氏姓》篇首的议论有明显的共同之处，很可能应劭也是以"氏姓"名篇的。[1]

---

[1] 吴树平：《秦汉文献研究》，齐鲁书社，1988，第310页。

二 《风俗通义》的佚文

对于《风俗通义》的辑佚，清人做了很多有意义的工作。钱大昕采集佚文六百余条，其中姓氏过半，孙志祖、卢文弨在此基础上又作了订补。钱、孙、卢三家的辑本贡献很大，虽然也存在着遗漏，但为后人的辑佚奠定了很好的基础。其后又先后有张澍、缪荃孙、王仁俊、顾怀三等人对此用功，把这项工作向前推进了一步。张澍的《风俗通姓氏篇》对其作了编辑和补注，用功很深。仔细研读这些佚文的内容，大致可以按照类别编排，并与佚文的二十篇目联系起来。虽然已不可能恢复《风俗通义》的原貌，但对我们继续研究和使用这本书提供了便利。

这些佚文中，《氏姓》保留下来的文字最多，约万字，主要记载在《元和姓纂》《古今姓氏书辩证》《通志·氏族略》《姓氏急就篇》《姓解》《姓觿》等书的专篇中，而且它前面的总论，常被后世所引用：

> 万类之中，惟人为贵。《春秋左氏传》："官有世功，则有官族，邑亦如之。"《公羊》讥卫灭邢，《论语》贬昭公娶于吴，讳同姓也。盖姓有九：或氏于号，或氏于谥，或氏于爵，或氏于国，或氏于官，或氏于字，或氏于居，或氏于事，或氏于职。以号，唐、虞、夏、殷也；以谥，戴、武、宣、穆也；以爵，王、公、侯、伯也；以国，齐（一作"曹"）、鲁、宋、卫也；以官，司马、司徒、司寇、司空、司城也；以字，伯、仲、叔、季也；以居，城、郭、园、池也；以事，巫、卜、陶、匠也；以职，三乌、五鹿、青牛、白马也。（《太平御览》卷三百六十二）

这一论述，总结了前人对姓氏起源的认识。在东汉一代，如此系统的见解，仅见于《风俗通义》和王符的《潜夫论·志氏姓》。其余的文字分论了近五百个姓氏，几乎每一姓氏都有其代表人物，许多姓氏还交代了起源、传承、变异等情况。《辩惑》，顾名思义，即辩解疑惑。这一部分有多条文字，涉及的内容也很丰富。如《太平御览》卷三百八十七引云：

> 传曰："后稷冬垦田，流汗而种，田不生者，人力非不至，天时不与。"

《古制》指自古传承下来的社会规范和相关制度，有关行政、职官的佚文应属本《太平御览》卷一百五十七引《风俗通义》云：

> 《周礼》："五党为州。"州，畴也；畴，类也。州有长，使之相周足也，字从重川。尧遭洪水，居水中高土曰州。

《狱法》流传下来的佚条也是较多的。这些佚条，可以分为两部分，一部分属于本篇的总论，讲述了远古皇王效法天地而作刑和从禹舜到西汉初年萧何定律的历史，以及对律、令、吏、狱、廷、囚、罪、械、桎的认识。另一部分是本篇的主体，为汉代人治狱的案例。其他还有记载何武、胡广、薛宣、齐君的决狱事例，都可以归入此篇。

《宫室》，涉及城郭、街道、居室、门户等内容。《太平御览》卷一百七十四引云：

> 《论语》："夫子宫墙数仞。"《礼记》："季武子入宫，不敢哭。"由是言之：宫，室，一也。秦、汉以来，尊者以宫为常号，下乃避之云

室耳，已前贵贱无别。《弟子职》曰："室中握手。"《论语》曰："譬如宫墙。"由此言之：宫其外，室其内也。

这段文字解释了宫、室的区别。

《服妖》，"风俗狂慢，变节易度，则为剽轻奇怪之服，故有服妖"，[①] 奇装异服的现象叫作"服妖"，描写的都是时人关于奇异服饰的现象。

《数纪》，介绍了数的概念和度量衡的常识。

《丧祭》有关丧葬祭祀的礼俗。

《市井》，对市井专有解释，货物的交易场所叫市井，还记叙了对井田制度的认识。《太平御览》卷一百八十九引云：

井，法也，节也，言法制居人，令节其饮食，无穷竭也。久不渫涤为井泥，《易》云："井泥不食。"不停污曰井渫，《易》云："井渫不食。"涤井曰浚井，水清曰冽井，《易》云："井冽寒泉。"甃，聚砖修井也，《易》云："井甃无咎。"

《太平御览》卷一百九十一引云：

市，恃也，养赡老少，恃以不匮也。亦谓之市井。俗说：市井者，谓至市鬻卖者，当于井上洗濯，令其物香洁，及自严饰，乃到市也。谨案：《春秋井田记》："人年三十，受田百亩，以食五口，五口为一户，父母妻子也。公田十亩，庐舍五亩，成田一顷十五亩，八家而九顷二十亩，共为一井。庐舍在内，贵人也；公田次之，重公也；私田在

---

① 《汉书·五行志》。

外，贱私也。井田之义：一曰无泄地气，二曰无费一家，三曰同风俗，四曰合巧拙，五曰通财货。因井为市，交易而退，故称市井也。

这条是研究井田制的重要史料，又见于《初学记》卷二十四、《后汉书·循吏刘宠传》李贤注以及《杜工部草堂诗笺》卷一十八等书。

《恕度》，恕度即宽容，要求推己及人、仁爱待物。

《辑事》是对民间逸事旧闻的收集整理。

除了上述十一篇佚篇，其他的九篇佚文中，《释忌》《情遇》《秽称》如前文所论述的，分别讲的是民间的禁忌、情感的遇合和污秽的称呼。《嘉号》则是论说"圣人""大人""贤人""长者""先生""祭酒""丈人""丈夫"一类嘉美之称的专篇。《讳篇》，从有关的佚文看，是为旧君讳。只有个别佚条，如《阴教》、《新秦》等佚文仅存一二条。

在辑佚过程中，同一条佚文，各书所引往往出入较多，就是同一书前后的引文也时有出入。对《风俗通义》佚文，还需要去伪存真，因为各书所引羼入为数不多的伪条。如《太平御览》卷七百三十八引皇甫谧服寒食散条就不是《风俗通义》中的文字。

三 《风俗通义》的文献价值

应劭作《风俗通义》是为了通过纠正"流俗之过谬"，使天下礼俗"咸归于正"，来实现他的社会政治理想。在时人的有关著作中，关于当时风俗的记述，少有比此书丰富的了，为我们研究汉代社会生活状况和文化面貌提供了丰富的史料。《风俗通义》保留了秦汉典籍中大量文献，有利于我们了解更多的历史文化信息。如：

《春秋运斗枢》说："伏羲、女娲、神农，是三皇也。"皇者天，天不言，四时行焉，百物生焉；三皇垂拱无为，设言而民不违，道德玄泊，有似皇天，故称曰皇。皇者，中也，光也，弘也；含弘履中，开阴阳，布刚上，含皇极，其施光明，指天画地，神化潜通，煌煌盛美，不可胜量。《礼号谥记》说："伏羲、祝融、神农。"《含文嘉》记："虙戏，燧人，神农。伏者，别也，变也；戏者，献也，法也；伏羲始别八卦，以变化天下，天下法则，咸伏贡献，故曰伏羲也。燧人始钻木取火，炮生为熟，令人无复腹疾，有异于禽兽，遂天之意，故曰遂人也。神农，神者，信也；农者，浓也；始作耒耜，教民耕种，美其衣食，德浓厚若神，故为神农也。"《尚书大传》说："遂人为遂皇，伏羲为戏皇，神农为农皇也。遂人以火纪，火，太阳也，阳尊，故托遂皇于天；伏羲以人事纪，故托戏皇于人：盖天非人不因，人非天不成也。神农以地纪，悉地力，种谷疏，故托农皇于地：天地人之道备，而三五之运兴矣。"（《皇霸三皇》）

在这段文字中，应劭仅针对"三皇"一词，就分别援引了《春秋运斗枢》《礼号谥记》《含文嘉》《尚书大传》四部古书，罗列了几种不同的说法。对于我们了解秦汉典籍中对于"三皇"的认识提供了可资参考的依据。

为史书提供了可资参考的文献资料，与史书互补互证，补史书记载之疏漏。如《后汉书·周景传》和《三国志·吴书·周瑜传》注引张璠《汉纪》都记载了当时人们讥议韩演、周景二人的失谬，但不够详尽，在《十反》"河内太守庐江周景"和"河内太守司徒颍川韩演"两条可补其疏漏。《后汉书·阴识传》记载了灶神现行的故事，这个故事见于《祀典》。又《后汉书·方术传》中，有很多是以古仙人名，附会时人。《淮南子·泰族》已有王乔、赤松子，而东汉又有王乔；宋玉《高唐赋》有上成郁林，东汉又有上成公。《正失》中的《叶令祠》一条讲述了王乔凫履的故事,《后汉书·方术传》几乎照抄了《风俗通义》的原文,而把批驳的话删除,以此作为信史。《后汉书·南蛮传》有这样一段文字:

> 昔高辛氏有犬戎之寇,帝患其侵暴,而征伐不克。乃访募天下,有能得犬戎之将吴将军头者,购黄金千镒,邑万家,又妻以少女。时帝有畜狗,其毛五彩,名曰槃瓠。下令之后,槃瓠遂衔人头造阙下,群臣怪而诊之,乃吴将军首也。帝大喜,而计槃瓠不可妻之以女,又无封爵之道,议欲有报而未知所宜。女闻之,以为帝皇下令,不可违信,因请行。帝不得已,乃以女配槃瓠。槃瓠得女,负而走入南山,止石室中。所处险绝,人迹不至。于是女解去衣裳,为仆鉴之结,著独力之衣。帝悲思之,遣使寻求,辄遇风雨震晦,使者不得进。经三年,生子一十二人,六男六女。槃瓠死后,因自相夫妻。织绩木皮,染以草实,好五色衣服,制裁皆有尾形。其母后归,以状白帝,于是使迎诸子。衣裳班兰,语言侏离,好入山壑,不乐平旷。帝顺其意,赐以名山广泽。其后滋蔓,号曰蛮夷。外痴内黠,安土重旧。以先父有功,母帝之女,田作贾贩,无关梁符传,租税之赋。有邑君长,皆赐印绶,冠用獭皮。名渠帅曰精夫,相呼为姎徒。

其注云:"此已上,并见风俗通。"可知这段文字也是来自《风俗通义》的,只是亡佚了,不在今本十卷中。而在《风俗通义序言》曰:"风者,天气有寒暖,地形有险易,水泉有美恶,草木有刚柔也。俗者,含血之类,像之而生,故言语歌讴异声,鼓舞动作殊形,或直或邪,或善或淫也。圣人作而均齐之,咸归于正;圣人废,则还其本俗。"指出"风俗"是受地理风气和上层意识的影响，这与《汉书·地理志》的风俗观念相同。①

在《风俗通义》中保留了大量民间的风俗习惯、俗说俗语，是了解汉代社会民俗民情和民俗研究的重要文献。《风俗通义》一书体例基本上是以篇首概论，中间叙述，篇尾以谨按表达自己的观点。《四库全书总目·风俗通义提要》注意到这种论述体例结构，并给予了高度评价："各卷皆有总题，题各有散目。总题后略陈大意，而散目先详其事，以'谨按'云云辨证得失……其书因事立论，文辞清辨，可资博洽，大致如王充《论衡》，而叙述简明则胜充书之冗漫。"但书中凡民俗事像的正面叙述，或引用文献，或点明俗传，或直接陈述，多为客观交代，而少议论，多采用"俗说"、"俗传"等词。如：

俗说：膊，阔大脯也。案：泰山博县十月祠泰山，脯阔一尺，长五分。（《书钞》卷一百四十五）

俗说：人饮如渫。人饮酒无量如渫也。（《书钞》卷一百四十八）

呼鸡曰朱朱。俗说：鸡本朱氏翁化而为之，今呼鸡皆朱朱也，谨按：《说文解字》"喌，二口为讙，州其声也，读若祝。"祝者，诱致禽畜和顺之意，喌与朱者音相似耳。（《太平御览》卷九百一十八）

今天要想了解汉代风俗，不能不借助此书。

在《风俗通义》中还保留了大量的专篇文献。如今本十卷中的《声音》述说了音乐的起源、各种乐器，可以说是音乐知识的专篇：

昔皇帝使伶伦，自大夏之西，昆仑之阴，取竹于嶰谷生，其窍厚

---

① 张汉东：《〈风俗通义〉的民俗学价值》，《民俗研究》2000年第2期，第167页。

均者，断两节而吹之，以为黄钟之管，制十二箭，以听凤之鸣；其雄鸣为六，雌鸣亦为六，天地之风气正而十二律定，五声于是乎生，八音于是乎出。声者，宫、商、角、徵、羽也，音者，土曰埙，匏曰笙，革曰鼓，竹曰管，丝曰弦，石曰磬，金曰钟，木曰柷。《诗》曰："鹤鸣九皋，声闻于天。"《书》："八音克谐，无相夺伦。"由是言之：声本音末也。

这段文字叙述"五音""八音"，其后分类十分详细，二十八目中包括五音和二十种乐器，乐器叙述涉及名称、渊源、作者、质料、制作方式、尺寸、形状、特征、变化、适合演奏的曲子等诸多方面。《氏姓》的篇首序将姓氏归纳为九类，每类分别举例说明。这篇序被后世广泛引用，《旧唐书·柳冲传》中有这样一段关于氏族的记载：

……下及三代，官有世功，则有官族，邑亦如之。后世或氏于国，则齐、鲁、秦、吴；氏于谥，则文、武、成、宣；氏于官，则司马、司徒；氏于爵，则王孙、公孙；氏于字，则孟孙、叔孙；氏于居，则东门、北郭；氏于志，则三乌、五鹿；氏于事，则巫、乙、匠、陶。于是受姓命氏，粲然众矣。

《风俗通义》中还有些片段记述了东汉以前的社会历史侧面。有关市井的记载，反映了东汉时代对春秋井田制的认识；有关邻、里、乡、亭、郡、县的记述，可以看出战国至西汉时代地方行政组织的变化；还有对羌、氐、胡、戎等少数民族的记载，都是不可多得的文献资料。大多数条目是对于东汉社会生活的记述，从经济制度、官私奴隶，到官制法度、行政组织、名物制度，旁及灾异变怪，都有所涉及。

徐旭曾的人生与学术

韩光辉　田　海　刘伟国

清代内阁学士翁方纲[①]在《和平徐氏家集·序》中写道："晓初成进士，官户部"、"于政事之暇，亦积有篇什。"[②] 这个晓初，就是乾嘉之际的历史学家、诗人徐旭曾。他"庚戌入京，壬申回粤"，[③] 即乾隆五十五年（1790）进京，嘉庆十七年（1812）回广东，在北京工作、生活了二十余年。他科举出身，历任清政府的下级官员"户部主事"、四任顺天乡试、京都会试外帘官；他的《梅花阁吟》是学术界陌生的诗集，他的学术演讲《丰湖杂记》成为清代客家研究的鼻祖。对此，还有必要做深入研究和系统介绍。

一　徐旭曾的人生

在光绪和民国《和平县志·人物志》中，有关徐旭曾的传记："徐旭曾，号晓初，下车乌虎镇人，乾隆己酉拔贡，壬子顺天举人，嘉庆己未成进士，任户部福建司、四川司主事，掌教粤秀、丰湖、凤山等书院……旭曾任职部曹，历主各大书院，政教广及，誉望尤隆，后卒于家。"[④] 这一段传记，简要

---

① 《清史稿》卷四八五，《翁方纲传》。
② 和平：《徐氏家集·翁方纲序》嘉庆十六年刊本。
③ 徐旭曾：《梅花阁吟》卷七《续梅花阁吟·凤山稿·重阳日诗注》。
④ 嘉庆：《和平县志》卷六《人物志》。

地勾勒出了徐旭曾主要经历和社会贡献。

在《和平徐氏族谱》文献中已有关于《丰湖杂记》客家研究内容的记载。已有不少专家学者对客家研究的开山之作做了评述和研究，但应注意，在罗香林《客家史料汇编》记载的民国学者徐傅霖对徐旭曾开山之作《丰湖杂记》所做的按语："公讳旭曾，字晓初，和平县乌虎镇人。年十三岁应童子试，学使翁覃溪奇其文，取入县学第一名。后以拔贡中顺天乡试举人，嘉庆己未进士，钦点户部福建司主事，调补四川司主事，以母丧回籍，遂不复出。曾掌教广东粤秀书院、惠州丰湖书院。生平著述甚多，已刊者有《梅花阁吟》、《小罗浮集》。"①

《梅花阁吟》是徐旭曾的诗集，在北京大学图书馆和山西大学图书馆均已发现，而《小罗浮集》应该是徐旭曾的学术性文集，至今尚未发现。②

在《和平徐氏族谱》（乾隆纂修、嘉庆续修）中还记载了徐旭曾所作《兴隆竹枝词》。该词对兴隆（乌虎）③ 社会生活、风土人情及掌故做了生动介绍。已有不少学者对该诗文做了有益探讨。

在新版《和平徐氏宗谱》（1991 年编修）中，还记载了徐旭曾的《和平舟行杂兴》、《纪险——五月初六日高车渡龙舟破》，在《惠州西湖志》中保留了他的《西湖初春》。这些文字都是徐旭曾对家乡生活杂兴、风景名胜和客家风情赞美的诗词篇章，脍炙人口。

《梅花阁吟》诗集的每一诗篇均有吟咏年代，为进一步深入研究徐旭曾一生的诗踪提供了条件。同时，在该诗集的自序中，叙述了他十五岁以后简

---

① 罗香林：《客家史料汇编·三十三·和平徐氏族谱》，徐傅霖给《丰湖杂记》做的按语。

② 张舜徽：《清人文集别录》，华中师范大学出版社，2004；李灵年、杨忠、王钦祥：《清人别集总目》，安徽教育出版社，2000；柯愈春：《清人诗文集总目提要》，北京古籍出版社，2002；《清代诗文集汇编》编纂委员会《清代诗文集汇编·总目录·索引》，上海古籍出版社，2011。徐旭曾《小罗浮集》恐怕已佚，日后在江南各地尤其岭南地区查访，希望有所发现。

③ 夏远鸣：《和平徐氏宗祠与地方社会》首页注 2，乌虎镇，"1949 年后易名为兴隆村"，不确切。在徐旭曾《兴隆竹枝词》中明确讲"镇名乌虎又兴隆，左覆钟山右紫云"，至少在嘉庆中，就有兴隆地名了。

历和学术见地。

嘉庆十六年（1811）辛未岁立秋后十日（农历六月三十日，公历8月18日）于京邸小罗浮寓斋徐旭曾所写"梅花阁吟·自序"：

忆丙戌岁暮，将随季父宦海南，先君子训之曰："小子学诗乎？诗者，经以性情，纬以学问而已。毋徒喋喋于两汉魏晋唐宋元明风教之盛衰、词场之津逮，但多读古人书，日取三百篇，酣吟密讽、长言咏叹之。俟其胸中缠绵往复，有不能已于言，然后托兴抒写，如水流峡，如山出云，而端倪露矣！"取手评近人诗数种，命携行箧，以时探索。

丁亥五月，渡海，至澄迈。地湫隘无广，文官署借寓北郭，榛莽中旧塾瓦屋数间。城中士人甚稀，土语多未通，而北郭邻海港，但闻波涛汩荡，与桄榔筹竹、风林怒响相答。案头只唐宋八家文、全唐诗、先君子手评数卷。晨夕讽之，茫然未得解也。间有感触，寄诸韵语，刺刺不能休，羞涩不敢示人。

戊子冬，旋里。时曾大父饴庵公年八十八，日课孙曾研八股，不谈诗二年。庚寅，先君见背。未逾年，长兄崑阳又逝，孤露零丁，濒死者数。饴庵公痛戒之，未敢灭性，不谈诗又三年。服阕，偕幼弟云溪、渐溪读书梅花阁。温经余暇，闲取唐中晚、陆放翁、王渔洋、朱竹垞短句导引其兴趣。时复放言，自抒湮郁，纸墨遂多。嗣是家居十年，从季父宦游西湖三年。

庚戌，应朝考，来京师，荏苒至今二十二年。前后游山左日照、德平、寿张诸邑六七年。孤帆羸马，吊古唏嘘，触物怀人，伤心寥落。缘是率情漫与，西抹东涂，不计工拙也。今将请急归侍慈闱，搜箧筒，欲尽焚之。既念榆枥以不材终，性情未理，学问多疏。违庭训四十余年，空读父书，茫无见地。若不稍留数纸，反似借以藏拙。因芟荒秽，留十之二三，依岁月编为六卷。他时田园清暇，与荒村老友、家塾后生谈曩昔阅历、师友过从、宦游浪迹。数十年中，夷险悲愉，都似旗亭。参军苍鹘，傅粉登场，自忘其丑，是则予自少而壮而老，尘荣俗状，和盘托出之，一幅行看子也，诗云乎哉！①

据该《自序》：

丙戌（乾隆三十一年，1766）岁末，他随季父（徐延翰）宦游海南；

丁亥（乾隆三十二年，1767）五月，渡海至澄迈；

戊子（乾隆三十三年，1768）冬，回和平县，历时一年半。曾祖徐廷芳八十八岁；

庚寅（乾隆三十五年，1770），先君见背，未逾年，长兄崐阳又逝。家居十年，从季父宦游西湖三年；

庚戌（乾隆五十五年，1790）"应朝考，来京师，荏苒至今二十二年（从乾隆五十五年进京，到嘉庆十六年（1811年）完成《梅花阁吟·自序》，恰为二十二年）。前后游山左日照、德平、寿张诸邑六七年，孤帆羸马，吊古唏嘘，触物怀人，伤心寥落。"这充分反映了当时徐旭曾失落的心态。

由此《自序》，徐旭曾的诗集刊行于嘉庆十六年。当年，徐旭曾六十一岁。

在北京大学图书馆所藏《徐氏家集·梅花阁吟》的版本中，有徐旭曾回广东的信息和在凤山书院的诗作，其中在《重阳日》诗注明确提到"庚戌入京，壬申回粤"。

综上所述，徐旭曾的人生简述如下：

---

① 徐旭曾《梅花阁吟·序》嘉庆十六年刊本。

乾隆十六年（1751），徐旭曾出生。

乾隆二十八年（1763），应童子试，学使翁覃溪奇其文，取入县学第一名，年十三岁。

乾隆三十一年（1766）岁末，随季父（徐延翰）宦游海南，十六岁。

乾隆三十二年（1767）五月，渡海至澄迈，十七岁。

乾隆三十三年（1768）冬，回和平县，历时一年半，十八岁。曾祖父（徐廷芳）八十八岁。

乾隆三十五年（1770），先君见背，徐旭曾二十岁。

乾隆三十六年（1771），长兄徐承曾（崐阳）病逝，徐旭曾二十一岁。

乾隆四十六年（1781），从季父（徐延翰）宦游西湖三年，三十一岁。

乾隆五十四年（1789），拔贡，三十九岁。

乾隆五十五年（1790），应朝考，赴京师，四十岁。

乾隆五十七年（1792），考取顺天举人一百九十六名，四十二岁。

嘉庆四年（1799），中己未科进士，六十七名，任户部福建司主事，四十九岁。

嘉庆八年（1803），翁方纲《和平徐氏家集序》，徐旭曾五十三岁。

嘉庆十三年（1808）五月二十日，发表《丰湖杂记》有关客家的演讲，五十八岁。徐旭曾的客家学术演讲二百多年来一直影响着客家学术研究。

嘉庆十六年（1811），刊行徐延第《飞霞诗存》和徐旭曾《梅花阁吟》，六十一岁。

嘉庆十七年（1812），徐旭曾回粤，六十二岁。

嘉庆十八年（1813）至嘉庆二十年（1815），应邀在凤山书院执教。

嘉庆二十一年（1816）至嘉庆二十四年（1819），先后在粤秀书院、丰湖书院执教。

嘉庆二十四年（1819），卒于家，享年六十九岁。

二 徐旭曾《梅花阁吟》诗文创作历程

按刊印时他的前述自序,《梅花阁吟》"依岁月编为六卷",即下文目录中的前六卷。其实后面的第七卷,称为《续梅花阁吟》,收录的是凤山文稿,是他在凤山书院执教时作品。将《凤山稿》补入《梅花阁吟》,辑为第七卷,[①] 应该是第一版刊行之后若干年的事情。该诗集缺失目录,[②] 现据诗集内容编排目录如下:

一卷:学吟稿(三十八首)

二卷:西湖稿(四十五首)

三卷:北游稿(六十二首)

四卷:春明稿(六十七首)

五卷:同声稿(五十五首)

六卷:怀归稿(六十首)

七卷:《续梅花阁吟》,凤山稿(四十三首)

(共计三百七十首)

《梅花阁吟》按诗文写作的前后顺序分为七卷,每卷中将写作年代用干支纪年作了标注:

① 将《凤山稿》补入《梅花阁吟》的具体时间有两种可能,一是徐旭曾晚年任书院山长时,自己所为;一是徐旭曾病逝后,由其后人补入。本人认为第一种情况可能性更大。除北京大学图书馆的《徐氏家集》外,在山西大学图书馆藏有《飞霞诗存》和《梅花阁吟》,后者只有六卷,没有《凤山稿》,按其自序,该书仅六卷是合理的,这应该是第一版。四年之后,形成的《凤山稿》作为第七卷,又称为《续梅花阁吟》,成为北京大学图书馆藏有的版本,这应该是第二版。

② 据山西大学图书馆古籍部所藏《梅花阁吟》一册,同样缺失目录,据诗集内容,只有前面六卷,即一卷至六卷。

丁亥（乾隆三十二年，1767）五月，有《渡海登琼州城楼》等诗创作。

戊子（乾隆三十三年，1768），有《雷州道中》等诗创作。

己丑（乾隆三十四年，1769），在和平县老家有《杂兴》诗创作。

庚寅（乾隆三十五年，1770），有《羊城舟中》等诗创作；是年徐旭曾的父亲徐延第病逝于北京。

辛卯（乾隆三十六年，1771），徐旭曾的长兄徐承曾病逝于前往北京的路上。

壬辰（乾隆三十七年，1772），长辈病逝，"不谈诗三年"。

癸巳（乾隆三十八年，1773），有《野径》《秋夕》等诗创作。

甲午（乾隆三十九年，1774），有《偕弟云溪》《渐溪读书飞霞楼》等诗创作。

乙未（乾隆四十年，1775），有《和平舟行杂兴》等诗创作。

丙申（乾隆四十一年，1776），有《茅斋》《山行》等诗创作。

丁酉（乾隆四十二年，1777），有《菜畦》《闻鹧鸪》等诗创作。

戊戌（乾隆四十三年，1778），有《约游罗浮不果》《田园》《郊行》等诗创作。

己亥（乾隆四十四年，1779），有《初春游西湖》等诗创作。

庚子（乾隆四十五年，1780），有《晚晴》、《小罗浮》（有诗注）等诗创作。

辛丑（乾隆四十六年，1781），有《晚望》诗创作。

壬寅（乾隆四十七年，1782），有《废园》《江邨》等诗创作。

癸卯（乾隆四十八年，1783），有《滕王阁》《玉山道中》等诗创作。

甲辰（乾隆四十九年，1784），有《西湖》《登杭州城楼》等诗创作。

乙巳（乾隆五十年，1785），有《再至乐安》《望湖》等诗创作。

丙午（乾隆五十一年，1786），有《宿山家》《海珠》等诗创作。

丁未（乾隆五十二年，1787），有《春日病起感怀并规同志》《杂感》等诗创作。

戊申（乾隆五十三年，1788），有《清明》《独夜》等诗创作。

己酉（乾隆五十四年，1789），有《柳》《泊舟》等诗创作。

庚戌（乾隆五十五年，1790），"庚戌入京"，有《峡江县》《彭蠡舟中》等诗创作。

辛亥（乾隆五十六年，1791），有《邹平道中》《日照署中寄七弟》等诗创作。

壬子（乾隆五十七年，1792），有《游泰山》《趵突泉》《河间道中》等诗创作。

癸丑（乾隆五十八年，1793），有《题邱东河夫子古树篇》等诗创作。

甲寅（乾隆五十九年，1794），有《典裘》等诗创作。

乙卯（乾隆六十年，1795），有《题八阵图》《冬夜》等诗创作。

丙辰（嘉庆元年，1796），有《书武侯出师表后》《书昌黎答李翊书后》等诗创作。

丁巳（嘉庆二年，1797），有《舟中独酌》《早发芦沟》《山左道中》《郊行》等诗创作。

戊午（嘉庆三年，1798），有《出塞曲》《淮阴》《途中》等诗创作。

己未（嘉庆四年，1799），有《题邮店壁间画》《寿张县》等诗创作。

庚申（嘉庆五年，1800），有《题潘鸣可画》《十老和韵》十首等诗创作。

辛酉（嘉庆六年，1801），有《柬渭川》《端午陪五园游陶然亭》等诗创作。

壬戌（嘉庆七年，1802），有《春日》《月夜》、《晓起》、《旧砚》等诗创作。

癸亥（嘉庆八年，1803），有《夏日杂兴》、《退朝》、《家园八咏》八首、

《友人述粤乡近事》、《感事》等诗创作。

甲子（嘉庆九年，1804），有《雪晴》《盆梅》《忆罗浮》《墨竹》《俸米》《腊八粥》等诗创作。

乙丑（嘉庆十年，1805），有《食笋》《品茶》《送瀛查归河源》等诗创作。

丙寅（嘉庆十一年，1806），有《病起》《校先大夫诗册感述》《自笑》《除夕和仰山》等诗创作。

丁卯（嘉庆十二年，1807），有《反送穷》《移居》《友人谈海乡近事感赋》等诗创作。

戊辰（嘉庆十三年，1808），有《哭仰山》《哭贯亭》《醉卧》《秋晚》等诗创作。

己巳（嘉庆十四年，1809），有《寄家园诸弟》《烹茶》《题渔父归钓图》等诗创作。

庚午（嘉庆十五年，1810），有《城南即目》《校仰山诗帖》《与同曹出东郭登舟溯通惠河日暮而返》等诗创作。

辛未（嘉庆十六年，1811），南归前，有《柬宋芷湾太史》、《芷湾以和诗来，复答之》、《夏夜》、《归兴》等诗创作。

壬申（嘉庆十七年，1812），"壬申回粤"。

癸酉（嘉庆十八年，1813），任职顺德县凤山书院山长三年，该年有《题陈蔚其孝廉临池学书图》等诗创作。

甲戌（嘉庆十九年，1814），有《早起》等诗创作。

乙亥（嘉庆二十年，1815），有《夏夜独坐诵李铁桥明府庚午闱中联吟诗，因用前和蒋砺堂制府试院有怀韵奉柬》、《吟铁桥宦情深浅白发知句顿增感触，人言愁我亦愁也，率成一律》、《重阳日》、《将之羊城与区生赤南话别》等诗创作。

这三年（即癸酉、甲戌、乙亥年）的诗作，创作于徐旭曾任顺德县凤山书院山长、执教于书院期间，后被编辑为《续梅花阁吟·凤山稿》，其中多有乡愁诗，如《重阳日·三》："也觉秋声搅午眠，一番屈指倍悽然。家山空有茱萸约，我不登高廿五年"。还有对"庚戌入京，壬申回粤"二十三年的拼搏生活的回顾，如诗注"留都莅粤各十余年"，"留职都门临安廿余年"，诗句"我不登高廿五年"。也有对山长生活全方位的多彩描述，如《将之羊城与区生赤南话别》："三年此间住，颇不厌闲居。山雨秋移榻，亭阴晚读书。呼童提旧井，谢客送新蔬。别子无他语，灵台净扫除。"从壬申回粤到《将之羊城与区生赤南话别》等四十多首诗作，勾画出了徐旭曾晚年的生活状态。

未被《梅花阁吟》收录的《兴隆竹枝词》等诗篇，应是徐旭曾晚年的作品，大致创作于嘉庆二十一年到嘉庆二十四年间。

上述 46 年间的诗作收入《梅花阁吟》的共计 370 首，如按其自序"因芟荒秽，留十之二三"，他一生中全部诗文创作包括《凤山稿》应该在 1500 首（篇）左右。在七卷诗作中，卷一是学写诗，卷二是在杭州西湖写的诗，卷三至卷六共四卷是北游和在北京的春明稿、同声稿及盼望回粤的怀归稿诗作，卷七是在凤山书院的凤山稿诗作。庚戌（乾隆五十五年，1790）入京，至壬申（嘉庆十七年，1812）回粤，他在北京的二十三年中写成的诗作占绝大多数。

三 徐旭曾的演讲——《丰湖杂记》

徐旭曾在丰湖书院所作的演讲《丰湖杂记》内容全文如下：

博罗、东莞某乡，近因小故，激成土客斗案，经两县会营弹压，由绅耆调解始息。院内诸生问余，何谓土与客？答：以客者对土而言，寄居该地之谓也。吾祖宗以来，世居数百年，何以仍称为客？余口述，博罗韩生以笔记之（五月念日）。

今日之客人，其先乃宋之中原衣冠旧族，忠义之后也。自宋徽、钦北狩，高宗南渡，故家世胄先后由中州山左，越淮渡江从之。寄居苏、浙各地。迨元兵大举南下，宋帝辗转播迁，南来岭表，不但故家世胄，即百姓亦多举族相随。有由赣而闽、沿海至粤者；有由湘、赣逾岭至粤者。沿途据险与元兵战，或徒手与元兵搏，全家覆灭、全族覆灭者，殆如恒河沙数。天不祚宋，崖门蹈海，国运遂终。其随帝南来，历万死而一生之遗民，固犹到处皆是也。虽痛国亡家破，然不甘田横岛五百人之自杀，犹存生聚教训，复仇雪耻之心。一因风俗语言不同，而烟瘴潮湿，又多生疾病，雅不欲与土人混处，欲择距内省稍近之地而居之；一因同属患难余生，不应东离西散，应同居一地，声气既无隔阂，休戚始可相关，其忠义之心，可谓不因地而殊，不因时而异矣。当时元兵残暴，所过成墟。粤之土人，亦争向海滨各县逃避，其粤、闽、赣、湘边境，毗连千数里之地，常不数十里无人烟者，于是遂相率迁居该地焉。西起大庾，东至闽汀，纵横蜿蜒，山之南、山之北皆属之。即今之福建汀州各属，江西之南安、赣州、宁都各属，广东之南雄、韶州、连州、惠州、嘉应各属，及潮州之大埔、丰顺，广州之龙门各属是也。

所居既定，各就其地，各治其事，披荆斩棘，筑室垦田，种之植之，耕之获之，兴利除害，休养生息，曾几何时，随成一种风气矣。粤之土人，称该地之人为客；该地之人，也自称为客人。终元之世，客人未有出而作官者，非忠义之后，其孰能之？

客人以耕读为本，家虽贫亦必令其子弟读书，鲜有不识字、不知稼穑者。日出而作，日入而息，即古人"负耒横经"之教也。

客人多精技击，传自少林真派。每至冬月农暇，相率练习拳脚、刀剑、矛挺之术。即古人"农隙讲武"之意也。客人妇女，其先亦缠足者。自经国变，艰苦备尝，始知缠足之害。厥后，生女不论贫富，皆以缠足为戒。自幼至长，教以立身持家之道。其于归夫家，凡耕种、樵牧、井臼、炊爨、纺织、缝纫之事，皆一身而兼之；事翁姑，教儿女，经理家政，井井有条，其聪明才力，真胜于男子矣，夫岂他处之妇女所可及哉！

又客人之妇女，未有为娼妓者，虽曰礼教自持，亦由其勤俭足以自立也。

要之，客人之风俗俭勤朴厚，故其人崇礼让，重廉耻，习劳耐苦，质而有文。余昔在户部供职，奉派视察河工，稽查漕运醝务，屡至汴、济、淮、徐各地，见其乡村市集间，冠婚丧祭，年节往来之习俗，多有与客人相同者，益信客人之先本自中原之说，为不诬也。客人语言，虽与内地各行省小有不同，而其读书之音则甚正。故初离乡井，行经内地，随处都可相通。惟（唯）与土人风俗语言，至今仍未能强而同之。彼土人，以吾之风俗语言未能与同也，故仍称吾为客人；吾客人，亦因彼之风俗语言未能与吾同也，故仍自称为客人。客者对土而言。土与客之风俗语言不能同，则土自土，客自客，土其所土，客吾所客，恐再千数百年，亦犹诸今日也。

嘉应宋芷湾检讨、曲江周慎轩学博，尝为余言：嘉应、汀州、韶州之客人，尚有自东晋后迁来者，但为数不多也。

徐旭曾作为开启客家研究的鼻祖，有必要对他的开山之作——《丰湖杂记》演讲的各个方面加以解说。

1. 徐旭曾首先介绍了这次演讲的根源：近期博罗、东莞两县某些乡镇发生了土客械斗，现经两县弹压和绅耆调解，已经平息。但丰湖书院的诸生关心时事，询问土与客的问题。关于客，已经数百年过去了，为什么仍称为客？就这些问题做一介绍，由来自博罗的韩生记录。讲述内容是由韩生记录并经整理之后形成讲话稿。因演讲发生在丰湖书院，故称之为《丰湖杂记》。演讲的时间，上面括号中"五月念日"即五月二十日。据《丰湖杂记》最末括号中"节录该谱所载清嘉庆戊辰，该族徐旭曾先生所作《丰湖杂记》，知演讲的年份是嘉庆戊辰年，即嘉庆十三年（1808），也就是公历 1808 年 6 月 13 日。徐旭曾当年 58 岁。

2. 客家先人"乃宋之中原衣冠旧族，忠义之后也。自宋徽、钦北狩，高宗南渡……宋帝辗转播迁，南来岭表，不但故家世胄，即百姓亦多举族相随。有由赣而闽、沿海至粤者；有由湘、赣逾岭至粤者"。"所居既定，各就其地，各治其事，披荆斩棘，筑室垦田，种之植之，耕之获之，兴利除害，休养生息，曾几何时，随成一种风气矣"。

3. 客家先人迁居的区域"西起大庚，东至闽汀，纵横蜿蜒，山之南、山之北皆属之。即今之福建汀州各属，江西之南安、赣州、宁都各属，广东之南雄、韶州、连州、惠州、嘉应各属，及潮州之大埔、丰顺，广州之龙门各属是也"。

4. 宣扬客家先人的爱国情操和勇武精神，"沿途据险与元兵战，或徒手与元兵搏，全家覆灭、全族覆灭者，殆如恒河沙数"，"客人多精技击，传自少林真派。每至冬月农暇，相率练习拳脚、刀剑、矛挺之术"。

5. "应朝考，来京师"，徐旭曾"前后游山左日照、德平、寿张诸邑六七年"，"在户部供职，奉派视察河工，稽查漕运艖务，屡至汴、济、淮、徐各地，见其乡村市集间，冠婚丧祭，年节往来之习俗，多有与客人相同者，益信客人之先本自中原之说，为不诬也"。他赞美客家人的语言是中原正音，"客人语言，虽与内地各行省小有不同，而其读书之音则甚正"。客家人的习俗，"俭勤朴厚，故其人崇礼让，重廉耻，习劳耐苦，质而有文"。客家人的生活，"以耕读为本，家虽贫亦必令其子弟读书，鲜有不识字、不知稼穑者。日出而作，日入而息，即古人'负耒横经'之教也'"。

6. 客家妇女"自经国变，艰苦备尝，始知缠足之害。厥后，生女不论贫富，皆以缠足为戒。自幼至长，教以立身持家之道。其于归夫家，凡耕种、樵牧、井臼、炊爨、纺织、缝纫之事，皆一身而兼之；事翁姑，教儿女，经理家政，井井有条，其聪明才力，真胜于男子矣，夫岂他处之妇女所可及哉"！

7. 所谓"嘉应、汀州、韶州之客人，尚有自东晋后迁来者"，徐旭曾认为"为数不多"，他不同意嘉应宋湘、曲江周慎轩关于嘉应、汀州、韶州客家人来自东晋后迁来者的观点，强调了赣闽粤交界地区来自东晋的遗民演变为后来的客家人为数不多的历史事实；同时，强化了徐旭曾关于"今日之客人，其先乃宋之中原衣冠旧族，忠义之后也。自徽钦北狩，高宗南渡，故家世胄，先后由中州、山左，越淮渡江从之，寄居苏浙各地。迨元兵大举南下……百姓亦多举族相随，有由浙而闽，沿海至粤者；有由湘赣逾岭至粤者"的观点。

徐旭曾阐述了客家先人南下迁徙、分布状况、文化传统、语言习俗和妇女品德等方面，得出了"土与客之风俗语言不能同，则土自土，客自客，土其所土，客吾所客，恐再千数百年，亦犹诸今日也"的结论。总之，《丰湖杂记》虽只有一千多字，但论述内容丰富，显示了徐旭曾是一位熟谙历史，了解社会，学识宏富的学者。

综上所述，徐旭曾在学术上有《丰湖杂记》和《小罗浮记》（疑佚），二百多年来，《丰湖杂记》开创了客家研究的新篇章；在诗文创作上，给后世保留了370篇诗作，刊行了《梅花阁吟》诗集，反映了他拼搏的方方面面，尤其是晚年剖析自我："数十年中，夷险悲愉，都似旗亭。参军苍鹘，傅粉登场，自忘其丑，是则予自少而壮而老，尘荣俗状，和盘托出之，一幅行看子也"。他在北京工作、生活的二十多年中，"不登高"，最后回粤任了凤山书院山长。一生中，他有两个主要活动区域，一是家乡，他在家乡学习、生活了39年，依靠家庭和亲属，包括在老叔徐延翰的卵翼下，宦游海南和杭州长达近5年。"致仕"之后，又在凤山、越秀、丰湖书院执掌书院七年。二是北京，他40岁离家进京"应朝考"，开始了在北方各地的考察并备考，49岁中进士，任职户部、视察河工、稽查漕运盐务，积累了《丰湖杂记》中上述各方面的材料，到他62岁回到广东，只有14年或更短的时间在政府任职，从最低的品位——七品起步，在官场上已没有竞争力。"我不登高廿五年"，这就是他自己的结论。

（北京大学城市与环境学院、山西大学历史文化学院）

文化艺术

再说甲骨刻辞中的"王族"

陈光鑫

殷墟甲骨刻辞中常见"王族"一词，各家的理解多有不同，[①] 原因在于甲骨刻辞中还没有明确反映"王族"组成的材料（有些相关材料仍让我们感到费解，[②] 暂阙疑），猜测成分较大，在这种情况下，本文不拟再揣度"王族"的组成，而是从词例分析入手，来探求王族的范围，希望能得到些新认识。

我们先看一条卜辞：

（1）勿乎王族凡于疫？（《合集》[③]6343 部分）（附图一）

"疫"，从字形看，学者多认为与腹疾有关。但结合甲骨词例分析则不尽然，看这条刻辞：

---

① 可参考赵光贤《殷代兵制述略》，《古史考辨》，北京师范大学出版社，1987，第 43 页；林沄《从子卜辞试论商代家族形态》，《林沄学术文集》，中国大百科全书出版社，1998，第 55 页；刘钊《卜辞所见殷代的军事活动》，《古文字研究》第 16 辑；葛英会《殷墟卜辞所见王族及相关问题》，《纪念北京大学考古专业三十周年论文集》，1990；沈长云《说殷墟卜辞中的"王族"》，《殷都学刊》1998 年第 1 期；张光直《殷礼中的二分现象》，《中国青铜时代》，三联书店，2013；朱凤瀚《商周家族形态研究（增订本）》，天津古籍出版社，2004，第 69 页。

② 如《甲骨文合集》6946，"庚申卜，㱿，贞，乎王族𡂡比？"有学者把征"𡂡"理解成"犬征"，那么，"犬征族"就是"王族征"。"𡂡"在卜辞中用法很多，但鲜见"犬征"简称"征"，在这版卜辞中，除此之外均只称"王族"，而"犬征族"简称"犬"，"征"也是其简称的可能性很小，此处训为"延续"也无不可。所以，谨慎起见，我们尚不把"王族"与"犬𡂡族"联系在一起，以期以后发现新材料验证。

③ 郭沫若主编《甲骨文合集》，中华书局，1999，简称《合集》。

（2）贞，乎王族罘疫……（《合集》14913）

"罘"在甲文中多用为连词，其前后两个词语为并列关系，"王族"与"疫"（或"疫口"）并列，"疫"可能是一个集合名词，又

（3）贞，勿乎疫人吴？十三月（《合集》4345）

"疫人"可能是指"疫族"（《合集》4415），所以把"疫"说成是一个群体名称，大概不错。另外，值得注意的一条刻辞：

（4）旋又疫王？（《合集》34677）

"疫"与"王"连用，可能是人、地、族同名的情况。

再看"凡"，孙诒让较早地对甲骨文中"凡"字做出考释，认为"⺆"是"同"的省文，《说文·⺆部》"同，合会也，从⺆从口"，则"凡"训会、合。《诗·常武》"徐方既同"，天亡簋（《集成》①4261）"王凡三方"，可证。

另外于省吾对"凡"的考释也值得注意，于先生认为，方国与凡连用时，凡读作"犯"，并且指出典籍中从凡与从巳之字往往通用。②如果按于先生的理解，我们讨论的这条卜辞又可解释为："不要呼令王族进犯疫？"

我们认为，这条卜辞还是理解为"疫"与"王族"会和更加合适，如上文所举的（2），意思是呼令王族和疫做某事，另有一条残辞：

（5）惟……令……

惟王族令

……疫……令（《合集》34131）

从句式看来，"王族"与"疫"地位相当，卜问的重点是令王族，还是令疫做某事。

那么，（1）就可以理解为："不要呼令王族与疫会合？"

综上，可以肯定，王族是与像"疫"这样的族有明确区分的一个集合

① 中国社会科学院考古研究所：《殷周金文集成（修订增补本）》，中华书局，2007，下文简称《集成》。
② 于省吾：《甲骨文字释林》，中华书局，2009，第448页。

名词。

接下来，我们再看一条刻辞。

（6）丁酉卜，王族爰多子族立于舌？（《合集》34133）

"王族"与"多子族"并列，说明王族中也不包括"多子族"。

同时，我们还可知道："王族"与"三族"也各有所指，没有重合关系。历组卜辞中有许多关于伐召方的卜辞，如：

（7）己亥贞，令王族追召方及于……？（《合集》33017 部分历二^①）（附图二）

大意是，己亥这一天，是否让王族追召方到某地？还有一条刻辞，字体与上条卜辞相同，同样是历组二类的，刻辞记：

（8）己亥，历贞，三族王其令追召方及于🐚？（合集 32815 历二）

意思是，己亥这一天，王是否要令三族追召方到🐚。蔡哲茂先生认为两条卜辞可缀合，^②同在己亥占卜，同是追召方，虽然（7）中"及于"后面的地名残缺，但很可能就是（8）中的"🐚"，所卜一事的可能性很大。对应的"王族"与"三族"是占卜的重点，商王所犹豫不决的是让王族还是令三族追召方，可见王族与三族区分明确。再举一例为证：

（9）庚辰卜，令王族比𢀖？

勿追召方？（《屯南》^③890 部分）

显然，王族与𢀖联合追召方，王族不包括𢀖，为一个独立的名词，与王族并列的"𢀖"，是名𢀖的大族，与上面所举的"三族"地位相当。那么，"三族"何指？我们再看几条历组刻辞：

（10）丁卯贞，王比沚或伐召方，受［又］？才且乙宗卜。五月。

---

① 历组二类，简称"历二"。另外，本文甲骨刻辞分组主要参考李学勤、彭裕商《殷墟甲骨分期研究》，上海古籍出版社，1996。

② 蔡哲茂：《甲骨缀合集》，乐学书局，1999，第 327 组，第 426 页。

③ 中国社会科学院考古研究所：《小屯南地甲骨》，中华书局，1980，以下简称《屯南》。

辛未贞，王比沚或伐召方？

丁丑贞，王比沚或伐召［方］？（《屯南》81 历一）

（11）癸酉贞，王比沚或伐召方，受［又］？才大乙宗［卜］（《合集》33058）

从卜辞看，商王犹豫是否"比"沚或伐召方。再看：

（12）丁丑贞，令𡥀以众畓伐召方，受又？（《合集》31974）

（13）乙巳贞，令米畓刀方？（《合集》33037）

和沚或类似，𡥀、米也是伐召方的大族。上面的"三族"就是指如畓、𡥀、沚或、米等这样的三个族，所以上文（7）和（8）是在贞问令王族，还是令三族追召方呢？也就是王族联合其他诸多大族联合作战，这种解释也可以从花东出土的相关卜辞[1]中得到支持：

（14）辛未卜，丁隹好令比白或伐召？（《花东》237）

（15）辛未卜，丁［隹］子令比白或伐召？

辛未卜，丁隹多口比白或伐召？（《花东》275）

（16）辛未卜，白或再册，隹丁自正召？

辛未卜，丁弗其比白或伐召？（《花东》449）

关于花东"子"卜辞与历组伐召方卜辞的关系已得到专家的肯定，[2]这些材料为我们提供另一个视角来看这次伐召方的情况。"丁"，各家说法不同，暂从李学勤先生说，读"辟"，训"君"，指商王武丁。"子"作为一个强大的宗族势力显见于花东"子"卜辞，在此不赘述。妇好是以王族出征，还是以自己的族出征，尚不知晓。这几条卜辞是在此次征伐召方中，族长"子"关心商王是令妇好配合白或，还是商王自己出征，还是让"子"配合白或呢？可以想见，"子"对战事的关心和惴惴不安。提供给我们的信息是，

---

① 中国社会科学院考古研究所编著《殷墟花园庄东地甲骨》，云南人民出版社，2003，简称《花东》。

② 详见陈剑《说花园庄东地甲骨卜辞"丁"——附：释"速"》，《故宫博物院院刊》2004 年第 4 期。

此次伐召方，确实是各大族配合商王的武装协同作战，而"王族"是不包括各大族的军队，而是直属于王的军队。陈梦家说："卜辞王族与多子族不同，与三族自亦不同"，① 是正确的。

（17）甲子卜，争，雀弗其乎王族来？（《合集》6946 正部分宾组）

"争"为宾组王卜辞常见的贞人，该条是王贞问的可能性很大，其中"来"字当值得注意，"乎王族来"，当指呼令王族来到王所在地，说明商王与王族此时不在一地，可能需要王族马上赶到商王身边，说明"王族"不必须臾在商王左右。甲骨文中"雀"可为人名，也可以是族名、地名。此时雀当与王族临近，或雀族正在与王族协同"古王事"，或是雀率领王族在异地执行任务，或是王在外，需要雀率领王族前来救援，本条卜辞中的"雀"理解为人名较为合适，可理解为雀族的族长，他可以呼令王族，显示出他地位之重要，及商王对他的信任，令他指挥王族，从其他卜辞看，雀也确实在商朝的对外作战中发挥了很大的作用，每每见雀出征作战。雀的显赫地位还表现在武丁为他向王自己已故的兄长"丁"求佑，以表示对雀的重视，由雀有庞大的家族武装看，雀不可能是商王的亲兄弟，即使与商王有血缘关系，也是很疏远的，可能共有一个远祖，也可能根本无血缘关系。类似于傅说之于汤，伊尹之于武丁，正因为如此，我们才可理解为何"王族"会让雀来呼令。总之，商王的亲信是可以率领王族的，王族有时也可远离商王，如

（18）……令徝以王族比𠂤古王事？（《合集》14912 部分），

徝和雀相类，也可率领王族行王令，又如

（19）……巳卜争贞：令王族比𠂤古王事？（《怀特》②71 宾组），

意思是，王族要离开商王，同𠂤出外执行任务。

当然，"王族"也可作为一支独立的武装力量参与战争，

---

① 陈梦家：《殷墟卜辞综述》，中华书局，2004，第 497 页。
② 许进雄编《怀特氏等收藏甲骨文集》，皇家安大略博物馆，1979。

（20）王族其辜（敦）人方邑旧右左……（《屯南》2064 部分）（附图三）

敦训伐，这条卜辞意思是，王族征伐人（夷）方的城邑。

王族还有执行先锋开道的作用：

（21）庚辰卜，争贞，乎王族先？（《合集》14919 部分宾组）

"先"常见于卜辞，多用为先锋、开路等意思，西周金文中也有周王南巡，令人"用先"，也是开道之意。

需要强调的一点，"王众"和"王族"不可混淆。

（22）（a）戌茒弗雉王众？

（b）戌蒂弗雉王众？

（c）戌吕弗雉王众？

（d）戌逐弗雉王众？

（e）戌何弗雉王众？

（f）五族其雉王众？

（g）戌茒其雉王众？

（h）戌蒂其雉王众？（《合集》26879+26885+26035 无名组）

"雉众"，杨树达释为"失众"，后来沈培先生撰文证明此说可从。[①]

"五族"与"戌某"的位置相当，性质相似，卜问戌某会不会使王众受损，还卜问五族会不会使王众受损，"五族其雉王众？"，"族"与"众"共见于一条卜辞，结合"戌某"的情况，"众"的范围显然大于"族"，"众"还是理解为泛称比较合适，即裘锡圭先生所言广义之"众"；而"王族"和"五族"一样，都是有具体所指，所以"王众"与"王族"当区分。

总之，在商人眼中，王族不包括商王。并有明确的范围，与"子族"（可能是"子某"）、"多子族"及其他一些大族没有重叠关系，而是并列

---

① 沈培：《卜辞"雉众"补释》，《语言学论丛》第 26 辑，商务印书馆，2002，第 237~256 页。

关系。

王族很可能是一个比较独立的军事组织，而不能只理解成王之家族；可以作为独立的武装组织参与战斗，并直接听命于王；可远离商王在外配合其他族军作战，并可由王指派特定将领指挥；也可作为先锋军。

附图一　《合集》6343　　附图二　《合集》33017　　附图三　《屯南》2064

（北京市社会科学院历史所）

昆剧《狮吼记》的思想内涵

陈清茹

在我们的印象中昆剧唱腔一般都是华丽婉转、念白儒雅、表演细腻、舞蹈飘逸，就应该是《牡丹亭》"良辰美景奈何天"式的富丽华美、典雅曼妙，可是《狮吼记》幽默诙谐、热闹夸张的表演却刷新了我们对昆剧的认知，这是另外一种完全不同的艺术感受。昆剧《狮吼记》改编自明代汪廷讷的传奇《狮吼记》（三十出），是一部关于"妇德"问题的喜剧作品。它不仅是昆剧中难得一见的喜剧，就是在整个中国戏曲舞台上也是极为杰出的喜剧作品，日本学者青木正儿称赞它为"关目甚佳，明清滑稽剧中最为杰出"，[①] 赞誉甚高。

传奇《狮吼记》的主要内容是苏东坡的好友陈慥（字季常）备受他妻子柳氏的诸般折磨，最后魂游地狱被点醒成为"贤妻"的故事。目前的昆剧保留了传奇《狮吼记》的精华，删减了大量妖魔迷信、荒诞不经的内容，情节更为简练紧凑，人物形象更为生动鲜明。现在昆剧舞台上经常演出的《狮吼记》一般分四出，分别是"梳妆"（传奇为"奇妒"）、"游春"（传奇为"赏春"）、"跪池"（传奇为"谏柳"）、"三怕"（传奇为"闹祠"）。此剧通过戏谑的笔法、夸张的喜剧情节凸显夫妇之间伦理与情感的冲突，从而对夫妇人伦有更深切的体悟。

---

① 〔日〕青木正儿:《中国近世戏曲史》，上海文艺联合出版社，1956，第254页。

一

　　喜剧人物的成功设置是《狮吼记》常演不衰的原因。此剧并没有沿用传统的"巧合""误会"等常用的营造喜剧效果的技巧，而是以喜剧性的人物性格冲突为基点，通过人物自身的缺陷和性格特征来构建笑料，营造令人捧腹而又真实自然的喜剧效果。

　　全剧以陈季常"喜风流"和柳氏"悍妒"之间的性格冲突为基础构成喜剧性冲突，二人按照各自的性格行动，冲突不断，笑料不断，高潮不断，二人的喜剧形象也更为丰满。"陈季常风流惧内。"陈季常性格放浪不羁、风流成性，可是他偏偏怕老婆，有意思的是，他怕老婆偏偏又死要面子，大男子主义十足，在外面又要碍于情面装出一副天不怕地不怕的须眉男儿汉，这相互矛盾的性格让他闹出了很多的笑话。如"游春"一出中，陈季常携美人外出游赏，可是回家后却要承受跪池的惩罚，于是他游玩的越开心也就越能反衬出他回去之后受罚的狼狈凄惨，这种反差极具喜剧性。并且正当陈季常游兴正酣之时，被奉命监视他的苍头告知他回家后要受拄杖之苦，于是他只得跪求苍头为其隐瞒真相，苏轼故意问他为何向一个老仆屈膝求饶时，陈季常为了保全颜面只好为自己费尽心机地寻找种种理由来搪塞苏轼。而事实上观众和苏轼、琴操等人早已经知道了他惧内事情的真相，可是他以为大家都不知道，他越是急着为自己辩解就越能让观众忍俊不禁，嘲笑他的胆小怯懦。

　　大多数强势的妒妇背后必定有一个懦弱胆小的丈夫，"跪池"一出将陈季常惧内的性格淋漓尽致地演绎出来。当陈季常逾期回家见了柳氏之后十分恐惧："〔生〕奶奶。我但见你红下脸来。我有话都说不出了。你请息怒。容分剖。"在他受罚之时低声下气地讨饶："〔生〕奶奶。不才初犯。且饶这遭。

〔旦〕断要打。休惹起我的性子来。〔生〕奶奶。打我是小事。你方才养成指甲。恐被抓伤。吾罪越重。不如权且恕过。下次莫饶。〔旦〕也罢。我饶你挂杖。罚跪在池边。〔生〕奶奶。这个容易。只求把大门闭了。恐有人来。不当稳便。〔旦〕若要闭大门。打了去跪。〔生〕我跪我跪。〔旦虚下生跪介生〕"。面对柳氏的训斥，他犹如一个孩童在受母亲的教训一样战战兢兢，言听计从，不敢反抗，极为好笑。苏轼作为男权社会的维护者和代言人，因不放心陈季常与他游玩而受罚专门去造访陈家，见他正在院子里罚跪，便责问他道："你既为男子，乃甘屈膝于妻孥？"不料陈季常回答说："我自屈膝，与老兄何干？"一副自愿受罚、心安理得的模样。苏轼怒其不争，大丢男人的颜面，质问他"世间哪有你这样缩头的男子？"这一系列行为将陈季常唯唯诺诺、"惧内"性格清晰地展现出来。

祁彪佳的《远山堂曲品》将《狮子吼》列为《逸品》，并评价道："初止一剧，继乃杂引妒妇诸传，证以内典，而且典肖以儿女子絮语口角，遂无境不入趣矣。"这是看到了此剧生活化的一面，以及男女主人公之间小儿女的冲突。剧中陈季常与柳氏的冲突，充满儿童"过家家"的玩闹感。比如演习杖责的一场：陈季常答应柳氏，违约甘受杖责，对于打多少的问题，与柳氏讨价还价，尽量要求少一些。而柳氏坚持要打一百下，并且"先要打一下，做个样儿"，命令陈季常"爬在椅儿上"，供他驱使。陈季常虽然口里嚷着"娘子，看夫妻情分，打轻些"，但还是乖乖地爬在椅子上，配合着让柳氏打了一下。两个人的争吵如同游戏一样，没有太多的火药味。很多时候陈季常如鹦鹉学舌一般，故意惹得柳氏生气。陈季常与苏轼狎妓郊游回来后，被罚跪在池边。柳氏让他"动也不许动"，他便表示"动也不敢动"。柳氏说："啊哟，气死我也！"陈季常马上也接口说："啊哟，气死我也！"通过演员生动形象的舞台演出，将一对"冤家对头"在家庭日常生活中的种种摩擦、斗嘴栩栩如生地表现出来，演绎着一对欢喜冤家的啼笑姻缘。在这种情形下，柳氏原有的妒悍的意味大为减弱，充其量不过是一个美丽的、泼辣的小媳妇而已，而陈季常也只是一个心性风流、摇摆不定又有点怯懦的丈夫。

这两个人物虽存在巨大的性格冲突，但情感足以维系两人关系。"梳妆"开始时，陈季常和柳氏在晨光中共同吟诵孟浩然的《春晓》，一起逗弄鹦哥，然后柳氏梳妆，陈季常在一旁伺候，两人之间充满了柔情蜜意。陈季常对妻子柳氏的悍妒虽心怀恐惧，却也不乏爱慕之情，对其容貌赞美有加："娘子，看你云鬓虽乱，意态更妍，恍如宿醒太真，绝胜捧心西子，怎不教人可爱也！"在陈季常眼中堪比太真、西子，一方面可以说柳氏当真是个美人，另一方面也是"情人眼里出西施"，可见陈季常对柳氏的情感是真挚的。柳氏不只是容貌美，而且还颇具才情。面对苏轼的责问，柳氏表示自己"虽系裙钗贱质，颇闻经史懿言"。苏轼企图用周公"螽斯麟趾"的古语来劝说柳氏同意陈季常纳妾，柳氏却反问说"螽斯麟趾是周公做的诗，难道周婆肯说此话？"如此机智的反问，让大才子苏轼也哑口无言。而柳氏虽然悍妒，但对陈季常的爱也是显而易见的。柳氏并不是一个不可理喻的女人，她深爱着自己的丈夫，她之所以奇妒是想让丈夫只忠实于自己一人，是出于对丈夫的深情，为防止其在外拈花惹草而对其有所管制。所以柳氏愤愤而言："儿夫喜浪游，不把盟言守。嗃嗃奈予何，伊作伊还受。"说明正是因为丈夫理亏在先，她才不得不妒悍对之。从中也透露出陈季常能忍受妻子的怒骂暴打，根本原因就在于他本身就"宜室宜家道未行"，其风流倜傥、沾花惹草之性使得其在反抗妻子"暴力"面前气弱理亏。

陈季常的风流和其妻柳氏的悍妒之间的冲突是难以调和、随时要爆发的。但是由于他们二人具有才子佳人的底蕴，使得两人之间的种种矛盾冲突显得赏心悦目，耐人品味。正是这种时刻冲突又无法摆脱的人物关系，使得每一次冲突都带来极强的喜剧效果。

二

运用重像强化人物性格，不仅使人物形象更加鲜明突出，而且能够产生令人捧腹的喜剧效果，这一表现方法集中体现在"三怕"这一出戏中。

柳氏因陈季常屡次"违约束甘心跳梁"，便拉陈季常到衙门去告状。作为维护封建伦理道德和正常秩序的国家机器，县衙当然不会认同柳氏。但奇怪的是县官老爷一出场就抒发自己的苦闷："守法朝朝乐，欺公日日忙。老爷心更苦，最怕退前堂。"当他得知夫人不在堂上后，县官从男子的角度和传统伦理的考虑，有意偏袒陈季常，判定柳氏的行为属于大逆不道，"乾坤有变天番地，夫妇无情阴尤阳"，欲惩处柳氏以正纲常。按照正常的逻辑发展，柳氏肯定会受到刑罚，但县官夫人的及时出现使得整出戏峰回路转，柳暗花明。只听一声大叫："正什么纲常，待我来！"吓得县官一下子跌下公座。县官夫人跑上了大堂一把打落县官的纱帽，扯住县官大骂："你是驴类键为甚官，你是面糊盆坐甚堂，黑白不辨怎把人发放！似这般欺心的男子该流三千里，怎把贤德的妻儿骂一场！"县官夫人的出现不仅呼应了前文县官老爷"最怕退前堂"的焦虑，而且使得剧情出现大的逆转。虽然柳氏和县官夫人萍水相逢，是第一次见面，但因为共同的命运却彼此惺惺相惜。看到这里，观众本认为此事应该告一段落了，提心吊胆的心才刚刚放下，谁料到一波未平一波又起。因为县官夫人的强悍，县官被夫人一顿猛打，导致了一干人又拉拉扯扯到土地祠找土地公公评理，由此又引出了另一段公案。土地公公站在男性的立场同样偏向男性，叱责柳氏："柳姬悍妒真堪罪，陈慥风流不异常"，直言要让柳氏、县官夫人"小心听令，拱手伏降"。谁知土地公公也是个惧内的，他的话刚落，土地娘娘就跑上祠堂，抓住土地公公就打起来，吓得土地公公赶紧跪倒在地。土地娘娘指着土地骂道："做神明全要公，在神祠好受香，如何断事情偏向！全不管妇人水性须当让，逞看你男子雄心越放佯。俺这里拳头巴掌声声响，直打得你下寻地狱，上走天堂。"土地奶奶明白地提出男子非但不能欺压女性，而且要照顾女性、谦让女性的要求，这无疑是女性要求男女平等的自觉意识。

县官夫人和土地娘娘都是作为柳氏的重像出现的。陈季常受不了柳氏的管教到衙门告状，本来以为堂堂官老爷定能断出个是非曲直，出乎观众意料的是官老爷也是个惧内的。县官在知晓夫人不在堂的情况下义正辞严，欲对柳氏用刑，正在紧急关头，县官夫人突然大叫着出来，其立马"跌下公座"，跪着求讨"手下人看着，乞存颜面"，淋漓尽致、活灵活现地表现出了堂堂县官的畏妻情形，让观众看来忍俊不禁，发出欢快的笑声。受到老婆一顿暴打的官老爷气愤不过要到土地老爷处告状，观众又以为堂堂的神仙肯定能主持公道，没想到威武庄严的土地公公在土地奶奶面前也一样萎靡不振，最后竟然通过装死躲过土地奶奶的毒打。这里一连用了两次重像，而且每次都是观众所意想不到的，故而收到了极为震撼的喜剧效果。

中国的老百姓大多喜欢热闹戏文，一是因为看戏多是在节日庆典等公共场合的娱乐活动，故人们多崇尚热闹喜庆之戏，希望有吉祥如意的好兆头；二是平民百姓看戏就是为了开心热闹，故不喜欢悲悲戚戚、痛哭流涕的戏，这也是中国人偏爱"大团圆"结局的原因所在；三是普通百姓文化水平不高，无法欣赏过于雅化的文辞和审美意境，故喜欢热热闹闹的戏曲舞台景象。而此出戏就成功地照顾了普通民众的戏曲欣赏水平，迎合了一般平民的审美趣味，不仅情节跌宕起伏，扣人心弦，而且在有限的空间场景中将三组戏剧冲突不断重复叠加，最后巧妙地汇合于一处集中爆发。三对惧内家庭再加上两个惧内的衙役共八人在舞台上打打闹闹，拉拉扯扯，高潮迭起，笑声不断，增添了戏曲表演的滑稽性和喜剧感。

三

王骥德先生曾言："插科打诨，须作得极巧，又下得恰好。如善说笑话者，不动声色，而令人绝倒，方妙。大略曲冷不闹场处，得净、丑间插一科，可博人哄堂，也是剧戏眼目。若略涉安排勉强，使人肌上生栗，不如安静过去。"① 此剧充分调动生旦净丑等角色进行插科打诨，通过自谑之语、滑稽之态来营造轻松诙谐的戏曲氛围，从而达到极强的娱乐效果。

陈季常由传统文学主角的光辉形象走下了神坛，不再有传统才子佳人小说中男主人公的深情款款与风度翩翩，更不复有英雄题材中男子的豪迈气概和宽阔胸襟，他尽管也不乏才华，但更多的时候是油嘴滑舌，在家庭庸常中显现出了市井小百姓的凡尘气质。他言语戏谑，举止滑稽，如跳梁小丑般演绎着诸多让人忍俊不禁的现实景象，呈现出了独树一帜的"丑"之审美范式。如，柳氏要陈季常去借李大伯的竹篦时，陈爱面子不愿意去，"我怎敢骂你？我说李大嫂竹篦自家用。我书房中有青藜拄杖一条，何等方便？免得求人。"柳氏要打陈季常，陈季常还得表现的愿意挨打，并且提供合适的刑具，让人在摇头叹息的同时又忍不住会心一笑。

当柳氏听说陈季常昨日游宴席中有妓女相陪时，不由地大发雷霆，决定要好好地惩罚他。柳氏原本是打算用青藜杖责打陈慥，但陈季常又提出请求，他求饶的理由居然是怕柳氏新养成的指甲被抓伤，这个理由确实太有创意了，富有极强的生活气息。于是柳氏就改变主意，叱令他跪到池边去反省自己的过错，这下陈季常没有借口了，只得严遵其旨。并且他的动作十分小心翼翼，唯恐妻子再生事端对他加大惩罚，哪怕是自然界的青蛙都让他胆战

① （明）王骥德：《曲律·论插科第三十五》，中国戏曲研究院编《中国古典戏曲论著集成·卷四》，中国戏剧出版社，1959，第 14 页。

心惊：

〔内做乱蛙鸣，生〕呀，这孽畜，往常不叫，偏今日咭咭聒聒，
如鼓吹一般。蛙哥，蛙哥，你可怜陈慥，闭嘴一时，只怕他疑我与人
说长道短；你休在清池阁阁争喧，免疑我对傍人哓哓搬口。苦，我这
膝盖儿跪得疼了，望娘行大发慈悲，暂时宽宥。

在妻子的威胁之下，昨日还在风花雪月与大学士、美妓女吟诗作对的风
流才子竟然风声鹤唳到怕"蛙鸣"所牵连，甚至还与"蛙哥"倾诉苦衷，让
人看完不禁哑然失笑。这种插科打诨巧妙地利用日常生活的小细节，富有生
活情趣，不仅淋漓尽致地呈现了陈季常的懦弱性格，而且无形地营造出了强
烈的喜剧化效果。

四

在传统家庭中"夫为妻纲"，妻子应该无条件地听从丈夫的话，唯夫是
天。所以柳氏不甘屈从于丈夫的悍妇形象横空出世，带给人们极大的震撼。
她的"妒"是对封建道德、封建礼法的不满和嘲讽，她的"凶悍"表现了她
对不合理男权社会的抗争。她反对当时人们习以为常的一夫多妻制，实质已
经触动了两性关系的基石了。柳氏和苏轼的对话可以看作是一篇妇女解放运
动的檄文："自古修身齐家之士，先刑寡妻，乃治四海。古之贤妇，鸡鸣有
警，脱簪有规，交相成也。齐眉之敬，岂独妇顺能彰反目之嫌，只缘夫纲不
正。"柳氏要振兴"夫纲"，要求丈夫尊重她、理解她，认为夫妻不和睦也
可能是丈夫的错而不一定是妻子不妥；认为女子的贤德不仅仅包括顺从，更
包括在丈夫有过失时坚决地规劝他，督促他改过。柳氏在三从四德为自然天

理的当时，能够喊出"夫纲不正"，无疑是振聋发聩，具有思想启蒙的作用。在长期被夫权、父权压制的中国古代女性身上能够产生这样的想法实在是难能可贵。

柳氏的出现不是偶然现象，而是有着深刻的现实意义。明清时期随着商品经济的日渐繁荣与心学思潮的广泛流传，使得传统伦理规范和价值标准面临全面解构的危机。由于人生的欲求都在"童心说"的外衣下得到合理的肯定与发展，士大夫多追求一种适意、享乐的生活。袁宏道就提出了人生之"五快活"，将偎红依翠、山水游赏奉为人生之乐。在某种意义上，晚明文人的风流心态比及以往更甚。如传奇作家王骥德流连青楼，为众多妓女留曲，写下《赠燕市胡姬》《赠陈姬》《都门赠田姬》《忆虞氏小姬》《寄都中赵姬》《席上为田姬赋得鞋杯》等作品。王骥德家境潦倒还力求青楼一笑，足见他们对"风流"之痴迷。而晚明其他作家如屠隆、徐霖、梁辰鱼、冯梦龙、梅鼎祚、郑若庸等人都过着放浪形骸的生活。剧中男主人公陈季常出身书香之家，才情不凡，不愿受功名利禄的羁绊，与苏轼等朋友交好。而苏轼总是"挈红妆春郊戏游"，陈季常作为他的好友自然不能免俗，常与苏轼一起狎妓出游。陈季常的行为是被社会认可和欣赏的风流逸事，他本人也被视为"风流才子"。但是文人的想法是美好的，现实是严峻的。随着商品经济的发展，晚明士人的实际地位已下降到四民之末，只会读书吟诗的他们不懂家庭生计，无力改善生活状况，却又秉承文人风流浪荡的传统。这种滥情的生活态度必然导致妻子的不满与夫妻关系的恶化，带来传统家庭秩序的变动，导致原有夫权社会男性权威地位的急剧下降。

同样受时代思潮影响，伦理道德观念日渐松动的妻子们的主体意识也开始觉醒，她们越来越不能容忍丈夫的贫庸无能与风流逸事。明末小说家周清源在《寄梅花鬼闹西阁》中从男女平等的角度总结了女性心中的"六恨"，其中有女性"嫁不得小老公，他却娶得小老婆"，这样的礼法无疑是"不公不平"的；还有世俗所言女子婚外私情，便是不守闺门，须"休杀"，然而男人偷了妇人，却"不曾见有杀、休之罪"。正是因为妒妇怀了婚姻中的"六恨"，所以其从来不肯"放一着空与丈夫。"① 显然男性在婚姻中可以三妻四妾，可以出入秦楼楚馆，然而女性必须在婚姻中恪守本分，贞操自守，这是极为不公平的。这是妒妇层出不穷的原因所在。于是她们试图挣脱封建礼教对女性的诸般束缚，反抗"一夫多妻"的婚姻制度和"男尊女卑"的家庭秩序，具体例证就是明清戏曲小说出现了很多妒妇形象。此剧也不例外，出现了隔壁李大嫂、县官夫人、土地娘娘等众多妒妇，呈现出了一个妒妇群，可见女性对男权社会的反抗是当时一种很普遍的社会现象。

在传统的男权社会中，是绝对不会允许有异于正统意识的女性独立思想的存在。封建正统社会要求的是对丈夫百依百顺、绝对服从的"贤妻"，然而妒妇却将男性自尊踩在脚下无情践踏，所以男性作家在捍卫群体特权的促使下，一定要将凶悍的妒妇变为贤妇，以实现男子对于妻子和家庭生活的理想。所以在男性作家写作的戏曲小说中，我们便看到无论曾经多么凶悍异常的妒妻悍妇，最后都无一例外成为符合男性幻想的贤妻形象：她们包容忍让，克服了妒忌心肠，"欣喜"地接受丈夫纳的三妻四妾。明代传奇《狮吼记》是以柳氏魂游地狱，遭受种种酷刑之后幡然醒悟成为贤妻而结尾的，这个结局才是封建社会的常态。而现在流传的昆剧《狮子吼》的结尾是陈季常通过做了一个梦而醒悟过来，决定从今以后要尊重妻子、爱护妻子，很显然这只是符合现代人精神的改编，是现代人的一厢情愿罢了。

综上所述，《狮吼记》反映了女性个性解放的要求，较为客观地展现了当时的社会风貌，反映了一定的历史真实。柳氏惩罚丈夫的动机虽值得同情，但其施行家庭暴力的行为却不妥当，这样粗暴的处理只能让婚姻的矛盾

---

① （明）周清源:《西湖二集卷十一·寄梅花鬼闹西阁》，江苏古籍出版社，1994。

不断升级。因此，此剧也对当代婚姻提供了启示：夫妻之间绝不可能是单方面的"屈从"和忍让，需要夫妻双方的共同付出与努力，只有这样才能建立和谐美好的伴侣关系。

（北京市社会科学院历史所）

鲁迅在教育部的儿童美育工作与《风筝》的改写

陈 洁

儿童教育是民国教育部的工作重点之一。国语运动中，白话地位确立的最关键一环，是通过教育部在儿童教育中推行政策。教育部训令全国各国民学校将一二年级"国文"改为"国语"，被学界视为文学革命和国语运动合流的最大成果。[①]鲁迅在北京教育部所做的儿童美育工作对他的创作产生了潜在影响。这种影响从语言到取材、思想等方面，都表现出来。鲁迅创作了一系列关注儿童教育的作品：《狂人日记》中的"救救孩子"、《随感录二十五》（1918年）、《四十九》（1919年）、《我们现在怎样做父亲》（1919年）。小说《药》和《明天》都以戕害儿童的事例向旧世界问罪。[②]1925年北京冬季的雪，触动了鲁迅的内心，他将一篇以反思儿时经验——拆掉小兄弟的风筝为主题的《我的兄弟》改写成《风筝》。《风筝》写明了叙述地点是北京。《风筝》对《我的兄弟》的改写，反映了鲁迅对儿童问题思考的深入。

---

① 王风：《文学革命与国语运动之关系》，夏晓虹、王风等《文学语言与文章体式：从晚清到五四》，安徽教育出版社，2006，第68页。

② 〔日〕木山英雄：《〈野草〉主体构建的逻辑及其方法》，木山英雄著、赵京华编译《文学复古与文学革命》，北京大学出版社，2004，第10页。

一　全国儿童艺术展览会

在鲁迅教育部的工作中，以儿童为主的美育工作是重点之一。举办全国儿童艺术展览会是教育部进行儿童美育的重要举措。1912 年 9 月，教育部决定翌年夏在北京举办儿童艺术展览会，并电告各省教育司按《展品搜集条例》搜集展品。但不久发生"二次革命"，延至 1914 年 4 月，教育部另发通令，定于当年 4 月 21 日至 6 月 20 日展出，并指派社会教育司司长夏曾佑主办。具体工作则由该司第一科负责。① 鲁迅时任第一科科长，负责儿童艺术展览会，并投入了很多精力筹办。鲁迅与上司夏曾佑，同僚戴螺舲、钱稻孙合作，出色地完成了这一工作。②

1914 年登载于《京师教育报》的《第一次儿童艺术展览会旨趣》，立意高远，分析深入细密，带有以美育救国的理想主义色彩。这篇《旨趣》虽然没有署名，但因为鲁迅时任第一科科长职务，具体承办此会，而且《旨趣》所蕴含的美育观和儿童心理学的分析逻辑与鲁迅的思维很接近，可推断《旨趣》至少是反映了鲁迅的意旨。《儿童艺术展览会旨趣书》收入社会教育司 1915 年 3 月编辑出版的《全国儿童艺术展览会纪要》，唐弢考证也认为《旨趣书》是鲁迅的手笔，至少也是经过他修改润色的，"因为思想、口气、文

---

① 参见《鲁迅大辞典》编委会编《鲁迅大辞典》，人民文学出版社，2009，第 30 页。
② 鲁迅从看会场到展览会开会时理事，甚至周末都不休息、工作到很晚；再到会后挑选赴巴拿马的展品，总是尽心尽力。这在鲁迅日记中有详细的记载。1913 年 3 月 31 日，"午后同夏司长及戴螺舲往全浙会馆，视其戏台及附近房屋可作儿童艺术展览会会场否。"1913 年 11 月 6 日，"午后同稻孙布置儿童艺术品。"1914 年 4 月 21 日，"午后一时全国儿童艺术展览会开会。"26 日"上午仍至教育部理儿童艺术展览会事，下午五时始归寓。"5 月 3 日"星期。……午后仍赴展览会理事至晚。""十日星期。上午仍至展览会办事，晚六时归寓。""十七日星期。上午仍至展览会治事，下午六时归寓。""二十日下午四时半儿童艺术展览会闭会，会员合摄一影。"二十三日"上午开儿童艺术审查会。"6 月 2 日，"与陈师曾就展览会诸品物选出可赴巴那马者饰之，尽一日。"《鲁迅全集》第 15 卷，第 55、86、114~119 页。

笔都是他的。"①与《儗播布美术意见书》一样，也反映了鲁迅早期的美学观点与教育思想。②展览结束后，鲁迅还将《儿童艺术展览会纪要》寄给周作人，《儿童艺术展览会报告》寄给他的学生商契衡。③

第一次儿童艺术展览会旨趣

人自朴野至于文明，其待遇儿童之道，约有三级。最初曰育养；更进则因审观其动止既久，而眷爱益深，是为审美；更进则知儿童与国家之关系，十余年后，皆为成人，一国盛衰，有系于此，则欲寻求方术，有所振策，是为研究。

研究儿童，为术不一，或察其体质，或观其精神。今儿童艺术展览会者，则审察精神之一端，中国十五岁以下儿童之所心营手造，略见于此。览者可借以见知识之发达，好尚之所在，外物之关系，及土风之不同。

知识之发达者，谓凡所造作，其由简而繁由疏而密者如何也。好尚之所在者，谓于平日习见诸物，其取舍如何也。与外物及土风之关系者，谓居口岸与内地，居市与居邨，生农家与商家，其制作之殊别如何。生此省与他省，其殊别又如何也。

儿童之精神，虽以外物而有殊别，然有不可不同具者，则为中国国民应有之德与智与美三者。所以养成之者，则有小学校与社会教育。然事以比较而良，学因博见而进。今儿童艺术展览会者，则研究教育之一端。全国已入及未入学校儿童之所造作皆有之。览者于此，

---

① 参见胡从经《轶事与佚文》，《鲁迅研究文丛》(1)，湖南人民出版社，1980，第187页。
② 参见胡从经《轶事与佚文》，《鲁迅研究文丛》(1)，湖南人民出版社，1980，第187页。
③ 鲁迅日记记载，1914年10月15日，"得二弟所寄《绍县小学成绩展览会报告》四册，四日付邮。"1915年4月16日，"上午寄二弟信，……又寄……《教育公报》第十期一本，《儿童艺术展览会纪要》二本，分两包。"6月25日，"上午寄商契衡《儿童艺术展览会报告》一册。"《鲁迅全集》第15卷，第137、168、176页。

可藉以见各地家庭之情形，外物之影响，教育之状况及其教法之善否。

……①

心理学研究环境对儿童的影响，"教子之所以宜择居而择友者，自心理学言之，以其无识半识之间，大受影响故也"。而在儿童教育中，"半识之价值，时或反优于有识也"。②《第一次儿童艺术展览会旨趣》中的一段论述与鲁迅所译上野阳一的《社会教育与趣味》极为相似：参观儿童艺术展览会，"可藉以见知识之发达，好尚之所在，外物之关系，及土风之不同"，"与外物及土风之关系者，谓居口岸与内地，居市与居邨，生农家与商家，其制作之殊别如何。生此省与他省，其殊别又如何也。"③

《社会教育与趣味》中比较了同在一时，居"繁地"者与居"僻壤"者、"京居人"与"乡居人"的差异，认为居"繁地"者、"京居人"更感觉敏锐，动作迅速。④并有详细的论述：

故乡井优闲，人心安逸，而都市居者，心恒不定，此其物质之激刺者也。又以交通之具备，传报纷繁。……昔人所闻，不过邻家阿贵，鬻其祖田，里门阿富，嫁其夫郎，诸缓事近闻而已。今则不然，突厥和矣，支那乱矣，报牒纷至，应接不遑。⑤

……

---

① 《第一次儿童艺术展览会旨趣》，《京师教育报》1914年第4期"附录"，京师学务局印行。
② 参见许寿裳：《应用心理学讲义手稿》，现存于北京鲁迅博物馆（北京新文化运动纪念馆），许世玮捐赠。
③ 《第一次儿童艺术展览会旨趣》，《京师教育报》1914年第4期"附录"，京师学务局印行。
④ 〔日〕上野阳一：《社会教育与趣味》，《教育部编纂处月刊》第1卷第9册，1913年10月。
⑤ 〔日〕上野阳一：《社会教育与趣味》，鲁迅译，但未署译者名，《教育部编纂处月刊》第1卷第9册，1913年10月，第5~6页。文中着重号是原刊所加。省略号为笔者所加。

气质迁移，多因环境，古谓居移气，养移体，又曰近朱者赤，近墨者黑。假今举国争货，闻见皆浊。吾秉本清，亦几何不同流合汗。而世风高洁，礼乐彬彬，则吾资虽陋，亦自日化。此犹人相交友之情也。①

《孟子》中写有"居移气，养移体。大哉居乎！"②鲁迅在此文翻译语言的选择中，使用了孟子的语句——"古谓居移气，养移体，又曰近朱者赤，近墨者黑。"这篇文章中讲到了居室、建筑等环境对人的影响，鲁迅在后来所写的《"京派"与"海派"》一文中，延续了这种观点："籍贯之都鄙，固不能定本人之功罪，居处的文陋，却也影响于作家的神情，孟子曰：'居移气，养移体'，此之谓也。"③"取今复古，别立新宗"，将"世界之思潮"与"固有之血脉"接续，这是鲁迅在《文化偏至论》中就提出的思想。④

这次展览展出的儿童艺术品中还包括了日本的艺术品。在《儿童艺术展览会会场略图》中可看到在按地区分类的二十二个展区中，第二十二个展区是神户。⑤这次展览会展品包括儿童手工制造品及玩具等。鲁迅从1913年开始收集玩具，这一兴趣一直延续到展览会后。⑥

儿童教育，包括玩具，是当时教育界的新热点之一。《新青年》《新潮》及部分教育报刊，都相继刊发讨论儿童问题的文章。1914年，由京师学务

---

① 〔日〕上野阳一：《社会教育与趣味》（续第9册），《教育部编纂处月刊》第1卷第10册，1913年11月，第1页。

② 《十三经注疏》整理委员会整理《尽心章句上》，《十三经注疏·孟子注疏》，北京大学出版社，1999，第371页。

③ 《"京派"与"海派"》，《鲁迅全集》第5卷，第453页。

④ 参见《文化偏至论》，《鲁迅全集》第1卷，第57页。

⑤ 《儿童艺术展览会会场略图》，《京师教育报》1914年第4期"附录"，京师学务局印行。

⑥ 鲁迅日记中有详细记载，1913年2月6日："午后即散步往琉璃厂，诸店悉闭，仅有玩具摊不少，买数事而归。"1913年6月10日，"晚得杨莘耜所寄玩具一匣，五月九日西安发。"1913年7月5日，"并购饼饵、玩具少许。"1913年8月30日，"上午得杨莘士柬并玩具十二事，皆山陕所出"。1915年11月2日"上午寄二弟小包一，内……陕西玩具十余事。"1916年12月5日，"别购玩具五种，一元。"1920年1月8日，"午后游小市，买磁玩具一。"《鲁迅全集》第15卷，第47~48、67、71~72、77、194、251、393页。

局印行的《京师教育报》登载了译自日文的《手工教授新论》，倡导儿童的手工教育。① 1919年2月，《新潮》介绍《新青年》杂志，极希望《新青年》再选几个要紧问题积极讨论，儿童问题被列在首位。② 1919年11月，《新青年》第六卷第六号登载了鲁迅的《我们现在怎样做父亲》。1930年，近代中国影响最大的教育辞书《教育大辞书》，由商务印书馆编辑出版，并再版多次，对"玩具""玩具制作""玩偶与教育"有很详细的条目。③《教育大辞书》编写期间集国内众多教育名家和学科专家之力，收录了不少当时国内外教育研究的最新成果。④ 对重要的问题，还分别约专家特撰专条。其中，"美育"一条就是蔡元培撰写。⑤ 这次展览会展出的儿童艺术品名目无存，但在这次展览的纪要《儿童艺术展览会纪要》中登载了鲁迅所译日本高岛平三郎《儿童观念界之研究》，以儿童绘画研究儿童之观念界，其中玩具类的第一项即为"纸鸢"，而游戏类也包括"放纸鸢"。⑥

二 《风筝》对《我的兄弟》的改写

民国教育部已经认识到儿童制作手工艺品有益于成长，在制定的政策中重视手工课的教育。1920年教育部发出部令《咨各省区据教育会联合会议决中等以下教育宜注重工艺案应分行参酌办理》（九年咨第三百三十九号），其中附有《中等以下教育宜注重工艺案》，其提出"中学校手工一门宜每周

① 〔日〕冈山秀吉：《手工教授新论》，京师公立第一小学教员唐崇保、郭兴贵、白毓森合译，《京师教育报》1914年第6期"译著"，京师学务局印行。
② 记者：《新青年杂志》，《新潮》第1卷第2号，1919年2月1日，第357页。
③ 唐钺、朱经农、高觉敷主编《教育大辞书》，商务印书馆，1930。
④ 肖朗、张秀坤：《民国教育界与出版界的互动及其影响——以王云五的人际交游为考察中心》，《教育学报》2011年6月。
⑤ 王云五：《序》，"美育"词条，《教育大辞书》唐钺、朱经农、高觉敷主编，商务印书馆，1930年7月初版、1933年5月缩本初版、1935年4月缩本三版，第742~743页。
⑥ 〔日〕高岛平三郎：《儿童观念界之研究》，鲁迅译，原载1915年3月《全国儿童艺术展览纪要》，收入王世家、止庵编《鲁迅著译编年全集》第2卷，人民出版社，2009，第285~303页。

改为三小时"，"国民学校高等小学校手工一门应令儿童自动"。^①

教育部推行在儿童教育中注重工艺的宗旨："各校须就各地方所产原料制造各地适用物品，由本校自设贩卖部出售，以销数之畅滞见成绩之优劣，方与注重工艺宗旨相合，应请大部通行各省区一律遵行。"^②因此出现了濬智玩具铺，这在当时的写实小说中有所记述。风筝也是其生产的濬智玩具之一。1923年4月，教育部所属通俗教育研究会编辑的《通俗教育丛刊》登载了绍兴寿玺编的写实小说《风筝》。《风筝》中概述了当时小孩子玩风筝的几种情形，包括有的孩子"买了风筝或是做了风筝，不敢让家里和书房里的先生知道，偷着出来玩的"。^③小说中所写的《社会教育报》（1923年3月发行）的"科学游戏"一栏里，"便是记载放风筝的事情，他说儿童游戏，最要紧的是合乎科学心理，放风筝这桩玩意儿最好没有的了。第一是补助体育，……放一回风筝，可以呼吸些新鲜空气，又可以活动个人的身体，这个可以算作小孩时候的适当运动；第二是增长学问，什么动物啦、植物啦、历史上的故事啦、一切种种，在授课时候，脑力迟钝些的，便不能完全领会，就是仗记忆力强记下来，也有些枯寂无味，倘能制造玩具，给他们玩，便容易领会、容易记忆，这风筝也是玩具之一，自然也能够令小孩不知不觉的增些智识——末后又说有一位热心社会教育的华君，组织了一爿商店，叫做濬智玩具铺，专卖儿童玩具，他说欧美的教育家，大概对于儿童，都是利用玩具，这些玩具效用不在教科书以下。从前书坊里边，出售的教科书，曾经教育部审定，现在他店里的出品，却也聘请一般学问

---

① 《咨各省区据教育会联合会议决中等以下教育宜注重工艺案应分行参酌办理》（九年咨第三百三十九号），《教育部文牍汇编第六》总务厅文书科印行，1921年3月辑印，第74页。鲁迅藏书，现存于北京鲁迅博物馆（北京新文化运动纪念馆）。

② 《咨各省区据教育会联合会议决中等以下教育宜注重工艺案应分行参酌办理》（九年咨第三百三十九号）所附说明，《教育部文牍汇编第六》总务厅文书科印，1921年3月辑印，第74页。鲁迅藏书，现存于北京鲁迅博物馆（北京新文化运动纪念馆）。

③ 《通俗教育丛刊》第19辑，通俗教育研究会编辑，1923年4月，第2页。

家审定过，这风筝也就是出品之一。他家制造风筝式样虽多，美术上、科学上都有研究。"①

1925 年，鲁迅发表散文诗《风筝》，而《风筝》的核心性故事原型，早在 1919 年创作并发表的《我的兄弟》中，就已经写出。②

《我的兄弟》中的叙述较简单，只是对故乡发生事件的回忆：

> 我是不喜欢放风筝的，我的一个小兄弟是喜欢放风筝的。
>
> ……
>
> 我是不喜欢放风筝的，也最讨厌他放风筝，我便生气，踏碎了风轮，拆了竹丝，将纸也撕了。
>
> ……
>
> 我后来悟到我的错处。我的兄弟却将我这错处全忘了，他总是很要好的叫我"哥哥"。
>
> ……
>
> 阿！我的兄弟。你没有记得我的错处，我能请你原谅么？
> 然而还是请你原谅罢！③

1925 年北京冬季的雪，触动了鲁迅的内心，他将《我的兄弟》改写成《风筝》。《风筝》写明了叙述地点是北京，并且首尾呼应，在地点、时间上都设置为双层：北京—故乡、冬季—春季。

> 北京的冬季，地上还有积雪，灰黑色的秃树枝丫叉于晴朗的天空

---

① 参见寿玺《风筝》，《通俗教育丛刊》第 19 辑，第 4~5 页。省略号为引者所加。
② 鲁迅：《自言自语》，《鲁迅全集》第 8 卷，第 119 页。
③ 鲁迅：《自言自语》，《鲁迅全集》第 8 卷。省略号为引者所加。

中，而远处有一二风筝浮动，在我是一种惊异和悲哀。

……

现在，故乡的春天又在这异地的空中了，既给我久经逝去的儿时的回忆，而一并也带着无可把握的悲哀。我倒不如躲到肃杀的严冬中去罢，——但是，四面又明明是严冬，正给我非常的寒威和冷气。①

很显然，北京的寥寥几笔风物描写，使得全篇形成了更立体的结构，其涵义也更加丰厚。《风筝》中增加的描写，象征地传达出作者对于社会"季候"的感觉和憎恶；《风筝》中把《我的兄弟》中思想的萌芽，升到了更高理性思考的程度。②鲁迅在《风筝》中明确写出了"我"嫌恶风筝的原因，是"因为我以为这是没出息孩子所做的玩艺"。③而现在终于意识到风筝作为儿童玩具的价值："我不幸偶而看了一本外国的讲论儿童的书，才知道游戏是儿童最正当的行为，玩具是儿童的天使。"④在《社会教育与趣味》一文中，第四节为"趣味教育"，已明确讲到玩具的作用："故自婴时，即授以精巧之玩具，于发达儿童趣味，俾将来能味艺术，甚非利也。"⑤孙玉石详细论述了北京风物引发鲁迅写作《风筝》的过程。⑥

对儿童的关注，使鲁迅在论述成人问题时，也引入儿童的意象。在《热

① 鲁迅：《风筝》，《鲁迅全集》第2卷，第187~189页，省略号为引者所加。
② 参见孙玉石《现实的与哲学的——鲁迅〈野草〉重释》，北京大学出版社，2010，第115~116页。
③ 鲁迅：《风筝》，《鲁迅全集》第2卷，第187页。
④ 鲁迅：《风筝》，《鲁迅全集》第2卷，第188页。
⑤ 〔日〕上野阳一：《社会教育与趣味》，《教育部编纂处月刊》第1卷第9、第10册，1913年10月、11月。
⑥ 据《鲁迅日记》记载，1924年12月30日这一天，北京连着下了两天的大雪："雨雪。……下午霁，夜复雪。"第二天，大约晴天，刮起了北京冬天特有的大风，满地白雪，漫天飘舞，一片非常壮观的景象，这种景象，使鲁迅的内心，产生了一种难以抑制的激动。他很少有地在自己12月31日的日记里，写下："晴，大风吹雪盈空际。"这场纷飞的大雪和大雪过之后北京街头的一番景象，触动了鲁迅新的艺术构思。1925年1月1日，鲁迅因为"惊异于青年消沉"，写下了《希望》。18天后，他写了散文诗《雪》。再过6天，他又写了《风筝》。参见孙玉石《现实的与哲学的——鲁迅〈野草〉重释》，第96~97、107页。《鲁迅全集》第15卷，第540、541页。

风·题记》中，鲁迅将在北京西长安街一带观察到的卖报孩子的衣着变化——由"童子军的拟态"到"偶而还剩有制服模样的残余"，再到"衣履破碎"这样一个过程——用作比喻，并考证了"童子军式的卖报孩子"的出现，是在 1919 年 5 月 4 日散传单的童子军出现之后。这样一个时间上的间隔，鲁迅将之用于他所认识到的社会现象时间上的一个间隔。文章在第一段描述了卖报孩子的衣着，在第二段又再次追溯，而在后文以此来比喻起先嘲骂《新青年》改革，后来又赞成改革，后来又嘲骂改革者。

> 现在有谁经过西长安街一带的，总可以看见几个衣履破碎的穷苦孩子叫卖报纸。记得三四年前，在他们身上偶而还剩有制服模样的残余；再早，就更体面，简直是童子军的拟态。
>
> ……
>
> ……自《新青年》出版以来，一切应之而嘲骂改革，后来又赞成改革，后来又嘲骂改革者，现在拟态的制服早已破碎，显出自身的本相来了，真所谓"事实胜于雄辩"，又何待于纸笔喉舌的批评。①

鲁迅这篇文章对历史的描述非常深刻，曾有研究者以之为起点做新文化运动发生考论的研究。② 而文中将这一认识，与北京街头的卖报孩子的景象结合，并以此为喻，非常形象地表述了在具体历史情境中的思想。

三 美育论文对语言和思想的影响

1913 年 2 月，教育部编纂处编辑印行的《教育部编纂处月刊》从创刊

---

① 《热风·题记》，《鲁迅全集》第 1 卷，第 307~308 页。省略号为引者所加。
② 袁一丹：《"另起"的"新文化运动"》，《中国现代文学研究丛刊》2009 年第 3 期。

开始，就主推美育，第一卷第一册刊出了鲁迅的《致国务院国徽拟图说明书》（附图）、《拟播布美术意见书》，以及鲁迅所负责的美术调查处的美术调查工作之一——《奉天清宫藏品目录》。[①]

1913 年，鲁迅陆续译出上野阳一的三篇论文《艺术玩赏之教育》（配插图）、《社会教育与趣味》、《儿童之好奇心》，[②] 先后登载于《教育部编纂处月刊》。[③] 这三篇论文都涉及儿童美育、儿童心理学。这些译文是"为了应教育部《编纂处月刊》而翻译的。"[④] 在《教育部编纂处月刊》登载时都未署译者名，只写明著者为上野阳一，明显这是为职务所译。上野阳一的这三篇论文都登载于日本 1912 年创刊的《心理研究》杂志，由心理学研究会编刊。[⑤] 鲁迅在附记中极力推荐，并写明为发展我国美育——《艺术玩赏之教育》："谨案此篇论者，为日本心理学专家。所见甚挚，论亦绵密。近者国人，方欲有为于美育，则此论极资参考。"[⑥]《社会教育与趣味》"按原文本非学说，顾以国中美育之论，方洋洋盈耳，而抑扬皆未得其真，其且误解美谊，此篇立说浅近，颇与今日吾情近合，爰为迻译，以供参鉴。"[⑦]《艺术玩赏之教育》在《教育部编纂处月刊》发表时，还配图描述。[⑧]

此时，鲁迅与许寿裳同住绍兴会馆，翻译心理学论文，应受到许寿裳的影响。许寿裳曾于 1911 年请鲁迅翻译心理学著作。鲁迅在致许寿裳的信中说到自己"素不治心学"，希望许寿裳"别择简洁之本，自加删存，指定孰则应留，

① 《奉天清宫藏品目录》登载于《教育部编纂处月刊》第一卷第一册至第五册，1913 年 2 月至 6 月。
② 鲁迅日记记载，1913 年 10 月 18 日："夜译论毕，约六千字，题曰《儿童之好奇心》，上野阳一著也。"鲁迅明确指出上野阳一为心理学专家。原注参考书目中即有"野上，上野，实验心理学讲义 1909"。《鲁迅全集》第 15 卷，人民文学出版社，2005，2006，第 83 页。
③ 《艺术玩赏之教育》、《社会教育与趣味》、《儿童之好奇心》分别登载于《教育部编纂处月刊》第 1 卷第 4、7 册，第 9、10 册，第 10 册。
④ 许广平：《鲁迅回忆录》，长江文艺出版社，2010，第 49 页。
⑤ 参见中岛长文编刊《鲁迅目睹书目》（日本书之部），1986 年 3 月 25 日，第 86 页。
⑥ 《艺术玩赏之教育》（译日本文学士上野阳一氏著论）（续第 4 册），《教育部编纂处月刊》第 1 卷第 7 册，1913 年 8 月，第 18 页。
⑦ 《社会教育与趣味》（续第 9 册），《教育部编纂处月刊》第 1 卷第 10 册，1913 年 11 月，第 13 页。
⑧ 《艺术玩赏之教育》（续第 4 册），《教育部编纂处月刊》第 1 卷第 7 册。

埶则应去。"① 此言并非谦虚之言。上野阳一是日本心理学家，毕业于东京帝国大学，② 对他的论著，中国译介很少。译介心理学家或教育家，这正是许寿裳的习惯。③ 许寿裳对心理学确有研究，他曾在浙江两级师范学堂担任优级心理学教员，在北京优级师范学堂担任心理学教员。④ 许寿裳之子许世瑮在《怀思》中概述了父亲的治学领域："他（父亲许寿裳）在精治国学外，对于心理、史地、政治、教育等各部门的社会科学都很有根底。"⑤ 在他任教的学校中，"他主讲教育学、心理学、文字学、西洋史、传记研究和中国小说史等课程。"⑥ 许寿裳曾在东京高等师范大学修历史地理科四年，⑦ 在许寿裳所记松东教授述《实验心理学》笔记中，列有各国心理学实验场，其中有日本帝国大学。⑧ 而鲁迅所

---

① 《110420 致许寿裳》，《鲁迅全集》第 11 卷，第 347 页。

② 参见《鲁迅大辞典》编委会编《鲁迅大辞典》，人民文学出版社，2009，第 62 页。

③ 参见孙伏园《许寿裳先生》：许寿裳交给孙伏园的稿件，"内容大抵是介绍一位英美的心理学家或教育家。"收入《许寿裳纪念集》绍兴市政协文史资料委员会、浙江省政协文史资料委员会编，浙江人民出版社，1992，第 158 页。鲁迅在《330302 致许寿裳》的信中提及："关于儿童心理学书，内山书店中甚少，只见两种，似亦非大佳，已嘱其径寄，并代付书价矣。"《鲁迅全集》第 12 卷，第 377 页。

④ 参见许寿裳藏《教育部职员表》，现存于北京鲁迅博物馆（北京新文化运动纪念馆）。

⑤ 许世瑮：《怀思》，绍兴市政协文史资料委员会、浙江省政协文史资料委员会编，浙江人民出版社，1992，第 2 页。

⑥ 林辰：《许寿裳的生平与著作简述——〈许寿裳文录〉编后记》，《许寿裳纪念集》，第 105 页。

⑦ 参见许寿裳藏《教育部职员表》中。见下表：

高等甄别委员会调查履历册

官职	参事	曾在某学校修某学科若干年曾否毕业	曾任何官	曾办何项行政事务若干年有无成绩
姓名	许寿裳			前清宣统元年三月至十二月任浙江两级师范学堂教务长兼优级地理学心理学教员，二年正月至六月任该堂优级地理学心理学教员，八月至三年三月代理京师译学馆历史地理教员，三年正月任北京优级师范学堂教育学心理学教员至十月停校止，民国元年一月任南京本部部员，担任学校教育司事务兼法令起草事宜，五月六日任本部普通教育司第一科主任，八月改任第三科科长
年岁	三十三			
籍贯	浙江绍兴	曾在日本弘文学校普通科二年毕业，日本东京高等师范学校修历史地理科四年，前清光绪戊申年三月毕业	前清学部七品小京官	

⑧ 参见《实验心理学》笔记，许寿裳所记、松东教授述，现存于北京鲁迅博物馆（北京新文化运动纪念馆）。

列上野阳一译文的参考书目中有上野的《实验心理学讲义》（1909）一书。[①]

鲁迅译上野阳一的三篇论文，延续了翻译《域外小说集》所采用的直译法，"用亟循字迻译，庶不甚损原意。"[②] 使用的语言却不只是古文，而是文白夹杂，并掺入大量现代用语。这三篇译文和这段时期鲁迅在教育部所写的部分公务文章（如《〈欧美名家短篇小说丛刊〉评语》），都使用了文言到白话的一种过渡性语言。这为《狂人日记》等作品中成熟的白话语言奠定了基础。周氏兄弟的语言在翻译中由文言转向了白话，即"在其书写系统内部，晚清民初的文言实践在文学革命时期被'直译'为白话，并成为现代汉语书写语言的重要——或者说主要源头。"[③] 此外，周氏兄弟的白话还获取了口语资源。这从周作人的自述和书信实践中，都能得到证实。[④] 周作人在 1918 年 12 月 14 日致钱玄同的信中，有意地将文言词语转为白话，如将《新青年》写为《新鲜小伙子》，"敬请文安"写为"恭恭敬敬的请问文章的平安"。[⑤] 这是一种文字游戏，也表现出明显的白话写作意识，为从文言思维到白话思维转变的一个尝试。

（北京鲁迅博物馆）

① 《鲁迅全集》第 10 卷，第 459 页。
② 《艺术玩赏之教育》（译日本文学士上野阳一氏著论）（续第 4 册），《教育部编纂处月刊》第 1 卷第 7 册，1913 年 8 月，第 18 页。
③ 王风：《周氏兄弟早期著译与汉语现代书写语言》（下），《鲁迅研究月刊》2010 年第 2 期。
④ 周作人自言："我从前翻译小说，很受林琴南先生的影响，一九〇六年往东京以后，听章先生的讲论，又发生多少变化，一九〇九年出版的《域外小说集》，正是那一时期的结果。一九一七年在《新青年》上做文章，才用口语体，当时第一篇的翻译，是古希腊的牧歌"。周作人：《〈点滴〉序》，《点滴》新潮丛书第三种，"近代名家短篇小说"，周作人辑译。
⑤ 《周作人（独应）为代友人索〈新青年〉致钱玄同函》（1918 年 12 月 14 日），未刊书信，现存于北京鲁迅博物馆（北京新文化运动纪念馆）。周作人在此信中，有意将文言转为白话，现将全信录下："浑然仁善的阿哥，合用砚瓦的大的人的高台的底下。长久离开了鹿尾巴的教训，时时刻刻狠深的跑马般的想念。现在是筹画的运气极吉祥，道德的鞋子狠平和：伸著头望灵芝的相貌，实在狠深蕴草的颂扬。现在说话了。有一个破的朋友想得两本《新鲜小伙子》里边的《算命先生号》，听说尊贵的地方有这东西，可不可以请磕头一到国子监来的时候丢下。侥幸极了，侥幸极了。特地这样达出意见，恭恭敬敬的（地）请问文章的平安，爬在地上恳求，明晃晃的照著不曾说完。呆而且小的兄弟独应一钱五分。阳历腊月中浣四号。"

由苏禄国王墓诗歌看永乐时期的朝贡外交政策*

王雅洁

在山东德州市有一座苏禄国王墓，且有不少文人为之吟诗作歌。这个苏禄国王具体说来乃为苏禄国东王巴都葛叭答剌，该国的位置大约为今菲律宾苏禄群岛地区。永乐十五年，巴都葛叭答剌与该国西王麻哈剌吒葛剌麻丁、故峒王妻叭都葛巴剌卜，一起带领超过三百四十人之使团来到中国朝贡，在回国途中，东王本人病卒于德州，葬于德州城北。[①] 兹特将笔者所见过者，简介于下，并略谈笔者由之而引起的对永乐时期朝贡外交政策的粗浅思考。希望有机会得到读者之指正。

一　八首苏禄国王诗及其作者

笔者所经目之有关苏禄国王墓诗歌，共有八首。

第一首为宁河所撰。宁河，明北直隶通州人，进士，正德年间曾任德州知州。[②] 其诗所撰与苏禄国王墓有关者题《苏禄王坟》，其文为："花谢红香飏曲溪，藤枝深护小堂低。春风细草埋翁仲，夜雨空梁落燕泥。万里海天愁

---

* 本文系国家社科基金重大项目"《明实录》整理与研究"（13&ZD090）阶段性成果。

① 见《明太宗实录》卷一九二、乾隆五十三年《德州志》卷十一《丛记》及民国《德县志》卷四。

② 乾隆五十三年《德州志》卷八《职官》及《官绩》。

思迥，百年苏禄梦魂迷。多情惟有芳林鸟，不为凄凉依旧啼。"①

第二首为程先贞所撰。程先贞，明清之际山东德州人。字正夫，号葸菴、窥园、海右陈人。生于明万历三十五年，卒于康熙十二年。明末以祖荫历官至工部员外郎。入清，以原官起用，曾巡江南。顺治三年告病辞官归乡，家居近三十年。与钱谦益、顾炎武、王士禛等相交好。著有《海右陈集》《德州志略》《葸菴杂著》《安德诗搜》等。②其诗所撰与苏禄国王墓有关者题《过苏禄国东王墓》，其文为"万里遗魂滞此方，丰碑犹自焕奎章。衣冠特觐中朝主，玉帛何殊异姓王。月满苍松栖鹳雀，云连白草散牛羊。无端因尔闲凭吊，十二城边古战场。"③

第三首为顾炎武所撰。顾炎武，明清之际昆山人，原名继坤，后更名绛，又名圭年。入清后更名炎武，字宁人，号亭林。生于明万历四十一年，卒于康熙二十一年。明末为复社成员，参加过抗清。明亡后，曾辗转于山东、河北、山西、陕西地区，心存反清，四谒孝陵，六谒思陵。用力于著述，学识渊博，以经世致用为宗旨。著有《日知录》《天下郡国利病书》《肇域志》《亭林文集》《亭林诗集》等。④其诗所撰与苏禄国王墓有关者题《过苏禄国王墓》，有序。其序称："永乐十五年九月，苏禄国东王来朝，归次德州，病卒。遣官赐祭，命有司营坟，葬以王礼，上亲为文树碑墓道，留其傔从十人守墓。其后，子孙依而居焉。余过之，出祝版一通，乃嘉靖年者，宛然如故，其字体今人亦不能及矣。"其诗之正文为："丰碑遥见炳奎题，尚忆先朝宠日躔。世有国人供洒扫，每勤词客驻轮蹄。九河冰壮龙狐出，十二城荒白鹤栖（州北有十二连城）。下马一为郯子问，中原云鸟正凄迷。"⑤按上

---

① 见《续修四库全书》第七三五册第708页《殊域周咨录》卷九、乾隆五十三年《德州志》卷十二《艺文》《诗》；亦见民国《德县志》卷十六《艺文志》《诗外编》。
② 乾隆五十三年《德州志》卷九《人物》及卷十二《艺文》《书目》。
③ 见康熙刻本《海右陈人集》卷下。
④ 参见《清史稿》卷四八一，上海古籍出版社，1986。
⑤ 见遂初堂清刻《亭林集》本《亭林诗集》卷四。

海古籍出版社 2006 年 6 月出版《顾亭林诗集汇注》卷五第 95 至 96 页收有此诗，其下附有本文前文所记程先贞撰《过苏禄国东王墓》一诗，而其题作《同志赠言》，题后正文前有小序一段，称："陪宁人先生过苏禄国东王墓地白草污，李景隆十二连城在焉"，凡二十五字。诗之文字亦略异，除疑为误字之外，主要有第二句"丰碑犹自焕奎章"作"孤亭犹自焕奎章"，第三句和第四句"衣冠特觐中朝主，玉帛何殊异姓王。"作"梯航特觐中朝主，冠带何殊异姓王。"，第七句"无端因尔闲凭吊"作"无端极目生遥慨"。味其文义，当以上海古籍出版社所记为是。

第四首为王士禛所撰。王士禛，明清之际山东新城人。字贻上，号阮亭，渔洋山人。生于明崇祯七年，卒于康熙五十年。顺治十五年进士，历任扬州推官、礼部主事、翰林院侍讲、侍读，入直南书房，迁国子监祭酒，后官至左都御史、刑部尚书。善文辞，尤工诗，以诗受知康熙帝，主持风雅数十年。其诗主神韵，人相仿效。著有《带经堂集》《池北偶谈》《渔洋诗话》等。[1] 其诗所撰与苏禄国王墓有关者题《苏禄国王墓》，其文为："当年重译入长安，属国威仪尽汉官。万里沧波归路远，九河春雨墓门寒。空闻螭首生金粟，无复鱼膏照玉棺。欲荐溪毛重回首，乱鸦残日夕漫漫。"[2]

第五首为田雯所撰。田雯，明清之际德州人。字紫纶，号山薑。生于明崇祯八年，卒于清康熙四十三年。康熙三年进士。授中书，历任工部郎中、光禄卿，巡抚江宁，调贵州，官至刑部侍郎、调户部，以疾归。著述甚富，其《古欢堂诗》《黔书》《长河志籍考》皆入《四库全书总目》。[3] 其所撰之诗歌与苏禄国王墓有关者，题《苏禄王画像歌》，其正文为："狸晴戟髯鸦色袍，乌帽红帕螭龙交。山桑雕弓鹳翎箭，珊瑚宝玦大食刀，秃襟短袖

---

① 参见《清史稿》卷二六六，《明清进士题名碑录索引》，上海古籍出版社出版，1980。
② 康熙四十九至五十年程哲七略书堂刻本《带经堂集》卷三六《渔洋续诗》14。
③ 乾隆《德州志》卷十二《艺文》《书目》、《清史稿》卷四八四、《德州乡土志》。

击鼍鼓，狰狞怪状真鬼豪。两旁丁丁两海女，西施郑旦双妖娆。一插雀钗露粉面，一调鹦鹉衣冰绡。左者拖裙捧玉斗，右者晞发吹秦箫。云是苏禄巴都像，澄心堂纸魂逍遥。画工貌得乃大手，虎头道子挥猊毫。于阗迤东六万里，青山一发中原朝。永乐皇帝受琛贡，何殊南楚来包茅。峨舳破浪送之去，天吴拔地空中逃。沧屿茫茫掉其尾，魑魅大小群相招。天津败获吊蟋蟀，卫河崩岸鸣鸥鹨。廷臣奏笺谥恭定，赐以玉篆沉烟壕。诏葬鹿角筑马鬣，碑碣堂庑苍山牢。是时景隆罢酣战，连城十二围周遭。荒垒遗镞夜月冷，颓沙奔马寒花飘。过者觞酒浇抔土，火珠迸落华表高。玉鱼金碗在何处，当年性命轻鸿毛。余观此图生叹息，村原禾黍风萧萧。"①

第六首为谢重辉所撰。谢重辉，清初山东德州人。字千仞，号方山、匏斋、杏林。生于顺治四年，卒年不详。以荫授中书舍人，官至刑部郎中，博雅好古。著有《杏村诗集》7 卷，收入《四库全书》别集类存目。王士禛选金台十子诗，谢列其中。② 其诗所撰与苏禄国王墓有关者，题《苏禄国东王墓》，其文为："生为朝贵客，死作郡先贤。万里家难返，遂埋官道边。丰碑成祖记，遗事野人传。太息松楸尽，牛羊上墓阡。"③

第七首为冯廷槐所撰。冯廷槐，清初山东德州人。字大木。生于顺治六年，卒于康熙三十九年。康熙二十一年进士，授中书，曾典湖广乡试。读书一览辄记，尤长于诗。其诗于卒后由孙德培辑为《冯舍人遗诗》。④ 其诗所撰与苏禄国王墓有关者，题《苏禄王墓》，其文为："树杪青乌盘阵鸣，松门斜对九江营。七州蕃部连秦界，万里蛮君老汉城。芳草远随方外碧，野花闲傍陇头明。数家井臼诸孙在，尚有春天雨后耕。"⑤

① 见康熙乾隆间刻《德州田氏丛书》本《古欢堂集》《七言古诗》卷三。
② 《四库全书总目》卷一八二、乾隆五十三年《德州志》卷九《人物》及卷十二《艺文》《书目》、民国《德县志》卷十《人物志》《耆英》。
③ 见康熙刻本《杏村诗集》《甲申诗》。
④ 见《四库全书总目》卷一八三；《清史稿》卷四八四；《明清进士题名碑录索引》。
⑤ 见雍正十一年刻本《冯舍人遗诗》卷六《曹村集》。

第八首为赵善庆所撰。赵善庆，清初德州人。字怡斋，由国子监学正，历户、工二部，出知金华府，以清廉著。[1] 其诗所撰与苏禄国王墓有关者，题《苏禄国东王墓》，其文为："梯山航海朝丹阙，赤绶金章拜凤楼。生寄百蛮居化外，死归万里葬荒丘。层云渺渺魂南望，细雨潇潇水北流。世事久从陵谷变，椒浆欲奠使人愁。"[2]

二 肯定与叹息之两类内容

细读上节所述八首诗歌之文字，可以发现它们主要包含两类内容。一为反映出苏禄东王不幸故于明朝的这次来朝，当时受到当事两国的一致肯定，事后作为旁观者的中国诗人亦持明显的肯定态度。一为这些诗歌的作者，因生活在这次来朝发生后80多年甚至200多年，发现了这次来朝的主角苏禄东王之墓，在告别了建造之初的短暂红火期之后，处境通常相当冷落孤寂，于是叹息不已便成了这些诗歌的另一类重要内容。

先看第一类内容。

上引第二首诗中有"梯航特觐中朝主"之句，第五首诗歌中有"于阗迤东六万里，青山一发中原朝"之句，第八首诗有"梯山航海朝丹阙，赤绶金章拜凤楼"之句，如此等等都表明苏禄东王之此次来朝，完全是自愿、主动而来的，没有任何被动与勉强，否则就不会十分艰难的"梯山航海"而来，更不会把越过一道崎岖难行的青山感觉为如同只不过越过一根头发。

上引第三首诗中有"丰碑遥见炳奎题，尚忆先朝宠日碑"之句，该诗之序文更称："永乐十五年九月，苏禄国东王来朝，归次德州，病卒。遣官赐祭，命有司营坟，葬以王礼，上亲为文树碑墓道，留其僚从十人守墓。"上

---

[1] 《四库全书总目》卷一八三；民国《德县志》卷十《人物志》《耆英》。

[2] 乾隆五十三年《德州志》卷十二《艺文》《诗》。

引第五首诗歌有"廷臣奏笺谥恭定，赐以玉篆沉烟壕。诏葬鹿角筑马鬣，碑碣堂庑苍山牢"之句。这些文字充分表明，明成祖为首的明朝官方，对于苏禄之此次来朝给予了充分的肯定和极高的待遇，被与汉武帝重用的非汉族之匈奴人金日磾相类比。

至于八首诗的作者在诗中对苏禄国王的这次来朝亦持肯定态度。例如第五首诗歌中，一方面称，其人见到的苏禄王画像将苏禄王画成一个眼睛明亮、勇猛可爱的豪杰："狸晴戟髯鸦色袍"、"狰狞怪状真鬼豪"，将其侍女画成健壮高洁、令人好感的美女："两旁丁丁两海女，西施郑旦双妖娆"，"左者拖裙捧玉斗，右者晞发吹秦箫"。另方面又盛夸此像之画者如同晋代顾恺之、唐代吴道子两个大画家："画工貌得乃大手，虎头道子挥兔毫"。苏禄国东王与古代中国的关系只有此次来朝一事，诗人对其人的认可和夸赞，正是反映出其此次来朝之事得到了诗人的认可。

再看第二类内容。这类内容包括通过描绘诗人所目睹的墓地冷清状况而表达出叹息之意，也有的更同时直接写入叹息之语句。

上引第一首诗之所有诗句，几乎全部用于描绘墓地之冷清，其中"多情惟有芳林鸟，不为凄凉依旧啼"尤其为典型之句。

上引第三首诗称："九河冰壮龙狐出，十二城荒白鹤栖。下马一为郯子问，中原云鸟正凄迷。"这里的"十二城"，指苏禄国王墓附近的十二连城，此为明成祖起兵靖难时建文帝一方之将领李景隆驻兵之所。郯子，为春秋时郯国之君，知识丰富，曾出访鲁国与叔孙昭子讨论其祖宗少暤氏以鸟名官之原因，"仲尼闻之，见于郯子而学之"。[①] 这里之"郯子问"，乃是"向郯子提问"之义，而此"郯子"当指时陪诗人参观的程先贞。这里的"中原云鸟正凄迷"，当非真指云鸟之表现，而实指程先贞在被问时仰天看鸟不能回答

---

① 《春秋左传正义》卷四八，中华书局1980年影印阮元校刻《十三经注疏》本，第2083~2084页。

且带凄凉的表情，所谓迷，指迷茫、不能回答；所谓凄，指程先贞在墓地冷冷清清状态下，深深受其感染之状况。

第四首诗称："万里沧波归路远，九河春雨墓门寒。空闻螭首生金粟，无复鱼膏照玉棺。"在春季雨天里，"墓门"实际会有"寒冷"之感，但若墓区来人甚多，诗人或许不会有"寒冷"之意。至于墓地在"夕漫漫"之时，连一盏油灯照明都看不见，当不可怀疑其状况确实凄凉。

第五首诗歌称："过者（此当指诗人本人）賷酒浇抔土，火珠迸落华表高。玉鱼金碗在何处，当年性命轻鸿毛。余观此图生叹息，村原禾黍风萧萧。"这段文字对墓地之不受重视的充溢不满情绪描写，与其本诗歌前半部分（见上文）对苏禄王本人热情洋溢描绘的明快笔调形成鲜明的对比，充分表达出其深深的叹息之情。

第六首诗称："万里家难返，遂埋官道边"，"太息松楸尽，牛羊上墓阡"。这里的"太息松楸尽"，指墓旁的松楸已被砍伐净尽。这是明为墓地之荒凉而感叹。

第八首诗称："生寄百蛮居化外，死归万里葬荒丘。层云渺渺魂南望，细雨潇潇水北流。世事久从陵谷变，椒浆欲奠使人愁。"其"葬荒丘"中的一个"荒"字，准确展示了墓地的荒凉实况。"椒浆欲奠使人愁"之句，意为诗人欲以酒水祭奠，却发起愁来。其所愁者何在，当为在于无话可说，即愁于面对墓地荒凉而无颜对墓主讲说。这更使墓地荒凉之程度得到极为充分的说明。

三　永乐时期朝贡外交的得与失

上述八首诗歌为什么面对苏禄国王墓既有肯定、又有叹息呢？苏禄国王墓是因为苏禄国王之来访中国而产生的，苏禄国王之来访中国乃是永乐时期实行的朝贡外交政策而造成的，所以要回答这两种现象的产生原因，不得不从分析永乐时期实行的朝贡外交政策入手。

明成祖朱棣曾为柯枝国写过一篇碑文，其中说："王化与天地流通，凡覆载之内举纳于甄陶者，体造化之仁也"，"任君民之寄者，当尽夫子民之道"，"朕君临天下，抚治华夷，一视同仁，无间彼此。推古圣帝明王之道，以合乎天地之心，远邦异域，咸欲使之各得其所"。[①] 由此看来，永乐时期的朝贡外交政策，乃是继承了中国古代以来传统的世界当视为一体的思想，中国的君主，乃是奉天之命管理天下之人的上天之子，其任务为一视同仁地抚治华夷，使之各得其所。既然要对华夷一视同仁，自然就应该为华夷之人都谋取利益；由这样的思想主张出发，永乐时期的朝贡外交政策也就自然为国内和国外之人都带来了利益。具体说来，其表现起码有如下几个方面。

首先，促进了中外的贸易往来。史籍中有许多资料记载了中外贸易的情形。如《明太宗实录》卷 263 第 2 页上载："（永乐二十一年九月戊戌），礼部奏：'西洋古里、忽鲁谟斯、锡兰山、阿丹……阿鲁、满剌加等十六国遣使千二百人贡方物至京。'上敕皇太子曰：'天气向寒……其以土物来市者，官给钞，酬其值。'"此为外国商品入中国之一例。《瀛涯胜览》《祖法儿国》载："中国宝船到彼开读赏赐毕，王差头目遍谕国人，皆将乳香并血竭、芦荟、没药、安息香、酥合油、木鳖子之类，来换易其纻丝、磁器等物。"[②] 这是中国商品出口至国外之一例。贸易之往来，对于中外之活跃经济、满足物质需要，其作用不可小估。

其次，中国支持各国通好。《明史》卷 324 载："（永乐）二年，有番船飘至福建海岸，诘之，乃暹罗与琉球通好者。所司籍其货以闻，帝曰：'二国修好，乃甚美事，不幸遭风，正宜怜惜，岂可因以为利！所司其治舟给

---

① 《明太宗实录》卷一八三第 1 页下，中研院历史语言研究所校印本。
② 《国朝典故》，北京大学出版社，1993，第 2143 页。

粟，俟风便遣赴琉球。'"①

再次，反对强国欺凌弱国。《明太宗实录》卷72第4页下至5页上载："先（是），占城国遣使朝贡，既还，至海上，飓风漂其舟至溢亨国，暹罗恃强凌溢亨，且索取占城使者，羁留不遣，事闻于朝。又，苏门答剌及满剌加国王并遣人诉暹罗强暴，发兵夺其所受朝廷印诰，国人惊骇，不能安生。至是，赐敕谕（暹罗国王）昭禄群膺哆罗谛剌曰：'占城、苏门答腊、满剌加，与尔均受朝命，比肩而立，尔安得独恃强拘其朝使，夺其诰印……其即还占城使者及苏门答腊、满剌加所受印诰，自今安分守礼，睦邻保境，庶几永享太平。'"

第四，反对侵略其他国家。严从简《殊域周咨录》卷7《占城》载："永乐元年，遣使告谕即位，其王占的巴赖遣使奉金叶表文来贺，入贡方物，且言被安南侵掠，乞降敕往谕。上遣行人蒋宾、王枢使其国报之，赐以绒锦、织金文绮、纱罗，仍谕安南王胡G使息兵修好。"②

第五，剿灭海盗，保护行旅。永乐三年，明成祖"命正使太监郑和等统领舟师，往诸番国，海寇陈祖义等聚三佛齐国，抄掠番商"，亦来犯和等舟船，被郑和"深机密策，若张网获兽而殄灭之"，"由此海内振肃"，③"由是海道清宁，番人仰赖"。④

以上说明永乐时期的朝贡外交政策，使得外国前来朝贡既有经济利益，又有道路安全之保证，还能获得比较和谐安定的国际环境，而中国也能得到同样的好处。另外，通过这一政策主导下的中外互相交往，中外双方也可得到增进了解，加深感情的收获。面对这种有益的客观情形，永乐时期的朝贡外交政策及其主导下的中外朝贡活动，自然会得到中外方方面面的肯定。苏

① 1974年4月中华书局出版本。
② 民国十九年故宫博物图书馆印行本。
③ 见《瀛涯胜览》《爪哇国》。
④ 巩珍：《西洋番国志》附录2，《长乐南山寺天妃之神灵应记》，中华书局，2000。

禄国王故在中国的那次朝贡活动，正是这类多次朝贡活动中的一次，在本文所论的八首诗中，其被描述受到中外各方、包括身处此事 200 年以后的各诗作者极为一致的肯定，当是非常自然的、可以理解的。

永乐时期的朝贡外交政策，除了上述积极的一面外，也有其处理不太恰当的一面。这一面即是在经济利益上过分偏向外国，用当时的语言讲，即是将原则上倡导的华夷"一视同仁"，在实际执行中变成了"厚往薄来"。明成祖曾明确地提出这一思路，并指示臣下执行。《明太宗实录》卷 168 第 5 页上载："赐苏门答剌、古里、柯枝、麻林诸番国使臣宴。上谕行在礼部臣曰：'先王柔远人，厚往薄来。今海外诸番使臣将归，可遣官豫往福建，俟其至宴饯之，亦戒其毋苟简也。'"其"厚往薄来"，除外国进贡时，其回赐之礼品往往比所进贡品价值高出许多外，还有如下表现：

第一，外国国王或使臣自始至中国到离开，交通及生活费皆由中国负担。如《明太宗实录》卷 25 第 3 页上载："定给驿传例……诸番朝贡使至市舶提举司驰报者，给驿。"《明史》卷 332《于阗》载："（诸番）商人率伪称贡使"，"既入关，则一切舟车水陆、饮馔之费，悉取之有司"。

第二，免收交易税。《明太宗实录》卷 24 第九页载："西洋剌泥国回回哈只马哈没奇剌泥等，来朝贡方物，因附载胡椒与民互市，有司请征其税。上曰：'商税者，国家以抑逐末之民，岂以为利？今夷人慕义远来，乃欲侵其利，所得几何？而亏辱大体万万矣。'不听。"

明成祖如此"厚往薄来"，使中国受到了很大损失。《明史》卷 332《于阗》载："永乐时，成祖欲远方万国无不臣服，故西域之使岁岁不绝。诸蕃贪中国财帛，且利市易，络绎道途。商人率伪称贡使，多携马、驼、玉石，声言进献。既入关，则一切舟车水陆、晨昏饮馔之费，悉取之有司。邮传困供亿，军民疲转输。比西归，辄缘道迟留，多市货物。东西数千里间，骚然繁费，公私上下，罔不怨咨。"

这种状况使中国方面不能照旧容忍下去，上上下下渐成多数人的共识。当时因此而采取的措施，一是限制外国贡使来中国的数量。永乐时期曾经因特殊需要，海路派出郑和等，陆路派出陈诚等，大力招徕外国使团来中国朝贡，其正面作用虽大，但这又是其时外国朝贡使团来中国过多从而造成了中国难以负担的经济损失的重要原因。因此，自明成祖死后、其子明仁宗一即位，就停止了陆路派出人员招徕外国使团来中国朝贡的活动。《明史》卷332《于阗传》载："至是，给事中黄骥极陈其害（指外国使团来朝贡给中国造成的巨大经济负担——引者注），仁宗感其言，召礼官吕震责让之。自是，不复使西域，贡使亦渐稀。"海路上派出人员招徕外国使团来中国朝贡的活动，在随后的宣宗在位时期，只派出过一次，而后即不再派出。《殊域周咨录》卷八《古里》载："成化间，有中贵迎合上意者，举永乐故事以告，诏索郑和出使水程。兵部尚书项忠命吏入库检旧案不得，盖先为车驾郎中刘大夏所匿。忠笞吏，复令入检，三日终莫能得，大夏秘不言。会台谏论，止其事。忠诘吏，谓库中案卷，宁能失去？大夏在旁，对曰：'三保下西洋，费钱粮数十万，军民死且万计。纵得奇宝而回，于国家何益？此特一时敝政，大臣所当切谏者也。旧案虽存，亦当毁之，以拔其根。尚何追究其有无哉？'忠竦然听之，降位曰：'君阴德不细。此位不久当属君矣。'"此后，直至明末，无人再提派人到海外招徕朝贡者之事。二是加强对外国朝贡使团在中国非法活动的管理。《明英宗实录》卷28第4页上载："行在兵部奏：'外夷朝贡使臣回至甘州，假以道路不通，连年延住，经营买卖，日支廪米，所费不少。乞敕总兵官、都督任礼等，从实取勘。若事完道通，悉令即还。其有愿留者，即住支廪米。'上是其言，命即行之。"①

上述措施，在减少中国负担上发挥了一定的作用，但也造成了外国朝贡

---

① 中研院历史语言研究所校印本。

使团来中国的数量逐年减少，显示出此类交往的萎缩。据《明史》本纪所记历年来中国朝贡的国家和地区作统计，可得如下表格（小数点后第二位为第三位四舍五入后之数）：

表 1　明朝来中国朝贡的国家和地区统计

时　期	来明朝贡国家地区数	每年平均来明朝贡国家地区数
洪　武	155	5.17
建　文	2	0.5
永　乐	278	13.24
洪　熙	8	8
宣　德	91	9.10
正　统	87	6.21
景　泰	35	4.38
天　顺	32	4.57
成　化	86	3.74
弘　治	58	3.22
正　德	45	2.81
嘉　靖	76	1.69
隆　庆	7	1.17
万　历	77	1.60
泰　昌	0	0
天　启	11	1.57
崇　祯	14	0.82

读表 1 可知，不仅永乐时期来朝贡之国家、地区总数上遥遥领先其他时期，而且其每年平均数亦遥遥领先其他时期，这一数字在其后更逐步下降，几乎是呈一个时期不如一个时期的状态。由此联想前述各诗之齐声叹息苏禄国王墓之凄凉，当会感到毫不奇怪。查明代苏禄国之前来朝贡，凡四次：永乐十五年、十八年、十九年（以上见《明史》卷七）、二十二年（见《明史》卷八）而后至清初不曾再来。这种状况，无有疑义当与永乐后明朝对朝贡使团之态度有关。明代苏禄国之四次来中国朝贡，是永乐时期积极招徕的结果，而永乐后之绝不再来，正是当时明朝政策改变造成朝贡使团来量大减大趋势的一个组成部分。由永乐二十二年算起，至明正德初宁河写第一首关于

苏禄国王墓之诗，已有 80 多年，如果计至清初，更超过 200 多年。在这样长的时期中，此墓虽有其守墓人的节日祭扫以及中国词客之偶然参观"驻轮蹄"于此，但无本国朝贡使臣之隔三岔五地顺便或专门前来拜谒，自然会在绝大部分时间里，被人们放在一边，凄凉、冷落之景况逐渐呈现，且日甚一日。当时中外交往之减少，不可否认减小了"厚往薄来"的危害，但同时又不利于主客加深了解、增进友谊、活跃经济、改善国际环境，其消极方面实不可忽视。上述各诗之作者，对苏禄国王墓凄凉之叹息，似非仅仅就凄凉之表面现象而发，他们都是有思想见解的学者，有的还是顶尖级的大学者，其深意自应涉及深层次的中外交往政策评论方面。

论述至此，笔者认为已经可以从明朝永乐时期的朝贡外交实践和后果，得出如下启示。

一、中国古代的视世界为一体，并对中外一视同仁，力求使之各得其所的思想极为宝贵。这既表现出宽阔的胸怀，又有利于人类的团结一致，共同进步，同享幸福。

二、中国古代自封天子、以己为天朝上国之观念，有其无视人类各群体实为平等的历史局限，应予淘汰。但在世界众国林立、情况各异的情况下，为了抓住关键、众志成城以加快步伐，谋利于全人类，有条件的国家和地区当勇于担当，积极倡导，求同存异，化解矛盾，共谋发展。

（廊坊师范学院）

试论通州运河与元代以来的南北文化交流

郑永华

以通州为北部端点的京杭大运河，在中国南北文化交流与融合史上，扮演了非常重要的角色，也成为中国古都文化研究的重要内容。自元代以来，数量众多的文人学士在通州会聚吟诵，赋诗迎送，留下了精美的文化篇章。元代诗人贡奎所作《二月十二日达通州》，就是其中的代表。诗中说道："河冰初解水如天，万里南来第一船。彻夜好风吹晚霁，举头红日五云边。"[①]

贡奎（1269~1329），字仲章，江南宣城（今属安徽）人，幼年随父贡士瞻隐居于南漪湖畔，博通经史，受聘担任池州齐山书院山长。后来贡奎受召北上，大德六年（1302）任太常奉礼郎兼检讨，九年迁翰林国史院编修，直至集贤直学士。在京期间，贡奎写下了《居庸关》、《夜坐》、《赋牡丹》等众多诗篇。他与吴澄、虞集、袁桷等当朝名士结下了深厚友情，相互唱和，"尽洗宋金余习，诗学为之一变"，名声大振。《二月十二日达通州》，为贡奎初抵通州、遥望大都在即时的感慨之作，诗中注称"二月十二日达通州，冰始开，舟适先至"。"万里南来第一船"体现了他应召而来的迫切心情，"举头红日五云边"表达的则是日后忠君报国的期望。贡奎又有《通州

---

① 《云林集》卷六，《文渊阁四库全书》第 1205 册，上海古籍出版社，2003，第 666 页。通州大运河公园铜版将其标题记作《二月二达通州》，张景华近日《万里南来第一船——北京通州打造大运河文化品牌》沿之，见《光明日报》2017 年 3 月 25 日第 5 版。

道中》一诗，称"万雉参差云雾开，四千里外客重来。平冈日出车牛喘，古道尘飞驿骑回。白玉至今传楚璞，黄金自古说燕台。高楼红旆应如昨，莫遣新愁到酒杯"。① 这当是他任职大都后，再次前来通州游历时所吟，可见诗人对于通州的热爱。张翥的《早发潞阳驿》诗，也是他自江南抵达通州、行将前赴京城时所作，略称："征车如水辔如丝，望入金河欲曙时。万里山川环拱抱，九天宫阙起参差。风林泥泥秋多露，野淀棱棱晓有澌。三十余年观国愿，白头今日到京师。"②

张翥（1287~1368）字仲举，本山右晋宁（今山西临汾）人，但少年时四处游荡，后因其父调官杭州，遂随同南下求学。很可能是受到南方文化与诗友的影响，张翥曾隐居于江南扬州，到至正初年方被任命为国子助教，后升至翰林学士承旨。张翥北上大都任官后，多次过往通州。他有《至通州》诗云："驿卒争鸣鼓，舟人喜下桅。依然今日到，却似去年回。岸黑秋涛缩，川红夕照开。君恩忘险阻，不觉畏途来。"并注明："去岁南归，以九月十二日发通州。今年召入，亦以是月日至通州云。"③ 由贡奎、张翥所咏，可见早在元代，通州不仅成为文人北上与南返的交通枢纽，更具有文化上的重要象征。他们在通州迎来送往，观赏唱和，也与通州的友人结下了深厚情谊。张翥有《上元宿通州杨原诚寓宅》诗称："禁城东下一川平，杳杳烟芜淡淡晴。风滚暗尘羊角转，水披残冻鸭头生。离居有酒春堪醉，小市无灯月自明。还忆故园今夕赏，玉人花底共吹笙。"④ 朋友盛情款待，堪比家乡故园。其《潞庄》诗："松棚叟卖浆，棚下午风凉。独涧绕群木，数家成一坊。蜂闲花已密，蚕罢叶仍桑。此地无千步，真堪作蜕藏。"⑤ 反映的是他对于通州风土人

---

① 《云林集》卷五，《文渊阁四库全书》第 1205 册，上海古籍出版社，2003，第 649 页。
② 《蜕庵集》卷三，《文渊阁四库全书》第 1215 册，上海古籍出版社，2003，第 43 页。
③ 《蜕庵集》卷二，《文渊阁四库全书》第 1215 册，上海古籍出版社，2003，第 30 页。
④ 《蜕庵集》卷三，《文渊阁四库全书》第 1215 册，上海古籍出版社，2003，第 40 页。
⑤ 《蜕庵集》卷二，《文渊阁四库全书》第 1215 册，上海古籍出版社，2003，第 24 页。

情的喜爱。又有《潞农叹》长诗，充分表达了张翥对通州附近穷苦民众的关怀，诗称："潞南有农者，家仅一两车。王师征淮蔡，官遣给军储。翁无应门儿，一身老当夫。劳劳千里役，泥雨半道途。到军遭焚烹，翁脱走故间。车牛力既尽，户籍名不除。府帖星火下，尔乘仍往输。破产不重置，笞箠完肤。翁复徒手归，涕洟满敝襦。问家墙屋在，榆柳余残株。野雉雏梁间，狐狸穴阶隅。老妻出佣食，四顾筐篚无。有司更著役，我实骨髓枯。仰天哭欲死，醉吏方歌呼。"① 张翥早年出身山晋，中年后主要活动于杭州、扬州等江南文化胜地。正是由于多次的南北往返，张翥与通州运河发生了密切联系。其实像张翥这样的文人并非特例，只不过在通州活动的时间有长有短，留下的诗篇或多或少。

元代浦阳（今浙江浦江）人吴莱，作有《过潞州诗》，其中说道："数株杨柳弄轻烟，舟泊潞州河水边。牛羊散野春草短，敕勒老公方醉眠。"吴莱（1297~1340）为元集贤殿大学士吴直方的长子，字立夫，本名来凤，门人私谥渊颖先生。吴莱延祐间北上大都应试，举进士不第，后在礼部谋职，因与礼官不合，遂退归乡里，隐居松山，深研经史，成为元代著名学者，对元末"铁崖体"诗歌的形成产生了一定影响，明初大儒宋濂曾从其求学。潞州置于至元十三年（1276），州治初在今武清河西务，元末迁回今通州南部的潞县村。吴莱诗中所述，应是他经过通州运河离京南下时所见。该诗前面尚有"四月一日尚绵衣，知是故乡花片飞。白头慈母倚门久，目断天南无雁归"等句，表达的正是他对于江南故乡、家中慈母的悠悠眷恋。② 又贡师泰有《发通州》诗云："日日思归未有期，及归翻恨数年迟。开船听得吴歌起，绝似阊门送别时。"③ 贡师泰（1298~1362）为贡奎之子，著名散文家。早年

---

① 《蜕庵集》卷一，《文渊阁四库全书》第 1215 册，上海古籍出版社，2003，第 7 页。
② 《渊颖集》卷四，《文渊阁四库全书》第 1209 册，上海古籍出版社，2003，第 79 页。
③ 《玩斋集》卷五，《文渊阁四库全书》第 1215 册，上海古籍出版社，2003，第 576 页。

肄业于国子学，泰定四年（1327）进士，曾任太和州判官、徽州路歙县丞、绍兴路总管府推官等职，后入翰林，历官至户部尚书。此诗当为其自大都南下，于通州发舟时所咏，表达友人前来送别的感慨，并自然联想起令人回味的江南风物。

自元代以降，通州成为南北文人送别的特定场所，赓续相承的送别诗，为构筑通州漕运文脉做出了独特贡献。元人马祖常作于至治元年春夏之交的《出都》诗称："京尘冉冉岁华新，重向都门问去津。西日衔山沙水晚，通州城下雨沾巾。"其二称："潞水年年沙际流，都人车马到沙头。独憎杨柳无情思，送尽行人天未秋。"① 马祖常（1279~1338）为光州（今河南潢川）人，著名诗人，延祐二年会试第一，历任翰林直学士、礼部尚书、江南行台中丞、枢密副使等职。诗中描绘的离愁别恨，极易引起后人的共鸣。与之相似，明代陈师《潞河舟中作》诗称："夹岸垂杨青可怜，出门仍是葛衣天。乡书不到东吴雁，客梦重寻潞水船。"陈师字思贞，江南钱塘（今浙江杭州）人，嘉靖间会试副榜，官至永昌知府，"少有书淫，老而弥笃"，著有《复生子稿》。诗中描绘的潞河两岸，杨柳垂青，一派江南文人送别的景致。在诗人的意境中，实景与想象交汇，南北文化浑然融合为一体。其后续云："季子貂裘重那敝，王乔凫舄几时旋。年来作客浑南北，囊底曾无贯酒钱。"② 明中期的许天锡《晓发张湾》诗也写道："黄鹂啼歇晓阴开，两岸垂杨荫绿苔。叶底轻花君不见，暖风吹入短篷来。"③ 许天锡（？~1558）字启衷，闽县东山乡（今福州市晋安区）人，据说是宋代状元许将的后裔。许天锡从张家湾出发时，运河两岸也是杨柳依依。折柳相送自古即是文人学士送别的雅俗，《诗经》中"昔我往矣，杨柳依依。今我来思，雨雪霏霏"的名句，尤其成

---

① 《石田文集》卷四，《文渊阁四库全书》第1206册，上海古籍出版社，2003，第521页。
② 《明诗综》卷五十三，载《文渊阁四库全书》第1460册，上海古籍出版社，2003，第296页。
③ 《石仓历代诗选》卷四百四十六，载《文渊阁四库全书》第1392册，上海古籍出版社，2003，第896页。

为千古绝唱。明初通州黄船坞附近已是"河水潆洄，官柳阴映"，除官府种植外，私家民间也随处扦插，因此自通州城内外远至张家湾、潞县，运河两边皆是柳树成行，成为文人相送的绝佳去处，"柳荫龙舟"也因此列入"通州八景"。清代戴璿《柳荫龙舟》诗中说道："长夏浓阴分柳色，满江瑞霭护宸游。丁宁陌上还培植，不是河桥送别秋"，正形象反映了通州在南北文化交流史上的独特地位。

明代通州名士马经纶，邀请大思想家李贽北上，更是通州南北文化交流史上的典型。马经纶（1562~1605），字主一，号诚所，少时聪敏，17岁入州学，万历十七年（1589）成进士，旋任山东肥城知县。后回京为监察御史，因上疏直言，触帝怒，"贬三秩，出之外"，不久又贬斥为民。马经纶"既归，杜门却扫凡十年"。[1] 时人赞之："侍御立朝，直声动天下，天下望而震焉！"[2] 万历二十四年至二十八年（1596~1600）间，马经伦在通州城南的文昌阁前莲花庵，建立私人性质的"闻道书院"。卒后，门人私谥为"闻道先生"。

马经伦邀请李贽北上，时在万历二十九年（1601）。李贽（1527~1602），字卓吾，初姓林，名载贽，福建泉州人，祖籍南安。李贽为嘉靖三十一年（1552）举人，历任河南共城教谕、国子监博士，万历中出为云南姚安知府。旋弃官，寄寓湖广黄安、麻城等地讲学，晚年往来南北两京。李贽是明代卓越的大思想家，有《藏书》《续藏书》《焚书》《续焚书》等著作，又批点《水浒传》《西厢记》《拜月亭》《琵琶记》，对于研究中国古代社会的思想、文化，都具有重要的价值。但因激烈反对专制主义，李贽多次受到打击与迫害。万历二十八年李贽遭到湖广地方当局的驱逐，已被削职为民的马经

---

① 《明史》卷二百三十四，马经纶，载《二十四史》第20册《明史》缩印版，中华书局，1997，第1572~1573页。

② 詹轸光：《李卓吾碑记》。碑存今北京市通州区西海子公园。

纶不顾时忌，由潞河（即通州）南下，冒雪抵达麻城。两人一同前赴河南商城黄蘖山，研读《易》学。二十九年二月，马经纶又将李贽迎至通州别业莲花寺，并为其修造"假年别馆"。李贽在这里继续从事《易经》研究，完成《九正明因》的最后改定本。李贽经常和马经纶一块读书，在此期间，"公安派"的领袖之一袁中道，以及黄梅人汪可受也曾至通州拜访李贽。后人记载，"卓吾生平求友，晚始得通州马侍御经纶"，南北两位名士在通州的倾心交流，有望结出更多的文化硕果。① 可惜刚到一年，以维护"纲纪"自任的东林党人、礼科都给事中张问达，于万历三十年闰二月奏劾李贽前在麻城等地"惑乱人心"、"狂诞悖戾"，近闻其又"移至通州"。他认为"通州距都下仅四十里，倘一入都门，招致蛊惑，又为麻城之续"，要求朝廷敕令礼部"檄行通行（州）地方官，将李贽解发原籍治罪。仍檄行两畿各省将贽刊行诸书并搜简其家未刊者尽行烧毁，毋令贻乱于后"。明神宗见疏，以"敢倡乱道，惑世诬民"之罪，将卧病在床的李贽从通州带走，关进刑部大狱。② 李贽申辩其著作"于圣教有益无损"，③ 但听说要将其押送回籍，决定遂"荣死诏狱"之夙愿。④ 三月十五日，李贽在狱中留下《不是好汉》的诗偈："志士不忘在沟壑，勇士不忘丧其元。我今不死更何待？愿早一命归黄泉"，⑤ 夺刀割喉自尽，享年76岁。李贽逝后，马经纶"闻而伤之"，谓李贽"有官弃官，有家弃家，有发弃发，其后一著书老学究，其前一廉二千石也！"⑥ 自责"护持不谨"。马经纶不顾个人安危，遵循李贽的遗愿，"归其骸于通，为之大治冢墓"，将李贽遗体安葬于通州北门外的迎福寺之侧。⑦ 李贽出生于福

① 刘侗、于奕正：《帝京景物略》卷八，北京古籍出版社，1983，第366页。
② 《明神宗实录》卷三百六十九，万历三十年闰二月乙卯，载《明实录》缩印本第12册，中研院历史语言研究所，1984，第11933页。
③ 袁中道：《李温陵传》。王蒖常：《中国历代思想家传记汇诠》下册，复旦大学出版社，1993，第538页。
④ 汪可受：《卓吾老子墓碑》，载《李贽研究参考资料》第一辑，福建人民出版社，1975，第18页。
⑤ 李贽：《系中八绝》；李贽：《焚书·续焚书校释》，陈仁仁校释，岳麓书社，2011，第665页。
⑥ 刘侗、于奕正：《帝京景物略》卷八，北京古籍出版社，1983，第367页。
⑦ 袁中道：《李温陵传》。王蒖常：《中国历代思想家传记汇诠》下册，复旦大学出版社，1993，第538页。

建，却选择通州作为终了之地，由此形成新的文化交流景观。

通州李贽墓"冢高一丈，周列白杨百余株"，本身即是南北文化交流的见证。李贽墓前立二碑，"一曰李卓吾先生墓，秣陵焦竑题；一卓吾老子碑，黄梅汪可受撰，碑不志姓名乡里，但称卓吾老子也。"① 焦竑（1540~1620），字弱侯，祖籍山东日照，生于江宁（今南京），万历十七年状元，官翰林院修撰，后任南京司业。焦竑为明代著名学者，著有《澹园集》、《国朝献征录》、《老子翼》等。李贽墓后来遭受多次毁坏，1983 年又迁至西海子公园，但由焦竑撰书的"李卓吾先生墓"青石墓碑，至今仍然矗立。碑阴由詹轸光所书的《李卓吾碑记》述其始末，其《吊李卓吾先生墓二首》誉称"燕赵古来多慷慨""侠骨不妨燕市死"，表达了对李贽的高度崇敬和悼念。詹轸光（1552~1637），字君衡，江南庆源人。青年时求学南京，万历七年（1579）举人，历任亳州教谕、饶州州丞、宝庆同知、平乐知府，后退养归田，有《阳春别墅录》、《会讲百八箴》、《浮海寓言》、《狂夫言》、《蓟门草》等。另一立碑人汪可受，自称李贽门生。汪可受（1559~1620），字以虚，湖广黄梅人，万历八年（1580）进士，历任浙江金华县令、江西吉安知府、山西提学副使、大同巡抚、蓟辽总督等职。汪可受以操守自律称闻，锐意文教，知吉安时主持修建白鹭洲书院，陕西布政使任内又改建寺东"小悉园"为关中书院。万历三十八年（1610），汪可受赴通州墓前祭拜恩师李贽，与梅掌科、苏侍御等捐资立《卓吾老子碑》碑，并作墓碑记。

李贽葬后，南北文人屡来吊唁，进一步表现了通州在文化交流中的地位。明代池显方《谒李卓吾墓》诗称："半生交宇内，缘乃在玄州。闽楚竟难得，佛儒俱不留。世人伺喜怒，大道任恩仇。我亦寻知己，依依今未休。"池显方字直夫，福建同安人，天启二年（1622）中举，以母老不任官。他喜

---

① 刘侗、于奕正：《帝京景物略》卷八，北京古籍出版社，1983，第 366 页。

游山川，与董其昌、何乔远、黄道周等名士多相交往，著有《玉屏集》、《南
参集》等，《帝京景物略》收有其赠予意大利天主教传士艾儒略的诗作。池
显方主要生活于南方，但北上京城时，特意前赴通州李卓吾墓凭吊，并与其
"半生交字内"的思想轨迹发生强烈共鸣。又有浙江会稽人陈治安，作《感
李卓吾》，其中说道："通州郭北门，迎福寺西隅。立石表卓吾，望见为歇
歇"，可见他也是亲身前来拜谒。陈治安字尔道，万历丙午科（1606）中举，
曾任湖广武昌、新化县令，后于摄理安仁任上归乡，直至终老故里，有《梅
山记事》、《谕俗》等集，均佚，世传有《南华真经本义》十六卷。陈治安
追求礼德化人，然仕途坎坷，因而对李贽的遭遇深表同情，一再赞叹："公
仕有苦操，晚岁独逃虚。极口诋世人，髡首勒藏书。气味非中和，难为日用
糈。留诸尊俎间，宁不菖歜如。"并控诉"理教卫士"对李贽的迫害："胡乃
迫之死，使其愤满舒。乾坤饶怪异，公异而见袪。"又浙江平湖人陆启浤，
作《卓吾先生墓下》诗盛赞"先生起千载，高言绝群智"，并感叹"蜕骨
宛在兹，黄土表幽闳。古树索索鸣，拜手托无际。"陆启浤字叔度，弱冠即
"博极经史"，生性豪放，"类河朔壮士"，喜交朋友，与陆芝房、孙弘祖等
嘉兴文人诗酒结社，有《读史》、《客燕杂记》、《北京岁华记》等著作。《卓
吾先生墓下》，也应当是他寓居北京期间，与友人特意前赴通州时所作。[①]

　　明代著名戏曲家汤显祖，则留有《叹卓老》一诗："自是精灵爱出家，钵
头何必向京华。知教笑舞临刀杖，烂醉诸天雨杂花。"汤显祖（1550~1616），
字义仍，江西临川人。出身于书香门第，早有才名，34 岁中进士，在南京任
太常寺博士、詹事府主簿、礼部祠祭司主事等职。万历十九年（1591），汤
显祖因上疏忤犯皇帝，被贬为徐闻典史，后改浙江遂昌知县，又招致非议，
遂于二十六年（1598）弃官归里。因为政治上、文学上的反抗性和斗争性，

---

① 刘侗、于奕正：《帝京景物略》卷八，北京古籍出版社，1983，第 368 页。

汤显祖也被人称之为"狂奴"，与提倡个性解放的李贽心息相通。汤显祖辞任遂昌后，曾在临川与李贽有过见面交流。听闻李贽在京城大狱中自杀，汤显祖十分悲伤，作诗哀悼，感叹其"钵头何必向京华"。虽然无缘北上亲至墓前，但以李贽托骨所在，遥远的通州也成为汤显祖心之所系。

通州李贽墓除吸引江南士子关注的目光外，北方士人也多来祭吊。宛平人于奕正有《李卓吾墓》之诗："此翁千古在，疑佛又疑魔。未效鸿冥去，其如龙亢何。书焚焚不尽，老苦苦无多。潞水年年啸，长留君浩歌。"于奕正，字司直，嘉靖年间宛平县（今北京）人，喜好山水金石，曾著《天下金石志》。他与刘侗等人合撰的《帝京景物略》，载录明代北京的风景名胜、风俗民情甚详，是不可多得的都市历史文化资料。《帝京景物略》中专立"李卓吾墓"一篇，将李贽事迹及其在通州的经历出而表之，并将时人吊祭之作详细辑录，为后人留下了通州文化交流的宝贵史料。①

清代，南北文人在通州码头的迎送咏诵，持续相沿，不胜枚举。撰写《红楼梦》的文化名人曹雪芹，亦与运河所带来的南北文化交流相关。有红学家认为曹雪芹逝后所葬的北京东郊，可能即是张家湾以西的曹家坟。1968年平整田土时，村民李景柱曾挖出墓碑一块，其上刻有"曹公讳霑墓"字样，落款为"壬午"。当地所称大约六百亩的"大扇地"，与曹家在张家湾东曾有"六百亩典地"的说法也基本吻合。虽然该墓碑的真伪仍未明确，因而曹雪芹是否真的长眠于通州张家湾"曹家坟"尚待考察，但曹家与通州运河之间存在着密切的文化关系，却是毋庸置疑的。曹家先祖曹振彦以上三旗包衣起家，其后代历受恩宠，曹玺、曹寅、曹颙、曹頫均出任江宁织造的肥缺。尤其是曹雪芹的祖父曹寅，官至江宁织造、通政使兼巡视两淮盐课御史，康熙帝六次南巡，四次都由其在江宁织造府接驾。曹家三代四人任职

---

① 刘侗、于奕正：《帝京景物略》卷八，北京古籍出版社，1983，第366~368页。

江宁织造六十余年，"实维亲臣、世臣"，成为康熙帝安插在江南的亲信耳目。[1] 不过雍正帝即位后，随着曹頫被控骚扰驿站、亏空帑项、转移财产等罪而遭籍没，曹家迅速破败。[2] 曹家以江宁织造臻于极盛，最后又败于江宁织造任上。或也正是这一荣衰对比鲜明的家族人生经历，促成曹雪芹创作出了不朽名著《红楼梦》。而这与南北交通枢纽的通州，亦不无关系。

应该说，曹家上辈及其大量的戚属、佣人，通过京杭运河，频繁往返于京城与江宁织造署之间，曹雪芹家族因此与大运河文化结下了百年"不解之缘"。曹家在有"大运河第一码头"之称的张家湾，曾开有"本银七千两"的当铺，规模已属不小，往来其间的人员当不在少数。据考证，曹家当铺在通运桥南东西向街道的路北十里街西花枝巷，今尚存基址。附近小花枝巷，还有名为"曹家井"的遗址，传说原本也是曹雪芹家的水井。曹家还在张家湾开有盐店，其址在十里街西端南侧，或与曹振彦曾任过两浙都转运盐司运使，其后曹寅又兼任巡视两淮盐课监察御史的官职有关。学者据此认为，曹雪芹在北京的足迹，有圈禁地、右翼宗学、西山黄叶村等处，但"通州张家湾萧太后河阴的曹氏祖茔则是他永久的栖息地"，"他的人生轨迹，也只有在张家湾找到了最为确凿的证据"。[3] 因此在曹雪芹诞辰300周年之际，张家湾镇于萧太后河畔，树起一座7米多高的铜制曹雪芹雕塑，铜像底座由著名红学家冯其庸先生题铭赋诗，略称"黄土一抔埋首处，伤心却在潞河滨"云云。河边又修建了归梦亭、红学文化走廊等附属建筑，并计划复建"曹家当铺"。积极打造"红学文化之乡"的通州，或将进一步促进"红学文化"的繁荣与发展。

正如学者所言，张家湾与红学文化有着"不解之缘"。其实《红楼梦》

---

① 冯景：《御书萱瑞堂记》，《解春集文钞》卷四，浙江大学图书馆藏《抱经堂丛书》本。
② 黄一农：《e-考据时代的新曹学研究：以曹振彦生平为例》，《中国社会科学》2011年第2期。
③ 陈培一：《曹雪芹造像考——从通州张家湾曹雪芹铜像谈起》，http://blog.sina.com.cn/s/blog_4bf7c7010102vxkk.html，2018年2月26日。

的酝酿与产生，也与运河带来的南北文化交流有着直接渊源。曹雪芹出生于南京江宁织造府，幼年起受到江南文化的深刻熏陶与教育。直到雍正六年初，虚年十四的曹雪芹方自南方乘船返回京城。曹家上辈是运河上的常客，对运河两岸的山川景色与人文典故熟稔于胸。而曹雪芹本人泛舟北上时，却正好处于抄家待罪的悲伤时刻，因而运河沿途的惨痛经历，必然印记于其内心的最深处，并自觉不自觉地流露于笔端。《红楼梦》开端从大运河南端最繁华的苏州说起，其后叙述全书主角林黛玉北上投亲，从维扬登舟，沿着京杭大运河北上，历时 80 多天到达京城，而以"黛玉自那日弃舟登岸时，便有荣国府打发了轿子并拉行李的车辆久候了"的描述，拉开整部《红楼梦》悲欢离合的人生大戏。① 显然，正是由于运河所带来的巨大文化交流，促成南北各地的历史、民俗、语言都汇聚到曹家，并最终形成流传千古的皇皇巨著《红楼梦》。事实上，中国古代的四大名著均产生于运河流域，书里的很多场景也取材于运河沿线城市，描写当地百姓的日常生活。有人甚至推测，《红楼梦》中描写的花枝巷、馒头庵、葫芦寺等场景，其原型就在曹雪芹熟稔的通州张家湾附近。张家湾自明代起即为"南北水陆要会"，"水势环曲，官船客舫，漕运舟航，骈集于此。弦唱相闻，最称繁盛"。明人曹代萧有诗云："潞水东湾四十程，烟光无数紫云生。王孙驰马城边过，笑指红楼听玉筝"。② 其间展现的繁华市井文化，亦可视为《红楼梦》的先声，并充分体现出明清文化发展与大运河交通南北之间的互动关系。

除士绅精英的交流以外，南来北往的广大普通民众，也对通州运河文化的形成产生了积极影响。流传于通州的运河号子，是其中的突出代表。《中国民间歌曲集成·北京卷》收录流传于北京地区的劳动号子 36 首，其中通

---

① 曹雪芹、高鹗:《红楼梦》第三回,《贾雨村夤缘复旧职,林黛玉抛父进京都》,山东文艺出版社,2016,第 17 页。

② 蒋一葵:《长安客话》卷六,北京古籍出版社,1980,第 130 页。

州号子 27 首，占到总数的 75%。而 14 首《运河号子》，则为通州所独有，具有重要的漕运文化特色。通州运河号子包括起锚、起帆（拉桅）、摇橹、拉纤、出仓等劳动主题，多数曲调及音乐结构都较为零碎，以衬词占绝大篇幅。调查文献载称，"据运河号子的演唱者听其先辈们说，流行在通县的'运河号子'，是和南方漕运船民学来的。"[1] 可见通州运河号子的形成，与南北文化交流有着很大关系。学者认为，水上运输在水系发达的南方应用较早，元、明、清三代运河贯通南北后，大规模漕运南方粮物北赴北京，"南方船民的漕运号子传到通州的可能性极大"。但泛泛言其从"南方漕运船民学来"，既有可能远指江南的江苏、浙江，也有可能近指与直隶毗邻的山东、河南。通过对其音乐渊源进行详细考察，学者发现旋律相对完整的《运河出仓号子》以及《运河出仓上肩号子》，具有"更为典型的山东音乐风格"。尤其是《运河号子》中出现较多的近似小三度或小六度（偶有大六度）音程，也可能是"山东方言声调特征与山东人豪爽性格相结合的结果"。再从漕运历史来看，山东德州自元代开始，就成为重要的漕粮中转站。《明史》载明代自永乐年间疏浚会通河以后，漕运沿线"淮、徐、临清、德州各有仓。江西、湖广、浙江民运粮至淮安仓，分遣官军就近挽运。自淮至徐以浙、直军，自徐至德以京卫军，自德至通以山东、河南军。以次递运，岁凡四次，可三百万余石，名曰支运"。[2] 因此最终到达通州的漕运船只，多数系由长期生活于山东、河南运河沿线的运军与船夫掌管。原本流传于山东等地的"南方"漕运号子，也因此随着漕船，沿运河来到通州，既满足了广大船夫在漕运码头航运时的劳作需要，又在北京留下了山东民间音乐的深刻印记。[3]

---

[1] 高延智：《号子释文》，载全国编辑委员会编《中国民间歌曲集成》北京卷，中国 ISBN 中心，1994，第 13 页。

[2] 《明史》卷七十九，《食货》三，《二十四史》第 19 册《明史》缩印版，中华书局，1997，第 518 页。

[3] 参见周青青《北京通州运河号子中的山东音乐渊源》，载《中央音乐学院学报》2012 年第 1 期。

　　通州享誉海外的"汤氏面塑"，也是运河文化孕育的艺术奇葩。通州面塑创始人汤子博（1882~1971），出生于通州运河边上的普通手艺之家。其父汤禄林从事的是砖瓦雕刻行当，因手艺地道，在通州颇有口碑。汤禄林以手艺持家，生意兴隆，因此要五子二女也各学一门手艺。其中大儿子承继父业，继续进行砖瓦雕刻。次子经营金银首饰，小儿子则专做唱戏所用的盔头。汤子博原名有彝，在家中排行第三，幼年时受过私塾教育，后来又到教会办的潞河学校上学。大概受到父兄的熏陶，汤子博自小就喜欢绘画、捏泥人，课余时曾师从已届八十的田朝阁老先生学习国画，并于闲暇时间给附近的小庙画壁画、塑佛像，但一直没有明确具体的手艺行当。当时运河边上的万寿宫一带，是通州商业集中的繁华之地，茶楼、酒肆、戏楼遍布，说评书、耍把式、卖手艺之人云集。十岁左右的汤子博就经常流连于此，与来自天南地北的各色艺人都混得很熟。一天，一个山东捏面人的摊子将他吸引了过去。看到一块块的面团在艺人变幻出不同的物品，汤子博被深深地迷住了。他从捏面人手里购买面团，开始接触面塑。当时的捏面艺人，主要来自于山东的菏泽地区，有"天下面塑出菏泽，菏泽面塑出穆李"的说法。汤子博利用通州地处南北码头的文化优势，细心琢磨。初有所成后，又进京鬻艺，后来又走南闯北，吸收各派所长，终于在面塑艺术方面别开天地。他将传统签举式玩偶改成托板式面塑，又创新核桃面人艺术，创作的汤氏面塑独具特色，人物精细生动，堪称艺术绝品，获得了"面人汤"的美誉，与著名面塑艺人曹仪策、郎绍安齐名。1956年，中央工艺美院成立"汤子博工作室"，"面人汤"又从通州民间一举登上国家最高艺术殿堂。此后，毕业于中央美术学院雕塑系的汤子博之子汤夙国，将汤氏面塑艺术继续发扬光大，并进一步推向海外，推向世界。自1980年以来，汤夙国先后赴美、日、加拿大等20多个国家讲解面塑艺术。1996年，汤夙国又被联合国教科文组织授予中国"民间工艺美术大师"称号，充分展现了通州民间文化的艺术魅力。[①]

　　总之，京杭大运河建成之后，不仅贯通了中国经济的南北交通，更在海河、黄河、淮河、长江和钱塘江五大水系之间架起了一座文化沟通的桥梁，大大便利了南北知识群体的互动往来，也促成了包括音乐、工艺、语言、饮食、民俗以及神话传说等等众多通俗文化的传播与交流，共同推动通州漕运文化的形成与发展。作为北京的"三大文化带"之一，目前通州正结合轰轰烈烈的北京城市副中心建设，着力"打造具有鲜明地域特色的通州大运河文化品牌"。[②]北京绵延千年的悠久古都文化，将在其中发挥极其关键的重要作用。而历史上以通州运河为中心的南北文化交流，则成为通州大运河文化品牌建设的核心内容，成为通州历史文化的"聚魂之核"，值得进一步重视与挖掘。

　　　　　　　　　　　　　　　　　　　　　　（北京市社会科学院历史所）

---

① 伐夏：《面塑艺人汤子博》，《美术研究》1959 年第 4 期；戴晓明：《面人汤及其传人》，《北京档案》2000 年第 11 期；李石营：《走向世界的中国面塑艺术家》，《人民日报》（海外版）2005 年 6 月 11 日。

② 张景华：《万里南来第一船——北京通州打造大运河文化品牌》，《光明日报》2017 年 3 月 25 日第 5 版。

会议综述

区域史与城市史研究的方法与路径

——"区域·城市·社会——第二届城市历史比较论坛"综述

高福美

近年来，以区域史研究为视角，探究政治、经济、社会、文化等多种因素在某个特定空间范围内的聚合和关联，进而考察"整体中国"在不同地域的存在和演进机制，已经成为中国史学研究的重要方法和理念。当前，"京津冀"区域协同发展已经上升为国家战略，梳理"京津冀"区域在历史发展上的内在关联与互动关系，具有非常重要的理论价值和现实意义。2016 年11 月 4~5 日，由北京社科院、北京古都学会主办的"区域·城市·社会——第二届城市历史比较论坛"在北京召开，会议收到来自中国人民大学、南开大学、中国社科院、北京社科院、天津社科院、上海社科院、杭州师范大学等地高校及科研机构论文四十余篇，议题包括华北市场史、金融史、北京城市史、社会史及其他相关研究领域。

一 新观点与新材料：华北区域经济史的新进展

本届论坛最突出的特点是区域经济史与城市商业史议题的集中，其中对于华北商业市场史、金融史及相关城市经济史的研究和讨论尤为深入。

区域史研究自 20 世纪 80 年代兴起并一直持续方兴未艾的态势，关于区域史研究的理论和方法也成为学界最为关注的问题。而其中施坚雅关于市场层级的划分应该是其中影响最大的理论之一。近年来南开大学许檀教授立足于自己几十年的实证个案研究，对于明清时期华北地区传统市场提出了最新的理论。她将明清时期城乡市场网络体系划分为流通枢纽型城市、地区性商业中心和基层市场三大层级。在对华北地区各商业城镇经营规模估算之后发现，其辐射范围、市场级别与其行政等级差异很大，也就是行政级别高的城镇，并不一定是商业中心，而诸多级别较低的商业城镇则往往是本地区的商业中心所在。这一结论的提出反映的正是明清时期发展中的市场体系对于原有行政体系的突破，这也与吴承明先生所提出的"市场发育理论"不谋而合。每一种学术理路的产生都有其特征，正如安宝《日本学界关于华北乡村史的研究》所认为："相较于美国学者的宏观理论架构和观点创新，日本学者对于中国近代乡村史的研究则主要专注于具体问题的深描"，而基于大量实证个案研究所提出的，符合我国实际情况的理论则是我们历史学工作者所要追求的目标。

新材料的发现，在当今学术研究越发深入的趋势下应属最为难得之事，但实际也并非不可得。近年来河北大学及山西大学的学者在对一批民间收藏契约、信稿进行收集和整理，这对于相关金融史、商业史的研究具有非常重要的史料价值。刘秋根、张鹏《清末北京晋商印局的工商业放款研究——以〈宣统三年转本底账〉为中心》利用新近发现的一本宣统三年晋商在北京开设印局的账册，考察了晚清时期北京城市新型金融机构印局的发展过程及其在推动北京工商业发展与繁荣所产生的积极作用。闫爱萍《咸丰元年的山西票号金融经营——张家口致京师分号书信〈往京书札〉的解读》利用日升昌票号张家口分号致京师分号的书信底稿，详细解读了清代山西票号金融经营的重要因素——书信——往来的方式及重要内容及其所具有的重要的史料价值。《道光年间蔚泰厚票号京师——苏州分号往来信稿的整理与研究——以山西票号的书信往来为重点》一文，利用道光二十四年蔚泰厚号京师与苏州往来信稿，考察了山西票号分号之间业务往来的方式及书信所具有的金融功能。《光绪三十一年的津京金融汇兑及相关问题——以中兴和天津分号全年书信为依据》一文利用现存山西票号专门化金融经营的来往信稿，探讨了清末民初京津城市关联的重要内容的金融汇兑，重点论述了"京津克费"的内容以及晚清时期山西票号不同行帮的空间地域的划分。

新史料的发掘，新方法的运用以及新观点的提出是历史学研究的法宝，伴随着史学研究的不断深入，"三新"的内涵和要求也在不断调整，但是，所有历史学者所最终要到达的应该仍然是探求历史的真相，尽可能去还原真实的历史场景。

二　定量研究与城市商业史

定量研究（Study on measurement，Quantitative research）也称量化研究，是与定性研究相对的概念，是社会科学领域的一种基本研究范式，也是科学研究的重要步骤和方法之一。

税关是明清时期在重要的交通要道和流通枢纽地区设立来征收过往商品流通税收的机构，因而在税关周期内对于过往商品的征税数额及货物种类、数量等大多有连续性的记载。这对于本地区的商品流通发展及城市商业状况的考察具有非常重要的价值。《清代崇文门税关与北京城市消费研究》利用税关档案，梳理了清代崇文门税关税收及其商品流通的变迁过程，指出清代崇文门税关是全国范围内征收进城货物税最多的税关，大量自全国各地运送而来的日常消费品自此进入到北京，供应北京巨大的日用消费所需。这也是对于目前学界关于明清时期北京城市经济所具有的消费性特征所进行的量化研究的一次尝试。

商人会馆是明清时期各地商人在客居地建立的一种自治组织，"为里人贸迁有无，祎祀燕集之所也"。①现存的大量商业会馆的碑刻资料，是可以对当地商业城镇中的商铺数量及其商业经营规模、商业路线等内容进行估算的重要史料。杨建庭《明清时期通州张家湾山西会馆新考》一文利用明清时期位于通州张家湾地区的山西会馆碑刻，论述了明清时期聚集在此的平阳、泽潞铁商、布商及粮油商人在此将晋中地区茶叶、煤炭等自运河通往长城和草原甚至是恰克图贸易的过程。《明清时期山西布商与翼城商人：以通州晋翼会馆为线索》利用通州晋翼会馆碑刻，考察了晋翼商人的分布及经营模式，论述了会馆并非单纯的、一般意义上的商人会馆，其背后隐藏着明清时期"南布北运"的专业化经营模式。

数据统计的变化一定程度上是当时的政治背景与经济政策的反映。罗畅《晋钞毛荒之演进（1930~1932）》则从货币金融史的角度出发，论述了1930年中原大战前后，山西省银行为筹措巨额军费，大量发行钞票而导致的"晋钞毛荒"的过程及其社会影响。

现代经济学研究模型的建立基础便是大量的统计数据，然而对于古代经济史而言，数据资料的缺乏是相关研究的主要瓶颈。②在这种情况下，大量的税收档案以及商人碑刻资料的有效利用，应是一个较大的突破。

三　国家与地方：北京城市史研究的多种视野

北京特殊的政治地位赋予其双重的特殊身份，而在学术研究当中如何准确把握这一特征，是北京史研究所要关注的重要内容。作为城市的北京与作为都城的北京，一直是无法完全区别的。刘仲华《清代圆明园轮班奏事及御园理政的合法性困境》则是对于北京这双重身份结合进行研究的一次较为成

① 李华：《明清以来北京工商会馆碑刻选编》，文物出版社，1980，第15页。
② 许檀：《明清时期华北的商业城镇与市场层级》，《中国社会科学》2016年第11期。

功的探讨。该文论述了圆明园作为自雍正帝开始，历经乾隆、嘉庆、道光、咸丰诸朝皇帝处理日常政务和国家大事的场所，改变了旧有的以紫禁城为中心的权力配置格局，直接影响了清朝中央政治的运作模式。从紫禁城到圆明园，权力中心配置格局的变化与城市空间的变迁异曲同工。而李在全《民元孙中山北京之行与逊清皇室的应对》利用民国逊清要员的密函及日记等资料，梳理了民国元年孙中山北京之行的过程，及清室态度转变的过程，探讨了民国初年复杂的政治背景下多元力量的共存与互动。政治格局遽变背景下的北京城市，成就了这座城市不一样的过往历史。

同样，不同于同时期其他地区的商业中心城市，作为都城的北京城市经济也雕刻着更多的政治烙印。邓亦兵《政府与市场——以清代前期北京住房、粮食市场为例》，利用清代前期北京城市住房与粮食市场的发展，论证了都城这一特殊角色之下市场与政府之间的互动关系，即在市场条件之下，都城的特殊政策也随之在不断调整。也就是说，在明清时期商品经济大发展的背景下，都城北京也遵循着市场发育的客观规律，由此不断调整相应的政策措施。漕运的发展对于北京城市经济有着特殊影响，吴文涛《萧太后河史源考略》通过对有关萧太后河历史资料和当今传说的系统梳理，考证了担负辽南京物资输送功能的萧太后河古今源流、变迁及其对于北京历史发展的重要作用。

面对现代城市发展的趋势，作为都城的北京面临怎样的发展道路？以下两位学者对于历史时期北京城市发展路径的梳理与城市转型的预测值得关注。其中孙冬虎《中国宜建陪都论——历史地理视角下的北京城市功能疏解之道》论述了城市功能变迁的历史过程，论述了都城功能所产生的相关反应及有效疏解的途径。叶骁军《京津冀一体化建设人口集聚等可能出现的问题——简论我国历代首都的选定与变迁》分析了中国自古至今的都城迁移路线和规律，总结了首都迁移的黄渭迁移线、运河东北线及长江线，论述了建都之地所具体的条件及相关城市问题。

伴随着都城命运的终结，北京作为"城市"身份的突出是清末民初北京城市发展的特征。潘鸣《蒋介石与北平特别市的设立》探讨了自 1928 年北平特别市的设立，改变了自清末益来形成的由中央政府直接管理京师市政的格局。但是由于北平市仍然政出多门，北平特别市虽然在形式上摆脱了过去条块分割的治理模式，但是城市基本制度的确立和市政建设的开展则举步维艰。王建伟《清末民初北京城市形态演变过程中的人口问题》认为，清末民初的北京正从一座"帝都"过渡到近代意义上的"城市"，北京城政治属性日渐淡化，世俗性凸显，城市发展更趋多元，大量外来人口涌入，促动城市空间机构、社会结构发生相应的变化。政治中心地位终结之后，大量清遗民成为城市变迁的亲历者与记录者，他们的观察与感受应是最生动的城市史的书写。周增光《民国初年清遗民视野中的京津异同》则是对这一问题的敏锐关照，该文论述了民国时期清遗民在北京与天津两座城市的活动内容及其对于北京、天津这两座城市截然不同的地域视野。

作为"国家史"发生地，这本是城市史的重要内容。北京作为具有几百年历史的帝都，在很多方面无法摆脱国家政治的影响。同时，更应警惕将北京史写成中国历史的缩微景观，不能把发生在这座城市的所有事件不加辨别地当成城市史的内容去理解。①

四 "最城市"：城市的信仰与社会

民间信仰的产生是基于地域社会认同的重要内容，而信仰的跨地域特征和转变往往也反映了不同区域之间的关联及区域变迁。胡梦飞《镇水、平浪

---

① 王建伟：《城市史研究的多重路径与多种可能性——中国的"双城记"：比较视野下的北京与上海城市历史学术研讨会侧记》，《史林》2015 年第 6 期。

与祈雨：清代小圣信仰的历史考察》论述小圣作为清代天津及其周边地区较为代表性的民间信仰的形成及发展过程，探讨了它的盛行与天津盐业运输的特殊关系及其在京津冀地域社会的盛行。郑永华《从民祀到正祀：清代崇封吕祖史事补考》利用档案详细论述了清代吕祖如何从区域性民间信仰转过国家"正祀"的过程，考察了地方精英如何利用国家的关切，将"地方神"纳入国家神统以获得地方利益的过程。庙宇是民间信仰的最直接的体现，与地方社会的变迁直接关联。如刘慧怡《文本与记忆：一座庙宇的传说与历史》探讨了天津峰山药王庙的命名及功能变迁及其与地方社会的互动过程。

家族、宗族是构成地方社会的最基本的单元，其在社会治理以及地方文化的发展中往往超越中央的影响力。李佩俊《城市化建设中的传统宗族发展——以太原西寨阎氏为例》从社会史的角度出发，考察了太原市西寨村阎氏宗族明清以来的发展过程及其在现代城市化过程中的作用及角色调适。张献忠《清代天津科举家族与地方社会——兼谈科举家族在天津城市发展史上的意义》论述了清代自雍正年间设府之后出现了科举家族盛兴的状况，分析其在地方文化、教育和慈善事业中的重要贡献，及其对天津城市发展的重要推动作用。

公共卫生的发展与交通方式的革新是现代城市体系建立的重要内容，面临着传统社会根深蒂固的观念与生活习惯，现代城市体系的建立又将经历怎样的曲折？任吉东《方便因何"不方便"：近代城市"方便"问题探析》一文则是一个成功的个案讨论，本文论述了现代城市文明的重要标志——公共卫生中的"方便"问题，探讨其行业的经济属性和被作为规训、政法和规范的政治手段以及作为生活的文化属性，在现代城市构建过程当中所面临的适应、生存和发展的过程。郑秀娟《人力车在北京的发展》论述了人力车在北京引入并流行的过程，从清末传入北京，受制于自身构造等因素，发展十分缓慢；到民国之后则一跃成为北京街头最重要的交通工具之一，人力车的发展过程是北京城市社会转型的一个侧面。

现代丧葬方式的引入，则同样面临与传统模式的调适。冯志阳《杠房与殡仪馆：民国时期城市社会的殡仪业及其变迁——以北京、上海为中心的探讨》与马金生《民国时期北平私立公墓述略（1927~1949）》均是对这一问题的关注。前文考察了民国时期北京与上海丧葬形式的鲜明对照：北京主要是传统的杠房提供殡仪服务，而上海殡仪馆已大量出现，据此进一步论述了作为中国传统社会重要组成部分的丧葬形式的变迁，所体现的不同区域的社会经济程度的差异以及东西方文明所受冲击的程度。后文主要关注的是民国时期现代公墓在北平地区的出现及发展过程，具体论述了北平地区的私立公墓的建筑形式以及创办方式。

城市的多重面貌与多种因素，构成了丰富多彩的城市史研究路径。哪一项内容"最城市"，我们无从厘清，重要的我们所书写的让我们明白，这就是本城市的历史。

五　学术、文化与其他

一定地域范围内的学术成果与著作的出现，往往是深受地域文化影响而形成的。如靳宝《韩诗研究中几个问题的再思考——以区域史为视角》以汉初韩婴所著《韩诗》的命名问题、来源以及兴盛等内容进行论述，探讨了在不同的历史阶段以及地域和身份的差异背景下，汉代不同思想家的发展道路。陈清茹《京剧〈红娘〉的历史演变》论述了京剧《红娘》历经唐宋元明清长达五百余年的演变过程，在人物形象、情节安排、主题思想等方面经历了数种变化，这些变化及时作家不断艺术创新的结果，更是深受不同时代的社会心理变迁的影响。陈洁《鲁迅在教育部的儿童美育工作与〈风筝〉的改写》一文以《风筝》的创作为例，论述了鲁迅在教育部从事美育工作对其创作从语言到取材、思想等方面所产生的影响。王丽媛《城市空间中的现代大学——1930 年代北平各大学的空间分布与文化风格》梳理了 1930 年代北平大学的分布区域及各自的发展特征，探讨了本时期北平作为教育中心地位的延续与转型。

此外，作为"他者"的历史研究，则是本地区研究的重要对照与参考。本次会议由多篇文章涉及其他地区的城市史研究，如朱东北《民国时期华北城市变迁中码头工会的组建与活动——以天津、青岛档案为中心》以民国时期两座重要的港口城市——天津和青岛的工会组建过程及与传统把头之间的关系的处理，探讨了在现代城市管理体系不断建立的背景下，工会作为新兴工人组织形式与传统行业形式之间的博弈过程。徐俊嵩《清前中期亳州经济的发展及谁在对其的制约》考察了凭借便利的水陆交通，亳州社会经济在清代前中期到了迅速发展，水资源的发达又是成为城市发展的主要制约，如何克服这一制约因素成为传统城市进一步发展的重要因素。周嘉《运河城市的类型：帝国晚期临清的空间变迁与职能整合》以临清个案研究对象，从城市空间与职能变迁角度，考察临清从"地方"到"中心地"的转变过程，进一步论述了作为贯穿南北运输的京杭大运河对于沿河区域城市发展的影响。董勤《六朝唐宋湘江中下游城市空间形态研究》以潭州及衡州两大中心成为核心，论述湘江中下游城市在地形地貌、交通地理等因素的制约下所形成的空间形态分布与城市功能的发展。此外，陈玲玲《博览会的帝国视线与近代都市空间的开拓——从欧洲到日本，再到日本殖民地》则为我们构建了一条东亚国家不同的转型道路，该文论述了日本自 1860 年代开始接触欧洲的万国博览会，之后在帝国扩张的途中，迅速借鉴这一新型的资本主机仪式，大规模展示帝国主义和殖民主义，成功将自己衔接到了 18 世纪以来欧洲扩张所形成的视觉霸权体制内。从运河运动到长江沿线，从六朝至明清，不同地区的城市过程，体现了不同自然禀赋条件下的城市发展类型与道路选择。

无论是作为方法论的区域史，还是要强调自身发展的城市史，我们所要努力去探寻的是，不同地域在一个特定的大环境背景之下，归属于不同的地域范围从而形成了独特的个体发展路径，以及其具有的个体差异性以及典型性。值得一提的是，与第一届城市历史比较论坛"传统路径下的城市史研究，如城市规划、治理、人口、功能、沿革等内容明显偏少"相比较，这些内容则是本届论坛所取得的突出成果，这也算是一种呼应与补充。

（北京市社会科学院历史所）

图书在版编目(CIP)数据

北京史学论丛. 2017 / 高福美主编. -- 北京：社
会科学文献出版社, 2018.4
ISBN 978-7-5201-2393-8

Ⅰ.①北… Ⅱ.①高… Ⅲ.①北京－地方史－文集
Ⅳ.①K291-53

中国版本图书馆CIP数据核字（2018）第044408号

北京史学论丛（2017）

主　　办 / 北京市社会科学院历史研究所
主　　编 / 高福美

出 版 人 / 谢寿光
项目统筹 / 邓泳红　郑庆寰
责任编辑 / 王　展　郑庆寰

出　　版 / 社会科学文献出版社·皮书出版分社（010）59367127
　　　　　　地址：北京市北三环中路甲29号院华龙大厦　邮编：100029
　　　　　　网址：www.ssap.com.cn
发　　行 / 市场营销中心（010）59367081　59367018
印　　装 / 三河市尚艺印装有限公司

规　　格 / 开　本：787mm×1092mm 1/16
　　　　　　印　张：24　字　数：307千字
版　　次 / 2018年4月第1版　2018年4月第1次印刷
书　　号 / ISBN 978-7-5201-2393-8
定　　价 / 78.00元

本书如有印装质量问题，请与读者服务中心（010-59367028）联系